Kritische Justiz (Hrsg.)

Verfassungsrecht und gesellschaftliche Realität

Dokumentation: Kongress „60 Jahre Grundgesetz: Fundamente der Freiheit stärken" der Bundestagsfraktion Bündnis 90/Die Grünen am 13./14. März 2009 in Berlin

Nomos

Herausgeber und Redaktion: Thomas Blanke, Sonja Buckel, Peter Derleder, Rainer Erd, Andreas Fischer-Lescano, Günter Frankenberg, Tanja Hitzel-Cassagnes, Eva Kocher, Anne Lenze, Joachim Perels

Verantwortlich für dieses Sonderheft:
Prof. Dr. Dr. Günter Frankenberg und Dr. Felix Hanschmann

Die Deutsche Nationalbibliothek verzeichnet diese Publikation in der Deutschen Nationalbibliografie; detaillierte bibliografische Daten sind im Internet über http://www.d-nb.de abrufbar.

ISBN 978-3-8329-4912-9

1. Auflage 2009

Inhaltsverzeichnis

Ein Neuer Gesellschaftsvertrag – Bilanz nach 60 Jahren Grundgesetz.

*Renate Künast**

I. Einführung

60 Jahre Grundgesetz und damit auch 60 Jahre Freiheit und Demokratie in Deutschland – das ist beides keine Selbstverständlichkeit. Seitdem haben wir eine Verfassung mit einer Gewaltenteilung, die demokratische Prozesse regelt, und wir haben Grundrechte, die unmittelbar geltendes Recht darstellen. Im Laufe der letzten Jahrzehnte hat sich die Bevölkerung diese Verfassung wirklich angeeignet und in die Realität umgesetzt. Der nachfolgende Beitrag bilanziert wichtige Elemente dieses Gesellschaftsvertrages und wirft die Frage auf, wie er für die Zukunft gestaltet werden sollte.

II. Das Grundgesetz als Erfolgsgeschichte

Beinahe zu jedem Jubiläum des Grundgesetzes seit 1979 wurde und wird eine Debatte um den Begriff »Verfassungspatriotismus« geführt.[1] Die früheren Auseinandersetzungen um diesen Begriff haben gelegentlich den Blick auf die eigentliche Erfolgsgeschichte des Grundgesetzes verstellt.

Bereits in den 70er Jahren hat das Grundgesetz hohe Zustimmungsraten erreicht. Die Frage, ob ein neues Grundgesetz erforderlich sei, um zu einer »wirklichen Demokratie« zu kommen, bejahten damals nur noch 22 Prozent (1972), 19 Prozent (1974) bzw. 11 Prozent (1978). Dagegen meinten 50, 61 bzw. 70 Prozent der Be-

* Die Autorin ist Vorsitzende der Bundestagsfraktion Bündnis 90/Die Grünen.

1 Sternberger hatte den Begriff bereits 1979 – übrigens aus Anlass von 30 Jahren Grundgesetz – geprägt (vgl. ders., in: F.AZ. vom 23.5.1979); Habermas nahm ihn 1986, im Zuge des „Historikerstreites" auf (vgl. ders., Apologetische Tendenzen, in: ders., Eine Art Schadensabwicklung, 1987, S. 120-136 [123]; vgl. außerdem ders., Staatsbürgerschaft und nationale Identität, in: ders., Faktizität und Geltung, 1992, S. 632-660; ders., Verfassungspatriotismus – im Allgemeinen und im Besonderen, in: ders., Die nachholende Revolution, Kleine politische Schriften VII, 1990, S. 147-174.

fragten, dass das Grundgesetz vollkommen ausreiche.[2] Heute sind nach einer Umfrage 75 Prozent der Befragten mit der Verfassung »zufrieden«.[3]

Es ist zwar nicht zu übersehen, dass Deutschland auch im 20. Jahr der Friedlichen Revolution von einer inneren Einheit noch »meilenweit entfernt« ist.[4] Die Gründe dafür liegen aber möglicherweise eher darin begründet, wie dieser Prozess der Wiedervereinigung durchgeführt wurde, als in der Verfassung selbst.[5]

Unter den Gründen, warum das Grundgesetz eine Erfolgsgeschichte geworden ist, sind hier zwei besonders hervorzuheben. Der erste Grund ist, dass es die Menschenwürde ganz konsequent an den Anfang gesetzt und damit in den Mittelpunkt der Aufmerksamkeit gerückt hat (1.), und der zweite Grund liegt darin, dass das Grundgesetz in Theorie und Praxis eine »lernende« Verfassung ist (2.).

1. Am Anfang steht die Menschenwürde

Das Grundgesetz ist eine Verfassung, die wirklich vom Menschen her gedacht ist und nicht aus dem Blickwinkel des Staates:

> »Die Würde des Menschen ist unantastbar. Sie zu achten und zu schützen ist Verpflichtung aller staatlichen Gewalt.«

Das ist die Botschaft des Humanismus. Der Entwurf aus Herrenchiemsee hatte es auf eine etwas andere Formel gebracht. Da hieß es:

> »Der Staat ist um des Menschen willen da, nicht der Mensch um des Staates willen.«[6]

Nach einer Zeit schwerster Missachtung der Menschenwürde war es unerlässlich, die Achtung der Menschenwürde als Grundlage für die klassischen Freiheitsrechte zu sichern. In den Grundrechten sollte das Verhältnis des Einzelnen zum Staate geregelt werden. Der Macht des Staates sollten Schranken gesetzt werden, damit der

2 Institut für Demoskopie Allensbach, Demokratie-Verankerung in der Bundesrepublik Deutschland. Eine empirische Untersuchung zum 30jährigen Bestehen der Bundesrepublik Deutschland, 1979, S. 65, in: APuZ 18-19 vom 27.4.2009, S. 11.

3 Umfrage der Forschungsgruppe Wahlen im Auftrag des ZDF Politbarometer vom 8.5.2009 (1.343 Befragte), abzurufen unter www.zdf.de (zuletzt gesehen am 21.5.2009). Das entspricht übrigens nahezu (74%) den Werten bei der Umfrage, wer auf diese Verfassung „stolz“ sei (Infratest dimap vom 27.4.2009 [1.000 Befragte]), in: APuZ 18-19 vom 27.4.2009, S. 15.

4 Vgl. Oschlies, in: Berliner Zeitung vom 21.4.2009: Nur 22 Prozent der Ostdeutschen sehen sich als „richtige Bundesbürger“. 62 Prozent empfinden sich der DDR nicht mehr verbunden, aber der Bundesrepublik auch noch nicht richtig zugehörig (vgl. den „Sozialreport 2008“, jährliche Studie [seit 1990] des Sozialwissenschaftlichen Forschungszentrums Berlin-Brandenburg e.V. im Auftrag des Wohlfahrtsverbandes Volkssolidarität Bundesverband e.V., Berlin Dezember 2008, zitiert nach ebd.).

5 Vgl. dazu den Beitrag von Reich, „20 Jahre demokratische Revolution in Osteuropa: Die Revolution ist tot – lebt die Demokratie?“ [in diesem Heft].

6 So der auf Carlo Schmid zurückgehende Eröffnungssatz im Herrenchiemseer Verfassungskonventsentwurf vom 24.8.1948, zitiert nach E. R. Huber, Quellen zum Staatsrecht der Neuzeit, Bd. II, 1951, S. 220.

Mensch in seiner Würde wieder anerkannt werde. Dabei wurden diese Rechte als vorstaatlich betrachtet, und zwar je nach dem weltanschaulichen Standpunkt als »von Gott gegebene« und angeborene oder als »naturgegebene« und unveräußerliche Rechte.[7]

Man kann auch sagen: Die Verpflichtung auf die Menschenwürde enthält das Versprechen: »Nie wieder Auschwitz!« Indem das Grundgesetz die Menschenwürde wieder in den Mittelpunkt gerückt hat, hat es Deutschland »seine« Würde wiedergegeben.

Aber die Voranstellung der Menschenwürde bedeutet noch mehr als den Versuch einer Geschichtsaufarbeitung. Es ist das verbindliche Versprechen, den Menschen in den Mittelpunkt zu stellen.

2. Das Grundgesetz als »lernende« Verfassung

Der zweite Grund für die Erfolgsgeschichte des Grundgesetzes: Unser Grundgesetz ist in Theorie und Praxis eine »lernende« Verfassung.[8]

Immer wieder versuchte es, mit der gesellschaftlichen Entwicklung Schritt zu halten. Zu nennen sind hier beispielhaft die Rechte der Frauen,[9] der Schutz der natürlichen Lebensgrundlagen[10] und der Tierschutz.[11] All das wurde in der Verfassung verankert.

Hervorzuheben ist aber auch das Bundesverfassungsgericht, das etwa mit seiner Brokdorf-Entscheidung[12] eine gesellschaftliche Bewegung und Veränderung aufgenommen hat. Öffentlicher Protest darf sich seitdem Gehör verschaffen, gerade wenn er unbequem ist. Dies steht in der Tradition von 1949. Die Schöpfung des Grundrechts auf informationelle Selbstbestimmung[13] und jetzt aktuell das neue »Computergrundrecht«[14] sind sogar Belege dafür, dass das Bundesverfassungsgericht gesellschaftliche und technische Entwicklungen schneller aufgenommen hat als der Gesetzgeber.

7 Vgl. schriftlicher Bericht des Abgeordneten von Mangoldt, in: Parlamentarischer Rat Bonn 1948/49, Anlage zum stenographischen Bericht der 9. Sitzung am 6.5.1949.

8 Diesen Begriff hat Thomas de Maizière im Zusammenhang mit der „Schuldenbremse“ benutzt, vgl. ders., „Den Teufelskreis durchbrechen“, F.A.Z vom 22.4.2009.

9 Art. 3 Abs. 2 S. 2 GG, eingefügt durch Gesetz vom 27.10.1994 (BGBl. I, S. 3146); vgl. zu diesem Thema den Beitrag von Sacksofsky, Gleichheit in der neuen Vielfalt: Neuer Streit um Gleichberechtigung [in diesem Heft].

10 Art. 20a GG, eingefügt durch Gesetz vom 27.10.1994 (BGBl. I, S. 3146), geändert durch Gesetz von 26.7.2002 (BGBl. I, S. 2862); vgl. zu diesem Thema den Beitrag von Eifert, Der Verfassungsauftrag zu ökologisch nachhaltiger Politik [in diesem Heft].

11 Art. 20a GG, eingefügt durch Gesetz vom 26.7.2002 (BGBl. I, S. 2862).

12 BVerfGE 69, 315 (342 ff.).

13 BVerfGE 65, 1 (42): Festgestellt wurde u.a. die Befugnis des Einzelnen, „grundsätzlich selbst zu entscheiden, wann und innerhalb welcher Grenzen persönliche Lebenssachverhalte offenbart werden“.

14 BVerfGE 120, 270.

Die Entwicklung der Verfassung darf aber nicht nur Sache des Verfassungsgerichtes sein. »Verfassungsentwicklung« im demokratischen Rechtsstaat ist ein pluralistischer politischer Prozess.[15] Nicht zu vergessen sind bei diesem Prozess neben den gewählten Staatsorganen die Wissenschaft und die »offene Gesellschaft« all derjenigen, die diese Verfassung mit interpretieren[16] beziehungsweise mit Leben füllen.

III. Das Grundgesetz als Gesellschaftsvertrag

Die Kraft der Erneuerung braucht es auch, weil eine Verfassung faktisch ein »Gesellschaftsvertrag«[17] ist. Ein »Grundkonsens«, der ausdrückt: Nach diesen Regeln, mit diesen Werten, in dieser Ausgestaltung wollen wir miteinander leben, unseren Alltag gestalten; das sind die Rechte, die wir nutzen können, um unsere Interessen zu vertreten.

Die klassische Lehre vom Gesellschaftsvertrag hat in der Geschichte – von Locke bis Rousseau über Kant bis hin zur heutigen Debatte um einen Grundkonsens – immer als Erklärungsmodell gedient.[18] Die meisten Vertreter dieser Lehre haben keineswegs behauptet, die Menschen der Urgesellschaft hätten tatsächlich einen Vertrag miteinander geschlossen. Für sie war der Gesellschaftsvertrag vielmehr eine Idee, eine Art Denkmodell. Die freie und gleiche vertragliche Vereinbarung, die dabei vorausgesetzt wird, rechtfertigt und legitimiert die staatliche Herrschaft.[19]

Bei Rousseau ist der Anlass für den Vertragsschluss sehr anschaulich dargestellt: Von Natur aus ist der Mensch ein freier Einzelner, allen anderen gleich. Im Naturzustand sind die Einzelnen jedoch real bedroht. Die Menschen gründen deshalb durch den Gesellschaftsvertrag eine Gemeinschaft. Damit bringt sich der Einzelne in diese Gesellschaftsform ein und erhält Schutz.[20] Die Menschen bleiben jedoch auch in dieser Gesellschaft frei und gleich, und zwar im gleichen Maße »wie zuvor« im Na-

15 Vgl. hierzu grundlegend Bryde, Verfassungsentwicklung: Stabilität und Dynamik im Verfassungsrecht der Bundesrepublik Deutschland, 1982, passim.

16 Vgl. Häberle, Die offene Gesellschaft der Verfassungsinterpreten, JZ 1975, 297 ff.; vgl. auch Blankenburg/Treiber, Die Geschlossene Gesellschaft der Verfassungsinterpreten, JZ 1982, 543-551.

17 Jean-Jaques Rousseau, Vom Gesellschaftsvertrage (1762), Stuttgart 1996.

18 Für Kersting haben bereits Antike und Mittelalter auf das Vertragsmodell Bezug genommen, vgl. ders., Vertragstheorien, in: Nohlen/Schulze, Lexikon der Politik, Bd. 1, 1995, S. 680-686; vgl. auch die Darstellung bei Frankenberg, Die Verfassung der Republik, S. 53 m.w.N.

19 Vgl. Thomas Fleiner/Lidija R. Basta Fleiner, Allgemeine Staatslehre. Über die konstitutionelle Demokratie in einer multikulturellen globalisierten Welt, 3. Aufl. 2004, S. 34: der hier gewählte Begriff „Fiktion" ist allerdings missverständlich.

20 Vgl. Rousseau, Vom Gesellschaftsvertrage (Fn. 17), S. 17 („völlige Entäußerung"); vgl. auch dessen Darstellung bei Naucke/Harzer, Rechtsphilosophische Grundbegriffe, 5. Aufl. 2005, S. 61.

turzustand.[21] Sie sind nur besser gesichert: Freiheit, Gleichheit und Sicherheit[22] werden durch das Recht garantiert.

»60 Jahre Grundgesetz«, das ist ein Anlass für den Gesetzgeber und für das Bundesverfassungsgericht, sich die Frage zu stellen, ob die Versprechen, die Zusagen des Grundgesetzes den Bedingungen und Problemen der Gegenwart und Zukunft gerecht werden.

Das Grundgesetz ist eben nicht nur Ausdruck dessen, was gestern gemeinsamer Wert war und heute noch ist. Es soll die Frage beantworten, wie wir in Zukunft leben wollen, wie Freiheit und Gerechtigkeit morgen gestaltet werden.

Ist das Grundgesetz heute ein adäquater Vertrag, genügt es den Anforderungen, um unter den Lebens- und Arbeitsbedingungen des 21. Jahrhunderts seinen eigenen Ansprüchen aus 1949 gerecht zu werden?

Zum Beispiel die Freiheit: Die Freiheit des Grundgesetzes ist nicht die Freiheit von selbstsüchtigen »Ichlingen«, sondern Menschenwürde, Freiheit und Gleichheit gelten immer für alle. Es ist die Freiheit zur gesellschaftlichen Teilhabe, zur Selbstverwirklichung für alle. Es reicht daher nicht aus, den Bürgerinnen und Bürgern bestimmte Freiheitsrechte zu garantieren. Der Einzelne muss auch in die Lage versetzt werden, diese Rechte zu nutzen. So sind die Geschlechterverhältnisse trotz aller Fortschritte auch heute noch weit von einer Symmetrie entfernt.[23] Das Ziel eines benachteiligungsfreien Lebens von Menschen mit Behinderungen wird auch durch verwässerte Gleichstellungsgesetze erschwert.[24] Noch immer gibt es zu viele Menschen, die von wirtschaftlicher Freiheit oder Berufsfreiheit ausgeschlossen sind.

In welcher Verfassung ist unser Land heute? Wir stehen am Beginn des 21. Jahrhunderts vor enormen technologischen und gesellschaftlichen Veränderungen. Es gibt eine globale Wirtschaft, einen globalen Wettbewerb, alles Entwicklungen, die sich die Mütter und Väter unseres Grundgesetzes nicht im Ansatz vorstellen konnten. All diese Veränderungen berühren die Freiheit, die Gleichheit, die Demokratie, die Gesellschaft. Es verwundert nicht, wenn gerade in diesen Tagen viele sagen: »Die Versprechen des Grundgesetzes werden nicht eingehalten.« Die Gesellschaft wird zunehmend als »blockiert« empfunden.[25]

21 Vgl. Rousseau, Vom Gesellschaftsvertrage (Fn. 17), S. 17; vgl. auch dessen Darstellung bei Naucke/Harzer, Rechtsphilosophische Grundbegriffe, 5. Aufl. 2005, S. 61; Unruh, Der Verfassungsbegriff des Grundgesetzes: eine verfassungstheoretische Rekonstruktion, 2002, S. 134.

22 Den Aspekt der Sicherheit betont vor allem Hobbes, Leviathan oder Stoff, Form und Gewalt eines kirchlichen und bürgerlichen Staates, hrsg. und eingel. von Fetscher, 9. Aufl. 1999, S. 131 und 141; vgl. Robbers, Sicherheit als Menschenrecht. Aspekte der Geschichte, Begründung und Wirkung einer Grundrechtsfunktion, 1987, S. 51 ff.

23 Vgl. zum Thema der Diskriminierungsverbote den Beitrag von Sacksofsky, Gleichheit in der neuen Vielfalt: Neuer Streit um Gleichberechtigung [in diesem Heft].

24 Vgl. zu diesem Thema Hartmann, Sind die Barrieren gefallen? 15 Jahre Benachteiligungsverbot für Behinderte [in diesem Heft].

25 Vgl. nur einige Buchtitel der letzten Jahre: Heinze, Die blockierte Gesellschaft, 1998; Mayer/Hilmert, Neue Flexibilitäten oder blockierte Gesellschaft? Sozialstruktur und Lebensverläufe in Deutschland 1960-2000, in: Friedrichs/Kecskes/Wagner/Wolf (Hrsg.), Angewand-

IV. Herausforderungen für das Grundgesetz im 21. Jahrhundert

Wenn wir uns jetzt aus Anlass von 60 Jahren Grundgesetz Gedanken über die Gefahren für das Grundgesetz in der Verfassungswirklichkeit machen, stellen wir fest, dass sich in drei Bereichen eklatante Veränderungen der Verfassungswirklichkeit ergeben haben. Das betrifft vor allem die Begriffe der Freiheit (1.), der Verantwortungsübernahme (2.) und der Demokratie (3.) in der Verfassung. Hier muss das Verfassungsrecht weiter entwickelt werden.

1. Zum Begriff der Freiheit im Grundgesetz

Der Begriff der Freiheit war immer hart umkämpft, von 1848 über 1918, 1949 bis 1989, jetzt vielleicht wieder. Die Geschichte der Grundrechte ist zugleich die Geschichte der menschlichen Freiheit. Auch der Grundrechtsteil des Grundgesetzes ist von diesem Geist bestimmt.[26]

Heute wird die Freiheit des Grundgesetzes vor allem von zwei Seiten bedroht: Erstens durch einen falsch verstandenen Freiheitsbegriff (a) und zweitens durch die Entwicklung des Präventionsstaates in der Sicherheitspolitik (b).

a) Falsch verstandener Freiheitsbegriff

In den letzten Jahrzehnten verschob sich der Begriff der Freiheit im öffentlichen und politischen Diskurs wieder stärker zu einer Freiheit der Wirtschaft – aber einer Freiheit der Wirtschaft von Verpflichtungen für das Gemeinwohl.[27] Art. 14 Abs. 2 des Grundgesetzes, wonach das Eigentum »dem Wohle der Allgemeinheit dienen« soll, wurde in den Hintergrund geschoben. Der Profit wird einbehalten und Ordnungspolitik diffamiert, die sozialen und ökologischen Folgen werden externalisiert, die Schulden auf die Zukunft verlagert, das waren die vorherrschenden Prinzipien. Die Klimakrise, der weltweit zunehmende Hunger und auch die internationale Finanz- und Wirtschaftskrise sind nach diesen Prinzipien verursacht worden.

Das entspricht nicht dem Freiheitsbegriff des Grundgesetzes. Freiheit des Grundgesetzes ist stets Freiheit für alle, nicht die Freiheit von Gemeinwohlverpflichtungen für einige. Das Grundgesetz will eine Freiheit zur vollen Teilhabe, sich selbst ver-

te Soziologie, 2004, S. 126 ff.; Kunze, Die blockierte Gesellschaft. Die deutsche Jahrhundertkrise und ihre Überwindung, 2005; Nolte, Generation Reform – Jenseits der blockierten Republik, 2005.

26 Schriftlicher Bericht des Abgeordneten von Mangoldt, in: Parlamentarischer Rat Bonn 1948/49, Anlage zum stenographischen Bericht der 9. Sitzung am 6.5.1949.

27 Vgl. zu Gemeinwohlklauseln im Verfassungsrecht Häberle, Öffentliches Interesse als juristisches Problem, 2. Aufl. 2006.

wirklichen zu können und auch in Zukunft noch über die Grundlagen des Lebens (ob natürliche Lebensgrundlagen oder Finanzen) entscheiden zu können.[28]

Denkt man hingegen vom Menschen her, dann muss man »wirtschaftliche Entwicklung« als das Maß an Freiheit begreifen, das dem einzelnen Menschen zur Verfügung steht, um seine Potenziale zu entfalten.[29] Freiheit für alle heißt: eine Marktwirtschaft zu entwickeln, die ökologisch und sozial ist, die zu einer Ökonomie für die Menschen führt, die nicht Raubbau betreibt, sondern einen verantwortlichen Umgang mit jeglichen Ressourcen, damit mehr Gerechtigkeit entsteht.

Wie sieht der Gesellschaftsvertrag heute konkret aus, beispielsweise für ein Kind, das in diesem Jahr geboren wird? Es hat qua Geburt Schulden in Höhe von mehr als 19 000 Euro.[30] Wie viel wird das sein, wenn das Kind 18 Jahre alt ist? Das Kind wächst auf mit uns, die wir über unsere Verhältnisse gelebt haben, die wir die »natürlichen Lebensgrundlagen«, wie es in der Verfassung heißt, nicht hinreichend geschützt haben. Es wächst auf mit Klimawandel, weltweiter Ressourcenknappheit und immer mehr Hunger in großen Teilen der Welt. Welche Freiheit hat dieses Kind als Erwachsener, wenn dieser in vielleicht 25 Jahren im Deutschen Bundestag sitzt, um Politik zu machen? Welche Entscheidungsspielräume hat sie oder er dann noch, ihre Zukunft und die der anderen Bürgerinnen und Bürger zu organisieren?

Wir müssen uns klar vor Augen führen: Unsere Wirtschaftsweise der vergangenen Jahre ist nicht durch den Freiheitsbegriff des Grundgesetzes gedeckt. Die Gesellschaft und das Parlament müssen darauf achten, dass die Verfassungsrealität dem Postulat der Verfassung entspricht – und zwar bei jedem Gesetzentwurf. Streng genommen dürfte es gar keiner »Schuldenbremse«[31] bedürfen – aber die Verfassungsrealität sieht anders aus.

b) Entwicklung des Präventionsstaates in der Sicherheitspolitik

Unsere Freiheit wird aber nicht nur durch den wirtschaftlich verengten Freiheitsbegriff bedroht. Der Angriff auf die »Twin Towers« in New York war zweifellos ein Angriff auf unsere Art zu leben, auf unsere Werte. Im Kampf gegen den internationalen Terrorismus hat der Staat einen gefährlichen und verfassungswidrigen Weg zum Präventions- und Überwachungsstaat eingeschlagen. Indem ihm jedes Mittel recht scheint, verteidigt der Staat, jetzt nicht, wie behauptet, die Rechte seiner Bürger, sondern bedroht ihre Freiheit im Kern. Der Gesellschaftsvertrag kann durchaus auch als Versprechen von Sicherheit vor Bedrohungen interpretiert werden. Aber in

28 Vgl. auch zur Verfassung als Gerechtigkeitsordnung, Volkmann [in diesem Heft].

29 Vgl. Amartya Kumar Sen, Ökonomie für den Menschen. Wege zu Gerechtigkeit und Solidarität in der Marktwirtschaft (Original: „Development as Freedom"), 1999.

30 Quelle: Statistisches Bundesamt, Verschuldung der Öffentlichen Haushalte (Stand: 2007).

31 Vgl. den Gesetzentwurf der Fraktionen von CDU/CSU und SPD, beraten am 29.5.2009 (BT-Drs. 16/12410).

diesem Land findet eine unzulässige, weil grundlegende Verschiebung der Gewichte zwischen Sicherheit und Freiheit statt, zulasten der Freiheit.[32]

Man könnte auch sagen: Der Gesetzgeber testet die Verfassung aus, obwohl er doch an sie gebunden ist. Das ist eine Art ziviler Ungehorsam »von oben«. Das aktuellste Beispiel dafür ist das neue BKA-Gesetz.[33] Dieses Gesetz ist Gegenstand der Überprüfung durch das Bundesverfassungsgericht. Es bringt große Risse in die Freiheit.

Alle Bürger werden verdächtig, auch derjenige, der einen kennt, der verdächtig sein könnte, weil er wiederum einen solchen kennt ...

Das ist die Umkehrung der Idee, dass der Staat für die Bürgerinnen und Bürger da zu sein hat.[34] Auch in diesem Sinne müssen wir die Freiheit, wie sie 1949 im Grundgesetz festgeschrieben worden ist, verteidigen. Dies kann aber nur dann gelingen, wenn sich die Gesellschaft den Begriff der Freiheit zurückerobert.

Die Freiheit, die ich meine, das ist die Freiheit, die in der Französischen Revolution mit ihrem Leitspruch »Freiheit, Gleichheit, Brüderlichkeit« ihren Ausgangspunkt genommen hat. Die Freiheit, die ich damit meine, ist diejenige, die in der friedlichen Revolution 1989 mit dem Ruf »Wir sind das Volk!« aufblitzte und durch die das Volk wieder mehr entscheidet, statt dass die globale Wirtschaft Freiheit vorgibt, aber Zwänge schafft, die Entscheidungsmöglichkeiten des Volkes reduziert und ihre Kosten und Lasten der Allgemeinheit aufbürdet.

2. Zum Begriff der Verantwortung im Grundgesetz

Des Weiteren müssen wir in dieser Gesellschaft neu überlegen: Wofür und für wen will die Gesellschaft verantwortlich zeichnen?[35]

Seit Bestehen des Grundgesetzes 1949 hat die gesellschaftliche Entwicklung eine Pluralisierung von Lebensstilen erlebt. Was damals mit dem Begriff des Sozialstaats und mit Art. 6 GG (»Schutz von Ehe und Familie«) geschützt wurde, existiert heute so nicht mehr.

Man hätte im Zusammenhang mit Solidarität und Verantwortung über die sozialen Sicherungssysteme, den Umgang mit alten und kranken Menschen und Pflege oder den Umgang mit der demografischen Entwicklung im 21. Jahrhundert zu reden.

32 Vgl. dazu auch den Vortrag von Hoffmann-Riem, Tagungsbericht [in diesem Heft]; und Rath, Karlsruhe und der Einschüchterungseffekt [in diesem Heft].

33 Gesetz über das Bundeskriminalamt und die Zusammenarbeit des Bundes und der Länder in kriminalpolizeilichen Angelegenheiten, zuletzt geändert durch Gesetz vom 25.12.2008 (BGBl. I, S. 3083); vgl. Roggan, Das neue BKA-Gesetz – Zur weiteren Zentralisierung der deutschen Sicherheitsarchitektur, NJW 2009, 257-262.

34 Vgl. auch die Einschränkung der Informationsrechte gegenüber den Volksvertreterinnen und -vertretern, Lepsius, Volksvertreter fragen – die Regierung schweigt: Aushöhlung der parlamentarischen Kontrolle? [in diesem Heft].

35 Grundlegend: Jonas, Das Prinzip Verantwortung: Versuch einer Ethik für die technologische Zivilisation, 1979.

Nicht alles kann ich an dieser Stelle ausführen, aber klar ist: Jeder dieser Bereiche braucht eine Neudefinition, die der Realität gerecht wird.

Hier will ich speziell einen Blick auf den Bereich Familie und Kinder werfen. Ich meine: In Zukunft müssen Kinder im Zentrum des staatlichen Schutzes stehen. Das Grundgesetz hinkt an dieser Stelle der gesellschaftlichen Entwicklung auffällig hinterher.

Die Familie, wie man sie sich im Jahr 1949 vorgestellt hat, existiert in dieser Form nicht mehr. Im 21. Jahrhundert gibt es alle möglichen Formen von Familie. Es gibt Familien mit Trauschein und ohne Trauschein, und es gibt »Patchwork-Familien«. Es gibt homo- und heterosexuelle Eltern; es gibt biologische und soziale Elternschaft. Die Frauen nehmen sich ihr Recht auf Gleichstellung. Drei von zehn Kindern in diesem Land werden von alleinerziehenden Müttern oder Vätern und von Eltern ohne Trauschein erzogen.[36] Die Ehe ist schon längst keine Versorgungsgemeinschaft mehr für das ganze Leben, wird doch inzwischen jede dritte Ehe geschieden.[37] Die Antwort darauf darf nicht sein, dass man im Grundgesetz weiter an Leitbildern vergangener Zeiten festhält.

60 Jahre Grundgesetz und Gleichheitsanspruch – und doch erfahren Kinder in dieser Gesellschaft immer mehr eine Blockade. Der Grund liegt nicht nur in der Fokussierung auf die Familie und den Trauschein im engeren Sinne, sondern auch in den mangelhaften Bildungschancen. 83 Prozent der Studierenden in Deutschland stammen aus höheren Schichten. 8 Prozent der Kinder verlassen die Schule ohne Abschluss. Knapp ein Viertel der 15jährigen ist auf Grundschulniveau.

So haben sich die Mütter und Väter des Grundgesetzes das nicht vorgestellt. Das ist eine blockierte Gesellschaft und ein Armutszeugnis im wahrsten Sinne des Wortes für eine der führenden Industrienationen mit einer Verfassung, die auf Gerechtigkeit und Freiheit abzielt.

Die Einsicht, dass Kinder ein eigenständiges Recht auf eine gesunde und gewaltfreie Entwicklung, auf Förderung und Bildung, auf eine gesunde Umwelt haben, ist in der Gesellschaft inzwischen weit verbreitet und hat seinen Niederschlag in internationalen Übereinkommen gefunden.[38] Im Grundgesetz muss endlich das spezifische Recht von Kindern auf Entfaltung ausdrücklich festgeschrieben werden.[39] Auch angesichts von Vernachlässigung, Gewalt und Missbrauch, denen manche Kinder ausgesetzt sind, muss die Antwort des Grundgesetzes lauten: Die Sorge gilt den Kindern und nicht dem Trauschein. Statt Art. 6 GG in seiner jetzigen Form zu belas-

36 Vgl. Bundesamt für Statistik, Pressemitteilung vom 13.5.2008.

37 Vgl. Bundesamt für Statistik, Pressemitteilung vom 28.8.2008 (hier Zahlen für 2007).

38 Vgl. etwa das Übereinkommen über die Rechte des Kindes („UN-Kinderrechtskonvention") vom 20.9.1989. Unterzeichnung von der Bundesrepublik Deutschland am 26.1.1990 (Zustimmung von Bundestag und Bundesrat durch Gesetz vom 17.2.1992 – BGBl. II, S. 121), Hinterlegung der Ratifikationsurkunde beim Generalsekretär der Vereinten Nationen am 6.3.1992 und Inkrafttreten für Deutschland am 5.4.1992 (Bekanntmachung vom 10.7.1992 – BGBl. II, S. 990).

39 Vgl. den Antrag der Fraktion Bündnis90/Die Grünen „Kinderrechte in der Verfassung stärken", BT-Drs. 16/5005; zur Problematik der Heimkinder: Künast, ZRP 2008, 33 ff.

sen, müssen Kinder explizit zum Subjekt der Verfassung werden; sie dürfen nicht weiter Objekt in der Beziehung zu ihren Eltern bleiben.[40]

Wir brauchen das eigenständige Recht der Kinder auf eine gesunde und gewaltfreie Entwicklung, auf Förderung und Bildung sowie auf eine gesunde Umwelt.[41]

Das Grundgesetz sollte die Kinder in den Mittelpunkt stellen, die Übernahme von Verantwortung durch Erwachsene strukturell unterstützen; nicht den Trauschein.

3. Zum Begriff der Demokratie im Grundgesetz

Der dritte Bereich, in dem das Grundgesetz einer aktualisierenden Revitalisierung seiner ursprünglichen Ideen bedarf, betrifft unser Demokratieverständnis.

Die Demokratie in diesem Land wurde in vielerlei Hinsicht robust und durchdacht aufgebaut: Mit »checks and balances«, mit Gewaltenteilung und mit Gerichten, die von jedermann und jederfrau angerufen werden können.[42]

Art. 20 Abs. 2 GG bestimmt in schlichter Klarheit: »Alle Staatsgewalt geht vom Volke aus.« Dies gilt seit Anbeginn des Grundgesetzes unverändert.

Aber unser Verständnis von Demokratie in der Praxis darf kein statisches sein. Im 21. Jahrhundert sehen wir, dass Demokratie neue Dynamik entwickeln kann. Damit ist nicht nur der Ruf: »Wir sind das Volk!« gemeint. Mittlerweile löst jeder internationale Regierungsgipfel einen Gegengipfel aus. Oder schauen wir auf neue Formen der Interaktion im Netz. Beispielsweise mit einem Sturm von Emails, als »Facebook« klandestin seine Datenschutzregeln ändern wollte.[43] Auch das ist eine Möglichkeit zur Meinungsäußerung und zur Gestaltung.

Bis heute aber ist es nicht hinreichend gelungen, diese Formen einer »Demokratie von unten« oder einer »informellen Demokratie« mit dem Demokratieprinzip des Grundgesetzes zu verkoppeln.

60 Jahre Grundgesetz und ein historisch richtig normierter Parteienpluralismus sind auf Dauer nicht ausreichend. Die Erweiterung der Instrumente politischer Willensbildung ist fällig.[44] Das Angebot an die Bürgerinnen und Bürger darf nicht nur sein, sich auf einen langen Weg durch die Parteien zu machen. Demokratie heißt

40 Hierzu Schuler-Harms, Kinder in den Mittelpunkt – und ins Grundgesetz [in diesem Heft].

41 Vgl. den Antrag der Fraktion Bündnis90/Die Grünen „Kinderrechte in der Verfassung stärken", BT-Drs. 16/5005.

42 Das gilt jedenfalls in der Theorie. Vgl. zu den Problemen des Zugangs zu den Gerichten gerade auch aus demokratischer Perspektive: Steffen, Solidarität in einer Gesellschaft individueller Freiheit [in diesem Heft].

43 Eigentümer Marc Zuckerberg gab daraufhin am 17.2.2009 im Firmenblog bekannt, dass die einseitige Änderung der Geschäftsbedingungen (unbefristete Weiterverwertungsrechte, auch nach Erlöschen des accounts) vorerst wieder rückgängig gemacht werde, vgl. die zahlreichen Einträge bei http://blog.facebook.com/blog.php?post=54746167130 [gesehen am 7.3.2009].

44 Vgl. zur Offenheit des grundgesetzlichen Demokratieverständnisses bereits Bryde, Die bundesrepublikanische Volksdemokratie als Irrweg der Demokratietheorie, StWStP 1994, 305-330.

auch nicht nur, turnusgemäß alle vier Jahre zur Wahlurne zu schreiten. Ich meine, dass wir zwei Verbesserungen brauchen: Wir brauchen in der Verfassung vorgesehene Volksinitiativen, Volksbegehren und Volksentscheide sowie das aktive Wahlrecht ab 16 Jahren.[45]

Aber das ist nicht alles. Die stattfindende Debatte über Integration braucht auch rechtliche Änderungen und mehr konkrete Teilhabe beziehungsweise Verantwortungsübernahme durch Migranten. Heute werden den Migrantinnen und Migranten in diesem Land Einbürgerungsurkunden wieder seltener überreicht. Wir waren da bereits einmal weiter. Integration und ein gutes Zusammenleben stellt sich aber schon durch die gemeinsame Gestaltung des Umfeldes her. Es ist absurd, dass wir unser Leben immer internationaler gestalten, wenn es um Kommunikation, Ernährung, Reisen, internationalen Handel geht; fast als seien wir alle kosmopolitisch. Migrantinnen und Migranten bei uns werden aber behandelt wie Gäste auf kurze Zeit. Die Einführung eines kommunalen Wahlrechts auch für Nicht-EU-Bürger ist überfällig.[46]

V. Schluss: Das Grundgesetz und die Verfasstheit der Europäischen Union

Im 60. Jahr seines Bestehens wird das Grundgesetz von vielen Seiten gelobt. Ja, es verdient Lob. Aber Lob verdient es vor allem für die Anpassungsfähigkeit an neue Herausforderungen. Es ist eine »lernende« Verfassung. So ist es kein Widerspruch, eine Bilanz von 60 Jahren Grundgesetz zu ziehen und gleichzeitig von einem »neuen« Gesellschaftsvertrag zu sprechen. Es wurden drei Bereiche aufgezeigt, in denen die Verfassung an das 21. Jahrhundert angepasst werden müsste.

Unser Grundgesetz hat übrigens auch eine Initiativ- und Vorbildfunktion für Europa. Will es ein soziales und ökologisches Europa werden, kann auch unsere Verfassung Standards setzen.[47] Sie kann begeistern und zeigen, wie man eine moderne Verfassung schreibt, in der sich alle (Generationen und Herkünfte) entwickeln und ihre Lebensgrundlage erhalten können. Das ist unser aller Auftrag.

45 Vgl. den Antrag der Fraktion Bündnis90/Die Grünen zur Absenkung des Wahlalters (BT-Drs. 16/12344) und zur Einführung von Volksentscheiden auf Bundesebene (BT-Drs. 16/680).

46 Vgl. den Antrag der Fraktion Bündnis90/Die Grünen für ein „Kommunales Ausländerwahlrecht", BT-Drs. 16/6628.

47 Dabei muss die europäische politische Realität und das Verhältnis gegenüber den Europäischen Verträgen berücksichtigt werden, vgl. zur Perspektive des BVerfG, 2 BvE 2/08 vom 30.6.2009, www.bverfg.de/entscheidungen/es20090630_2bve000208.html, und zu diesem Thema auch Wallrabenstein [in diesem Heft].

Menschenwürde, Kosmopolitismus und Demokratie[1]

Seyla Benhabib

2009 ist für Deutschland ein denkwürdiges Jahr mit zahlreichen Gedächtnisfeiern: Es ist 20 Jahre her seit dem Fall der Berliner Mauer und dem Ende des Kommunismus in Ost- und Mittel-Europa; 90 Jahre seit der Einführung des Wahlrechts für Frauen in Deutschland, und nicht zuletzt wird der 60. Geburtstag der deutschen Verfassung in diesem Jahr gefeiert.

Dass die Bundestagsfraktion Bündnis 90/Die Grünen jemanden wie mich ausgewählt hat – eine Jüdin und Türkin, heute eine amerikanische Staatsbürgerin und Professorin –, um über Menschenwürde, Kosmopolitismus und Demokratie zu sprechen, zeigt den grundlegenden Einstellungswandel, den dieses Land durchgemacht hat. Und dieser Wandel ist nicht zuletzt und tatsächlich in einem hohen Grade eine Leistung und Errungenschaft der Grünen, die nun mit Cem Özdemir zum ersten Mal einen deutschen Staatsbürger türkischer Herkunft an die Spitze einer deutschen Partei gewählt haben.

Die Bedeutung der Grünen für die politische Kultur der Bundesrepublik Deutschland wurde mir am eindrücklichsten im Sommer 1986 bewusst, nach der Katastrophe von Tschernobyl. Ich unterrichtete damals an der Universität Konstanz und war mit meiner Tochter schwanger. Als die radioaktiven Wolken nach Westen auf den Bodensee zu drifteten und es zu regnen begann, wurden überall in der Stadt Schilder angebracht, die schwangere Frauen davor warnten, frische Milch zu trinken oder andere Milchprodukte zu sich zu nehmen, und die ihnen empfahlen, vom Regen durchnässte Schuhe wegzuwerfen und sich mit Seife zu waschen, falls sie in den Regen gekommen waren. Ich hatte das Glück, genug Deutsch zu können, um die Warnung zu verstehen und zu befolgen, aber es gab viele andere schwangere türkische, serbokroatische, iranische oder amerikanische Frauen, die diese Schilder nicht lesen konnten. Zwei Tage später tauchten hier und da in der Stadt die ersten Schilder in anderen Sprachen auf – auf Türkisch, Serbokroatisch, Spanisch und vielleicht sogar Griechisch, wenn ich mich richtig erinnere –, und tatsächlich ging das auf eine Initiative der Grünen zurück.

All die Themen und Fragen, die die Partei der Grünen über die Jahre hinweg aufgegriffen hat, kamen in diesem Ereignis zusammen: die Schädigung der Umwelt durch Technik und Industrie; die ökologischen Risiken, die selbst von der friedlichen Nutzung der Atom-Technologie ausgehen; der Umstand, dass solche Risiken Landesgrenzen überschreiten und die Menschheit als Ganze angehen; die Tatsache,

1 Eine gekürzte Fassung dieses Textes ist in den Blättern für deutsche und internationale Politik (Juni 2009) erschienen.

dass Babys im Bauch der Mutter von technischen Unfällen betroffen sein können, die Tausende von Kilometern weit entfernt stattfinden; und auch die Erkenntnis, dass Wissenschaft, Technologie, Wirtschaft und Gesundheitsvorsorge über Staatsgrenzen hinweg reguliert werden müssen. Ebenso wie eine Staatsgrenze uns nicht vor radioaktiven Wolken und Regen schützt, sind auch die Grenzen, innerhalb derer wir leben, offen für andere, für Menschen anderer Herkunft, Sprache und Nationalitäten. Grenzen sind nach außen hin durchlässig und auch nach innen. Der Regen in Konstanz betraf jeden Mann, jede Frau und jedes Kind, unabhängig von ihren Ausweispapieren oder Aufenthaltserlaubnissen. Aber damals schienen nur die Grünen zu bemerken, dass es innerhalb der Grenzen »Andere« gab, die unser Leben teilten und die ebenfalls vor dieser alle betreffenden Gefahr gewarnt werden mussten, und zwar in ihrer eigenen Sprache. Die grenzüberschreitenden ökologischen Risiken sowie die Gerechtigkeit innerhalb und jenseits dieser Grenzen sind eng miteinander verbunden. Das ist es, was »Kosmopolitismus« für mich bedeutet: anzuerkennen, dass Menschen voneinander abhängig sind; dass Ländergrenzen im 21. Jahrhundert zunehmend durchlässig sind; dass Gerechtigkeit innerhalb der Grenzen und Gerechtigkeit jenseits der Grenzen miteinander verbunden sind, selbst wenn es zwischen ihnen zu Spannungen kommen kann und kommt; und dass Menschen moralische Personen sind, die ein Recht auf den Schutz durch das Gesetz haben, und zwar aufgrund der Rechte, die ihnen nicht als Staatsbürger oder als Mitglieder einer ethnischen Gruppe zukommen, sondern die sie einfach als Menschen beanspruchen können.

So verstanden scheint sich der Kosmopolitismus aber nur schwer mit der Demokratie vereinbaren zu lassen. Demokratie bedeutet, sich als demos zu konstituieren, als eine politische Gemeinschaft mit klaren Regeln, durch die die Beziehungen zwischen dem Innen und dem Außen bestimmt werden. In einer Demokratie gewinnt die Verfassung ihre Legitimität aus dem vereinten und kollektiven Willen des Volkes. Wie Artikel 20 des Grundgesetzes sagt: »Alle Staatsgewalt geht vom Volke aus.« Ein demokratisches Volk akzeptiert die Herrschaft des Gesetzes, weil es sich zugleich als Urheber und Adressat des Gesetzes sieht. Der Bürger einer Demokratie ist kein Weltbürger, sondern Bürger dieser klar abgegrenzten politischen Gemeinwesen – unabhängig davon, ob es sich um einen Einheits- oder um einen föderalistischen Staat handelt, um die »Europäische Union« oder einen »Staatenbund«. Wie ist das mit der kosmopolitischen Vision einer Gerechtigkeit, die nicht an der Staatsgrenze endet, zu vereinbaren? Oder mit der Vision durchlässiger Grenzen, über die die Repräsentanten des Volkes wenig Kontrolle haben? Ist nicht das »Recht, Rechte zu haben«, in Hannah Arendts Formulierung, stets das Recht der Menschen, Mitglied eines organisierten politischen Gemeinwesens zu sein? Sollte die Frage also nicht »Kosmopolitismus und Demokratie« lauten, sondern »Kosmopolitismus oder Demokratie«?

Ich möchte mich in diesem Beitrag mit dem Zusammenhang zwischen kosmopolitischen Normen und Hoffnungen, verstanden im weitesten Sinne als grenzüberschreitende Verhältnisse des Rechts und der Gerechtigkeit, und dem demokratischen Konstitutionalismus befassen. Moderne Verfassungen beinhalten universalistische kosmopolitische Ideale in Form einer Liste von Grundrechten, etwa der *Bill of*

Rights in der Verfassung der Vereinigten Staaten oder der Declaration des Droits de l'Homme et du Citoyen in der französischen Tradition. Diesem kosmopolitischen Erbe kann auch, wie im deutschen Grundgesetz, in Form einer Aufzählung der »Grundrechte« in den Artikeln 1 bis 19 oder durch die Europäische Menschenrechtskonvention Rechnung getragen werden. Oft kommt es aber zu Spannungen zwischen den Moral- und Rechtsprinzipien, die in diesen Grundrechten zum Ausdruck kommen, und anderen Artikeln derselben Verfassung; oder zwischen der Interpretation dieser Grundrechte durch die Gerichte und ihrer Umsetzung durch die Legislative in Form spezifischer Gesetze. In Debatten um die Verfassung geht es sehr oft, wenn auch nicht immer, um diese rechtshermeneutische Herausforderung. Außerdem ist die Interpretation der Bedeutung der Grundrechte zugleich ein politisches Projekt, insofern es bei solchen Interpretationen darum geht, wie ein Volk, geleitet von bestimmten Prinzipien, leben will, sowohl im Lichte seines wechselnden Selbstverständnisses als auch im Hinblick auf Hoffnungen für die Zukunft. Dies zeigt sich z.B. an dem Bedeutungswandel der Gleichheit, die im Artikel 3 des Grundgesetzes garantiert wird, vor dem Hintergrund der jüngeren Vergangenheit und der Debatten um die Geschlechter- und andere Formen der Diskriminierung. Heute wird das in den Absätzen 2 und 3 dieses Artikels genau ausgeführt: Diskriminierung aufgrund von Geschlecht, Herkunft, ethnischer Zugehörigkeit oder politischen Ansichten ist streng verboten. Die Debatte über die Gleichberechtigung Homosexueller aber, ob sie nun Staatsbürger sind oder nicht, ist noch immer im Gange.

Neben den Spannungen zwischen den Grundrechten und anderen Aspekten demokratischer Verfassungen in Theorie und Praxis operieren die meisten Staaten heute in einem sich zunehmend wandelnden internationalen Rechtsumfeld, umgeben von zahlreichen internationalen Organisationen, NGOs und neuen postnationalen Konfigurationen der Souveränität wie etwa der EU. Kosmopolitische Normen strukturieren dieses internationale Umfeld außerdem durch zahlreiche Abkommen wie die Allgemeine Erklärung der Menschenrechte. Auch in dieser Hinsicht muss sich der demokratische Wille des Volkes in Übereinstimmung mit diesen internationalen Verträgen Grenzen setzen lassen.[2]

Nach einem kurzen historischen Überblick über den Kosmopolitismus in der Geschichte des politischen Denkens (I.) soll eine systematischere Analyse des demokratischen Konstitutionalismus im Zeitalter des rechtlichen Kosmopolitismus folgen (II.). Abschließend soll erneut auf das Problem der Grenzen des demos eingegangen werden, in dem die Spannungen zwischen Kosmopolitismus und Demokratie am deutlichsten spürbar werden (III.).

2 Wie wir aber von vielen aktuellen Beschlüssen der EU zu den Maßnahmen des UN-Sicherheitsrats zur Bekämpfung des internationalen Terrorismus wissen, kann es Fälle geben, in denen der Europäische Gerichtshof für Menschenrechte den Weisungen des UN-Sicherheitsrats nachkommt und der Europäische Gerichtshof widerspricht. Vgl. z.B. einerseits das Urteil des EGMR vom 2.5.2007 (Nr. 71412/01, 71412/01 und 78166/01), Behrami und Saramati gegen Frankreich, Norwegen und Deutschland, sowie andererseits das Urteil des EuGH vom 3.9.2008 in der Rechtssache Kadi Al Barakaat (C-402/05 P und C-415/05P).

I. Kosmopolitismus – ein kurzer historischer Überblick

Das Wort »Kosmopolitismus« setzt sich aus kosmos (das Universum) und polites (der Bürger) zusammen. Und zwischen diesen beiden Begriffen gibt es deutliche Spannungen.[3] Montaigne schreibt: »Sokrates wurde gefragt, was seine Heimat sei. Er antwortete nicht ‚Athen', sondern: ‚die Welt'. Er, dessen Geist reicher und ausgreifender war als der aller anderen, umfing das Universum wie seine Vaterstadt, und seine Erkenntnisse, sein Wohlwollen und sein Gemeinsinn galten dem ganzen Menschengeschlecht – im Unterschied zu uns, die wir nur auf unsere Füße blicken.«[4] Ob Sokrates tatsächlich so geantwortet hat oder nicht, ist umstritten, aber die Geschichte wird von Cicero in seinen Gesprächen in Tusculum, von Epiktet in seinen Unterredungen und von Plutarch in De Exilio wiederholt, wo er Sokrates dafür lobt, dass dieser »kein Athener oder Grieche«, sondern ein »Kosmianer« sei.[5]

Was heißt es, ein »Kosmianer« zu sein und wie kann ein »Kosmianer« ein Demokrat sein, wenn Demokratie für die Griechen nur im Stadtstaat verwirklicht werden konnte? Aristoteles sagt, man müsse, um außerhalb der Grenzen des Stadtstaates leben zu können, entweder ein Tier oder ein Gott sein, da aber Menschen weder das eine noch das andere seien, und da der Kosmos nicht die polis sei, sei der kosmopolites nicht wirklich ein Bürger, sondern eine andere Art von Wesen. Zyniker wie Diogenes Laertius stimmten dieser Schlussfolgerung zu und behaupteten, sie seien nicht in jeder Stadt zu Hause, sondern allen gegenüber gleichgültig. Der kosmospolites ist ein Nomade ohne Heimat, er lebt in Harmonie mit der Natur und dem Universum, aber nicht mit dem Stadtstaat der Menschen, von deren Torheiten er sich distanziert. Einigen der negativen Konnotationen des Begriffs, mit denen wir aus der späteren Geschichte vertraut sind, etwa wie die Kritik des »wurzellosen Kosmopolitismus«, begegnen wir schon in dieser frühen Zeit.

Dieser negativen Version des Kosmopolitismus als Nomadismus ohne Stadtstaat steht die erhabenere stoische Lehre gegenüber, der zufolge die Menschen nicht nur die nomoi teilen – also die Gesetze ihrer jeweiligen Stadtstaaten –, sondern auch den logos, aufgrund dessen sie zur Vernunft befähigt seien. In seinen Selbstbetrachtungen schreibt Marc Aurel: »Haben wir das Denkvermögen miteinander gemein, so ist uns auch die Vernunft (logos) gemein. [...] Ist dies so, so haben wir auch das Gesetz gemein; ist dies so, so sind wir alle Bürger und nehmen an einem gemeinschaftlichen Staate teil; ist dies so, so ist die Welt gleichsam ein Staat.«[6] Die Idee einer Ordnung, die die Unterschiede zwischen dem Recht der Menschen in den verschiedenen Stadtstaaten transzendiert und stattdessen in der rational verstehbaren Ordnung der Natur verwurzelt ist, verbindet sich in den darauf folgenden Jahrhunderten

3 Darrin M. McMahon, Fear and Trembling, strangers and strange lands, Daedalus. Journal of the American Academy of Arts and Sciences (Sommer 2008), S. 5 (6); A.A. Long, The concept of the cosmopolitan in Greek and Roman Thought, Daedalus. Journal of the American Academy of Arts and Sciences (Sommer 2008), S. 50-58.

4 Michel de Montaigne, Essais, I.26, Über die Knabenerziehung, 1998, S. 86.

5 Plutarch, De Exilio, 600f-601a.

6 Marc Aurel, Selbstbetrachtungen. IV.4, S. 52.

mit der christlichen Lehre der allgemeinen Gleichheit. Die stoische Lehre des Naturrechts inspirierte das christliche Ideal der Stadt Gottes im Unterschied zur irdischen Stadt der Menschen und findet schließlich Eingang in die Naturrechtstheorien des modernen politischen Denkens bei Thomas Hobbes, John Locke, Jean-Jacques Rousseau und Immanuel Kant.

Diese negativen und positiven Bewertungen, die mit dem Wort kosmopolites verbunden sind, und denen wir zunächst im griechischen und römischen Denken begegnen, halten sich durch die Jahrhunderte: Ein kosmopolites ist eine Person, die sich selbst entweder in ihrem Denken oder in der Praxis von den Sitten oder Gesetzen distanziert und sie vom Standpunkt einer höheren Ordnung betrachtet, die als mit der Vernunft identisch gesehen wird.[7] Der Theoretiker, der dieses stoische Verständnis von Kosmopolitismus schließlich wieder aufleben ließ und dem Begriff eine neue Wendung gab, um ihn mit den Erfordernissen eines modernen Rechtsstaats vereinbar zu machen, ist Immanuel Kant. Bei Kant sehen wir auch, dass Kosmopolitismus und Demokratie, eingebettet in eine republikanische Verfassung, nicht unvereinbar sind, sondern sich vielleicht tatsächlich wechselseitig erfordern.

Kants Schrift Zum ewigen Frieden, die er 1795 anlässlich des zwischen Preußen und dem revolutionären Frankreich geschlossenen Vertrags von Basel verfasste, erfreut sich seit einigen Jahren wachsenden Interesses. Angesichts der Globalisierung der Politik ist vor allem die Vision eines »ewigen Friedens zwischen den Staaten« in den Blickpunkt gerückt, die Kant in drei »Definitivartikeln« formuliert. Sie lautet: »Die bürgerliche Verfassung in jedem Staate soll republikanisch seyn;« »Das Völkerrecht soll auf einem Föderalism freier Staaten gegründet seyn,« und »Das Weltbürgerrecht soll auf Bedingungen der allgemeinen Hospitalität eingeschränkt seyn«[8].

Kant selbst verwendet im »dritten Definitivartikel zum ewigen Frieden« explizit die Formulierung »Weltbürgerrecht«. Da ihm die Merkwürdigkeit des Begriffs »Hospitalität« in diesem Kontext bewusst ist, merkt er vorsichtshalber an, dass auch »hier, wie in den vorigen Artikeln, nicht von Philanthropie, sondern vom Recht die Rede ist«. Mit anderen Worten: Hospitalität ist nicht als eine soziale Tugend zu verstehen, als Menschenfreundlichkeit und Generosität gegenüber Fremden, die in mein Heimatland kommen oder aufgrund natürlicher oder historischer Umstände auf mei-

7 In der Stadt der Menschen können wir Sklaven sein oder frei, Christen oder Juden oder Heiden, wohlhabend oder arm, aber als kosmopolitei sind wir alle gleich, und zwar aufgrund unserer Fähigkeit, die Naturgesetze mit unserer Vernunft zu erfassen. Der kosmopolites beurteilt die Demokratie mithilfe eines Maßstabs, der über die Grenzen des Stadtstaats hinaus geht, und das kann zur Entfremdung führen, zu einem Auseinanderfallen des Bewusstseins, das Hegel in seinen unnachahmlichen Worten als »das unglückliche, in sich entzweite Bewusstsein« beschreibt. G.W.F. Hegel, Phänomenologie des Geistes (1807), in: Hauptwerke in sechs Bänden, 1999, S. 122. Natürlich bleibt diese negative Einschätzung des »unglücklichen Bewusstseins« der Stoiker und der frühen Christen unverständlich, wenn man nicht Hegels eigene »Begeisterung« und Nostalgie für die griechische polis im Hinterkopf behält, mit der er in dieser Zeit noch zu kämpfen hatte.

8 Immanuel Kant, Zum Ewigen Frieden. Ein philosophischer Entwurf, (1795), in: Immanuel Kant, Werke, 1977, Bd. 11, S. 204-213. Vgl. ausführlicher zu Kants Beitrag zur Theorie des Kosmopolitismus, Seyla Benhabib, Die Rechte der Anderen, 2008, S. 36-56.

ne Unterstützung angewiesen sind; Hospitalität ist vielmehr ein »Recht«, das allen Menschen zusteht, insofern sie als potentielle »Bürger eines allgemeinen Menschenstaats«, einer Weltrepublik, anzusehen sind. Dennoch ist das »Recht« auf »Hospitalität« eine merkwürdige Sache, weil es sich nicht auf Menschen bezieht, die als Angehörige desselben Staats derselben Jurisdiktion unterliegen, sondern die Interaktionen von Menschen regelt, die zu unterschiedlichen Staatsgebilden gehören und an deren Grenzen aufeinander treffen.

Laut Kant bedeutet »Hospitalität (Wirtbarkeit) das Recht eines Fremdlings, seiner Ankunft auf dem Boden eines anderen wegen, von diesem nicht feindselig behandelt zu werden. Dieser kann ihn abweisen, wenn es ohne seinen Untergang geschehen kann; so lange er aber auf seinem Platz sich friedlich verhält, ihm nicht feindlich begegnen. Es ist kein Gastrecht, worauf dieser Anspruch machen kann (wozu ein besonderer wohltätiger Vertrag erfordert werden würde, ihn auf eine gewisse Zeit zum Hausgenossen zu machen), sondern ein Besuchsrecht, welches allen Menschen zusteht, sich zur Gesellschaft anzubieten, vermöge des Rechts des gemeinschaftlichen Besitzes der Oberfläche der Erde, auf der, als Kugelfläche, sie sich nicht ins Unendliche zerstreuen können, sondern endlich sich doch neben einander dulden müssen.«[9]

Kant unterscheidet hier zwischen einem dauerhaften Aufenthaltsrecht, dem »Gastrecht«, und einem temporären Aufenthaltsrecht, dem »Besuchsrecht«. Das Gastrecht kann durch eine freiwillige Vereinbarung gewährt werden, durch einen eigens abzuschließenden »wohltätigen Vertrag«, da es über das hinausgeht, was man dem Anderen moralisch schuldet bzw. worauf er einen Rechtsanspruch hat.

Kants Behauptung, dass Hilfsbedürftigen die Einreise nicht verwehrt werden kann, wenn dies zu ihrem »Untergang« führen würde, hat als Grundsatz der »Nichtrückschiebung«, des non-refoulement, Eingang in die Genfer Flüchtlingskonvention gefunden (UN 1951). Er verpflichtet die Unterzeichnerstaaten, Flüchtlinge und Asylsuchende nicht zur Rückkehr in ihre Herkunftsländer zu zwingen, wenn ihnen daraus eine Gefahr für Leben und Freiheit erwächst. Natürlich können souveräne Staaten diesen Grundsatz aufweichen, indem sie die Begriffe Leben und Freiheit nach eigenem Gutdünken definieren, oder ihn umgehen, indem sie Flüchtlinge und Asylsuchende an sogenannte »sichere Drittländer« übergeben. Kant hat solche Versuche, zwischen den moralischen Verpflichtungen gegenüber Zufluchtsuchenden und den eigenen Interessen zu vermitteln, vorhergesehen und legitimiert. Die normative Rangfolge beider Ansprüche – der moralischen Verpflichtung gegenüber Dritten und dem legitimen Eigeninteresse – ist, abgesehen von den offensichtlichen Gefahren für Leib und Leben abgewiesener Flüchtlinge, ziemlich vage; in allen anderen Fällen erlaubt die Verpflichtung, für Freiheit und Wohlbefinden des Gastes zu sorgen, eine enge Interpretation durch den Souverän, so dass sie nicht als uneingeschränkte Pflicht angesehen werden muss.

Kant hat uns ein ambivalentes Vermächtnis hinterlassen: Er wollte die kommerzielle und maritime Ausbreitung des Kapitalismus rechtfertigen, weil sie die Angehö-

9 Kant (Fn. 8), S. 213 f.

rigen der menschlichen Rasse in näheren Kontakt zueinander bringe, ohne aber dabei den europäischen Imperialismus zu legitimieren. Das weltbürgerliche Besuchsrecht erlaubt den friedlichen vorübergehenden Aufenthalt, doch es berechtigt nicht zur Plünderung und Ausbeutung, Eroberung und gewaltsamen Niederwerfung jener, bei denen man Aufenthalt nimmt, wie Kants Bemerkungen zu den europäischen Invasionsversuchen in Japan und China deutlich machen.[10] Im 18. Jahrhundert war die Unterscheidung zwischen »Gastrecht« und »Besuchsrecht« im Zusammenhang mit den Entwicklungen im europäischen maritimen Imperialismus progressiv, heute ist sie das nicht mehr. Der Anspruch von Ausländern auf Bürgerrechte muss von der Verfassung selbst verbürgt werden und kann nicht länger als »wohltätiger Vertrag« gelten. Das Recht auf Staatsbürgerschaft selbst hängt natürlich von der Erfüllung bestimmter Bedingungen ab, die von dem jeweiligen demokratischen Souverän mehr oder weniger eng definiert werden. Dass es aber ein »Recht auf Einbürgerung« geben sollte, und ein »Einbürgerungsgesetz«, ist ein Menschenrecht, das in Artikel 15 der Allgemeinen Erklärung der Menschenrechte verbürgt wird, dem zufolge jedermann »das Recht auf eine Staatsangehörigkeit« hat und »niemandem [...] seine Staatsangehörigkeit willkürlich entzogen noch das Recht versagt werden [darf], seine Staatsangehörigkeit zu wechseln«.

Wir verdanken Kant die Unterscheidung zwischen dem Staatsrecht, das die Rechtsbeziehungen zwischen Personen innerhalb eines Staates regelt, dem Völkerrecht oder ius gentium, bei dem es um die Rechtsbeziehungen zwischen Staaten geht, und dem Weltbürgerrecht – dem ius cosmopoliticum –, das die Rechtsbeziehungen zwischen Personen regelt, die nicht als Bürger bestimmter menschlicher Gemeinschaften gesehen werden, sondern als Mitglieder einer globalen Zivilgesellschaft. Indem Kant erklärt, dass auf der internationalen Ebene nicht nur Staaten und Staatsoberhäupter relevante Akteure sind, sondern auch Bürger und ihre ganz unterschiedlichen Zusammenschlüsse, verleiht er dem Begriff kosmopolites eine neue Bedeutung, nämlich die des Weltbürgers. Die Idee der Weltbürgerschaft beinhaltet eine utopische Erwartung des Weltfriedens, der durch die zunehmende Kommunikation zwischen den Menschen erreicht werden soll, wozu auch »le doux commerce« gehört. Die Intensivierung des Kontakts zwischen den Menschen führe dazu, »dass die Rechtsverletzung an einem Platz der Erde an allen gefühlt wird«.[11] Weltbürgerschaft bedeutet zunächst einmal eine neue globale Rechtsordnung, in der Menschen einfach aufgrund ihres Menschseins bestimmte Rechte haben.[12]

10 Vgl. für eine ausführlichere Erörterung dieses Problems Benhabib (Fn. 8), S. 39-42.

11 Kant (Fn. 8), S. 216.

12 Es sollte aber nicht vergessen werden, dass Kants Liberalismus trotz dieser außergewöhnlichen Leistung viel weniger robust ist, als uns das recht sein kann: In Kants Republik werden Frauen, Hausangestellte und Lehrlinge ohne Besitz als »Handlanger des Gemeinwesens« bezeichnet, und ihr rechtlicher Status hängt von dem männlichen Haushaltsvorstands ab. Auch die anhaltende Kontroverse zu Kants Verhältnis zu den Juden und zum Judentum in seinen Schriften zur Anthropologie und Religion möchte ich hier nicht erörtern: Es ist umstritten, ob Kant der Meinung war, dass Juden nur Bürger einer Republik sein können, insofern sie ihre eigenen Gesetze und Traditionen aufgeben, oder ob er auch mit Blick auf die Juden Deutsch-

II. Von der Weltbürgerschaft zum Weltbürgerrecht

Die These, dass wir seit der Allgemeinen Erklärung der Menschenrechte 1948 in eine Entwicklungsphase der globalen Zivilgesellschaft eingetreten sind, die durch den Übergang von internationalen zu kosmopolitischen Gerechtigkeitsnormen charakterisiert ist, ist heute weit verbreitet. Während Normen des Völkerrechts aus vertraglichen Pflichten entstehen, die von Staaten und ihren Vertretern eingegangen werden, beziehen sich kosmopolitische Normen auf Individuen, die als moralische und rechtliche Personen in einer weltweiten Zivilgesellschaft gesehen werden. Selbst wenn kosmopolitische Normen ihren Ursprung also in Verpflichtungen haben, die wie Übereinkommen funktionieren, wie etwa die Charta der Vereinten Nationen und die verschiedenen Menschenrechtskonventionen, ist das Bemerkenswerte an ihnen, dass sie Staaten und ihre Repräsentanten binden, manchmal sogar gegen den Willen der Unterzeichnenden. Das zeichnet viele der Menschenrechtsabkommen aus, die seit dem Zweiten Weltkrieg verabschiedet worden sind.

Hier ist zunächst kurz an die zahlreichen Menschenrechtserklärungen zu erinnern, die von einer Mehrzahl der Staaten der Welt seit der Allgemeinen Erklärung der Menschenrechte unterzeichnet worden sind:[13] die Konvention über die Verhütung und Bestrafung des Völkermordes, als Resolution 260 A (III) am 9. Dezember 1948 von der Generalversammlung beschlossen; die Genfer Flüchtlingskonvention von 1951 (die 1954 in Kraft trat);[14] der Internationale Pakt über bürgerliche und politische Rechte (IPbpR, unterzeichnet 1966, in Kraft getreten 1976, unterzeichnet von 162 Staaten),[15] der Internationale Pakt über wirtschaftliche, soziale und kulturelle Rechte (IPwskR, UN-Sozialpakt, im selben Jahr und mit 159 Unterzeichnenden in Kraft getreten)[16] und das Übereinkommen zur Beseitigung jeder Form von Diskriminierung der Frau, abgekürzt CEDAW (unterzeichnet 1979 und 1981 in Kraft getreten).[17] Das sind einige der bekannteren unter den zahlreichen Abkommen und Konventionen.

lands für eine »Religion innerhalb der Grenzen der bloßen Vernunft« mit Variationen in den alltäglichen Gebetsbräuchen, Essensvorschriften etc. plädierte. Vgl. auch Hermann Cohen, Innere Beziehungen der Kantischen Philosophie zum Judentum, in: Jüdische Schriften, hrsgg. v. Bruno Strauss, Berlin 1924; Julius Guttmann, Kant und das Judentum. Ein philosophiegeschichtlicher Exkurs, in: Nathan Porges, Joseph Becher Schor, ein nordfranzösischer Bibelerklärer des XII. Jahrhunderts, 1908, S. 41-61; Joshua Halberstam, From Kant to Auschwitz, Social Theory and Practice, xiv, 1 (1988), S. 41-54.

13 Allgemeine Erklärung der Menschenrechte, A/RES/217, UN-Doc. 217/A-(III) (10.12.1948) [im Folgenden „AEMR"].

14 Abkommen über die Rechtsstellung der Flüchtlinge, G.A. Res. 429 (V).

15 Der Internationale Pakt über bürgerliche und politische Rechte, G.A. res. 2200A (XXI), 21 U.N. GAOR Supp. (No. 16) at 52, U.N. Doc. A/6316 (1966), 999 U.N.T.S. 171.

16 Der Internationale Pakt über wirtschaftliche, soziale und kulturelle Rechte, G.A. res. 2200A (XXI), 21 U.N.GAOR Supp. (Nr. 16) at 49, U.N. Dok. A/6316 (1966), 993 U.N.T.S. 3. Die Zahlen der Unterzeichnerstaaten beziehen auf den Stand von Oktober 2008.

17 Übereinkommen zur Beseitigung jeder Form von Diskriminierung der Frau, UN, G.A. Res. 34/180, 18.12.1979 (in Kraft getreten am 3.9.1981), abrufbar unter

Die Allgemeine Erklärung der Menschenrechte aus dem Jahr 1948 und die daran anschließende Ära der internationalen Rechtserklärungen spiegeln wider, was nicht nur der Westen, sondern die ganze Menschheit als moralische Lernprozesse durchgemacht haben. Die Weltkriege wurden nicht nur auf dem europäischen Kontinent, sondern auch in den Kolonien, im Nahen Osten, in Afrika und Asien ausgefochten. Die Kämpfe um nationale Befreiung und gegen die Kolonisation inspirierten die Prinzipien der nationalen Selbstbestimmung, die in diesen Dokumenten niedergelegt sind.

Die Präambel der Allgemeinen Erklärung besagt, dass die »die Völker der Vereinten Nationen in der Charta ihren Glauben an die grundlegenden Menschenrechte, an die Würde und den Wert der menschlichen Person und an die Gleichberechtigung von Mann und Frau« bekräftigen.[18] Jeder hat einen Anspruch »ohne irgendeinen Unterschied, etwa nach Rasse, Hautfarbe, Geschlecht, Sprache, Religion, politischer oder sonstiger Anschauung, nationaler oder sozialer Herkunft, Vermögen, Geburt oder sonstigem Stand« entsprechend seiner Würde behandelt zu werden, unabhängig von »der politischen, rechtlichen oder internationalen Stellung des Landes oder Gebietes, dem eine Person angehört«.[19]

Mit diesen öffentlichen Rechtsakten ist das Völkerrecht auf entscheidende Weise transformiert worden. Es ist vielleicht zu utopisch, sie als erste Schritte hin zu einer »Weltverfassung« zu bezeichnen, aber sicher handelt es sich um mehr als nur um Verträge zwischen Staaten, nämlich um Bestandteile einer globalen Zivilgesellschaft. In dieser sind Individuen nicht nur aufgrund ihrer Identität als Staatsbürger im Rahmen von Staaten Träger von Rechten, sondern in erster Linie, weil sie Menschen sind. Obwohl Staaten die mächtigsten Akteure bleiben, wird die Reichweite ihrer legitimen und rechtmäßigen Entscheidungen zunehmend eingeschränkt. Wir müssen das Völkerrecht vor dem Hintergrund dieser im Entstehen begriffenen und noch zerbrechlichen globalen Zivilgesellschaft, die stets von Krieg, Gewalt und militärischer Intervention bedroht wird, neu überdenken. Diese Transformationen des Rechts haben Auswirkungen darauf, wie wir das Verhältnis von Kosmopolitismus und Demokratie in unserer Zeit begreifen. Unsere Frage bezieht sich nicht länger auf Kosmopolitismus und Demokratie und ebenso wenig auf Kosmopolitismus oder Demokratie, sondern vielmehr auf die Demokratie im Zeitalter des rechtlichen Kosmopolitismus. Die Ausbreitung einer kosmopolitischen Rechtsordnung bringt aber ihre eigenen Probleme mit sich.

Die wichtigsten Einwände gegen den rechtlichen Kosmopolitismus sind vielschichtig: Wie sinnvoll ist es wirklich, diese Position zu verteidigen, wenn ein Träger von Rechten zu sein in erster Linie bedeutet, ein Mitglied einer souveränen Gemeinschaft zu sein, in der das »Recht, Rechte zu haben« (Hannah Arendt) geschützt wird? Wie kann der rechtliche Kosmopolitismus darüber hinaus mit der Diversität

http://www.un.org/womenwatch/daw/cedaw/econvention.htm. Diese Abkommen werden natürlich von vielen anderen Ländern unterstützt.

18 UDHR, Präamble, Para. 5.

19 Art. 2 AEMR.

der Regierungen und Regime der Welt in Einklang gebracht werden, die das Individuum als eingebettet in spezifische moralische, religiöse, ethische und sprachliche Zusammenhänge betrachten? Stellt der rechtliche Kosmopolitismus nicht eine Rechtfertigung moralischer Interventionen und des moralischen Imperialismus dar? Sicherlich kann ein Teil der Zurückhaltung, die in der letzten Zeit in kulturellen und politischen Diskussionen über die universalistische Rechtfertigung der Menschenrechte zu spüren war, auf ihre Instrumentalisierung zu politischen Zwecken und auf die Angst zurückgeführt werden, dass der robuste Menschenrechtsdiskurs einen moralischen Imperialismus mit sich bringen wird.

Ein hervorragendes Beispiel für dieses ungewollte Gleiten von der Verantwortung dafür, alle Menschen in Übereinstimmung mit dem kosmopolitischen Recht zu schützen, zu der Pflicht, wenn nötig mit militärischer Gewalt einzugreifen, bot der große Taifun, der Myanmar im Frühjahr 2008 traf. Bernard Kouchner, der ehemalige Präsident von Ärzte ohne Grenzen und heute französischer Außenminister, vertrat die Ansicht, dass die Staatengemeinschaft die Pflicht habe, sogar gegen den Willen der sich abschließenden Militärjunta von Myanmar einzugreifen. Robert Kaplan, ein konservativer US-amerikanischer Denker, stimmte zu und schlug vor, dass die US-amerikanische Navy Truppen in das burmesische Flussdelta schicken könne und dass die Mission der humanitären Hilfe für die Opfer des Wirbelsturms nach einiger Zeit leicht in eine »Nation-Building«-Mission verwandelt werden könne. Nur sei man sich dieses Mal der Aufgabe bewusst und wende direkt das Prinzip »Wer etwas kaputt macht, muss dafür bezahlen!« an.[20]

Es ist daher nicht zu leugnen, dass der Begriff der Weltbürgerschaft in der gegenwärtigen Weltlage, in der kosmopolitische Absichten oft in hegemoniale Albträume verwandelt werden, zahlreiche Ambivalenzen, Widersprüche und heimtückische Doppeldeutigkeiten birgt. Dennoch ist festzuhalten, dass einige dieser allgemeinen Behauptungen und Kritiken aus einem falschen Verständnis des rechtlichen Kosmopolitismus herrühren, insofern sie die neue internationale Rechtsordnung so verstehen, als handele es sich um eine glatte »Befehlsstruktur«, die aus einer hegemonialen Quelle stammt – sei es der globale Kapitalismus, der moderne Nationalstaat (der als mitschuldig an der Ausbreitung des globalen Kapitalismus angesehen wird) oder der Sicherheitsrat selbst. In all diesen Diagnosen wird der Wechselwirkung zwischen dem rechtlichen Kosmopolitismus, dem Konstitutionalismus und der gesellschaftlichen Verbreitung der Menschenrechtsnormen in den Mitgliedstaaten wenig Beachtung geschenkt. Die charakteristische Eigenschaft unserer Zeit kann jedoch nicht durch die bon mots »Globalisierung« und »Empire« eingefangen werden; wir sind vielmehr mit dem Aufstieg der internationalen Menschenrechtsregime und der Ausbreitung der kosmopolitischen Normen konfrontiert, während die Beziehung zwischen der staatlichen Souveränität und solchen Normen immer umstrittener und konfliktgeladener wird. Die Instrumente der Menschenrechte können De-

20 Seth Mydans, Myanmar Faces Pressure to Allow Major Aid Effort, New York Times vom 8.5.2008 und Robert Kaplan, Aid at the Point of a Gun, New York Times Op-Ed, vom 14.5.2008.

mokratien Macht verleihen, indem sie neue Vokabulare schaffen, in denen Bürger Ansprüche erheben können, oder neue Kanäle der Mobilisierung von Akteuren der Zivilgesellschaft zustande bringen, die dann Teil des transnationalen Netzwerks der Menschenrechtsaktivisten und des Widerstands gegen die Hegemonie werden.

1. Demokratische Iterationen

Um die vielfältige Beziehung zwischen kosmopolitischen Normen, den Verfassungen der demokratischen politischen Gemeinschaften und der demokratischen Willensbildung aufzuzeigen, möchte ich einen Begriff einführen, den ich bereits an anderer Stelle erörtert habe, nämlich den der demokratischen Iterationen. Gemeint sind damit jene komplexen öffentlichen Debatten, Beratungen und Auseinandersetzungen, in denen universalistische Rechte und Prinzipien von Institutionen des Rechts und der Politik wie von zivilgesellschaftlichen Organisationen diskutiert und kontextualisiert, angegriffen und verteidigt, reformiert und reformuliert werden.[21]

Jede Iteration verändert die Bedeutung des Begriffs, fügt ihr etwas hinzu, bereichert sie um subtile Nuancen. Die Iteration und Interpretation solcher Normen und Werte in ihren vielfältigen Aspekten ist dabei stets mehr als eine bloße Wiederholung. Jede Iteration stellt ihren Ausgangspunkt in einen neuen Kontext und verändert ihn damit. Indem sie zitiert wird, wird die alte Norm neu positioniert und mit neuer Bedeutung versehen. Wenn der Prozess der kreativen Aneignung und Anpassung hingegen zum Erliegen kommt oder seinen Sinn verliert, büßen diese den Charakter des Maßgeblichen ein. Durch solche Iterationen interpretiert eine demokratische Nation jene Leitnormen neu und beweist damit zugleich, dass sie nicht nur Adressat, sondern auch Urheber der Gesetze ist. Während die Naturrechtslehre meint, dass die einer Demokratie zugrundeliegenden Prinzipien der Willensfreiheit des Souveräns entzogen seien, und der Rechtspositivismus die demokratische Legitimität von der korrekten Formulierung von Normen durch den gesetzgebenden Souverän abhängig macht, eröffnet das Konzept der jurisgenerativen Debatten einen Raum der Interpretation und Intervention, der zwischen übergreifenden Normen und dem Willen demokratischer Mehrheiten vermittelt. Die Rechte, auf denen Demokratien beruhen, stehen demnach einerseits über dem Willen demokratischer Mehrheiten; zugleich jedoch können demokratische Mehrheiten diese Rechte unter bestimmten Umständen in iterativen Prozessen neu verhandeln und sie durch Argumentation, Diskussion, Revision und Reform in den demokratischen Willensprozess einbinden.

Demokratische Iterationen finden in sich überlappenden Gesprächsgemeinschaften statt, das heißt, zwischen den Mitgliedern von verschiedenen Demoi auf der einen Seite, sowie anderer offener und unstrukturierter Gesprächsgemeinschaften, also etwa internationaler und transnationaler Menschenrechtsorganisationen wie Amnesty International, zahlreicher repräsentativer und Beobachtungsorgane der UN, globa-

21 Vgl. Seyla Benhabib, Kosmopolitismus und Demokratie. Eine Debatte, mit Jeremy Waldron, Bonnie Honig und Will Kymlicka, 2008, S. 45 ff.

ler Aktivistengruppen wie etwa Ärzte ohne Grenzen, auf der anderen. In demokratischen Iterationen geht es nicht um die Frage, »Welche Normen sind für Menschen immer und überall gültig?«, sondern um Fragen wie: »Welche kollektiven Entscheidungen, die als sowohl gerecht als auch legitim gelten würden, können wir vor dem Hintergrund unserer moralischen, politischen und konstitutionellen Verpflichtungen sowie der von uns unterzeichneten Menschenrechtsabkommen treffen?« Demokratische Iterationen haben demokratische Gerechtigkeit zum Ziel.[22] Sie vermitteln zwischen der konstitutionellen und institutionellen Verantwortung eines Kollektivs und den kontext-übergreifenden allgemeinen Ansprüchen der Menschenrechte, denen sich das Kollektiv ebenfalls verpflichtet hat. Demokratische Iterationen helfen uns, die Interaktion zwischen dem rechtlichen Kosmopolitismus und Konstitutionalismus als einen Prozess zu sehen, in dem beide Seiten Zugeständnisse machen und es übereinstimmende ebenso wie widersprüchliche Interpretationen gibt.

Ich habe bisher die Normen des rechtlichen Konstitutionalismus aus der Sicht aller Nationen der Welt in ihrer Eigenschaft als Mitglieder der Vereinten Nationen dargestellt. Natürlich gibt es für die 27 Mitglieder der EU noch Rechtsnormen auf anderen Ebenen, nämlich das Europarecht und die Europäische Menschenrechtskonvention, die die Debatten über Demokratie und Recht einrahmen, strukturieren und kanalisieren, die aktuell in den Mitgliedstaaten der EU geführt werden. Die Entwicklungen der letzten Zeit zeigen auch, dass es zwischen der Weise, wie der Sicherheitsrat seine eigene Rolle beim Schutz der Menschenrechte interpretiert, und der Interpretation der EU selbst zu Konflikten kommen kann.[23] Diese Konflikte über Normen verweisen auf den fundamentalen Wandel der Beziehung zwischen Kosmopolitismus und Demokratie bis zum heutigen Tag: Kosmopolitismus bedeutet, die Würde der Menschen als Träger von Rechten in einer globalen Zivilgesellschaft zu achten, aber diese Rechte können nur innerhalb der Grenzen der Verfassungen von Demokratien eine rechtlich einklagbare Gestalt annehmen.

2. Der ökonomische Kosmopolitismus

Im Folgenden sollen noch kurz die groben Vereinfachungen, die häufig den Diskurs über den rechtlichen Kosmopolitismus prägen, angesprochen werden.

Verteidiger einer ökonomischen Globalisierung wie Thomas Friedman (zumindest mit seinem früheren Buch Die Welt ist flach) reduzieren kosmopolitische Normen auf eine flache Version der Menschenrechte auf Freiheit, Gleichheit und Eigen-

22 Vgl. Ian Shapiro, Democratic Justice, 1999.

23 Vgl. die viel diskutierten Fälle von Kadi und Al Barakaat (Fn. 2). Mit diesem Urteil annullierte der Europäische Gerichtshof die entsprechenden Maßnahmen des Europäischen Kommission, die aufgrund eines Beschlusses des Sicherheitsrats nach Kapitel VII, wonach bestimmte Personen wegen Terrorismus-Unterstützung auf eine schwarze Liste gesetzt wurden und ihr Vermögen eingefroren worden war. Ich beziehe mich hier auf einen Text von Grainne de Burca, The European Courts of Justice and the International Legal Order After Kadi, in: Harvard International Law Journal, vol. 1, No. 51, 2009 (im Erscheinen).

tum und erklären, dass diese mit der Ausbreitung des freien Marktes und des Handels einhergingen. In dieser Frage gibt es einen Schulterschluss zwischen neoliberalen Globalisierungstheoretikern und neo-marxistischen Theoretikern des »Empire«. Besonders herauszuheben sind hier Antonio Negri und Michael Hardt. Hardt und Negri unterscheiden bekanntermaßen zwischen Imperialismus und Empire, um die neue Logik des internationalen Systems einzufangen. Während sich das Wort »Imperialismus« auf ein gewaltsames, plünderndes und ausbeuterisches System bezieht, durch das eine imperiale Macht anderen ihren Willen aufzwingt, verweist Empire auf ein anonymes Netzwerk aus Regeln, Bestimmungen und Strukturen, die Menschen im System des globalen Kapitalismus festsetzen. Für den globalen Kapitalismus ist es nötig, dass das individuelle Recht, Waren und Dienstleistungen frei auf dem Markt auszutauschen, geschützt wird und vor allem, dass Verträge zuverlässig eingehalten werden (pacta sunt servanda) und ausgeführt werden können. Das Empire ist die stetig wachsenden Macht des Kapitals, immer mehr Bereiche der Erde unter seine Gewalt zu bringen.[24]

In dieser Zeit der umfassendsten Wirtschaftskrise seit den 1920er Jahren wird die neo-marxistische Kritik des globalen Kapitalismus neue Anhänger finden. Ironischerweise hat aber gerade heute das Empire (bzw. die Vereinigten Staaten) seinen Halt verloren und wurde vom Markt überwältigt. Wir müssen die Regeln und Bestimmungen des Weltmarktes von Grund auf neu überdenken und auch im Bereich der Wirtschaft kosmopolitische Rechtsnormen durchsetzen. Der Kosmopolitismus muss heute viele neue und einander überlappende Projekte der »Global Governance« vorantreiben. Die Weltwirtschaft hat sich rasch destabilisiert, wofür die »Entregulierungs-Ideologien« der Bush-Regierung zum Teil verantwortlich sind sowie der Egoismus und die Gier der Finanzbranche, aber auch der Zusammenbruch des gesellschaftlichen Vertrauens und der öffentlichen Versorgungssysteme, der bereits durch die katastrophale Reaktion auf den Wirbelsturm Katrina offenbar wurde.

Diese Ära des Egoismus innerhalb der kapitalistischen Staaten spiegelt eine globale Entwicklung wider. Die Entwicklungshilfe der großen Industrienationen für ärmere Länder ist zurückgegangen, und in großen Teilen Afrikas, Afghanistans, Mittelamerikas und Myanmars bietet die Regierung ihren Bürgern immer weniger Schutz. »Gescheiterte Staaten« überlassen das Feld entweder ethnisch-religiösen Stämmen, die miteinander Kriege führen, maquilladores oder Freihandelszonen, in denen die Menschen-, Bürger- und sozialen sowie wirtschaftlichen Rechte der Arbeiter und Bauern aufgehoben sind. Vor dem Hintergrund der ausweglosen Notlagen, die die aktuelle Weltwirtschaftskrise in vielen Entwicklungsländern hervorrufen wird, werden diese Rechte in einem Teufelspakt wahrscheinlich noch weiter

24 Obwohl das Buch erstmals 2001 ins Englische übersetzt wurde, ist die italienische Version von Empire in der Zeit zwischen dem zweiten Golfkrieg und dem Bosnienkrieg geschrieben worden. Die Macht der Vereinigten Staaten wird hier wohlwollender behandelt als in dem darauf folgenden Buch von Hardt und Negri, Multitude. Krieg und Demokratie im Empire, 2004.

eingeschränkt werden, um ausländische Investitionen und das Wirtschaftswachstum anzuregen.

Es bedarf nicht nur einer stärkeren Regulierung der Finanzmärkte und strengerer Kontrollen, so dass Wachstums- und Freihandelszonen sich an das internationale Arbeitsrecht und an Menschenrechts- sowie Umweltschutzstandards halten, sondern eines grundlegenden Umdenkens bei der Frage, was globale Verteilungsgerechtigkeit bedeutet. Und für diese Aufgabe müssen wir die Weltkarte in unseren Köpfen so umgestalten, dass wechselseitige Abhängigkeit in Fragen der Wirtschaft und des Umweltschutzes nicht mehr als vorübergehende Episoden in der Geschichte der Nationen betrachtet werden, sondern als entscheidender Baustein der Moderne als globaler Menschheitsgeschichte verstanden wird. Mit anderen Worten, wir müssen uns das Phänomen von globaler Interdependenz bewusst machen, das bereits Kant mit seinem eingeschränkten Wissen des 18. Jahrhunderts als das zweischneidige Schwert des westlichen Imperialismus erkennen konnte.

III. Die Grenzen des demos

Das Vermächtnis des Kosmopolitismus verlangt von uns abschließend, das vieldiskutierte Problem der Grenzen in der Demokratietheorie, das manchmal auch als »das Problem der Konstitution des demos« bezeichnet wird, neu zu überdenken.[25] Während im 18. Jahrhundert der Westen die übrige Welt kolonisierte, ist heute »der Rest« der Welt wiederum ins Zentrum gerückt: Die Migration folgt Mustern vorhersehbarer Verschiebungen zwischen dem Zentrum und der Peripherie. Das bedeutet, dass die Grenzen des demos, wie sie von alters her geschichtlich vorgegeben waren, nicht länger vorausgesetzt werden können; die globalen Migrationsmuster, die stetigen Veränderungen unterliegen, zeigen eindeutig, dass Völker im Laufe der Geschichte konstituiert und neu-konstituiert werden.

Ich möchte hier meinen Kollegen Robert Dahl aus Yale zitieren, der schreibt:

> »So seltsam es einem vorkommen mag, die Entscheidung, welche Personen sich legitimerweise zu »dem Volk« zusammenfügen [...] und demnach berechtigt sind, sich in ihrem eigenen Verband selbst zu regieren, ist ein von allen großen Philosophen, die über die Demokratie schrieben, fast völlig vernachlässigtes Problem. Ich führe das darauf zurück, dass sie es für erwiesen hielten, dass ein Volk sich schon konstituiert hat. [...] Die Polis ist das, was sie ist; der Nationalstaat ist das, was die Geschichte aus ihm gemacht hat. Athener sind Athener, Korinther Korinther und Griechen sind Griechen."[26]

25 Vgl. Frederick G. Whelan, Democratic Theory and the Boundary Problem, in: Nomos XXV: Liberal Democracy, hrsgg. v. J. Roland Pennock/J.W. Chapman, 1983, S. 13-47; Robert Goodin, Enfranchising All Affected Interests, and Its Alternatives, in: Philosophy and Public Affairs 35, Nr. 1 (2007), S. 40-68.

26 Robert Dahl, Und nach der Revolution? Herrschaft in einer Gesellschaft freier Menschen?, 1970, S. 53.

Wir können das zwar nicht länger glauben, aber es gibt kein demokratisches Verfahren, um demokratisch zu entscheiden, wer Teil des demos sein soll und wer nicht, weil eine solche Entscheidung bereits die Unterscheidung zwischen denen, die entscheiden dürfen, und den anderen, die nicht zu dem Demos gehören, impliziert. Wir stehen vor einem unvermeidlichen Zirkel. Obwohl dieses logische Problem des Zirkelschlusses nicht vermieden werden kann, gibt es jedoch Lösungen für dieses Problem der Konstituierung des demos, die gerechter oder intelligenter sind als andere. In unserer Zeit gehört zum Vermächtnis des Kosmopolitismus, den Gast nicht als Gast, sondern als potentiellen Bürger und Gesellschaftsmitglied zu behandeln. Wie Stefan Oeter anmerkt, muss Demokratie »immer dafür sorgen, dass der Kreis der von den Entscheidungen essentiell betroffenen ‚Herrschaftsunterworfenen' und der Kreis der an diesen Entscheidungen beteiligten Aktivbürger – soweit es irgend möglich ist – deckungsgleich gehalten wird«.[27]

Mit Blick auf das heutige Deutschland scheinen mir hier zwei Reformvorschläge nahe zu liegen: Zum einen muss das Gesetz überdacht werden, das die doppelte Staatsbürgerschaft verbietet und dessen Auswirkungen besonders harsch für die türkische Bevölkerung hier in Deutschland sind, da viele in der Heimat Land besitzen und nicht bereit sind, ihre Bindung an ihr Herkunftsland ganz aufzugeben; zum anderen sollten alle Drittstaatenangehörigen in der EU, die gewisse Aufenthaltsvorschriften erfüllen, ein kommunales Wahlrecht haben. Wie wir wissen, wird diese Frage innerhalb der EU ganz unterschiedlich gehandhabt: Großbritannien, Irland, die Niederlande, Dänemark, Schweden und Finnland erlauben Drittstaatenangehörigen, an Wahlen auf lokaler und regionaler Ebene teilzunehmen. In Großbritannien dürfen Bürger des Commonwealth auch in nationalen Wahlen ihre Stimme abgeben. Angesichts dieser progressiven Abtrennung der politischen Rechte von der Herkunftsnation würde es doch recht gut zur für die EU typischen Idee der »Zivilbürgerschaft« passen, auch Drittstaatenangehörigen das aktive und passive Wahlrecht zuzusprechen.

In meinem Buch Die Rechte der Anderen habe ich ein Urteil des Bundesverfassungsgerichts vom 31. Oktober 1990 diskutiert, in dem es um eine vom Land Schleswig-Holstein beschlossene und das Ausländerwahlrecht betreffende Änderung des Gemeinde- und Kreiswahlgesetzes ging. Das Gesetz, das den Staatsbürgern von Dänemark, Irland, den Niederlanden, Schwedens und der Schweiz das kommunale Wahlrecht zusprach, wurde vom Bundesverfassungsgericht für verfassungswidrig befunden.[28] Es ist nur darauf hinzuweisen, dass fast zwanzig Jahre nach diesem Urteil und vor dem Hintergrund all der Verwandlungen, die der Begriff der Souveränität in den Mitgliedstaaten der EU aufgrund der aktuellen Debatten über eine europäische Verfassung durchläuft, ein Aspekt der Urteilsbegründung des Bundesverfassungsgerichts zunehmend hohl klingt: »Das Bild des Staatsvolkes, das dem Staats-

27 Stefan Oeter, Allgemeines Wahlrecht und Ausschluss von Wahlberechtigung: Welche Vorgaben enthält das Grundgesetz, in: Ulrike Davy (Hrsg.), Politische Integration der ausländischen Wohnbevölkerung, 1999, S. 50.

28 Benhabib (Fn. 8), S. 196 ff.

angehörigkeitsrecht zugrunde liege, sei die politische Schicksalsgemeinschaft, in welche die einzelnen Bürger eingebunden seien. Ihre Solidarhaftung und ihre Verstrickung in das Schicksal ihres Heimatstaates, der sie nicht entrinnen könnten, seien auch Rechtfertigung dafür, das Wahlrecht den Staatsangehörigen vorzubehalten."[29]

Aber das Bundesverfassungsgericht erinnerte das demokratische souveräne Volk auch daran, dass alle, die zum »Volk« gehören, ein Recht auf das aktive und das passive Wahlrecht haben. Es heißt da weiter: »So überlässt das Grundgesetz [...] die Regelung der Voraussetzungen für Erwerb und Verlust der Staatsangehörigkeit [...] dem Gesetzgeber. Das Staatsangehörigkeitsrecht ist daher auch der Ort, an dem der Gesetzgeber Veränderungen in der Zusammensetzung der Einwohnerschaft der Bundesrepublik Deutschland im Blick auf die Ausübung politischer Rechte Rechnung tragen kann.«[30] Gibt es verfassungsrechtliche Gründe, den Drittstaatenangehörigen in Deutschland nicht zumindest das Kommunalwahlrecht zuzusprechen? Oder wird diesem Teil der Bevölkerung weiterhin eine Stimme vorenthalten werden? Vom Standpunkt einer politischen Philosophin scheint es mir angesichts der grundlegenden Umgestaltung der politischen und der Bürgerrechte in der EU nicht gerechtfertigt, die gegenwärtigen Umstände unverändert bestehen zu lassen.

Kosmopolitische Normen stellen demnach eine Herausforderung für die Demokratien der Gegenwart dar, ihre Praktiken in Übereinstimmung mit den universalistischen Idealen, die in ihren Verfassungen bereits verkörpert sind, neu zu bewerten und zu reformieren. Auch wenn wir die Unterscheidung zwischen Menschenrechten und Bürgerrechten nie ganz fallen lassen können, und ich persönlich würde das auch gar nicht wollen, sollten wir als Bürger, die auch versuchen, »Weltbürger« zu sein, unsere Verpflichtung zur »Solidarität mit den Anderen«, seien diese nun innerhalb oder außerhalb unserer Grenzen, sehr ernst nehmen. Und das kann nur bedeuten, das Vermächtnis von 60 Jahren Konstitutionalismus in Deutschland weiter auszubauen.

29 BVerfGE 83, 37 (40).
30 BVerfGE 83, 37 (52).

Wie viel Zukunft hat die Demokratie?

Brun-Otto Bryde

Ein skeptischer Titel »Wie viel Zukunft hat die Demokratie?« passt nicht unbedingt auf eine Jubelfeier. Aber ich halte es mit Norberto Bobbio, der in einem in Italien zurzeit oft zitierten Plädoyer gesagt hat: »Als Demokraten müssen wir ständig in Angst und Alarmbereitschaft sein«.[1] Wir dürfen nie glauben, dass der Lauf der Geschichte sich zwangsläufig in unsere Richtung entwickelt. Immerhin ist mein Titel optimistisch genug, eine Zukunft für die Demokratie anzunehmen. In der Sozialwissenschaft wird das Konzept der Postdemokratie immer populärer,[2] und eine Postdemokratie ist begrifflich keine Demokratie mehr. Auch im Feuilleton nehmen Szenarien eines autoritären 21. Jahrhunderts zu.[3]

Bei der Behauptung, es drohe Autoritarismus oder wir lebten bereits in einer Postdemokratie, geht es in der Regel nicht um die Gefahr, dass keine Wahlen mehr abgehalten und Regierungen nach den Vorschriften der Verfassung gebildet werden. Als ideales Modell für Legitimation und Organisation eines Regierungssystems hat sich Demokratie ziemlich alternativlos durchgesetzt. Die behaupteten postdemokratischen Tendenzen drohen eher durch Manipulation und Sinnentleerung des demokratischen Willensbildungsprozesses als durch dessen Abschaffung. Das ist nicht unwichtig und kann auch Mut machen: Selbst als »bloß formale« Demokratie oder »Zuschauerdemokratie« bleibt Demokratie zumindest ein unübertroffener Weg, Machtwechsel friedlich zu gestalten, und als Verfassungsstaat zugleich auch Garant für individuelle Freiheit. Deshalb halte ich den Ausdruck Postdemokratie auch für unzutreffend. Denn solange die demokratischen Verfahren funktionieren, und solange man nicht ins Gefängnis kommt, wenn man gegen die Herrschenden opponiert, kann man auch noch von Demokratie sprechen, denn solange das der Fall ist, besteht die Chance, Defizite zu beheben, weil wir als Bürgerinnen und Politiker dann gegen Sinnentleerung und Manipulation kämpfen können, dafür Institutionen und Verfahren zur Verfügung stehen und wir es im Schutz von Grundrechten tun können. Wenn man – wie ich in meiner universitären Vergangenheit – viel über Länder der Dritten Welt gearbeitet hat, weiß man nicht nur, wie gefährdet Demokratie immer ist, sondern ist auch immer wieder beeindruckt, unter welchen – von akademischen Demokratietheoretikern schlicht für unmöglich gehaltenen – Bedingungen sie sich dann

1 Noi siamo, dobbiamo essere, democratici sempre in allarme; Norberto Bobbio, Istituzione e Principi, Risorgimento 8 (1958), S. 235 (236).

2 Guter Überblick: Armin Schäfer, Krisentheorien der Demokratie: Unregierbarkeit, Spätkapitalismus und Postdemokratie, Der Moderne Staat – Zeitschrift für Public Policy, Recht und Management, Heft 1/2009, S. 159-183.

3 Andreas Zielcke, SZ v.17.10.2008.

doch irgendwie durchsetzt und sogar halbwegs funktioniert.[4] Die meisten Menschen ziehen es eben die meiste Zeit vor, selbst über ihr Schicksal zu bestimmen, statt sich herum kommandieren zu lassen. In Europa – unter deutlich besseren Rahmenbedingungen – müssen wir also zwar ständig in Alarmbereitschaft sein. Aber wir können doch auch hoffen, dass postdemokratische Defizite und Drohungen kein Naturgesetz sind, sondern dass wir sie durch politische Anstrengung bekämpfen können.

Richtig ist an Krisentheorien der Demokratie aber, dass das bloße Funktionieren der Institutionen zu wenig ist. Das Versprechen von Demokratie ist anspruchsvoller. Sie ist auf die Menschenwürde Gleicher gegründet. Sie ist freie und gleiche Selbstbestimmung aller – oder in den Worten einer frühen Entscheidung meines Gerichts:

> »Die Menschen selbst (gestalten) ihre Entwicklung durch Gemeinschaftsentscheidungen, die immer nur in größter Freiheit zu treffen sind. Das ermöglicht und erfordert aber, daß jedes Glied der Gemeinschaft freier Mitgestalter bei den Gemeinschaftsentscheidungen ist.«[5]

Es ist ziemlich leicht, die Verfassungswirklichkeit gegen diesen Anspruch auszuspielen, und das war schon immer so. Schon vor über 30 Jahren habe ich als akademischer Anfänger genau diesen Text benutzt, um Studenten Reformbedarf in der damaligen bundesrepublikanischen Demokratie aufzuzeigen. Aber aufgeben darf man das Streben nach einer besseren, möglichst optimalen Verwirklichung des Demokratieprinzips nicht. Es gibt eben nicht nur Demokratie und Nicht-Demokratie, sondern auch mehr oder weniger Demokratie, schlechtere und bessere Verwirklichungen des Demokratieprinzips.

Aber wenn man im Augenblick Gefahren für die Zukunft der Demokratie behauptet, meint man doch mehr als realistische Abstriche an einem Ideal. Gemessen am Anspruch einer Regierungsform, in der die Menschen selbst ihr Schicksal durch Gemeinschaftsentscheidungen gestalten, sind Defizite offensichtlich, und zwar sowohl hinsichtlich der Mitwirkung an den Entscheidungen, wie noch mehr der Gleichheit dieser Mitwirkung, wie schließlich der Steuerungskraft der im demokratischen Prozess zu Stande gekommenen Entscheidungen für Wirtschaft und Gesellschaft. In anderen Worten: Gefahren drohen, weil das Volk sich seiner Herrschaft verweigert oder sie abgibt, weil seine Entscheidungen verzerrt werden und weil diese Entscheidungen vor den Herausforderungen der Zukunft versagen könnten. Die Defizite in diesen drei Dimensionen hängen eng zusammen, auch wenn ich sie im Folgenden nacheinander angehen werde und dabei besonderes Gewicht auf die Gleichheit lege.

4 Bryde, Überseeische Verfassungsvergleichung nach 30 Jahren, VRÜ 1997, 452 (456).

5 BVerfGE 5, 85 (197); dazu, dass diese Formel, obwohl (oder gerade weil) sie aus dem KPD-Urteil stammt, wichtig ist, vgl. Bryde, Der Beitrag des Bundesverfassungsgerichts zur Demokratisierung der Bundesrepublik, in: van Ooyen/Möllers (Hrsg.), Das Bundesverfassungsgericht im politischen System, 2006, S. 321.

»Mitwirkung aller« beschreibt die demokratische Wirklichkeit kaum zutreffend. Klagen über Demokratiemüdigkeit sind verbreitet und empirisch gut belegt.[6] Wahlbeteiligung, die Mitarbeit in Parteien, aber – noch ernster – auch das Interesse am politischen System und – ganz ernst – die Zustimmung zu ihm nehmen ab. Vor einigen Jahren habe ich in einem Aufsatz einen damals schon ähnlichen Befund noch mit dem Verweis auf umso bessere Partizipation in der Sub-Politik der Zivilgesellschaft von Bürgerinitiativen, Vereinen und Verbänden beantwortet.[7] Heute bin ich pessimistischer: Mir scheinen die Mobilisierungsprobleme dort nicht so viel geringer zu sein.

Auch spricht nichts dafür, dass Politikabstinenz ein Zeichen von Zufriedenheit ist – in den 70er Jahren sahen Theoretiker ja fehlende Partizipation als Zustimmung und zu viel politische Partizipation als Krisenphänomen. Es spricht mehr dafür, dass die Abstinenz Folge der Abkehr vom demokratischen Prozess ist.

Es gehört zwar zur in der Demokratie gewährleisteten Freiheit, nicht zu partizipieren und sich nicht um öffentliche Belange zu kümmern. Aber die Ausübung dieser Freiheit gefährdet das Funktionieren von Demokratie. Das Modell geht davon aus, dass alle ihre Belange einbringen. Die Demokratie kann nicht auf einen Teil ihrer Bürger verzichten.

Es geht aber nicht nur um freiwilligen Verzicht, sondern auch um Exklusion. Diese kann auch in Demokratien mit rechtlichen und administrativen Mitteln erfolgen: Aus den USA kennen wir zum Beispiel Maßnahmen, Partizipation systematisch zu hintertreiben und damit den politischen Willensbildungsprozess zu verzerren: Registrierungserschwernisse, Verlangen nach Dokumentation für die Wahlteilnahme wie Führerschein, der Ausschluss schon aufgrund kleiner strafrechtlicher Verurteilungen, alles mit statistisch nachweisbarer Veränderung des Wahlkörpers unter praktischer Anwendung politologischer Wahlforschung.

Gemessen daran könnten wir uns auf die Schulter klopfen, weil Ähnliches in Deutschland nicht ohne verfassungsgerichtliches Einschreiten stattfinden könnte. Dabei würden wir aber das größte Defizit der deutschen Demokratie übersehen, den Ausschluss eines großen Teils der Einwanderer. Ein politisches System, in dem annähernd ein Zehntel, für die gemeindliche Demokratie ein Viertel, in manchen Stadtteilen die Mehrheit der von politischen Entscheidungen Betroffenen auf deren Zustandekommen keinen Einfluss haben, widerspricht dem Ideal der freien Selbstbestimmung aller grundlegend. Das habe ich übrigens schon vor gut 15 Jahren im Bundesverfassungsgericht für den Schleswig-Holsteinischen Landtag zur Verteidigung des Ausländerwahlrechts vorgetragen[8] – leider konnte ich den 2. Senat damit

6 Neuere Daten bei Schäfer (Fn. 2).

7 Bryde, Die bundesrepublikanische Volksdemokratie als Irrweg der Demokratietheorie, Staatswissenschaft und Staatspraxis, 1994, 305 (314).

8 Stellungnahme für den Landtag von Schleswig-Holstein, in: Isensee/Schmidt-Jortzig (Hrsg.), Das Ausländerwahlrecht vor dem Bundesverfassungsgericht, 1993, 238 (255 ff.).

nicht überzeugen.[9] Dabei geht es nicht nur um die Rechte der Einwanderer, sondern auch darum, dass Interessen unterrepräsentiert sind. Die Einwanderer verteilen sich ja nicht gleichmäßig auf die Einwohnerschaft: Wenn ein überproportionaler Teil, in manchen Gemeinden die Mehrheit, der ungelernten Arbeiter, der Hauptschulabgänger oder der jungen Familien im politischen System nicht repräsentiert sind, dann hat das Folgen auch für Arbeiter, Hauptschüler und junge Familien mit deutschem Pass.

II. Gleiche Mitwirkung

Die Partizipation ist nicht nur unvollkommen, sondern auch nicht durch Chancengleichheit gekennzeichnet. Die augenblickliche Wirtschaftskrise ist trauriger Höhepunkt – und nach nicht nur meiner Einschätzung auch Folge – einer Entwicklung, in der die wirtschaftliche Ungleichheit immer stärker zugenommen hat. Damit wächst die Gefahr, dass zu große soziale Ungleichheit die egalitäre Natur des demokratischen politischen Prozesses beschädigt. Unten hindern die Gründe, die zur sozioökonomischen Exklusion führen, zum Beispiel Bildungs- und Ausbildungsdefizite, oft auch an folgenreicher politischer Mitwirkung, und oben erlauben wirtschaftliche Ressourcen auch eine privilegierte Einwirkung auf den politischen Prozess. Wir sind bisher in Deutschland zwar noch von den schlimmsten Auswüchsen der direkten Umsetzung von wirtschaftlicher in politische Macht verschont: Man muss in Deutschland nicht Millionär sein oder die Unterstützung reicher Sponsoren haben, um politisch aktiv zu werden, und bisher hält sich auch in Deutschland noch kein Milliardär oder Oligarch seine Privatpartei, aber zu große Ungleichheit ist nicht nur ein Thema für die Sozialpolitik, sie gefährdet auch die Demokratie.

Ein wichtiger Schauplatz für den Umsatz von wirtschaftlicher in politische Macht ist der Medienmarkt. Demokratien sind durch die Zusammenballung und den politisch einseitigen Einsatz privater Medienmacht bedroht. Umberto Eco hat dazu gesagt »Wenn es heute eine Diktatur gibt, wird es eine mediale und keine politische sein.«[10] Die Logik der demokratischen Grundrechtsordnung verlässt sich darauf, dass sich im pluralistischen Markt der Meinungen Einseitigkeiten gegenseitig ausgleichen. Aber je mehr Medienmeinungsvielfalt schwindet, ist diese Logik gefährdet. Kommerzieller Wettbewerb reicht nicht aus, inhaltlichen Pluralismus zu garantieren. Wirtschaftlich konkurrierende Medienkonzerne können ihre politische Grundeinstellung teilen, und das ist bei einer Aufteilung von Medienmärkten auf Großkonzerne nicht einmal unwahrscheinlich: In einer Reihe von Ländern mit demokratischer Verfassungsordnung sind die Voraussetzungen einer pluralistischen und gleichgewichtigen Repräsentation unterschiedlicher politischer Meinungen und gesellschaftlicher Interessen jedenfalls akut bedroht. Und besonders gefährlich wird es, wenn öffentlich-rechtliche Medien und private in dieselbe Hand geraten.

9 BVerfGE 83, 37 (60).
10 Umberto Eco, Wer zuletzt spricht, SZ v. 27.1.2004.

III. Selbstbestimmung durch Gemeinschaftsentscheidungen

Damit komme ich zum dritten Punkt, sozusagen zur Herrschaftsseite der Volksherrschaft.

Auch hier wirkt die eingangs zitierte verfassungsgerichtliche Behauptung eines Modells, in dem die Menschen selbst ihre Entwicklung durch Gemeinschaftsentscheidungen bestimmen, recht idealisierend.

Jedenfalls auf Seiten der Bürger ist das Gefühl verbreitet, dass ihre Wahlentscheidung ohnehin keinen Einfluss hat. Sie fühlen sich durch weltweite Krisen bedroht und haben nur bedingt das Gefühl, dass die von ihnen gewählten Vertreter daran etwas ändern könnten oder wollten – und genau dieses Gefühl ist dann wieder für Politikmüdigkeit verantwortlich.

Die Zukunft der Demokratie ist bei einem Versagen in der Krisenbewältigung in zweifacher Hinsicht bedroht. Angesichts historischer Erfahrungen wissen wir, in welchem Maße die Akzeptanz eines Regierungssystems davon abhängt, dass die Bürger ihren Anspruch auf ein gutes Leben nicht bedroht sehen. Das Grundgesetz begann seine Geschichte vor 60 Jahren relativ unbeliebt mit einer Bevölkerung, in der es kaum gelernte Demokraten gab, noch zum 10. Geburtstag wollten ihm die Kommentatoren bestenfalls ein »ausreichend« ausstellen.[11] Seine wachsende Akzeptanz hatte es in den ersten Jahrzehnten auch dem Wirtschaftswunder und – m.E. noch wichtiger – dem Ausbau des Sozialstaates zu verdanken. Dass die Bürger heute in einer Weltwirtschaftskrise immuner gegen Demagogen sind als in Weimar, wollen wir hoffen, aber genau hier setzen die zitierten Warnungen vor einem autoritären 21. Jahrhundert an. Der Versuch, den Zorn der Bürger von den Schuldigen auf Sündenböcke, insbesondere Minderheiten abzulenken, ist jedenfalls schon absehbar.

Aber ein Staat, der wirtschaftliche Krisen oder Umweltkatastrophen nicht bewältigen kann, stellt die demokratische Regierungsform noch in anderer Hinsicht in Frage: In der Demokratie sollen die Menschen selbst durch Gemeinschaftsentscheidungen ihr Schicksal bestimmen. Das wäre nicht mehr der Fall, wenn sie den Entscheidungen an internationalen Finanzmärkten hilflos ausgeliefert wären.

Wenn die Krise den demokratischen Staat und die europäische Integrationsgemeinschaft ziemlich wehrlos erwischt hat, dann ist das auch Folge von politischen Entscheidungen, die in westlichen Demokratien mit Zustimmung der Wahlbürger getroffen worden sind, wobei allerdings die beschriebenen Verzerrungen im politischen Willensbildungsprozess nicht ohne Einfluss waren. Sie ist vor allem eine Folge einer bewussten Deregulierungs- und Entsolidarisierungspolitik im Gefolge der Reagan/Thatcher-Revolution, die das Ziel hatte, die insgesamt erfolgreichen Sozialstaatsmodelle der Nachkriegszeit zu beenden. Die Schlagworte: Reagan: »government is not the solution, it is the problem«; Thatcher: »There is no such thing as a society« werden zurzeit, wo sie sich als falsch erwiesen haben, häufiger zitiert. Dabei wurde allerdings nicht so sehr der Staat als solcher, sondern der Sozialstaat in seiner Fähigkeit zur Wirtschafts- und Gesellschaftsgestaltung geschwächt.

11 Eicher, Zehn Jahre Grundgesetz, DÖV 1959, 367.

Das konnte durchaus mit der Stärkung seiner militärischen und polizeilichen Kapazitäten einhergehen. Im Deregulierungswahn wurden sogar die schlichtesten Wahrheiten der Marktwirtschaft übersehen. Ich zitiere einen der Väter des Ordoliberalismus, Franz Böhm, der gesagt hat: »Laissez Faire bedeutet, Macht, die man aus Furcht vor Diktatur und Despotismus dem Staat verweigert, an private Unternehmen, die fast gar nicht zu kontrollieren sind, zu überantworten.«[12]

Theorien zur Unregierbarkeit in den 70er Jahren gingen noch davon aus, dass in Demokratien die Mehrheit immer unbezahlbarere Forderungen an den Sozialstaat richten würden, hatten aber nicht mit der erfolgreichen Mobilisierung der Steuerfeindschaft – am extremsten in den USA, aber durch den von dort kommenden Konkurrenzdruck weltweit – gerechnet. Zum Abbau der Leistungsfähigkeit des Sozialstaats war dieser Weg genial.[13] Da die meisten Wähler Steuern zahlen, und auch die niedrigste Steuer drückt, lassen sich mit der Mobilisierung von Steuerfeindschaft Wählermehrheiten auch bei denen erreichen, die im Saldo bei der Finanzierung von Steuersenkungen durch Leistungsabbau zu verlieren haben. Die Leistungslosigkeit des Sozialstaates ist dann erzwungene Nebenfolge eines durch Mittelentziehung verarmten Gemeinwesens und braucht nicht direkt als Ziel angegangen zu werden, was viel weniger Zustimmung finden würde. Von diesem schlechten Ausgangspunkt aus, nämlich der Instrumente zur Regulierung der Wirtschaft und auch der Instrumente zum Schutz der Globalisierungsopfer durch Umverteilung teilweise beraubt, müssen demokratischer Staat und europäische Integrationsgemeinschaft sich jetzt, da die Märkte versagt haben, als Krisenmanager bewähren.

IV. Antworten

Nach dieser Auflistung von Faktoren, die uns Angst um die Zukunft der Demokratie machen können, komme ich zum staatstragenden Teil, der Suche nach Antworten.

Da es zur Demokratie keine Alternative gibt, bleibt auch gar nichts anderes übrig. Da die Defizite politische Ursachen haben, lassen sie sich auch politisch bekämpfen: Offen ist nur, ob wir es schaffen. Aber wir sollten uns an ein afrikanisches Sprichwort halten: Die Arbeit, die man sich vornimmt, ist nie unmöglich.[14]

Offensichtlich gibt es keine einfachen Antworten. Der erste wichtige Schritt wäre, sich das klar zu machen. Der Demokratie würde es sehr bekommen, wenn die Politiker keine unhaltbaren Glücksversprechen machen, die Bürger aber auch keine unrealistischen Forderungen an sie stellen würden. Demokratie ist eine anspruchsvolle

12 Böhm, Die Bedeutung der Wirtschaftsordnung für die politische Verfassung, in: ders., Reden und Schriften, 1960, 60.

13 Weiteres zum Thema: Bryde, Steuerverweigerung und Sozialstaat, in: Aschke (Hrsg.), Selbstbestimmung und Gemeinwohl, Festschrift für von Zezschwitz, 2005, S. 321 ff.

14 Ich verdanke dieses Wort einem Vortrag der kenianischen Friedensnobelpreisträgerin Wangari Maathai: Man sollte sich gelegentlich daran erinnern, unter welchen – lebensgefährlichen – Bedingungen viele Menschen auf der Welt für Menschenrechte und Umwelt kämpfen; das relativiert unsere Probleme dann doch sehr.

Staatsform, weil sie in erheblichem Umfang darauf setzen muss, dass alle Beteiligten freiwillig ihren Beitrag leisten. Der verantwortungsvolle Umgang mit demokratischer Freiheit lässt sich nicht erzwingen, aber doch erleichtern oder erschweren. Deshalb ist Raum für politische Aktion, auch wenn es letztlich auf die Bürgerinnen ankommt.

Zur Verbesserung der Partizipation aller, mein erster Punkt, ist das Insistieren darauf, dass alle jedenfalls die Möglichkeit haben müssen, sich zu beteiligen, noch am einfachsten, weil konkrete rechtliche Reformschritte eingefordert werden können. Auch wenn die Kämpfe um Ausländerwahlrecht und eine durchgreifende Staatsangehörigkeitsrechtsreform verloren gegangen sind, bleibt die Aufgabe der Integration der Einwanderer in die Demokratie wichtig. Ebenso richtig bleibt es, sich für mehr, bessere und leichtere Partizipation und Selbstverwaltung auf allen Ebenen einzusetzen. Da sich die Probleme nicht mehr nationalstaatlich bewältigen lassen, muss die europäische Demokratie ausgebaut und die internationale erfunden werden. Überhaupt nicht hilfreich ist in diesem Zusammenhang der Kampf gegen kleine, aber notwendige Reformschritte, wie sie der Lissabon-Vertrag bringt, mit der Behauptung, man strebe eine – faktisch unerreichbare – europäische Idealdemokratie an. Aber erzwingen lässt sich die Aktivierung der Bürgerinnen und Bürger für ihre eigenen Angelegenheiten nicht. Man kann nur Hindernisse beseitigen und geduldig für sie werben.

Der Abbau sozialer Exklusion und der Kampf gegen ein weiteres Wachsen sozialer Ungleichheit, dies zum zweiten Punkt, ist ein wichtiger Beitrag auch zur Stärkung der Demokratie. Die freiheitliche Demokratie ist – gerade durch die Ermöglichung von Freiheit und zwar auch wirtschaftlicher Freiheit – notwendig mit sozialer Ungleichheit verbunden. Aber gleichzeitig besteht sie auf der radikalen Gleichheit aller Bürger in der politischen Mitwirkung. Die Hauptaufgabe zur Auflösung dieser Spannung ist es, die Grenze zwischen politischem System und Wirtschaft zu sichern, die Umsetzung wirtschaftlicher Macht in politische – zum Beispiel durch Korruption und Lobby – zu verhindern. Aber diese Aufgabe könnte zu groß werden, wenn wirtschaftliche und soziale Ungleichheit zu ungezügelt wachsen.

Eine zentrale Aufgabe ist dabei die Sicherung eines demokratischen Willens- und Meinungsbildungsprozesses, der alle Interessen und Meinungen berücksichtigt. Der immer gefährdete Pluralismus der öffentlich-rechtlichen Medien, einer weitsichtigen Erfindung meines Gerichts, muss daher verteidigt werden. Aber auch Pluralismus der Printmedien ist für die Demokratie unerlässlich. Bruce Ackerman hat im Guardian kürzlich vorgeschlagen, das gefährdete Überleben von investigativem Journalismus in öffentlich-rechtlichen Stiftungslösungen zu sichern.[15] Dabei setzt er eher auf das internet als die Presse, die er ohnehin für todgeweiht hält. Der Verweis auf das internet deutet dabei an, dass von Markt und technischem Fortschritt ausgehende Pluralitätsgefährdungen auch mit Hilfe von technischem Fortschritt gelöst werden könnten. In elektronischen Medien können Meinungen ohne einen den klassischen Medien vergleichbaren Kapitalaufwand verbreitet werden. Wenn E-Democracy

15 Bruce Ackerman, The Guardian v. 13.2.2009.

nicht ein Spielplatz für eine Minderheit bleibt, sondern ein Massenphänomen wird, wie es in den USA teilweise der Fall ist und bei den letzten Wahlen wirkungsvoll war, ist eine Re-Demokratisierung des Meinungsmarkts denkbar. Aber die elektronischen Medien können auch neue Ungleichheiten zur Folge haben.

Zum dritten: Ob und wie der demokratische Staat eine Herausforderung von der Größe einer Weltwirtschaftskrise bewältigen wird, ist noch offen. Die Krise kann benutzt werden, einen Teil der Steuerungskapazitäten, die durch Deregulierung und Privatisierung verloren gegangen sind, zurück zu holen. Das könnte – über die Überwindung der Krise hinaus – zu einer Sicherung des Sozialstaats und für eine gerechtere Verteilungspolitik genutzt werden, die dann auch die Zustimmung der Bürger zur Demokratie wieder festigen würde. Auch hier ist nichts garantiert. Die Tabuisierung von im Grundgesetz selbstverständlich vorgesehenen Instrumenten wie der Enteignung ist kein gutes Zeichen. Da die Krise nur international bewältigt werden kann, bedarf der potentiell wichtigste Akteur einer internationalen Zügelung der Märkte, die europäische Integrationsgemeinschaft dringend der Stärkung ihrer Handlungsfähigkeit. Die Milliardäre, die die Abstimmungskampagnen gegen Europa zum Beispiel in Irland finanziert haben, wollen einen solchen internationalen Akteur verhindern und wissen genau, was sie tun. Andere Euroskeptiker wissen das nicht immer. Schließlich an uns Bürger selbst: Opfer werden von den Bürgerinnen gern verlangt, aber meist von den denen, die ohnehin schon genug Opfer bringen. Die Weigerung der Besserverdienenden, ihren Beitrag zu leisten, statt weitere Steuersenkungen zu verlangen, scheint insbesondere in den USA – und wieder mit Vorbildwirkung weltweit – ungebrochen. Immerhin habe ich vor einiger Zeit in der New York Times das Plädoyer eines Unternehmers an Präsident Obama gelesen »Please raise my taxes«.[16] Wir könnten uns da mit der Aussage: »Ich zahle meine Steuern gern« anschließen.

Ich komme zum Schluss und einer Bemerkung als Verfassungsrichter:Als Verfassungsrichter könnte ich in der Versuchung sein, den beschriebenen Defiziten auch positive Seiten zu entnehmen. Die starke Stellung unseres Gerichts, die großen Hoffnungen und Erwartungen, die sich auf uns richten, haben wahrscheinlich auch mit diesen Defiziten zu tun. Die in anderen Ländern zentrale Kritik am Obersten Gericht, nämlich die an richterlichen Übergriffen in die Politik, ist in Deutschland eher leise. Geben wir dem demokratisch gewählten Gesetzgeber kontra, wird das in der Öffentlichkeit in der Regel mit Freude, oft auch mit Schadenfreude und als Beleg für die Unfähigkeit der Politik aufgenommen. Das ist mit einer bürgerschaftlichen Haltung, die von der Politik nichts erwartet, gut zu erklären. Für die Demokratie bekömmlich ist es nicht.

Vor 20 Jahren, auf einem Festvortrag zum 40. Jahrestag des Grundgesetzes in Hanau, habe ich als Juraprofessor dazu gesagt:

Es kann nur Juristen freuen, wirft aber ein fragwürdiges Licht auf die Haltung zu einem demokratischen politischen Prozess, wenn in Umfragen über das Ansehen staatlicher Institutionen, ein Gericht, das Bundesverfassungsgericht, ganz oben und

16 Reed Hastings, Please Raise my Taxes, New York Times v. 6.2.2009.

das Parlament ganz unten steht; wenn Bürger auf die Frage, wohin sie sich bei Schwierigkeiten wenden würden, in der Bundesrepublik die Gerichte und in anderen Demokratien ihre Abgeordneten nennen. Dass in solchen, die Effektivität der Verfassungsgeltung zweifellos stützenden Einstellungen erhebliche Überbleibsel antipluralistischer Affekte stecken, Sehnsucht nach Einheit und Ordnung durch sachverständige Autoritäten, Weigerung, Spannungen und Widersprüche auszuhalten, ist zumindest wahrscheinlich.

An dieser Auffassung halte ich auch heute, als Bundesverfassungsrichter, fest.

20 Jahre demokratische Revolution in Osteuropa: Die Revolution ist tot – lebt die Demokratie?

*Jens Georg Reich**

Die Herbsttage des Jahres 1989 waren für mich, meine Familie und unseren Freundeskreis die aufregendsten und interessanten Tage unseres Lebens. Nur noch als Erinnerung haben wir die erlebnisgeladenen und bis zur Erschöpfung mitgestalteten Wochen des Aufbruchs aus Bevormundung, Disziplinierung und Langeweile, die für uns das DDR-Leben bedeutete. Das gilt, wohlgemerkt, für den öffentlichen Raum der DDR. Das private Leben war reich und ermöglichte uns zum Beispiel den Aufbau eines verzweigten Freundeskreises, aus dem sich im Herbst 1989 auch das Neue Forum speiste. Es gab viele andere solcher basisorientierten Bewegungen.

Der Herbst 1989 war ein Aufstand der Bürgerschaft eines ganzen Landes. Man mag ihn Revolution nennen, weil er letzten Endes zu einer grundlegenden Neuordnung des Verhältnisses von Entwicklungsstand der Produktivkräfte und der herrschenden Produktionsverhältnisse durch eine politische Massenbewegung führte. Das passt zu den Definitionen von Karl Marx und Rosa Luxemburg, und wem der Begriff »Revolution« nicht behagt, der muss eben »Konterrevolution« sagen, nämlich zurück in die bürgerliche Produktionsweise, von Marx nicht vorhergesehen. Aber lassen wir die Nomenklaturen – nur Egon Krenzens »Wende«[1] will mir als Falschbegriff nicht behagen. Es ist heute nur noch schwer zu vermitteln, welch tiefer Ernst die Menschen erfüllte und dabei von einer geradezu karnevalesken Hochstimmung begleitet wurde. Es war ein Paradox der Stimmungen, und es waren ein paar Wochen konkreter Utopie, als Menschen, die sich zuvor nie gesehen hatten, spontan in Kontakt miteinander traten und engagiert politische Diskussionen über die Gestaltung der Zukunft entfachten. Einen schwachen Erinnerungsabglanz dieser Zeit vermitteln neben vielem anderen die Film- und Druckdokumente der großen Berliner Demonstration vom 4. November 1989. Das war einerseits eine comedia dell'arte mit den Charakterpuppen, die da als Symbol des Alten und des Neuen unter Beifallsjubel und Buhrufen auftreten (ich war auch eine), aber das, was das Volk aus der Demonstration machte, wurde für uns alle, die wir dabei waren, als Aufbruch in die Zukunft erlebt, und es war doch tatsächlich der Abgesang auf die alte DDR. Was

* Seinerzeit Bürgerbewegter, im Beruf Arzt und Molekularbiologe.

1 Vgl. die Antrittsrede nach der Wahl zum Generalsekretär des ZK der SED am 18.10.1989: »Mit der heutigen Tagung werden wir eine Wende einleiten, werden wir vor allem die politische und ideologische Offensive wiedererlangen.«, zitiert nach Reich, Tagebuch der Wende (Folge 7), in: Die Zeit, Nr. 43 vom 21.10.1994, S. 14. Der Begriff wird jedoch verwendet von Grub, Wende' und ‚Einheit' im Spiegel der Deutschen Literatur, Band 1: Untersuchungen, Berlin 2003, S. 8.

dann mit der Maueröffnung ausgelöst wurde und ein Jahr währte, war das Abschiedsjahr der DDR, ein Jahr, wie sie keines zuvor erlebt hatte – mit einem öffentlichen Raum, in den jeder eintreten und zur politischen Gestaltung beitragen konnte, in dem Bevormundung und Zensur vergessen waren. In den Schulen wurde Freiheit anstelle von Disziplin und Drückebergerei eingeführt. Auch für die Medien war es ein großes Jahr – endlich einmal berichten zu dürfen, was man wirklich sagen wollte. Als Erinnerung an all das behalte ich das Hochgefühl, was es bedeutet, wenn wirkliche Demokratie gelebt wird und wenn das Volk dabei mitmacht und nicht miesepetrig vom Fensterbankkissen aus zuschaut.

Es muss betont werden, was heute gern nach hinten rutscht, dass der friedliche Aufstand von 1989 eine historische Leistung eben nicht nur der DDR, sondern aller Völker Osteuropas gewesen ist und dass die Öffnung der Berliner Mauer nicht das einzige Kerndatum dieses historischen Prozesses ist, sondern dass es entscheidende Bewegungen vorher gegeben hat, ohne die unser Aufbruch in die Freiheit nicht möglich gewesen wäre, Petöfi-Klub, Helsinki-Komitee, Solidarnosc, Charta 77.[2]

Meine emotionserfüllte Erinnerung an diese Tage blendet natürlich die Elemente des Illusionären erst einmal aus. Sie zeigt nur die helle Seite. Ich muss mein deklaratives Gedächtnis aufrufen, um hervorzuholen, was das Jubeljahr auch noch gebracht hat. Da tauchten die ersten Nazis aus der Versenkung auf. Da sicherte sich eine untergehende Herrschaftsklasse emsig die Pfründe und die politische Zukunft. Da versuchten die Mitarbeiter des Schnüffelstaats die Spuren der Schnüffelei schnellstmöglich zu beseitigen, um weißgewaschen wieder von vorn antreten zu können. Wirtschaftsberater, Lobbyisten und Werbefachleute traten auf den Plan, die vorher bei Koko, MfS, Staatsbank und Plankommission tätig waren. Ganze Volkskammerfraktionen wechselten von einer Sitzung zur nächsten ihre Trabanten in neue Audi-80 Limousinen ein. Karrieristen erfühlten, wo in Zukunft Macht und Einfluss sein würden, und besetzten die entsprechenden Positionen. Banken, Energiekonzerne und Medienverbünde wanderten ein und gestalteten die Zukunft nach ihren Rezepten. Eine frei gewählte Volkskammer wischte den Verfassungsentwurf und die Idee einer verfassunggebenden Versammlung vom Tisch und mogelte sich mit ein paar löchrigen Verfassungsgrundsätzen bis zu Währungsunion und deutschem Einigungsvertrag und der Errichtung der Treuhandanstalt durch, setzte das Grundgesetz (wie es in Artikel 23 hieß, »in anderen Teilen Deutschlands nach deren Beitritt«) in Kraft und half damit, das Versprechen des Grundgesetzes in Artikel 146 zu kassieren, in dem es heißt:

> »Dieses Grundgesetz, das nach Vollendung der Einheit und Freiheit Deutschlands für das gesamte deutsche Volk gilt, verliert seine Gültigkeit an dem Tage, an dem eine Verfassung in Kraft tritt, die von dem deutschen Volke in freier Entscheidung beschlossen worden ist.«

Auf diesen Tag warten wir heute noch. Ja, wir Deutschen warten. Anstatt zu handeln. Wir warten auf ein Geschenk, das uns für den Sankt Nimmerleinstag versprochen wird, wenn nämlich irgendeine Macht geruht, uns eine Volksabstimmung um

2 Vgl. dazu ausführlich Jesse/Reich (Hrsg.), Eine Revolution und ihre Folgen: 14 Bürgerrechtler ziehen Bilanz, 2. Aufl., Berlin 2001.

die Inkraftsetzung einer neuen Verfassung zu gestatten. Das Volk hält bittend die Hand auf. »Hut ab, Majestät« vor den Märzgefallenen von 1848 gehört nicht mehr zu seinem Wortschatz.

Heute nun, zwei Jahrzehnte später, nach den turbulenten Tagen des Herbstes 1989, stellt sich die Frage, die mir die Bundestagsfraktion der Bündnisgrünen gestellt hat: Die Revolution ist tot – lebt die Demokratie?

Ja doch. Selbstverständlich. Wir haben Demokratie im deutschen Land. Wir haben ein Grundgesetz, das wir zwar nicht beschlossen haben, das die Grundrechte aller Menschen und die Staatsbürgerrechte aller Deutschen definiert, das einen föderalen Bundesstaat aller deutschen Länder garantiert, freie Wahlen zu Parlamenten in der Form einer repräsentativen Demokratie ermöglicht, die staatsrechtliche Machtverteilung genau regelt und über dessen Auslegung ein Bundesverfassungsgericht wacht, das hohes Ansehen genießt und oft schon das letzte, entscheidende und oft sogar weise Urteil gefällt hat. Alle Staatsgewalt geht vom Volke aus, allerdings nur in dem Sinne, dass das Volk regelmäßig seine oberen Repräsentanten wählen und nach vier Jahren wieder entlassen kann – dies allerdings nur indirekt auf Parteilisten und mit Beschränkungen, die eine spontane politische Bewegung unmöglich machen. Gleichwohl, erst einmal festgehalten: Ich fühle mich als freier Bürger, kann meine politische Meinung unbefangen darlegen, kann das Land freizügig verlassen und wieder betreten, ohne ausgebürgert zu werden, kann Vereine und sogar Parteien gründen, kann ein Gewerbe eröffnen, habe manche Abwehrrechte gegen staatlichen Eingriff und muss nicht jedem Vertreter der staatlichen Macht, jedem Polizisten als Untertan entgegentreten.

Es gibt Millionen Menschen in dieser Welt, die diesen Zustand, den ich hier nur skizziere, als politisches Paradies begrüßen würden, wenn sich ihr Heimatland dazu durchringen könnte. Und wir können uns freuen, zusammen mit allen Völkern in Osteuropa, dass wir den Weg zu diesem Zustand im Herbst 1989 eingeschlagen haben.

Unsere Demokratie lebt also. Sie lebt, weil ich mit vielen anderen in diesem Land leben möchte, weil ich auch wünsche, dass meine Kinder und Enkelkinder hier leben können und sich zu diesem Land und zu seiner politischen Verfassung bekennen können. Ich unterstütze auch aus voller Überzeugung den Weg zu einem geeinten föderalen Europa, den unser Land beschreitet, und bin auch bereit, alle Misshelligkeiten zu erdulden, die der schwierige europäische Einigungsprozess mit sich bringen mag.

Und trotzdem: Hier stimmt doch etwas nicht mit dieser Demokratie. Unser Land ist in einen Krieg am Hindukusch verwickelt, ohne dass der Souverän, das Volk, auch nur ein einziges Mal etwas dazu entschieden hätte. Unsere Wirtschaft gerät in eine globale Krise, in die Steuergelder in schwindelerregenden Türmen als Rettungsgelder gestopft werden, ohne dass die zahlenden Bürger um ihr Einverständnis gefragt werden. Im Finanzsystem arbeiten Divisionen von Spezialisten, die mir nicht erklären können oder erklären wollen, was da vor sich geht, jedoch offensichtlich ohne Erklärung und verpflichtende Rechenschaft in einen Crash schwer vorstellbaren Ausmaßes hineinfahren und mir jetzt erzählen wollen, dass sie genau wüssten, wie man das alles wieder ausbügeln muss. Zuvor wurde jeder Bürgerprotest gerade hier in Berlin z.B. gegen die Manöver der Landesbank Berlin als Laiengeschwätz abgetan, und jetzt werden die gleichen Finanziers, die erst in vollem Galopp in die Grube hineingeritten sind, von der Regierung als Berater dafür angeheuert, wie man mit Steuergeldern wieder heraus kommt. Ich habe zu oft die überheblichen Belehrungen derjenigen gehört, die mir die Kompetenz absprachen, in Finanzsachen ein Urteil zu entwickeln. Jetzt kommen die gleichen Belehrer mir vor wie ein Chirurg, der jahrelang die schwelende Diagnose nicht erkannt hat, und doch mir jetzt weismachen will, dass er der beste Kandidat für die Durchführung einer ebenso wolkigen Therapie wäre. Da ist es also möglich, dass unter dem Banner der grundgesetzlichen Freiheit des Wirtschaftens gigantische Spielgeldsummen verzockt werden, ohne dass die Betroffenen, die es jetzt mit Arbeitsplatzverlust und wirtschaftlicher Not ausbaden, auch nur erfahren haben, was eigentlich vor sich ging. Wirtschaft findet in der Wirtschaft statt, so hieß es, und genau dort ist sie zugrunde gerichtet worden. Von Verantwortlichkeit für fremdes Eigentum und vor weitreichenden Entscheidungen aus kurzfristigen Motiven sollten wir nicht reden, uns nicht einmischen. Es steht die Frage dringend an, ob nicht an der Demokratie der Wirtschaftsverfassung unseres Landes und unserer europäischen Union dringend Arbeit notwendig ist.

Ich formuliere das alles aus dem Bauch, ganz klar – ich habe einen anderen Beruf und kann keine Strategie präsentieren. Aber dass anlässlich des 60jährigen Jubiläums des Grundgesetzes Anlass besteht, einmal nachzufragen, ob die Verfassungswirklichkeit, die gelebte Demokratie, tatsächlich so ideal ist, wie sie in Sonntagsreden dargestellt wird, das ist meine Überzeugung. Es kann nicht richtig sein, dass die Verfassungswirklichkeit, die wir erleben, es mit sich bringt, dass wir bei Fragen, die uns unmittelbar betreffen, niemals an den Entscheidungen beteiligt werden.

Ich habe die Besorgnis, dass die Demokratie, die sich in unserem Verfassungsstaat realisiert, sich als nicht stabil erweisen könnte. Alte Bundesrepublikaner erklären mir mit Stolz, welche Krisen die Bundesrepublik überstanden habe und wie gefestigt sie im Laufe ihrer 60 Jahre geworden sei. Da wird der Tag vor dem Abend gelobt. Es ist für mich zweifelhaft, ob die Demokratie in unserem Land wirklich widerstandsfähig wäre, wenn eine existenzielle Herausforderung käme. Unsere Großeltern (meine Großeltern natürlich, für viele Zuhörer sind es bereits die Urgroßeltern) – meine Großeltern jedenfalls, jetzt als Staatsvolk und Gemeinschaft freier Bürger angesprochen, konnten oder wollten die Weimarer Demokratie nicht verteidigen, als sie zum Ende der zwanziger Jahr in ihre größte Krise geriet. Werden wir einer existenziellen politischen Herausforderung gewachsen sein, wenn sie (genau wie 1929) global eintritt? Auf die technischen Haltepflöcke des Grundgesetzes und dem angehängten Wahlgesetz, die Fünf-Prozent-Hürden und konstruktivem Kanzler-Misstrauensvotum würde ich mich jedenfalls nicht verlassen wollen. Und wie eine wirkliche Herausforderung aussehen würde und wie ihr zu begegnen sei, das wissen wir trotz aller Krisenerfahrung nicht genau. Und ob wir die Kraft aufbringen würden, auch das ist unsicher. Jedenfalls haben wir viel zu viel von unserer gepriesenen Macht als Souverän aus den Händen gegeben. Wir lassen viel zu sehr zu, dass die politische Macht indirekt ausgeübt wird. Wir lassen uns gefallen, dass es nahezu unmöglich ist, existenziell wichtige politische Fragen direkt mit zu entscheiden. Wir murren, aber unternehmen nichts dagegen, dass unter dem Grundgesetz die Demokratie zur Parteiendemokratie geworden ist, dass die Parteien sehr viel mehr an Macht erringen konnten, als zur Mitwirkung an der politischen Willensbildung, ihrem Verfassungsauftrag, notwendig ist. Die weitgehende Auflockerung der Gewaltenteilung ist nach meiner Meinung besorgniserregend. Legislative und Exekutive sind nur noch unscharf getrennt. In den ersten Reihen des Parlaments sitzen die Vertreter der Exekutive, Kanzler, Minister, parlamentarische Staatssekretäre und die ihnen zuarbeitenden Gehilfen als Legislative kostümiert, stimmen über die eigenen Positionen und Gesetzentwürfe ab und bügeln die Kontrollinstanz, die Opposition, mit Mehrheit ab. Die Kandidaten der obersten repräsentativen Funktion (der Bundespräsident) und für die obersten kontrollierenden Staatsfunktionen (das Verfassungsgericht) werden ebenfalls von den gleichen Parteien ausgesucht und nach Proporz ausgehandelt. Das Ganze nennt sich Gewaltenteilung. Die Anforderungen an eine politische Laufbahn in diesem System sind so stark von jahrelanger Netzwerk- und Cliquenbildung im Parteiensystem abhängig, dass wirkliche Sachkompetenz in jedem Fachberuf auf die Dauer verloren gehen muss, wenn man sich zur Ochsentour entschließt. Die politische Macht und ihre Ausübung sind zu einem Berufsstand geworden – das kann nicht die Intention einer demokratischen Verfassung sein, und es war ganz bestimmt nicht der Inhalt und das Ziel unserer politischen Vorstellungen von 1989, die ja gerade den Berufsstand des SED-Kaders als Entscheidungsinstanz über das Leben der Untertanen abschaffen wollte.

Bärbel Bohley ist seinerzeit viel gescholten worden für ihren Ausspruch, dass die 1989er Gerechtigkeit wollten und den Rechtsstaat bekamen. Ich will den Ausspruch hier nicht kommentieren, sondern in der Intention umformulieren. Wir haben Grundrechte, Freiheitsrechte, Bürgerrechte erreicht, die wir aktuell auch energisch verteidigen müssen. Aber das Recht der politischen Mitwirkung in wesentlichen Fragen wurde suspendiert. Suspendiert, nicht kassiert: Denn die Verfassung erlaubt ja direkte Demokratie. Und zu den wesentlichen Fragen zählt nun einmal die Wirtschaftsverfassung und Fragen wie die, wie in der Krise zu handeln sei. Ich frage mich auch, ob das repräsentative Mandat des Parlaments wirklich die Entscheidungskompetenz für einen unerklärten, verschämt als Befriedungsaktion deklarierten Krieg auf einem Tausende von Kilometern entfernten, unwegsamen Gelände beinhaltet. Ich meine nein und plädiere in einer solch wichtigen Frage für ein direktes Plebiszit. So dumm ist der deutsche Michel nicht zu entscheiden, um was es hier geht. Wer definiert die Grenzen der repräsentativen Demokratie, und wohin gehört die Volksabstimmung in wichtigen Entscheidungsfragen?

Als nunmehr Alt-89er lautet mein Fazit: Die osteuropäische politische Bürgerbewegung von 1989 hat ein gescheitertes Gesellschaftsmodell abgeschafft, hat einen historischen Erfolg erkämpft. Aber mehr Basisdemokratie und mehr Demokratie in der Wirtschaft hat sie nicht erreicht. Geschlagen ziehen wir nach Haus, die Enkel fechten´s besser aus – so resigniert wie das berühmte Alt-48er Lied sehe ich die Bilanz nicht. Aber dass die Enkelgeneration dran ist, es besser auszufechten, das möchte ich doch unterschreiben.

Sicherheit braucht Freiheit*

Wolfgang Hoffmann-Riem

Aus dem laufenden Jahrzehnt werden vermutlich auf Dauer zwei Jahreszahlen besonders im Gedächtnis bleiben: 2001 und 2008. 2001 wegen des unerwarteten und hinterhältigen Anschlags auf das World Trade Center mit über 3.000 Toten und den verheerenden Folgewirkungen, auch für die Wirtschaft, aber vor allem für das Sicherheitsgefühl der Menschen und für den Weltfrieden. Wirkmächtige Reaktionen reichen vom Krieg in Afghanistan und Irak über Verwerfungen in nationalen und transnationalen Rechtsordnungen und manchen Gesellschaftsordnungen allgemein. Auch das Gesicht des Staates hat sich in mancherlei Hinsicht verändert.

Möglicherweise wird 2008 aber noch einschneidender wirken. Die wirtschaftlichen Folgen der Finanzkrise sind schon jetzt um ein Vielfaches größer als die ökonomischen Schäden, die der internationale Terrorismus seit dem 11. September 2001 bewirkt hat. Wir können nur ahnen, welche Dramen sich durch den Niedergang ganzer Wirtschaftszweige, durch zahllose Konkurse, durch Massenarbeitslosigkeit und folgende Verelendung abspielen. Noch wissen wir wenig über die Zahl der Toten, nämlich derjenigen, die sich in einer für sie ausweglosen Lage selbst umgebracht haben. Viele Staaten finden sich in neuen Rollen. Manche stehen sogar vor dem Bankrott. Viele sind plötzlich wieder Objekt von hohen Erwartungen, nicht nur für Zahlungen und Verbürgungen in Milliarden- und Billionenhöhe, sondern sind auch gefragt als regulierender Akteur, als Kontrolleur der Finanzmärkte, als Mitinhaber von Banken, ohne dass erkennbar ist, wie der – jedenfalls in der Vergangenheit in vielem überforderte – Staat das alles soll leisten können.

I. Die ungeheure Macht des Nichtwissens

Auch wenn die Ereignisse der Jahre 2001 und 2008 grundsätzlich verschieden sind, so gibt es auch vergleichbare Strukturelemente. Auf eines will ich mich konzentrieren: Es ist die unheimliche Macht, die vom Nichtwissen ausgeht.[1] Wir wissen zwar um den ungeheuren Wissensgewinn in der Moderne und reden von der Wissensgesellschaft. Solche Ereignisse aber provozieren Fragen wie die: Ist es eher das Nichtwissen, das unsere Befindlichkeiten prägt? Wieweit diktiert Nichtwissen – das

* Dieser Kongressbeitrag wird zusätzlich erscheinen in: Andreas von Arnauld/Michael Staak (Hrsg.), Sicherheit versus Freiheit, 2009.

1 Zur Problematik von Wissen und Nichtwissen vgl. statt vieler Christoph Engel/Jost Halfmann/Martin Schulte (Hrsg.), Wissen – Nichtwissen – Unsicheres Wissen, 2002; Gunnar Folke Schuppert/Andreas Voßkuhle (Hrsg.), Governance von und durch Wissen, 2008.

Nichtwissenkönnen, aber vielleicht auch das Nichtwissenwollen – unser Tun? Solche Fragen sind jedenfalls im Bereich von Gefahr und Risiko drängend.

Die Raubritter und Piraten, vor denen der mittelalterliche Staat Schutz versprach, oder die Söldnerheere kriegsführender Staaten waren in der Vergangenheit in ihrem Gefahrenpotenzial vergleichsweise berechenbar, und Militär und Polizei standen als Gegenmittel bereit. Jetzt aber ist die prinzipielle Vorhersehbarkeit der Gefahr gewichen. Der mögliche »Gegner« ist nicht bekannt, und sein Name – wie Al-Qaida – beschwört eine diffuse Identität.

Wie ein dezentralisiertes Netzwerk des transnationalen Terrorismus funktioniert, ist vielleicht abstrakt vorstellbar, aber nicht konkret ein- und vorhersehbar. Die Gefahr ist geheimnisvoll. Ihre Verursacher kennen nur eine rauschhafte, einseitig selektive Verantwortung. Bei den potenziellen Opfern – jedermann – kumuliert sich das Gefühl der Verwundbarkeit mit der Ungewissheit, ob und wann wieder etwas passiert, wer wo und wie zuschlagen und in unseren Traum eines friedlichen und gesicherten Lebens zerstörerisch eindringen wird. Aber auch das Funktionieren der transnationalen Finanzmärkte ist offenbar nicht ein- und vorhersehbar, und die große Krise hinterlässt das Gefühl einer nicht abbaubaren Verwundbarkeit – für jeden und jede. Wir können nicht einmal sagen, ob unsere Geldanlagen jetzt – nach den vielen Interventionen – sicher sind.

Wir müssen uns daran gewöhnen, dass Risiken überall lauern können, aber häufig nicht so konkret, dass darauf vertraut werden kann, dass ihre Abwehr durch Polizei, Armee, Geheimdienst oder Finanzaufsicht gelingt.

Der Staat reagiert – wie Ulrich Beck formuliert hat – in solchen Situationen des Nichtwissens häufig mit der »rastlosen Suche nach der verlorenen Sicherheit mittels Maßnahmen und Strategien, die Kontrolle und Sicherheit eher vorgaukeln als gewährleisten und das allgemeine Unsicherheits- und Bedrohungsgefühl schüren«.[2] Mediale Verstärker potenzieren die gefühlte Unsicherheit ebenso wie manche politischen Profis, NGOs und Missionare unterschiedlicher Heilslehren, die den öffentlichen Diskurs gelegentlich dazu nutzen, die Sehnsucht nach Sicherheit auch für andere Zwecke umzuleiten.

Den Anschlag des 11. September hat niemand vorhergesehen, obwohl sich im Nachhinein gezeigt hat, dass es Anhaltspunkte gegeben hat. Sie passten aber nicht in die damals geltenden Raster der Konstruktion von Wirklichkeit. Heute werden viele Informationen sehr schnell in das Raster Terrorismusgefahr geordnet, auch solche, die gar nicht dahin gehören. Nichtwissen veranlasst die Sammlung von vielen Details, darunter vielen, die bei der Bekämpfung des Risikos kaum weiter helfen, und manche, die als Mosaiksteine taugen mögen.

Bei diesen aber ist häufig offen, ob das durch sie mögliche Zusammenfügen zu kleinen Bildausschnitten dazu taugt, um das Gesamtbild auch nur zu erahnen, oder ob es das Risiko in sich trägt, dass es durch weitere Vermutungen ergänzt wird und

2 Ulrich Beck, Weltrisikogesellschaft. Auf der Suche nach der verlorenen Sicherheit, 2007, S. 279.

in der Folge ein nutzloses Zerrbild bietet oder Personen zu Unrecht durch Verdacht stigmatisiert.

Auch die mit den Finanzmärkten verbundenen Risiken hat niemand wirklich vorhergesagt. Vielleicht hat sogar ein verborgener Wunsch nach dem Nichtwissenwollen regiert, angespornt durch den Renditerausch, eingefangen in diffuse Netzwerke ohne Übersicht und ohne Knotenpunkte der Verantwortung. Besonders groß war die Asymmetrie zwischen denen, die Risiken wagten – den Managern und Jongleuren der Finanzmärkte –, und denjenigen, denen sie zugewiesen wurden, den vielen Anlegern, Sparern und Versicherten und jetzt den Kommunen und Staaten, die um der Gegenwart willen durch Schuldenpolitik hoch riskante Wechsel auf zukünftige Generationen ziehen. Niemand weiß, ob die Instrumente wirken werden. Niemand kann erfahrungsbasiert wirksame Strukturen für die Steuerung internationaler Finanzmärkte ersinnen.

Auch hier hat – um erneut auf Ulrich Beck's Beobachtung zu verweisen – das rastlose Suchen nach der verlorenen Sicherheit mittels Maßnahmen und Strategien begonnen, bei denen aber offen ist, ob sie das allgemeine Unsicherheits- und Bedrohungsgefühl eher schüren als abbauen. Wo Vertrauen unverzichtbar, aber so massiv erschüttert ist wie gegenwärtig im Finanzbereich, ist es besonders problematisch, wenn die vertrauensbildenden Maßnahmen nicht greifen sollten.

Das in beiden Großereignissen dokumentierte Problem einerseits der Nichtverarbeitung von grundsätzlich verfügbarem Wissen, aber auch das des Nichtwissenkönnens prägte und prägt ebenfalls andere dramatische Großereignisse, wie die Explosion des Atomkraftwerks in Tschernobyl oder die durch die industrielle Produktion und den wachsenden Konsum bedingte Klimakatastrophe. Nichtwissen gibt es aber natürlich auch im Kleinen – manchmal mit großen Wirkungen. Niemand ahnte, dass ein 17jähriger Tim im März 2009 in dem kleinen Ort Winnenden in einer Schule massenhaft morden würde. In der Folge konzentrierte sich die öffentliche Diskussion auf die Frage, welches wohl die Ursache gewesen sein konnte, und im Bereich der Politik auf die Frage, wie der Waffenbesitz besser kontrolliert werden könnte. Wie wäre die Diskussion wohl verlaufen und wie hätte es sich auf das Unsicherheitsgefühl der Deutschen ausgewirkt, wenn der Täter Ali geheißen hätte und Sohn eines iranischen Teppichhändlers gewesen wäre?

II. Legimitation durch Sicherheit, Freiheit, Gleichheit

Viele Ereignisse der letzten Jahre zeigen jedenfalls eines: Das Staatsziel Sicherheit ist prekär geworden – Sicherheit in einem umfassenden, auch, aber nicht nur auf polizeiliche Gefahrenabwehr gerichteten Sinne. Der Staatszweck Sicherheit steht an der Wiege moderner Staatlichkeit. Kann der Staat das Sicherheitsversprechen nicht einlösen, gefährdet er seine Legitimität. Denn das Versprechen von Frieden nach innen und außen war eine wichtige Legitimationskraft. Die Idee der individuellen Freiheit als Produkt der Aufklärung ist demgegenüber jünger, aber nicht minder legitimationskräftig. Der erfolgreiche Kampf des Bürgertums um die Beschränkung der obrigkeitlich agierenden Staatsgewalt zielte auf die Durchsetzung der aufklärerischen Forderung nach persönlicher Freiheit. Die Herrschaft des rechtsstaatlichen und später auch des demokratischen Gesetzes war ein Mittel dazu. Später – vor allem befördert durch die Französische Revolution – wurde die Freiheitsidee auch mit der Idee der Gleichheit verkoppelt, die ihrerseits mit der Idee der Brüderlichkeit – moderner: der Solidarität – verschwistert war.

Absolute Freiheit für die einzelnen Bürger konnte es allerdings nicht geben, schon wegen der kollidierenden Freiheitsrechte anderer. Auch absolute Sicherheit schied aus, denn sie wäre nur um den Preis der Freiheit erreichbar. Absolute Gleichheit konnte ebenfalls nicht das Ziel sein. Erstrebt wurde Chancengleichheit in Form der rechtlichen Gleichheit bei prinzipiellem Fortbestand von sozialer, ökonomischer und kultureller Ungleichheit, wenn auch zunehmend gekoppelt mit dem sozialstaatlichen Auftrag an den Staat, sie tendenziell abzubauen. In das Sozialstaatsprinzip ist die Idee der Solidarität eingeflossen.

Auch heute bedürfen Herrschaft und Macht der Legitimation. Das Maß inhaltlicher Legitimation richtet sich auch danach, ob die Sehnsucht nach Freiheit, nach Gleichheit und nach Sicherheit Antworten findet. Die Zielwerte stehen in einem prekären Verhältnis zueinander. Wird einer absolut gesetzt, verkümmern die anderen. Nicht Maximierung des einen auf Kosten des anderen ist der Königsweg, sondern wechselseitige Optimierung durch Balancierung. Das aber ist für den Zielwert Sicherheit als Schutz von Leib und Leben und Vermögen nach dem 11. September schwieriger geworden. Darauf will ich mich jetzt zunächst konzentrieren.

III. Ermächtigungen für Tätigkeiten im Vorfeld von Gefahr und Verdacht

Die Zerstörung der Illusionen zum Zielwert Sicherheit fördert die Bereitschaft, den Zielwert Freiheit zur Disposition zu stellen. Vorher nicht durchsetzbare Beschränkungen von Bürgerrechten stießen nach dem 11. September 2001 anfänglich nicht einmal auf massiven öffentlichen Protest, und auch später – bis heute – wurde der Ausbau der Sicherheitsgesetzgebung fortgeführt. Der Hinweis auf die terroristische Bedrohung, die es unzweifelhaft weiter gibt, hatte und hat eine starke Rechtfertigungskraft, ohne dass viel Sorge auf den Nachweis gelegt wurde und angesichts des politischen Klimas gelegt werden musste, ob und wieweit neue Instrumente zur Abwehr dieser Risiken taugen, aber auch, ob sie bei grundsätzlicher Tauglichkeit in Anbetracht der mit ihnen verbundenen Einschränkung von Freiheitsrechten rechtlich verhältnismäßig und politisch angemessen sind. Auch wurde meist nicht wahrgenommen, dass sie zwar mit den Gefahren des Terrorismus und der organisierten Kriminalität begründet zu werden pflegen, aber nur selten darauf begrenzt sind, sondern allgemein das Einsatzfeld von Polizei- und Strafrecht ausweiten.

Das Bundesverfassungsgericht hat die ihm obliegende, insbesondere am Rechtsstaatsprinzip orientierte Prüfung einer Reihe dieser Sicherheitsgesetze vorgenommen und ist bekanntlich vielfach zum Ergebnis der Verfassungswidrigkeit ihrer konkreten Ausgestaltung gekommen.[3] Dabei hat das Gericht das überkommene rechtsstaatliche Argumentationsraster genutzt und u.a. für Tätigkeiten im Vorfeldbereich von Verdacht und Gefahr gefordert: Die jeweiligen Ermächtigungen müssen handlungsbegrenzende Tatbestandselemente enthalten, die einen Standard an Vorhersehbarkeit und Kontrollierbarkeit vergleichbar dem schaffen, der für die überkommenen Aufgaben der Gefahrenabwehr und der Strafverfolgung rechtsstaatlich geboten ist.[4] In vielen Entscheidungen war es bemüht, die rechtsstaatlichen Anforderungen der neuartigen Lage anzupassen. Als Obersatz hat es formuliert: »Die Verfassung hindert den Gesetzgeber nicht grundsätzlich daran, die traditionellen rechtsstaatlichen Bindungen im Bereich des Polizeirechts auf der Grundlage … neuartiger oder veränderter Gefährdungs- und Bedrohungssituationen fortzuentwickeln. Die Balance zwischen Freiheit und Sicherheit darf vom Gesetzgeber neu justiert, die Gewichte dürfen jedoch von ihm nicht grundlegend verschoben werden«. Eine solche Aussage beruht auf der Annahme, dass die Grundstrukturen des geltenden Polizeirechts sich bewährt haben – auch wenn manchmal Anlass besteht, Einzelheiten zu kritisieren. Das rechtsstaatliche Polizeirecht als Typ ist ein Erfolgsmodell. »Generelle Versagensdiagnosen finden in den Fakten keine Grundlage«.[5] Ich verallgemeinere: Auch heute ist die innere Sicherheit in funktionierenden freiheitlichen Rechtsstaaten regelhaft größer als in repressiven Staaten. Ein Vergleich der Situation in Deutschland etwa mit der in Russland illustriert dies exemplarisch.

Es ist allerdings eine anspruchsvolle Aufgabe, die Prämissen des herkömmlichen Polizeirechts zu bewahren, soweit es nicht um die Abwehr konkreter Gefahren geht, sondern diffuse Risiken vermieden werden sollen.[6] Denn bei ihnen sollen Schutzvorkehrungen im Vorfeld der Verwirklichung von Gefahren geschaffen werden. Hier fällt es schwer, konkrete tatsächliche Anhaltspunkte der Risikoverwirklichung und der Verantwortlichkeit konkreter Personen als Verursacher potenzieller oder aktueller Gefahren zu finden. Wird darauf verzichtet und werden Eingriffe zur bloßen Verdachtsgewinnung vorgenommen, gilt: Solche Maßnahmen erlegen den Betroffenen ein rechtliches Opfer auf, das besonderer Rechtfertigung bedarf.[7] Es gilt zu verhindern, dass die Abwehrmaßnahmen diffus werden. Sie sind nämlich weitgehend durch eine erhebliche Streubreite und regelmäßig durch nicht beherrschbare Folgenketten gekennzeichnet.

Die Fantasie zum Ausbau von Instrumenten, die solche Probleme in sich bergen, ist groß. Gefordert werden immer wieder vermehrte Zugriffsmöglichkeiten auf die immensen Datensammlungen, über die Private – etwa die Internetprovider und Te-

3 Vgl. BVerfGE 109, 279; 110, 33; 115, 320; 120, 274; 120, 378.

4 BVerfGE 110, 33 (Leitsatz 2 sowie S. 56).

5 So die Formulierung von Christoph Gusy, Polizeirecht, 7. Aufl. 2009, S. III.

6 Dazu vgl. etwa – statt vieler – BVerfGE 110, 33 (58 ff.) Aus der wissenschaftlichen Diskussion vgl. statt vieler Helmuth Schulze-Fielitz, Nach dem 11. September: An den Leistungsgrenzen eines verfassungsstaatlichen Polizeirechts?, in: Detlef Horn (Hrsg.), Recht im Pluralismus. Festschrift für Walter Schmitt Glaeser, 2003, S. 407 ff.

7 Gusy (Fn. 5), S. IV.

lekommunikationsgesellschaften – verfügen, ja sie müssen schon jetzt auf Vorrat Daten aufbewahren, an denen sie selbst gar nicht interessiert sind. Es braucht nicht viel Fantasie, um sich immer weitere Zugriffsmöglichkeiten vorzustellen, etwa auf die bei der Mauterhebung anfallenden Daten oder auf die unzähligen Informationen, die die vielen, in einem Kraftfahrzeug schon jetzt installierten Computer laufend sammeln. Der Ausbau des sog. Internet der Dinge[8] wird neue Informationen und damit vermutlich auch neue Begehrlichkeiten verursachen. Jetzt ist sogar in neuen Regelungen in §§ 89a, b, 91 StGB die Bestrafung der möglichen Vorbereitung von Terroranschlägen weit im Vorfeld solcher Anschläge geplant (sog. Terrorcamp-Gesetz).[9] Diese Normen sind aufgrund ihrer tatbestandlichen Voraussetzungen kaum geeignet, zu Verurteilungen zu führen, wohl aber schaffen sie einen neuen Anlass, das Überwachungsinstrumentarium der Strafprozessordnung zur Verdachtsgewinnung auch dort zu nutzen, wo es eigentlich noch nicht um Strafverfolgung gehen kann.[10]

Andererseits: Es ist zu berücksichtigen, dass Nichthandeln seinerseits risikoreich sein kann. Handeln aber auch, wenn es nicht gelingt, es rechtsstaatlich so einzubinden, dass es nicht Gefahr läuft, den Lebensraum für freie, also auch repressions- und einschüchterungsfreie, Entfaltung unwirtlich werden zu lassen. Auch darf es nicht Risiken ihres Missbrauchs stimulieren, die insbesondere bei manchen großen Datensammlungen schon übersehbar sind.

Soll verhindert werden, dass Prävention rechtsstaatliche Dämme bricht, muss um Antworten auf viele Fragen gerungen werden: Wie und um welcher Sicherheit willen darf wie und wieweit in die Freiheit eingegriffen werden? Rechtfertigt die Aussicht auf einen Sicherheitsgewinn den Verzicht auf genaue Eingrenzungen polizeilicher Ermächtigungen? Wieweit dürfen bei der Risikoabwehr Eingriffe im Vorfeld von Gefahren, ja im Vorfeld von Verdacht oder im Vorfeld dieses Vorfeldes vorgenommen werden? Dürfen Informationseingriffe – wie bei der Vorratsdatenspeicherung vorgesehen (s. § 113a TKG)[11] –, sogar ohne jeden Verdacht, insofern also (bezogen auf die Betroffenen) anlasslos erfolgen? Auch wenn der Zugriff auf diese Daten zusätzliche Voraussetzungen fordert (s. § 113b TKG, etwa i.V.m. § 100g StPO), ist die Schaffung entsprechender Datenvorräte ein eigenständiger, wenn auch für den Einzelnen weniger intensiver Eingriff als die Nutzung der Daten etwa zu Strafverfolgungsmaßnahmen.

Solche Fragen sind von der Politik vielfach sehr schnell bejaht worden. Hätte hier das Bundesverfassungsgericht nicht Warn- und Stoppschilder aufgerichtet, wären die Schleusen zum Präventionsstaat vermutlich weit geöffnet worden.

8 Vgl. statt vieler Hans-Jörg Bullinger/Michael ten Hompel (Hrsg.), Internet der Dinge, 2007.

9 BT-Drs. 16/11735 vom 27.1.2009.

10 Eine solche Vorgehensweise ist keineswegs singulär, vgl. Wolfgang Hoffmann-Riem, Administrativ induzierte Pönalisierung – Strafrecht als Auffangordnung für Verwaltungsrecht, in: Heinz Müller-Dietz (Hrsg.), Festschrift für Heike Jung, 2007, S. 299, insbesondere 309 f.

11 Zur Vorratsdatenspeicherung s. die Eilentscheidung des BVerfG, NVwZ 2008, 543.

Die Dynamik des Ausbaus von Überwachungsmöglichkeiten im Vorfeldbereich hat allerdings mit dem Problem von Wissen und Nichtwissen zu tun. Traditionelles Polizeirecht fordert für Eingriffe Anhaltspunkte einer Gefahr im Tatsächlichen und der Zurechnung zu bestimmten Personen, es fordert also die Wahrscheinlichkeit begründende Wissensbausteine. Nur solches Wissen soll den Freiheitsverlust rechtfertigen dürfen. Jetzt aber droht es umgekehrt zu werden: Das Nichtwissen wird als Rechtfertigung genommen, um Überwachungseingriffe weit im Vorfeld der Zurechnung eines Risikos zu einem bestimmten Ereignis und einer bestimmten Person zu ermöglichen. Es sollen Informationen in großem Ausmaß auf Vorrat und damit weitgehend anlasslos gesammelt werden. Weil wir so wenig über die diffuse Gefahr wissen, werden die staatlichen Maßnahmen weit gestreut und setzen vielfach, insbesondere bei Informationseingriffen, hinsichtlich des davon Betroffenen anlasslos möglichst weit im Vorfeld möglicher Gefahren an.

Eine solche Vorgehensweise ist jedenfalls für denjenigen eine durchaus nachvollziehbare Logik, der den Staatszweck Sicherheit in den Vordergrund rückt. Der immer wieder geäußerten Einwand, jetzt werde jeder Bürger unter Generalverdacht gestellt, prallt an ihm ab: Verdachtlose Ermittlungen stellen ja niemand unter Verdacht. Sie sollen vorbeugen, um Informationen verfügbar zu haben, wenn sich ein Verdacht zur Gefahr konkretisiert.

Gerechtfertigt ist aber auch die Gegenfrage: Wie groß ist die Gefahr, dass die Dämme des Freiheitsschutzes abgebaut oder durchlöchert werden? Der Rechtsstaat hat Beschränkungen für Eingriffe in die Freiheit nicht als Selbstzweck entwickelt, sondern als Reaktion auf Erfahrungen des Fehlgebrauchs von Macht, ja auch des Missbrauchs. Das rechtsstaatliche Polizei- und Strafrecht des 19. Jahrhunderts stellte den Staatszweck Sicherheit um der Freiheit willen dann zurück, wenn der Betroffene keinen ihm zurechenbaren Anlass der Rechtfertigung eines belastenden Eingriffs geschaffen hatte. Ausnahmen bedurften besonderer Rechtfertigung, etwa in Gestalt des sog. polizeilichen Notstands. Heute sind allerdings viele Problemlagen komplexer geworden.

Es gibt viele unterschiedlich intensive Bedrohungen, und die Eingriffe können viele unterschiedliche Rechtsgüter auf unterschiedliche Weise treffen. Die Beziehungen zwischen Schutzgut und hinreichenden Schutzvorkehrungen werden daher in komplexeren Formeln ausgedrückt. Zu ihnen gehört der Grundsatz der sog. umgekehrten Proportionalität: »Je gewichtiger die drohende oder erfolgte Rechtsgutbeeinträchtigung und je weniger gewichtig der Grundrechtseingriff ist, um den es sich handelt, desto geringer darf die Wahrscheinlichkeit sein, mit der auf eine drohende oder erfolgte Verletzung des Rechtsguts geschlossen werden kann, und desto weniger fundierend dürfen gegebenenfalls die Tatsachen sein, die dem Verdacht zugrunde liegen«.[12] Das Bundesverfassungsgericht hat hinzugefügt, dass die Anforderungen an den Wahrscheinlichkeitsgrad und die Tatsachenbasis der Prognose nicht beliebig herabgesenkt werden dürfen, sondern auch in angemessenem Verhältnis zur Art und Schwere der Grundrechtsbeeinträchtigung und zur Aussicht auf den Erfolg

12 BVerfGE 100, 313 (392); 113, 348 (386).

des beabsichtigten Rechtsgüterschutzes stehen müssen. Selbst bei höchstem Gewicht der drohenden Rechtsgutbeeinträchtigung kann auf das Erfordernis einer hinreichenden Wahrscheinlichkeit nicht verzichtet werden. Auch muss gewährleistet bleiben, dass Annahmen und Schlussfolgerungen einen konkret umrissenen Ausgangspunkt im Tatsächlichen besitzen.[13] Insofern spielt die Nähe der betroffenen Person zur fraglichen Rechtsgutbedrohung eine wichtige Rolle.

Solche Formeln sollen in einer an rechtlichen Argumentationsfiguren orientierten Weise diskutierbar machen, ob und wieweit es gerechtfertigt ist, den Zielwert Freiheit um der Sicherheit willen zurückzustellen. Die Antwort ist heute vielfach ja. Auch das Bundesverfassungsgericht hat die von ihm beurteilten Instrumente – wie den Großen Lauschangriff, die Rasterfahndung oder auch die Online-Durchsuchung[14] – nicht unter allen Voraussetzungen für verfassungswidrig erklärt. Neue Gefahren können und müssen gegebenenfalls neue Antworten erfordern – so stehen die neuen Möglichkeiten der Informationsgesellschaft auch Kriminellen offen; also muss der Staat sich auch auf sie einstellen. Aber dennoch: Das Gesetz muss die rechtsstaatlichen Grenzen von Eingriffen hinreichend bestimmt markieren und darf den Bereich freier persönlicher Entfaltung nicht durch diffuse Ermächtigungen erodieren.

Soweit dies droht, hat das Bundesverfassungsgericht Eingriffsermächtigungen – und zwar eine stattliche Anzahl – erheblich enger geschnitten als der Gesetzgeber. Die Bemühungen des Gerichts, äußerste Grenzen des Freiheitseingriffs zu markieren, wären allerdings missverstanden, wenn sie von der Politik wie eine Aufforderung behandelt werden, stets bis an diese äußersten Grenzen heranzugehen oder gar auszuloten, ob sie noch ein wenig weiter zu Lasten der Freiheit verrückt werden dürfen. Auch darf die Nichtbeanstandung eines bestimmten Instruments einer bestimmten Behörde durch das Gericht nicht wie eine Aufforderung verstanden werden, das gleiche Instrumentarium ohne genaue Prüfung allen anderen mit Sicherheitsaufgaben betrauten Behörden bereitzustellen oder alle schon irgendwo normierten Instrumente zu kumulieren – wie es jetzt im BKA-Gesetz geschehen ist. Angesichts des dort prall gefüllten Instrumentenbaukastens stellt sich die Frage, ob wirklich alle Instrumente für die Bekämpfung des internationalen Terrorismus gebraucht werden und ob schon durch diese Kumulation eine neue Qualität in der Justierung von Freiheit und Sicherheit zu entstehen droht.

Es schließt sich die weitere Frage an, ob die durch die neue Gesetzgebung sich abzeichnende neue Qualität des Bundeskriminalamtes rechtsstaatlich hinreichend umhegt ist. Zwar bestehen die Ermächtigungen nur zur Abwehr von Gefahren des internationalen Terrorismus. Der Begriff der terroristischen Gefahr kann aber sehr weit verstanden werden – was angesichts ihrer Diffusität nicht überrascht, aber dennoch das Risiko in sich birgt, dass auch die Macht dieser im Aufgabenbereich neu dimensionierten Behörde diffus ist. Hier sind restriktive Interpretationen geboten. Manchen mag es auch ein Trost sein, dass die personellen und finanziellen Ressour-

13 BVerfGE 113, 348 (386).
14 BVerfGE 109, 279; 115, 320; 120, 274.

cen des Amtes trotz Ausbaus in der Vergangenheit begrenzt sind und eine solche Restriktion im Faktischen auch den rechtlichen Instrumenteneinsatz begrenzt. Befriedigend ist das Vertrauen auf solche Faktoren allein in einem freiheitlichen Rechtsstaat aber nicht.

Im Jahre 1978 – das Grundgesetz war gerade 29 Jahre jung – habe ich mich in einem wissenschaftlichen Aufsatz mit dem damaligen Ausbau des Polizeirechts durch Instrumente im Vorfeld von Gefahren befasst und dort jetzt folgenden Satz gefunden: »Gegenwärtig überschattet die Terrorismusdiskussion alle Überlegungen. Es ist unmöglich, exakt das Ausmaß der Gefahr einzuschätzen, die von Terroristen ausgeht. Erlaubt sein muss aber die Frage, ob eine Gefahr stärker aufgebauscht wird als angemessen ist. Jedenfalls scheint Vorsicht vor der Versuchung geboten, das Polizeirecht mit … verengtem Blick auf die Terroristenbekämpfung zu reformieren, ohne zu fragen, ob die Änderungen auch im Hinblick auf die Abwehr sonstiger polizeilicher Gefahren vertretbar sind.«[15] Das war 1978. Seitdem sind die überkommenen rechtsstaatlichen Begrenzungen des Polizeirechts immer wieder verrückt worden, fast immer unter Berufung auf terroristische Gefahren. Nie ist folgenreich gefragt worden, ob manche Instrumente nicht auch wieder zurückgebaut werden können.

Damals wie heute aber gilt: Regierung und Parlament haben eine Bringschuld zu erfüllen, wenn sie die Freiheit der Bürger einschränken wollen; soll dies im Interesse der Sicherheit geschehen, muss auch dargelegt werden, dass der Eingriff durch einen hinreichenden Gewinn an Sicherheit aufgewogen wird, und zwar nicht nur einen Gewinn an irgendeiner Sicherheit, sondern an einer, die Voraussetzungen dafür schafft, dass die Menschen in Freiheit leben können. Dieser Bringschuld wird die Politik nur begrenzt gerecht. Dadurch trägt sie mit dazu bei, dass (möglicherweise unnötige) Ängste entstehen.

Selbst die auf Anforderung des Bundesverfassungsgerichts in manchen Gesetzen vorgesehenen Pflichten zur Evaluation der Folgen der neuen Instrumente werden nicht in einer Weise erfüllt, die eine hinreichend informierte öffentliche Diskussion erlaubt.[16] Das Ausmalen von Bedrohungssituationen reicht für den Ausbau der Sicherheitsgesetze selbst dann nicht, wenn die Szenarien realitätsnah beschrieben und nicht aus politischem Kalkül überzeichnet sein sollten: Bedrohungen rechtfertigen bestimmte Gegenmaßnahmen nur insoweit, als diese mit geringsten möglichen Nachteilen verbunden sind und den Bedrohungen auch Erfolg versprechend begegnen können. Alles andere wäre Symbolhandeln oder – noch problematischer – Ausdruck einer überzogenen Sicherheitsgesetzgebung.

Sicherheitsfragen sind heikle Fragen; Freiheitsfragen aber ebenso. Die Justierung von Freiheit und Sicherheit bedarf eines öffentlichen Diskurses, in dem auch die empirischen und normativen Prämissen offengelegt werden, auf deren Grundlage der Sicherheitsgewinn gerechtfertigt und der Freiheitsverlust hingenommen werden

15 Wolfgang Hoffmann-Riem, Abbau von Rechtsstaatlichkeit durch Neubau des Polizeirechts?, JZ 1978, 335.

16 Vgl. Marion Albers, Evaluation sicherheitsbehördlicher Kompetenzen: Schritte von der symbolischen Politik zum lernenden Recht, VerwArch 2008, 481 f.

kann. Bei einem solchen Diskurs müsste auch berücksichtigt werden, dass die Gesellschaft in vielen anderen Bereichen erhebliche Risiken in Kauf nimmt. So nehmen wir die jährlich fast 5.000 Verkehrstoten allein in Deutschland um unserer Freiheit der Mobilität willen hin; wir wissen um die Gesundheitsrisiken der Umweltverschmutzung, aber beschränken uns auf Risiko minimierende Maßnahmen. Es lassen sich vielfach Gründe benennen, warum es um der Freiheit willen lohnt, gewisse Risiken hinzunehmen oder in Kenntnis der Unvermeidbarkeit mancher Risiken zu leben. Der öffentliche Diskurs über das Maß hinzunehmender oder nicht hinzunehmender Risiken – auch die terroristischer oder anderer krimineller Bedrohungen – sollte aber nicht isoliert, sondern als Teil eines breiter angelegten Diskurses über Risiken und Risikobereitschaft erfolgen, in der auch gefragt wird, ob die Gesellschaft an vergleichbare Risikolagen jeweils das gleiche Maß anlegt.

IV. Finanzkrise und das Problem des Nichtwissens

In diese Diskussionen wird auch die Reaktion auf die Finanzkrise gehören müssen. Die Akteure konnten sich auf Freiheiten wie die der Wirtschafts- und Investitionsfreiheit, der Berufsfreiheit, des Eigentumsschutzes, der transnationalen Dienstleitungsfreiheit berufen.

Solche Freiheiten waren beim Handeln auf den Finanzmärkten nicht durch ein wirksames hoheitliches Regelwerk beschränkt, das auch für eine hinreichende Verantwortung bei der Wahrnehmung dieser Freiheiten sorgte. Der Fehlgebrauch dieser Freiheiten ist jetzt offensichtlich. Dieser Fehlgebrauch ist weitgehend nicht in krimineller Absicht geschehen, aber mit negativen Folgen, wie sie unsere Fantasie eigentlich nur mit kriminellem Handeln in Verbindung bringt. Als staatliche und internationale Reaktion wird jetzt auch ein Regelwerk der Überwachung gefordert. In der Folge wird zu beobachten sein, ob es – soweit erforderlich – auf ähnlich detailgenaue Informationen zielt und ob es mit ähnlichem Einsatz entwickelt und gehandhabt werden wird wie die alten und neuen Instrumente der polizeilichen Risikoabwehr. Auch für die Überwachung der Finanzmärkte muss eine Einschreitschwelle bestimmt werden, die Sicherheit und Freiheit austariert. Diese misst sich aber nicht nur an der Intensität der Grundrechtsbeeinträchtigung der Akteure auf den Finanzmärkten, sondern muss sich auch an der der Gefährdung von Rechtsgütern der Allgemeinheit und der verschiedenen Anleger, Sparer und Versicherten ausrichten, aber natürlich auch die Erfolgseignung einkalkulieren.

Hier beginnt das Wissensproblem erneut: Wir wissen ja nicht nur nicht, ob all die teuren staatlichen Maßnahmen auch wirklich greifen werden, sondern auch nicht, wie ein effektives Kontrollsystem aussehen könnte. Wird die Steuerungskraft hoheitlicher Intervention den Kontrollaufgaben in den transnationalen Finanzmärkten gerecht werden können? Ein Blick auf die dort mobilisierbare und schon jetzt wieder mobilisierte Gegenmacht und auf die strukturell die Transparenz hindernden Geflechte weckt Zweifel.

Die Legitimation hoheitlichen Handelns in allen Bereichen der Risikovorsorge wird sich aber nicht nur daran zu bewähren haben, ob das Risiko beherrschbar oder die Folgen jedenfalls kompensierbar sind. Zur Legitimation gehört auch die Antwort auf die Frage, ob Freiheit und Sicherheit gut ausbalanciert sind, und auf die weitere Frage, ob dabei auch der schon in der Französischen Revolution so wirkmächtige Gedanke der Gleichheit Gestalt gewinnt.

Heute darf auch gefragt werden, ob eine Chance bestanden hätte, den Nährboden für Terrorismus jedenfalls teilweise dadurch auszutrocknen, dass die jetzt zur Rettung von Banken und Wirtschaftsunternehmen eingesetzten Milliarden zuvor jedenfalls teilweise verfügbar gewesen wären, um zu verhindern, dass die Kluft von Arm und Reich überall immer größer wird – regional wie global, von Nord bis Süd, von Ost bis West. In dieser Kluft steckt gesellschaftliche Sprengkraft. Ihre Folgen können dazu beitragen, den Boden für eine Ausbreitung der terroristischen Bedrohung zu düngen. Dringend ist die Frage: Wie müsste eine Risikovorsorge aussehen, die stärker auf die Ursachen der Risikoentstehung und nicht nur auf die Symptome reagiert? Auf die tieferen Gründe für aktuelle und potenzielle Bedrohungen einzugehen, ist aber erheblich schwieriger als auf konkrete Folgewirkungen zu reagieren – auch weil das Nichtwissen über Ursachen größer ist als das über Symptome.

V. Ausblick

Das Grundgesetz ist vor 60 Jahren als Auftrag konzipiert worden, den Rahmen für eine freiheitliche und gerechte Ordnung zu bilden. Es enthält weiterhin den Auftrag, die Voraussetzungen dafür zu schaffen, dass die Menschen je für sich und gleichberechtigt mit anderen reale Freiheit genießen, also das Maß an Freiheit verwirklichen können, das ihrem Lebensentwurf entspricht, ohne anderen dieselbe Freiheit zu nehmen. Heute hat sich die Staatlichkeit transnational geöffnet. Die westliche Trias von Freiheit, Gleichheit und Sicherheit muss sich jetzt global bewähren. Dazu gehören auch Sicherungen für eine auf reale – also nicht auf fiktive – Chancengleichheit gegründete freiheitliche Ordnung. Diese dürfte eine gute Voraussetzung dafür sein, dass auch der Zielwert Sicherheit erreichbar ist. Sicherheit braucht Freiheit, die allen zugute kommt.

Karlsruhe und der Einschüchterungseffekt – Praxis und Nutzen einer Argumentationsfigur des Bundesverfassungsgerichts

Christian Rath

Es gibt viele Gründe und Anlässe, eingeschüchtert zu sein. Wenn aber das Bundesverfassungsgericht von einem »Einschüchterungseffekt« spricht, meint es, dass jemand erlaubte Handlungen unterlässt, weil er Nachteile für sich befürchtet.[1]

Gemeint ist also nicht die übliche Wirkung von Sanktionen für verbotenes Verhalten. Dort ist die Abschreckung erwünscht. Beim Einschüchterungseffekt des Verfassungsgerichts geht es dagegen um negative Auswirkungen auf rechtmäßiges, zulässiges Verhalten. Solche Effekte sind unerwünscht. Denn sie beschränken unnötig die grundrechtsgeschützten Entfaltungsmöglichkeiten der einzelnen Bürger und gefährden zugleich das Klima und die Mechanismen einer liberalen Gesellschaft.

Populär wurde die Theorie vom Einschüchterungseffekt durch eine Passage im Volkszählungsurteil von 1983:[2]

> »Wer nicht mit hinreichender Sicherheit überschauen kann, welche ihn betreffende Informationen in bestimmten Bereichen seiner sozialen Umwelt bekannt sind, und wer das Wissen möglicher Kommunikationspartner nicht einigermaßen abzuschätzen vermag, kann in seiner Freiheit wesentlich gehemmt werden, aus eigener Selbstbestimmung zu planen oder zu entscheiden. Mit dem Recht auf informationelle Selbstbestimmung wäre eine Gesellschaftsordnung und eine diese ermöglichende Rechtsordnung nicht vereinbar, in der Bürger nicht mehr wissen können, wer was wann und bei welcher Gelegenheit über sie weiß. Wer unsicher ist, ob abweichende Verhaltensweisen jederzeit notiert und als Information dauerhaft gespeichert, verwendet oder weitergegeben werden, wird versuchen, nicht durch solche Verhaltensweisen aufzufallen. Wer damit rechnet, dass etwa die Teilnahme an einer Versammlung oder einer Bürgerinitiative behördlich registriert wird, und dass ihm dadurch Risiken entstehen können, wird möglicherweise auf eine Ausübung seiner entsprechenden Grundrechte (Art. 8, 9 GG) verzichten. Dies würde nicht nur die individuellen Entfaltungsschancen des Einzelnen beeinträchtigen, sondern auch das Gemeinwohl, weil Selbstbestimmung eine elementare Funktionsbedingungen eines auf Handlungsfähigkeit und Mitwirkungsfähigkeit seiner Bürger begründeten freiheitlichen demokratischen Gemeinwesens ist.«

Im Folgenden soll nun beschrieben werden, in welchen Kontexten und mit welcher Terminologie und Dogmatik das Bundesverfassungsgericht solche Einschüchterungseffekte thematisiert (I.) und welche Wirkungen die Figur in der Rechtsprechung des Gerichts erzeugt (II.). Dabei wird auch überprüft, ob das Bundesverfassungsgericht mit dieser argumentativen Figur seine Ziele erreicht.

1 Im englischen Sprachraum hat sich dafür der Begriff »chilling effect« durchgesetzt.
2 BVerfGE 65, 1 (43).

Karlsruhe hat Einschüchterungseffekte zunächst mit Blick auf den gesellschaftlichen Diskurs thematisiert, später hat es diese Argumentationsfigur auch auf politisches Handeln angewandt und sie dann auf die private Sphäre der Bürger erstreckt.

1. Der Einschüchterungseffekt im gesellschaftlichen Diskurs

Schon lange vor dem Volkszählungsurteil hatte das Bundesverfassungsgericht Einschüchterungseffekte thematisiert, und zwar vor allem beim Schutz der Meinungsfreiheit. Bereits im Lüth-Urteil von 1958[3] heißt es: »Der Beschwerdeführer befürchtet, dass durch Beschränkung der Redefreiheit einem einzelnen gegenüber die Gefahr heraufgeführt werden könnte, der Bürger werde in der Möglichkeit, durch seine Meinung in der Öffentlichkeit zu wirken, all zu sehr beengt und die unerlässliche Freiheit der öffentlichen Erörterung gemeinschaftswichtiger Fragen sei nicht mehr gewährleistet. Diese Gefahr besteht in der Tat.«

Dieser Gedanke wurde 1976 wieder aufgegriffen, als das Gericht über die Verurteilung eines Flugblattverteilers wegen übler Nachrede entscheiden musste. Damals hatte das Strafgericht die strafwürdigen Inhalte in das Flugblatt erst hineininterpretiert. Hierzu erklärte Karlsruhe: »Ein solches Vorgehen staatlicher Gewalt würde, nicht zuletzt wegen seiner einschüchternden Wirkung, freie Rede, freie Information und freie Meinungsbildung empfindlich berühren und damit die Meinungsfreiheit in ihrer Substanz treffen.«[4] Hier wird nun also explizit von »einschüchternder« Wirkung gesprochen.

Dieser mögliche Einschüchterungseffekt wird in späteren Urteilen zur Meinungsfreiheit immer wieder angeführt[5] und kann daher wohl als ständige Rechtsprechung bezeichnet werden. Auch im Bereich der Pressefreiheit wurde hierauf Bezug genommen.[6] Im Kontext von Meinungs- und Pressefreiheit könnte der Einschüchterungseffekt auch als »Schere im Kopf« bezeichnet werden.

3 BVerfGE 7, 198 (211).

4 BVerfGE 43, 130 (136) – Flugblatt.

5 BVerfGE 54, 129 (136) – Kunstkritik; BVerfGE 94, 1 (9) – DGHS; BVerfGE 266, 292 – Soldaten sind Mörder; BVerfGE 114, 339 (349) – Stolpe.

6 BVerfGE 97, 125 (156) – Gegendarstellung Caroline; BVerfG-Beschluss vom 19.12.2007 – 1 BvR 967/05 -, NJW 2008, 1654 (Rz. 32) – Gegendarstellung Spiegel. Im Cicero-Urteil (BVerfGE 117, 244 [259 und 272]) ist zwar auch von Einschüchterungseffekten die Rede. Dort bezieht sich der Effekt aber nicht auf die Freiheit der inhaltlichen Aussage, sondern auf die mögliche Einschüchterung von Informanten durch polizeiliche Redaktionsdurchsuchungen.

2. Der Einschüchterungseffekt im politischen Handeln

Wohl unter dem Eindruck der Neuen Sozialen Bewegungen weitete das Bundesverfassungsgericht in den 80er Jahren seine Argumentation aus. Neben der klassischen individuellen Meinungsäußerung wurde nun auch kollektives politisches Handeln in den Zusammenhang möglicher Einschüchterungseffekte gerückt. Im Volkszählungsurteil[7] ist erstmals in diesem Kontext von Demonstrationen und Initiativgruppen die Rede: »Wer damit rechnet, dass etwa die Teilnahme an einer Versammlung oder einer Bürgerinitiative behördlich registriert wird, und dass ihm dadurch Risiken entstehen können, wird möglicherweise auf eine Ausübung seiner entsprechenden Grundrechte (Art. 8, 9 GG) verzichten.«

Während bei der Meinungsfreiheit vermutet wurde, dass ungerechtfertigte Sanktionen (Verurteilungen zu Strafe, Schmerzensgeldzahlung oder Gegendarstellung) auf andere abschreckend wirken könnten, geht es hier um staatliche Informationseingriffe (Filmen und Registrieren), die an sich noch keinen Sanktions-Charakter haben, aber für die Betroffenen später Folgen haben könnten.

Im Brokdorf-Urteil wird dieser Ansatz wenige Jahre später aufgegriffen.[8] Danach wären behördliche Maßnahmen mit der Versammlungsfreiheit des Grundgesetzes »unvereinbar«, die etwa den »unreglementierten Charakter« einer Demonstration, »durch exzessive Observationen und Registrierungen verändern.«

Noch deutlicher wird dies in der einstweiligen Anordnung zum bayerischen Versammlungsgesetz.[9] Dort geht es um die Anfertigung von polizeilichen Übersichtsaufzeichnungen, »die die gesamte – möglicherweise emotionsbehaftete – Interaktion der Teilnehmer optisch fixieren und geeignet sind, Aufschluss über politische Auffassungen sowie weltanschauliche Haltungen zu geben. Das Bewusstsein, dass die Teilnahme an einer Versammlung in dieser Weise festgehalten wird, kann Einschüchterungswirkungen haben, die zugleich auf die Grundlagen der demokratischen Auseinandersetzung zurückwirken.«[10] Neben der Einschüchterung durch Polizeikameras wird hier aber auch die Möglichkeit zur direkten Sanktionierung des Verhaltens auf einer Demonstration thematisiert, etwa wenn das bayerische Gesetz Bußgelder für militant wirkende Kleidung androht. »Verbindet sich die Wahrnehmung des Versammlungsrechts in dieser Weise mit einem schwer kalkulierbaren Risiko persönlicher Sanktionen, drohte dies der Inanspruchnahme eines elementaren demokratischen Kommunikationsgrundrechts die Unbefangenheit zu nehmen. Damit verbundene Einschüchterungseffekte wiegen auch für die Zeit bis zur Hauptsacheentscheidung schwer.«[11]

7 S.o. Fn. 2.
8 BVerfGE 69, 315 (349).
9 BVerfG, Beschluss vom 17.2.2009 – 1 BvR 2492/08 – NVwZ 2009, 441 – Bay. Versammlungsgesetz.
10 Ebd. Rz. 131.
11 Ebd. Rz. 123.

3. Der Einschüchterungseffekt im Privatleben

Das Verfassungsgericht sieht den Bürger aber nicht nur als politischen Menschen. Schon im Volkszählungsurteil ist ganz allgemein die Freiheit angesprochen, »aus eigener Selbstbestimmung zu planen oder zu entscheiden.« Während dort der abschreckende Effekt fremden »Geheimwissens« aber sogleich auf »abweichendes Verhalten« und die Teilnahme an Versammlungen oder Bürgerinitiativen bezogen wurde, lässt das Bundesverfassungsgericht in späteren Entscheidungen zum Einschüchterungseffekt diese politische Zielrichtung einfach weg.[12]

Thematisiert wird nun ganz allgemein eine »Befangenheit in der Kommunikation, die zu Kommunikationsstörungen und zu Verhaltensanpassungen, insbesondere zur Vermeidung bestimmter Gesprächsinhalte oder Termini, führen« könne.[13] Dies gelte nicht nur für die Telekommunikationsüberwachung, auch von der heimlichen Überwachung des Wohnraums könnten »Einschüchterungseffekte« ausgehen.[14]

Eine staatliche Absicht der Einschüchterung wird vom Bundesverfassungsgericht weder verlangt noch thematisiert, das Gericht geht vor allem von der objektiven Wirkung verschiedener (Polizei-)Maßnahmen aus. Als Auslöser für Einschüchterungseffekte werden dabei vor allem Streuwirkung, Heimlichkeit und Folgeträchtigkeit der Polizeibefugnisse problematisiert: »Werden Personen, die keinen Erhebungsanlass gegeben haben, in großer Zahl in den Wirkungsbereich einer Maßnahme einbezogen, können von ihr auch allgemeine Einschüchterungseffekte ausgehen, die zu Beeinträchtigungen bei der Ausübung von Grundrechten führen können. Die Unbefangenheit des Verhaltens wird insbesondere gefährdet, wenn die Streubreite von Ermittlungsmaßnahmen dazu beiträgt, dass Risiken des Missbrauchs und ein Gefühl des Überwachtwerdens entstehen. (...) Die Heimlichkeit einer in Grundrechte eingreifenden staatlichen Ermittlungsmaßnahme führt zur Erhöhung des Gewichts der gesetzgeberischen Freiheitsbeeinträchtigung. Dem Betroffenen wird durch die Heimlichkeit des Eingriffs vorheriger Rechtsschutz faktisch verwehrt und nachträglicher Rechtsschutz kann zumindest erschwert werden. Er kann also nicht selbst darauf hinwirken, die Eingriffsintensität durch erfolgreichen Rechtsschutz zu verringern, etwa für die Zukunft zu beseitigen. (...) Die Intensität des Eingriffs für den Grundrechtsträger wird davon beeinflusst, welche über die Informationserhebung hinausgehenden Nachteile ihm aufgrund der Maßnahme drohen oder von ihm nicht ohne Grund befürchtet werden. (…) Die Schwere des Eingriffs nimmt mit der Möglichkeit der Nutzung der Daten für Folgeeingriffe in Grundrechte der Betroffenen zu sowie mit der Möglichkeit der Verknüpfung mit anderen Daten, die wiederum andere Folgemaßnahmen auslösen können.«[15] Bei präventiven Polizeibefugnissen kommt noch deren eher unbestimmte Zielrichtung als potenziell einschüchternder Faktor hinzu: »Ins Gewicht fällt dabei auch, dass im Bereich der Gefahrenabwehr die dem

12 Z.B. BVerfGE 113, 29 (46) – Anwaltsdaten.
13 BVerfGE 100, 313 (381) – Staubsauger im Äther.
14 BVerfGE 109, 279 (354) – Großer Lauschangriff.
15 Aufzählung in BVerfGE 120, 378 (402 f.) – Kfz-Kennzeichen.

Datenabruf zugrundeliegenden Erkenntnisse doppelt ungewiss sind: Nicht nur die Beurteilung der Frage, von wem eine Gefahr droht, sondern auch diejenige der Frage, ob überhaupt eine Rechtsgutverletzung bevorsteht, beruht letztlich auf behördlichen Prognosen, die naturgemäß unsicher sind.«[16]

4. Terminologie

Die Terminologie des Bundesverfassungsgerichts zur Beschreibung des Einschüchterungseffekts ist uneinheitlich. Der Begriff wird zwar oft in dieser Form benutzt,[17] teilweise wird er aber auch durch Synonyme wie »abschreckende Effekte« ersetzt.[18]

Wenn jedoch – wie bei der Rasterfahndung nach terroristischen »Schläfern« – gerade nach angepasst und unauffällig lebenden Personen gesucht wird, weiß der Bürger kaum, welches Verhalten er unterlassen könnte, um nicht aufzufallen. Auch wenn eine Maßnahme unweigerlich völlig Unbeteiligte mitbetrifft, ist eher mit einem mulmigen Gefühl zu rechnen als mit einer konkreten Verhaltensänderung. Das Bundesverfassungsgericht spricht deshalb oft auch von der gefährdeten »Unbefangenheit« des Verhaltens oder der Kommunikation.[19] Häufig wird dabei auch ein vages »Gefühl des Überwachtwerdens« angesprochen.[20]

5. Dogmatik

In der Rechtsprechung des Bundesverfassungsgerichts gibt es bisher keine ausgearbeitete Dogmatik des Einschüchterungseffektes. Die Argumentationsfigur wird auch in drei verschiedenen dogmatischen Zusammenhängen genutzt.

Zum einen wurde und wird bei der Herleitung des Grundrechts auf informationelle Selbstbestimmung (als Unterfall des allgemeinen Persönlichkeitsrechts) auf Einschüchterungseffekte verwiesen. Das Gericht beschreibt dabei die Gefährdungspo-

16 BVerfG, Beschluss vom 28.10.2008 – 1 BvR 256/08 – NVwZ 2009, 96 (Rz. 90) – Vorratsdatenspeicherung/eA-Verlängerung.

17 Z.B. BVerfGE 109, 279 (354) – Großer Lauschangriff; BVerfGE 115, 320 (354) – Rasterfahndung; BVerfG, Beschluss vom 19.12.2007 – 1 BvR 967/05 – NJW 2008, 1654 (Rz. 32) – Gegendarstellung Spiegel; BVerfG, Beschluss vom 17.2.2009 – 1 BvR 2492/08 – NVwZ 2009, 441 (Rz. 123, 131 und 135) – Bay. Versammlungsgesetz.

18 Z.B. BVerfGE 93, 266 (292) – Soldaten sind Mörder; BVerfGE 113, 29 (46) – Anwaltsdaten, BVerfG, Beschluss vom 22.8.2006 – 2 BvR 1345/03 – NJW 2007, 351 (Rz. 65) – IMSI-Catcher.

19 Z.B. BVerfGE 100, 313 (381) – Staubsauger im Äther; BVerfGE 120, 274 (323) – Online-Durchsuchung; BVerfG, Beschluss vom 11.3.2008 – 1 BvR 256/08 – BVerfGE 121, 1 – Vorratsdatenspeicherung/eA.

20 BVerfGE 107, 299 (328) – Journalisten-Handys; BVerfGE 115, 320 (353) – Rasterfahndung; BVerfGE 120, 378 (402 und 430) – Kfz-Kennzeichen; BVerfG, Beschluss vom 17.2.2009 – 1 BvR 2492/08 – NVwZ 2009, 441 (Rz. 132) – Bay. Versammlungsgesetz/eA.

tenziale der modernen Datenverarbeitung und begründet so, dass bereits jede staatliche Informationserfassung ein Grundrechtseingriff sein muss. Diese Herleitung wird immer wieder neu beschrieben, inklusive Einschüchterungswirkung, ohne dass im Einzelnen deutlich wird, ob auch im konkreten Fall eine Einschüchterungswirkung angenommen wird.

Zweitens begründet das Bundesverfassungsgericht seine fast schon fachrechtliche Kontrolle zum Schutz der Meinungsfreiheit mit Einschüchterungseffekten, die hier durch falsche fachgerichtliche Entscheidungen drohen. Warum diese Argumentation nur bei Kommunikationsgrundrechten gelten soll, wird dabei kaum begründet.

Vor allem aber werden mögliche Einschüchterungseffekte im Rahmen der Verhältnismäßigkeitsprüfung von Gesetzen, Exekutivmaßnahmen und Gerichtsurteilen thematisiert. Die Argumentationsfigur stärkt dabei in der Abwägung das Gewicht der Grundrechte, indem neben der unmittelbaren Wirkung des Eingriffs noch eine zusätzliche psychische Wirkung auf den Betroffenen, sein Umfeld und/oder die ganze Gesellschaft angenommen wird. Einer möglichen psychischen Nebenwirkung staatlicher Maßnahmen – dem Einschüchterungseffekt – wird eine neue Wirkung von Grundrechten – der Schutz gegen solche Einschüchterungseffekte – gegenübergestellt. Diese neue Funktion der Grundrechte dürfte eher auf deren objektivrechtlicher Seite angesiedelt sein.

In welchen Fällen ein Einschüchterungseffekt dann konkret thematisiert wird und wie er zu gewichten ist, bleibt dogmatisch aber unbestimmt.

Für das Bundesverfassungsgericht ist die Thematisierung von möglichen Einschüchterungseffekten einer Maßnahme attraktiv. Es ist ein verfassungsrechtlicher Joker, den Karlsruhe nach Belieben einsetzen kann. Anders als der Joker im Kartenspiel hat der Einschüchterungseffekt dabei nicht einmal einen festen Wert. Mal wird er einfach miterwähnt, um quasi atmosphärisch für das Problem zu sensibilisieren, mal kommt ihm echtes argumentatives Gewicht zu.

Ob ein Einschüchterungseffekt im konkreten Fall entstanden ist, lässt das Verfassungsgericht in aller Regel offen,[21] es spricht meist nur von einer entsprechenden Möglichkeit.[22]

Der Verzicht auf jede Empirie erspart dem Gericht zugleich die schwierige Zuordnung von Einschüchterungseffekten, die von nicht-staatlichen Akteuren mit ausgelöst wurden. Schließlich kann die Einschüchterungswirkung ja auch von der (eventuell übertriebenen) Agitation der Gegner einer Maßnahme ausgehen.[23] Letztlich bestimmt der gesamte gesellschaftliche Diskurs, an dem viele Akteure beteiligt sind, die psychischen Folgen staatlichen Handelns.

21 Ausnahme: BVerfGE 57, 250 (268) – MfS-V-Mann: »Anhaltspunkte dafür, dass § 99 Abs. 1 Nr. 1 StGB in der Vergangenheit die befürchteten Auswirkungen gehabt hätte, sind nicht ersichtlich.«

22 Z.B. BVerfGE 109, 279 (354) – Großer Lauschangriff: »... können Einschüchterungseffekte ausgehen.«

23 Dazu Rath, Der Überwachungsstaat – eine bürgerrechtliche Projektion, in: Vorgänge Heft 4/2008, 79 ff.

Die Zuordnung von Einschüchterungseffekten ist auch deshalb besonders schwierig, weil der Staat in der Regel behaupten wird, dass eine über die Maßnahme an sich hinausgehende psychische Wirkung überhaupt nicht intendiert sei. Kritiker solcher Maßnahmen unterstellen dagegen oft und durchaus nachvollziehbar einen solchen Einschüchterungsvorsatz, sei es, weil sie vermuten, dass system-oppositionelle Teile der Bevölkerung verunsichert werden sollen, sei es, weil eine harte und überreagierende Politik der Verbrechensbekämpfung in weiten Teilen der Bevölkerung durchaus populär ist.

Wie eingangs erwähnt, geht es bei der Vermeidung von Einschüchterungseffekten um den Schutz von legalem Verhalten, zum Beispiel um die Ausübung zulässiger Kritik.[24] Das rechtswidrige Strafurteil könnte andere von der freien Äußerung erlaubter Inhalte abhalten. Die Unsicherheit, die von heimlichen Ermittlungsmaßnahmen ausgeht, könnte bei der Ausübung von grundrechtlichen Freiheiten stören. Ermittlungsmaßnahmen der Polizei beziehen sich zwar typischerweise auf rechtswidriges Verhalten, bei Maßnahmen mit hoher Streubreite werden jedoch auch rechtstreue Personen in teilweise stigmatisierender und belastender Weise erfasst.[25]

Soweit eine Maßnahme mit hoher Streubreite auch »Zufallsfunde« auslösen kann, entsteht daraus aber noch nicht automatisch ein Einschüchterungseffekt für legales Verhalten – schließlich bezieht sich ein Zufallsfund typischerweise auf (mutmaßlich) rechtswidriges Verhalten, auf das die Polizei auch gezielt zugreifen dürfte. Die bloße Gefahr einer Falschverdächtigung ist für das Bundesverfassungsgericht deshalb noch nicht verfassungsrechtlich relevant.[26] Anders dürfte es aber aussehen, wenn sich die Zahl der Polizeizugriffe, bei denen typischerweise Zufallsfunde entstehen können, signifikant erhöht. Dann kann ein allgemeines »Gefühl des Überwachtwerdens« entstehen, das auch rechtstreue Personen erfasst, weil eine Vervielfachung der Kontrollen auch die Wahrscheinlichkeit einer Falschverdächtigung proportional erhöht.[27] Insofern argumentiert das Bundesverfassungsgericht wohl auch bei dieser Konstellation aus der Sicht der rechtstreuen Bevölkerung und nicht mit dem höheren Entdeckungsrisiko von Straftätern.

II. Der Nutzen des Einschüchterungseffekts als Rechtsfigur

Im Folgenden soll nun gezeigt werden, wie wirkmächtig die Figur des Einschüchterungseffekts in der Karlsruher Rechtsprechung tatsächlich ist.

24 So z.B. BVerfGE 93, 266 (292) – Soldaten sind Mörder: »... daß aus Furcht vor Sanktionen auch zulässige Kritik unterbleibt.«

25 BVerfGE 115, 320 (351) – Rasterfahndung.

26 BVerfG, Beschluss vom 17.2.2009 – 2 BvR 1372/07 – NJW 2009, 1405 (Rz. 35) – Kreditkartenfahndung.

27 Bei physischen Kontrollen kommt die Lästigkeit des Kontrollaktes hinzu, die bei reinen Datenkontrollen nicht besteht.

Im Bereich der Meinungsfreiheit schützt das Bundesverfassungsgericht relativ effizient gegen Einschüchterungseffekte, allerdings erst nach entsprechenden Gerichtsurteilen (1.). Dagegen ist der Schutz gegen Einschüchterungseffekte, die von polizeilichen Ermittlungsmaßnahmen ausgehen können, trotz großer Versprechungen eher gering oder zumindest inkonsequent (2.). Bei wichtigen grundrechtsbelastenden Maßnahmen wie der Aufnahme in den Verfassungsschutzbericht oder der Entfernung aus dem öffentlichen Dienst prüft das Gericht bislang erstaunlicherweise keine Einschüchterungseffekte (3.).

1. End-of-the-Pipe-Rechtsschutz

Die Rechtsprechung des Bundesverfassungsgerichts zur Meinungsfreiheit dient wesentlich der Vermeidung von Einschüchterungseffekten und hat dabei recht gute Wirkung erzielt. In zahlreichen Entscheidungen hat das Bundesverfassungsgericht Verurteilungen von Strafgerichten aufgehoben und dabei sowohl die Auslegung des einfachen Rechts wie auch die Deutung der jeweils umstrittenen Aussagen kleinteilig kontrolliert. Dies wurde explizit damit begründet, dass unrechtmäßige Strafurteile im Bereich der Kommunikationsgrundrechte zu »einschüchternden Wirkungen« über den konkreten Fall hinaus führen können.[28] In der Abwägung wurde das Grundrecht auf Meinungs- und/oder Kunst-Freiheit jeweils entsprechend stark gewichtet.

Soweit es nicht um eine Sanktion (Strafe, Schmerzensgeldzahlung oder Gegendarstellung) für eine bereits getätigte Aussage geht, sondern um die Unterlassung von Äußerungen in der Zukunft, hat das Bundesverfassungsgericht seine Rechtsprechung inzwischen allerdings differenziert. Durchaus konsequent hat es dem von einer Äußerung Betroffenen zugebilligt, er könne eine Klarstellung verlangen, dass bei mehrdeutigen Äußerungen keine Verletzung von Persönlichkeitsrechten gemeint war.[29] Später hat das Gericht aber ergänzend klargestellt, dass solche Unterlassungsverfahren keine hohen Kosten verursachen dürfen. »Die Kostenhöhe kann unzumutbar sein, wenn durch sie Einschüchterungseffekte hinsichtlich der Freiheit der Äußerung zu erwarten sind.«[30]

Auffällig ist, dass das Bundesverfassungsgericht Einschüchterungseffekte bisher immer erst bei konkreten Gerichtsurteilen annimmt, nicht schon durch die entsprechenden gesetzlichen Grundlagen. Nun könnte man meinen, dass eine Vorschrift wie § 90a StGB (Verunglimpfung des Staates und seiner Symbole) schon per se einen Einschüchterungseffekt erzeugt, zum einen wegen ihrer Unbestimmtheit und zum anderen, weil sie ausdrücklich auf den politischen Diskurs bezogen ist. Das Bundesverfassungsgericht hat die Vorschrift an sich jedoch nicht beanstandet und

28 Z.B. BVerfGE 54, 129 (136) – Kunstkritik; BVerfGE 94, 1 (9) – DGHS; BVerfG, Beschluss vom 15.9.2008 – 1 BvR 1565/05, Rz. 14 – Schwarz-Rot-Senf.

29 BVerfGE 114, 339 (350) – Stolpe.

30 BVerfG, Beschluss vom 19.12.2007 – 1 BvR 967/05, Rz. 34 – Gegendarstellung Spiegel.

einen Einschüchterungseffekt durch die Strafvorschrift nicht einmal erwogen.[31] Es prüfte jeweils nur, ob die Vorschrift im Lichte der Grundrechte ausgelegt wurde.

Zu § 99 StGB (geheimdienstliche Agententätigkeit) prüfte das Bundesverfassungsgericht immerhin einen Einschüchterungseffekt. Ein verurteilter bayerischer SPD-Politiker, der regelmäßig mit ostdeutschen Stasi-Agenten gesprochen hatte und dabei wissentlich abgeschöpft wurde, rügte die Unbestimmtheit der Strafnorm, die potenziell jeden Kontakt zu ausländischen Staaten erfasse. Das Bundesverfassungsgericht legte die Norm eng aus und verneinte deshalb die Einschüchterung. Außerdem sei nicht ersichtlich, dass die Vorschrift bisher einschüchternd gewirkt habe.[32]

Bei der Beleidigung (§ 185 StGB) räumen die Verfassungsrichter sogar ein, dass der Tatbestand nach heutigen Maßstäben zu unbestimmt sein könnte. Durch die über 100jährige Auslegung habe die Vorschrift jedoch einen hinreichend klaren Inhalt erlangt.[33] Letztlich wird das Einschüchterungs-Problem auch hier auf der Ebene der gerichtlichen Anwendung gelöst. So sei eine Auslegung der Beleidigungs-Vorschriften verboten, von der ein »abschreckender Effekt auf den Gebrauch des Grundrechts« ausgeht und der dazu führt, »dass aus Furcht vor Sanktionen auch zulässige Kritik unterbleibt.«[34]

Auch im Gegendarstellungsrecht wartet Karlsruhe auf konkrete Urteile. Als das Presserecht im Saarland unter Ministerpräsident Oskar Lafontaine (damals SPD) verschärft wurde – unter anderem sollten direkte redaktionelle Zusätze zu Gegendarstellungen unzulässig werden –, erhob die Saarbrücker Zeitung Verfassungsbeschwerde und sprach von einer »einschüchternden und disziplinierenden Wirkung« des neuen Rechts.[35] Das Bundesverfassungsgericht verwies die Zeitung dagegen auf den Rechtsweg, der für die Berücksichtigung der Pressefreiheit ausreichenden Spielraum lasse. »Daß die Beschwerdeführer Meldungen, die ihnen aus publizistischen Gründen mitteilenswert erscheinen, allein aus Furcht vor dem verschärften Gegendarstellungsrecht unterlassen, ist nicht anzunehmen«, erklärte das Bundesverfassungsgericht.[36]

Auf den ersten Blick ist es durchaus stringent, dass sich das Bundesverfassungsgericht beim Einschüchterungsschutz (im Bereich der Meinungsfreiheit) auf die gerichtliche Anwendung und Auslegung der Normen konzentriert. Das Gericht geht wohl davon aus, das die bloße Unbestimmtheit einer materiellen Verbotsnorm niemanden übermäßig einschüchtern muss, solange das Bundesverfassungsgericht im konkreten Einzelfall vor der Verletzung der Meinungsfreiheit schützt. Für diese Vorgehensweise spricht der Respekt vor dem Gesetzgeber und die den Gerichten eingeräumte Möglichkeit der verfassungskonformen Auslegung auch zweifelhafter Gesetze.

31 Z.B. BVerfGE 81, 278 (292 f.) – Bundesflagge.
32 BVerfGE 57, 250 (268) – MfS-V-Mann.
33 BVerfGE 93, 266 (291 f.) – Soldaten sind Mörder.
34 Ebd., 292.
35 BVerfGE 97, 157 (161) – Saarl. Gegendarstellungsrecht.
36 Ebd., 167.

Dem Bürger wird dabei aber auferlegt, dass er bis zur Klärung durch die Fachgerichte oder im Extremfall durch das Bundesverfassungsgericht erst einmal Ungewissheit, eventuell sogar Ermittlungsmaßnahmen und strafrechtliche Verurteilungen tragen muss. Auch dies kann abschreckende Wirkung haben. Hierbei handelt es sich zunächst aber um ein klassisches Problem der Subsidiarität: Wann kann direkt gegen ein Gesetz geklagt werden, wann muss auf dessen Anwendung gewartet werden? Allerdings können von einem verfassungswidrigen Gesetz auch Einschüchterungswirkungen jenseits des unmittelbar verbotenen Verhaltens ausgehen, die dann auch die Sphäre des eindeutig Erlaubten betreffen. Vermutlich ist die gesellschaftliche Einschüchterungswirkung durch ein unverhältnismäßiges Strafgesetz sogar höher als diejenige, die von einem übermäßigen Strafurteil ausgeht.

Fragwürdig ist dies zumindest, wenn es um Verbote geht, die typischerweise politische, sexuelle und religiöse Minderheiten betreffen. Denn hier ist die Gefahr naturgemäß am höchsten, dass Behörden und Fachgerichte die Grundrechte der Betroffenen nicht ausreichend schützen. Zumindest denjenigen, die ohnehin schon häufig diskriminiert werden, sollte es deshalb nicht zugemutet werden, erst belastende Sanktionsverfahren abzuwarten, bevor das Gesetz auf Verhältnismäßigkeit und Einschüchterungseffekte für legales Verhalten geprüft wird.

2. Unerfüllte Rhetorik

Im Bereich staatlicher Informationseingriffe hat das Bundesverfassungsgericht vor allem mit seinen vollmundigen Postulaten nachhaltigen Eindruck hinterlassen. »Mit dem Recht auf informationelle Selbstbestimmung wäre eine Gesellschaftsordnung und eine diese ermöglichende Rechtsordnung nicht vereinbar, in der Bürger nicht mehr wissen können, wer was wann und bei welcher Gelegenheit über sie weiß«, heißt es im Volkszählungsurteil. Später wurde der Gedanke in mehreren Entscheidungen mit folgender Formel wiederholt: »Ein von der Grundrechtsausübung abschreckender Effekt fremden Geheimwissens muss nicht nur im Interesse der betroffenen Einzelnen vermieden werden.«[37]

Wenn man diesen Gedanken ernst nimmt, wären heimliche Informationseingriffe mit einer freiheitlichen Demokratie generell »nicht vereinbar«. Und Einschüchterungseffekte durch behördliches Geheimwissen scheint das Verfassungsgericht nicht nur minimieren, sondern gänzlich »vermeiden« zu wollen.

Das sind allerdings Anforderungen, die reichlich irreal sind. Keine politische Kraft, nicht einmal die Bürgerrechtsbewegung, fordert den völligen Verzicht auf heimliche Ermittlungsmethoden. Und eine generelle Vermeidung von Einschüchterungseffekten ist schon angesichts der vielfältigen Möglichkeiten, wie solche Effekte entstehen können, kaum realistisch.

37 Z.B. BVerfGE 113, 29 (46) – Anwaltsdaten; BVerfG, Beschluss vom 22.8.2006 – 2 BvR 1345/03 – NJW 2007, 351 (Rz. 65) – IMSI-Catcher.

Kein Wunder, dass auch das Bundesverfassungsgericht seine eigenen Postulate nicht konsequent umsetzt.

So hat das Bundesverfassungsgericht in der Volkszählungs-Entscheidung zwar die staatliche Informationserhebung und -speicherung als Grundrechtseingriff definiert, der jeweils einer gesetzlichen Grundlage bedarf,[38] damit können behördliches Geheimwissen und daraus resultierende Einschüchterungseffekte jedoch kaum vermieden werden. Natürlich verbessert ein Gesetzesvorbehalt die Transparenz und die demokratische Legitimation solcher Befugnisse. Allerdings hilft es dem Bürger, der nicht weiß, ob er gerade heimlich ausgeforscht wird, recht wenig, wenn er nun im Gesetzblatt nachlesen kann, dass grundsätzlich die Möglichkeit besteht, ihn ohne sein Wissen zu überwachen. Behördliches Geheimwissen bleibt behördliches Geheimwissen, auch wenn es dafür eine gesetzliche Grundlage gibt.

Es führt auch längst nicht immer zu einer Beanstandung, wenn das Bundesverfassungsgericht die einschüchternde Wirkung neuer Polizeibefugnisse thematisiert.

So wurde etwa in der Entscheidung zum IMSI-Catcher (einem Gerät zur Identifizierung von Handy-Nummern) eingangs der Einschüchterungseffekt mit den üblichen Formeln angesprochen, später dann aber betont, dass die Polizei auf die Verlagerung herkömmlicher Kommunikationsformen in den elektronischen Nachrichtenverkehr reagieren müsse.[39]. Die Verfassungsbeschwerde wurde abgelehnt. Auch in anderen Entscheidungen wird ein möglicher Einschüchterungseffekt zwar mehr oder weniger ausführlich erwähnt, ohne dass er aber auf das Ergebnis durchschlägt.[40] Das Strafverfolgungsinteresse wird vom Bundesverfassungsgericht in der Regel ebenfalls sehr hoch gewichtet, insbesondere wenn es um die Aufklärung erheblicher und schwerer Straftaten geht.

Auch der große Lauschangriff wurde in Karlsruhe nicht wegen des mit ihm potenziell verbundenen Einschüchterungseffekts beanstandet.[41] Das Bundesverfassungsgericht verwies stattdessen auf die »verfassungsrechtlichen und gesetzlichen Vorkehrungen«, die auch »dem Vertrauen der Allgemeinheit in eine grundrechtsschonende Überwachungspraxis« dienen.[42]

Der Einschüchterungseffekt wird selbst in Entscheidungen zitiert, in denen das Bundesverfassungsgericht seinen eigenen Grundrechtsschutz zurücknimmt.[43]

Manchmal wird ein möglicher Einschüchterungseffekt auch nur im Sachverhalt des Urteils – als Vorbringen der Kläger – erwähnt,[44] ohne dass die Überlegung vom

38 BVerfGE 65, 1 (44).

39 BVerfG, Beschluss vom 22.8.2006 – 2 BvR 1345/03 – NJW 2007, 351 (Rz. 73 ff.).

40 Z.B. BVerfGE 100, 313 – Staubsauger im Äther; BVerfGE 107, 299 – Journalisten-Handys.

41 Entscheidend war vielmehr die Verletzung des Kernbereichs individueller Lebensgestaltung. Siehe: BVerfGE 109, 279 (328 f.).

42 Ebd., 354.

43 BVerfGE 115, 166 (188) – Mannheimer Richterin. Dort wurde (ebd., 189) der dogmatisch nicht überzeugende Kammer-Beschluss vom 4.2.2005 – 2 BvR 308/04 – NJW 2005, 1637 (Rz. 22) korrigiert. Seitdem gilt für die Auswertung der TK-Verbindungsdaten mit Hilfe beschlagnahmter Handys nicht mehr das Fernmeldegeheimnis gem. Art. 10 GG, sondern das weniger strenge Recht auf informationelle Selbstbestimmung.

Gericht ausdrücklich aufgegriffen wird. So machten Kläger geltend, dass ein »Gefühl ständiger heimlicher Überwachung und Kontrolle« entstehe, falls die Daten aller Kreditkartennutzer auf der Suche nach Zahlungen für bestimmte kinderpornographische Angebote überprüft werden dürfen. Karlsruhe ließ die Fahndungsmethode jedoch zu und forderte nicht einmal eine spezielle gesetzliche Grundlage.[45] Die Gefahr der Falschverdächtigung wurde als allgemeines Lebensrisiko eingestuft: »Die bei Ermittlungsmaßnahmen unvermeidliche Gefahr, dass ein Unschuldiger zunächst verdächtig erscheinen könnte, etwa wenn mit einer gestohlenen Kreditkarte bezahlt wurde, Buchungen falsch gespeichert wurden oder sich ein Kunde bei demselben Anbieter zu demselben Preis nur Zugang zu legalen Inhalten verschafft hat, wird demgegenüber allenfalls wenige Fälle betreffen und führt nicht dazu, dass Daten über Kreditkartenzahlungen nicht zur Grundlage staatsanwaltschaftlicher Ermittlungen gemacht werden dürften. Der Umstand, dass Zahlungsvorgänge zum Gegenstand staatsanwaltschaftlicher Ermittlungen werden können, entspricht der Möglichkeit, bei anderen Vorgängen des täglichen Lebens die Aufmerksamkeit der Strafverfolgungsbehörden zu erregen.«[46]

Auch bei Urteilen, bei denen das Bundesverfassungsgericht einen Einschüchterungseffekt thematisiert und dann auch Polizeibefugnisse beanstandet oder beschränkt hat, ist die Funktionalität der Rechtsprechung oft zweifelhaft.

So wurde ein flächendeckendes und anlassloses Kfz-Kennzeichen-Scanning vom Bundesverfassungsgericht verboten, auch mit Blick auf das dadurch ausgelöste »Gefühl des Überwachtwerdens« und den »Eindruck ständiger Kontrolle«.[47] Dennoch bleibt die Einrichtung von Kontrollstellen zulässig, an denen die Kennzeichen aller vorbeifahrenden Fahrzeuge automatisch eingelesen und mit dem Fahndungsbestand abgeglichen werden – wenn solche Stellen anlassbezogen und nicht flächendeckend installiert werden. Ob das aus der Sicht von betroffenen Autofahrern einen großen Unterschied macht, ist fraglich – zumal auch bei solchen anlassbezogenen Kontrollstellen die entdeckten Zufallsfunde verwertet werden dürfen. Letztlich sehen die Autofahrer der Kontrollstelle nicht an, ob sie nun anlassbezogen ist oder nicht.

Wenn auf Demonstrationen staatliche Kameras postiert werden, kann dies einen Einschüchterungseffekt haben und muss in Bayern zunächst unterbleiben. Dies hat, wie oben bereits erwähnt, das Bundesverfassungsgericht Anfang 2009 in einem Eilbeschluss angeordnet. Allerdings gilt das Verbot nur für Kameras, deren Aufnahmen gespeichert werden.[48] Für Kameras, deren Aufnahmen nur an die Polizei übertragen und nicht gespeichert werden, gilt die Beschränkung nicht.[49] Unter Verhältnismäßigkeits-Gesichtspunkten mag das gerade im Eilrechtsschutz eine einleuchtende Dif-

44 BVerfG, Beschluss vom 17.2.2009 – 2 BvR 1372/07 - NJW 2009, 1405 (Rz. 12) – Kreditkartenfahndung.
45 Ebd., Rz. 29.
46 Ebd., Rz. 34.
47 BVerfGE 120, 378 (430).
48 BVerfG, Beschluss vom 17.2.2009, 1 BvR 2492/08– NVwZ 2009, 441 (Rz. 131) – Bay. Versammlungsgesetz.
49 Ebd., Rz. 135.

ferenzierung sein. Mit Blick auf den befürchteten Einschüchterungseffekt wird von den Demonstranten aber erwartet, dass sie einer Kamera ansehen, ob sie nun die Bilder speichert oder nicht – im letzteren Fall sollten sich die Demo-Teilnehmer offensichtlich weniger eingeschüchtert fühlen.

Um Einschüchterungseffekte ging es auch bei der Vorratsdatenspeicherung. Hier forderten rund 34000 Bürger eine einstweilige Anordnung, weil von der vorsorglichen Speicherung aller Telefon- und Internet-Verkehrsdaten ein Einschüchterungseffekt auf die Nutzung von Telefon und Internet ausgehe. Das Bundesverfassungsgericht hielt dies für möglich,[50] beschränkte aber nur die Nutzung der vorratsgespeicherten Daten. Auch hier stellt sich die Frage, ob die befürchteten Auswirkungen auf die »Unbefangenheit des Kommunikationsaustauschs« wirkungsvoll vermieden werden, wenn die eigentlich kritisierte anlasslose Speicherung doch unvermindert fortgeführt werden kann.[51]

Im Kern ist die Frage immer dieselbe: Ist es ausreichend, dem durch die Existenz heimlicher Ermittlungsmaßnahmen besorgten Bürger zu sagen, eine bestimmte Maßnahme werde etwas weniger häufig angewandt als zuvor? Letztlich könnte ihm wohl nur ein absolutes Verbot von Eingriffen in bestimmte Sphären (z.B. die Wohnung, das Telefon, den Computer) ein nachhaltiges Vertrauen zurückgeben. Derartiges hat das Bundesverfassungsgericht bisher aber nicht einmal diskutiert. Soweit die Einführung neuer Tabuzonen, in denen der Staat verlässlich nichts zu suchen hat, nur per Verfassungsänderung möglich wäre, könnte das Bundesverfassungsgericht darauf zumindest hinweisen.[52]

Doch bisher ist nicht zu befürchten, dass das Bundesverfassungsgericht an Respekt verliert, wenn es zwar sehr ehrgeizige Ziele aufstellt, diese selbst aber nur mit großen Abstrichen verfolgt. Vielmehr werden die Grundsatzpostulate des Bundesverfassungsgerichts zum Einschüchterungseffekt durchaus häufig zitiert, ohne sie in Frage zu stellen oder den Richtern mangelnde Konsequenz vorzuwerfen.[53] Noch kann sich das Verfassungsgericht darauf verlassen, dass sich der Unmut über die nicht eingehaltenen Versprechen des Volkszählungsurteils weitgehend auf Politik und Exekutive konzentriert – schon weil diese so häufig vom Bundesverfassungsgericht gerügt werden.

50 BVerfG, Beschluss vom 11.3.2008 – 1 BvR 256/08 – BVerfGE 121, 1 (Rz. 148 und 155) – Vorratsdatenspeicherung/eA-Verlängerung.

51 Möglicherweise hatte dies auch europarechtliche Gründe, vgl. ebd., Rz. 150.

52 Ähnlich die Aufforderung an den Verfassungsgesetzgeber, eine wirksame Schuldenbremse ins Grundgesetz einzuführen, BVerfGE 119, 64 – Bundeshaushalt 2004.

53 Dasselbe gilt für den von Karlsruhe postulierten »Kernbereich privater Lebensgestaltung«, der wegen seines Bezugs auf die Menschenwürde zwar absoluten Schutz suggeriert, aber immer dann nicht greift, wenn über Straftaten kommuniziert wird – selbst wenn das Gespräch im Bett oder in der Toilette stattfindet. Auch die Kernbereichs-Rechtsprechung ist deshalb eine Art Mogelpackung.

3. Erstaunliche Lücken

Bisweilen scheint es auch etwas willkürlich, in welchen Kontexten das Bundesverfassungsgericht von Einschüchterungseffekten spricht und in welchen nicht.

Erstaunlich ist die Zurückhaltung des Bundesverfassungsgerichts vor allem dort, wo der Staat mit Sanktionen oder in anderer nachteiliger Weise auf das legale Handeln von Bürgern reagiert. Ist nicht gerade hier die Gefahr hoch, dass der Eindruck entsteht, jegliches legale Handeln könne doch in der einen oder andere Weise sanktioniert werden?

So knüpft der Staat zum Beispiel mit den jährlichen Verfassungsschutzberichten von Bund und Ländern negativ an legales Handeln von Bürgern an. Das Bundesverfassungsgericht stuft solche »Warnungen« vor bestimmten Gruppen und Aktivitäten zwar als eingriffsgleiche Maßnahme ein, hat aber keine Verfassungsbedenken gegen die Zulässigkeit dieser Berichte.[54] Dass Verfassungsschutzberichte über die konkreten Nachteile für die Betroffenen hinaus auch einen gesellschaftlich unerwünschten Einschüchterungseffekt haben könnten, wird nicht geprüft.

Auch der Ausschluss von Extremisten aus dem öffentlichen Dienst wurde 1975 vom Bundesverfassungsgericht gebilligt, ohne dass dabei ein Einschüchterungseffekt thematisiert wurde.[55] Und das, obwohl eine solche Diskussion hier besonders nahe gelegen hätte, weil der beamten- und disziplinarrechtliche Umgang mit echten und vermeintlichen Extremisten damals weithin als Förderung des Duckmäusertums wahrgenommen wurde.[56] Im Kern gilt diese Rechtsprechung zur Verfassungstreue-Pflicht auch heute noch[57], doch noch immer prüft das Bundesverfassungsgericht keinen Einschüchterungseffekt. In der letzten einschlägigen Entscheidung[58] ging es zum Beispiel um einen Schöffen, dem seine Freizeitbetätigung in einer (Rechts-)-Rockband vorgeworfen wurde.

Eine ähnliche Konstellation ergibt sich, wenn an legales religiöses Verhalten negative Folgen geknüpft werden, etwa wenn an den staatlichen Schulen vieler Bundesländer keine Kopftuch tragenden Lehrerinnen zugelassen werden. In der zentralen Entscheidung des Bundesverfassungsgerichts[59] wurde dennoch kein gesellschaftlich wirkender Einschüchterungseffekt geprüft. Es hätte aber durchaus die Frage nahegelegen, ob Kopftuchverbote im Schuldienst auch im weiteren Wirtschafts- und Gesellschaftsleben als Signal dafür gesehen werden könnten, dass die Ausgrenzung von (sichtbar frommen oder fundamentalistischen) Muslimen legitim ist. Die An-

54 BVerfG, Beschluss vom 24.5.2005 – 1 BvR 1072/01 – BVerfGE 113, 63 (Rz. 64) – Junge Freiheit.

55 BVerfGE 39, 334.

56 Es wird nur in einem Nebensatz festgestellt, dass die Erfassung studentischer Polit-Aktivitäten durch den Verfassungsschutz das politische Klima vergifte, BVerfGE 39, 334 (356) – Extremistenbeschluss.

57 BVerfG, Beschluss vom 6.5.2008 – 2 BvR 337/08 – NJW 2008, 2568 (Rz. 17) – Ehrenamtlicher Richter.

58 Ebd.

59 BVerfGE 108, 282 – Ludin.

nahme liegt jedenfalls nicht fern, dass durch symbolträchtige Kopftuchverbote zumindest die »Unbefangenheit« der Religionsausübung beeinträchtigt wird. Auch bei der Frage, ob eine Kopftuch tragende Kaufhaus-Verkäuferin gekündigt werden durfte, prüfte das Bundesverfassungsgericht keinen Einschüchterungseffekt.[60]

Dabei kann das Ergebnis einer Prüfung ja durchaus so oder so ausfallen. Wenn aber Einschüchterungseffekte dort, wo es naheliegend wäre, gar nicht erst angesprochen werden, kann der Eindruck entstehen, dass das Bundesverfassungsgericht auch keine plausible Antwort hätte.

Gerade weil das Bundesverfassungsgericht inzwischen bei fast jeder Datenerhebung und -verwendung im Sicherheitsbereich eine möglicherweise abschreckende Wirkung auf die Ausübung von Grundrechten thematisiert, überrascht es, wenn dies gleichzeitig bei so massiven, inhaltlich bestimmten Eingriffen wie der Erwähnung im Verfassungsschutzbericht oder der Entfernung aus dem Öffentlichen Dienst kein Thema ist. Hier scheinen dem Verfassungsgericht etwas die Maßstäbe verrutscht zu sein. Maßstab für die Liberalität einer Gesellschaft sind im Wesentlichen eben nicht die Ermittlungsbefugnisse der Polizei, sondern die materiellen Festlegungen, was erlaubt und was verboten ist.

Der Einschüchterungs-Effekt auf legales Verhalten wird aber noch potenziert, wenn staatliche Sanktionen bereits an legalem Verhalten wie dem Tragen eines islamischen Kopftuchs anknüpfen. Insofern sind gerade Gesetze, die legales Verhalten sanktionieren, besonders einschüchterungsträchtig. Gerade in solchen Fällen sollte das Bundesverfassungsgericht deshalb seine eigene Rechtsprechung zum Einschüchterungseffekt ernster nehmen.

III. Schluss

Die Argumentation mit Einschüchterungseffekten gehört bisher eher zur verfassungsrichterlichen Öffentlichkeitsarbeit als zum Kern des Handwerks. Solange die Figur nur relativ willkürlich als argumentativer Joker eingesetzt wird, sollte es bei dieser eher pädagogischen Bedeutung auch bleiben.

In diesem Rahmen ist es aber gut, wenn Gesetzgeber und Gesellschaft vom Bundesverfassungsgericht für mögliche Einschüchterungseffekte sensibilisiert werden: Verbotsnormen sollen deshalb möglichst eng und bestimmt formuliert bzw. ganz vermieden werden. Legales Verhalten sollte nach Möglichkeit nicht zum Anknüpfungspunkt staatlicher Sanktionen werden. Auch auf Ermittlungsbefugnisse mit großer Streubreite sollte, wenn es vertretbar ist, verzichtet werden.

Zugleich sollte das Gericht aber auch eine unspezifisch eingesetzte Einschüchterungslyrik vermeiden, weil sie nur die ohnehin bestehenden Tendenzen zur Selbstverunsicherung der Gesellschaft bestärken würde.

60 BVerfG, Beschluss vom 20.3.2003 – 1 BvR 792/03 – NJW 2003, 2815 – Kopftuch in Parfümerie.

Wenn das Bundesverfassungsgericht mehr Stringenz in seine Einschüchterungs-Rechtsprechung bringen wollte, gäbe es nach der vorliegenden Untersuchung drei Ansatzpunkte:

- Im Bereich der Meinungsfreiheit sollte das Bundesverfassungsgericht mögliche Einschüchterungswirkungen verstärkt bereits auf gesetzlicher Ebene (und nicht erst »end of the pipe« bei Gerichtsurteilen) thematisieren.
- Mit Blick auf heimliche Informationseingriffe der Sicherheitsbehörden sollte das Bundesverfassungsgericht seine unerfüllbare Rhetorik etwas abrüsten und sie der letztlich recht maßvollen eigenen Rechtsprechung anpassen. Wenn das Gericht hier aber wirklich Einschüchterungseffekte im Ansatz vermeiden will, müsste es konsequenterweise ganze Rechtssphären wie die Wohnung, das Telefon oder den Computer frei von heimlichen Ermittlungsmaßnahmen halten.
- Soweit es um materielle Sanktionen für legales Verhalten geht, etwa bei der Aufnahme in den Verfassungsschutzbericht oder der Entfernung aus dem öffentlichen Dienst, hat die Einschüchterungs-Rechtsprechung des Bundesverfassungsgerichts noch erstaunliche Lücken. Auch deshalb droht aus dem Blick zu geraten, dass sich die Liberalität einer Gesellschaft primär über den Umfang ihrer Verbote und Sanktionen (und weniger über die Ermittlungsbefugnisse ihrer Polizei) bestimmt.

»Volksvertreter fragen – die Regierung schweigt: Aushöhlung der parlamentarischen Kontrolle?«

Oliver Lepsius

I. Überblick über die Informationsrechte der Abgeordneten gegenüber der Bundesregierung

Zwischen zwei Rechtspositionen ist zu unterscheiden: Zum einen verleiht die Rechtsstellung des Abgeordneten Organrechte. Diese verfassungsrechtlichen Rechtspositionen der Abgeordneten sind prozessual vor dem Bundesverfassungsgericht im Wege eines Organstreits (Art. 93 Abs. 1 Nr. 1 GG) geltend zu machen. Zum anderen bestehen subjektive Auskunftsrechte, die jedermann zustehen, die also nicht an die Rechtsstellung des Abgeordneten gebunden sind. Sie werden nicht vom Grundgesetz, sondern vom einfachen Recht gewährt. Deswegen sind sie auf dem normalen Verwaltungsrechtsweg geltend zu machen. Als Beispiele können das Informationsfreiheitsgesetz (IFG) oder, speziell für den Umweltbereich, das Umweltinformationsgesetz (UIG) genannt werden. Beide enthalten Anspruchsgrundlagen, mit denen zum Teil umfangreiche Informationen erlangt werden können, und zwar von jedermann.

II. Verfassungsrechtliche Rechtspositionen

Beginnen wir mit den spezifisch verfassungsrechtlichen Rechtspositionen, also den Organrechten des Abgeordneten auf Information. Das Grundgesetz enthält keine Bestimmung, aus der explizit sich ein Informationsanspruch oder ein Fragerecht des Abgeordneten ergibt. Es kommen mehrere Bestimmungen in Betracht, und jede hat ihre Vor- und Nachteile.

1. Nach Art. 43 Abs. 1 GG können der Bundestag und seine Ausschüsse die Anwesenheit jedes Mitglieds der Bundesregierung verlangen (Interpellationsrecht). Das Anwesenheitsverlangen erschöpft sich naturgemäß nicht in bloßer Präsenz, sondern vom Sinn und Zweck der Vorschrift ist ein Frage- und Antwortrecht der Mitglieder der Bundesregierung impliziert. Art. 43 Abs. 1 GG löst zwei Fragen aus. Über die Reichweite des Frage- und Antwortrechts sagt er erstens nichts aus. Zweitens kommt das Anwesenheitsrecht als Voraussetzung für Frage und Antwort nur dem Bundestag und seinen Gliederungen zu, nicht also dem einzelnen Abgeordneten. Für ein individuelles Fragerecht kann diese Rechtsgrundlage nicht herangezogen werden.

2. Eine zweite Rechtsgrundlage bietet Art. 44 GG, der die Untersuchungsausschüsse regelt. Dieser Artikel vermittelt eine wesentlich stärkere Rechtsposition, weil er dem Untersuchungsausschuss das Recht zur Beweiserhebung nach der Strafprozessordnung verschafft, welches sogar das Recht zur Akteneinsicht umfasst. Beweiserhebung geht inhaltlich erheblich weiter als ein reines Fragerecht, aber: Akteneinsichtsrechte haben nur Untersuchungsausschüsse, nicht einzelne Abgeordnete.

Untersuchungsausschüsse unterliegen nach Art. 44 GG mehreren Voraussetzungen: Es bedarf eines Antrags von einem Viertel der Mitglieder des Bundestages. Es bedarf eines genau formulierten Untersuchungsauftrags, in dessen Rahmen sich die Beweiserhebung halten muss. Informationsansprüche müssten hier als Beweisanträge gestellt werden, bedürften deswegen wieder bestimmter Mehrheiten im Ausschuss. Erneut handelt es sich nicht um Rechtspositionen, die dem einzelnen Abgeordneten zukommen, sondern den Mitgliedern des Untersuchungsausschusses.

3. Explizit enthält das Grundgesetz also in diesen Bestimmungen keinen ausdrücklichen Informationsanspruch des einzelnen Abgeordneten gegen die Bundesregierung. Woher könnte ein einzelner Abgeordneter ein Frage- und Informationsrecht herleiten? Als dritte Rechtsgrundlage bleibt Art. 38 Abs. 1 Satz 2 GG mit der berühmten Formulierung des repräsentativen Mandats: »Die Abgeordneten sind Vertreter des ganzen Volkes, an Aufträge und Weisungen nicht gebunden und nur ihrem Gewissen unterworfen.« Diese berühmte Formulierung des Parlamentarischen Rates, das mag erst einmal überraschen, enthält die Rechtsgrundlage für Informationsansprüche des einzelnen Abgeordneten.

Art. 38 Abs. 1 Satz 2 GG fasst die Rechtsstellung des Abgeordneten zusammen. Fast alle Organrechte des Abgeordneten gründen in dieser Bestimmung. Die Informationsrechte des Abgeordneten können daher nicht weiter reichen als die Rechtsstellung des Abgeordneten geht. Der Informationsanspruch, den der einzelne Abgeordnete aus Art. 38 Abs. 1 Satz 2 GG wahrnimmt, muss mit der parlamentarischen Arbeit im Zusammenhang stehen. Der Abgeordnete kann sich über Art. 38 GG also nicht als ein Bürger mit generellem Kontrollauftrag gegenüber der Verwaltung gerieren. Vielmehr muss mit der Arbeit im Parlament im Zusammenhang stehen, was an Auskünften verlangt wird.

Umgekehrt heißt dies aber auch: Aus dem Grundgesetz ergeben sich erst einmal keine Beschränkungen eines Informationsanspruchs, etwa auf bestimmte Themenfelder oder unter Ausschluss von Nachrichtendiensten oder Betriebs- und Geschäftsgeheimnissen. Solche gegenständlichen Beschränkungen sind in der Rechtsstellung des Art. 38 Abs. 1 Satz 2 GG nicht vorgesehen. Das Mandat des Abgeordneten ist thematisch umfassend, institutionell freilich auf die parlamentarische Arbeit beschränkt.

Will die Bundesregierung also eine Auskunft beschränken, bedarf dieses einer besonderen Begründung und einer verfassungsrechtlichen Rechtfertigung. Sie muss sich auf »kollidierendes Verfassungsrecht« stützen, weil es um die Einschränkung einer verfassungsrechtlichen Rechtsposition aus Art. 38 GG geht. Dieser in Art. 38

GG wurzelnde Informationsanspruch ist vom Bundesverfassungsgericht immer wieder anerkannt worden.[1] Eine ausdrückliche Entscheidung zur konkreten Reichweite des Fragerechts ist jedoch noch nicht ergangen. Entschieden wurden nur Teilaspekte, die sich zusammenfügen lassen. In einer Entscheidung, in der es um die Haushaltskontrolle ging, stellte das Bundesverfassungsgericht fest: »Dem einzelnen Abgeordneten erwächst aus seinem in Art. 38 Abs. 1 GG gewährleisteten Status ein Recht darauf, dass ihm grundsätzlich diejenigen Informationen nicht vorenthalten werden, die ihm eine sachverständige Beurteilung«, jetzt konkret, »des Haushaltsplans ermöglichen«.[2] Das Wort »Haushaltskontrolle« lässt sich durch jedes andere parlamentarisch relevante Themenfeld ersetzen. In einer anderen Entscheidung aus dem Jahr 2004 heißt es sinngemäß: Wenn die nötigen Informationen aus dem Bereich von Regierungsentscheidungen dem Parlament verschlossen blieben, dann wäre keine wirksame parlamentarische Kontrolle mehr möglich.[3] Auch wenn es keine explizite Entscheidung zum Informationsrecht des einzelnen Abgeordneten gibt, darf als unstrittig angesehen werden, dass es einen solchen Informationsanspruch gibt und dieser in Art. 38 GG wurzelt.

III. Grenzen des Informationsanspruches aus Art. 38 GG

Die besonderen Probleme kreisen nun um zwei Fragen: Gibt es erstens Bereiche, die vom Fragerecht prinzipiell ausgeschlossen sind? Die bisherigen Ausführungen lassen das eher verneinen. Und darf die Regierung – zweitens – die Antwort beschränken? Der erste Fragenkreis kreist um das Ob der Auskunft: Muss überhaupt geantwortet werden? Der zweite Fragenkreis beschäftigt sich mit dem Wie der Antwort. In welchem Umfang darf geantwortet werden?

1. Zum ersten Problem: Bestehen grundsätzliche Grenzen? Welche Bereiche unterliegen nicht dem Fragerecht des Abgeordneten? Die Antwort erwächst wieder aus Art. 38 Abs. 1 Satz 2 GG: Wenn ein Informationsrecht besteht, soweit die Rechte des Abgeordneten reichen, rückt das Verhältnis der Legislative zur Regierung in den Mittelpunkt. Zu bedenken ist der Grundsatz der Gewaltenteilung. Von seiner Ausgestaltung und der damit verbundenen Zuschreibung bestimmter Aufgaben an den Bundestag und seine Mitglieder über Art. 38 Abs. 1 GG hängt das Informationsrecht ab.

Positiv gewendet heißt das: Die Frage muss im Zusammenhang mit der parlamentarischen Arbeit stehen – etwa der Vorbereitung der Gesetzgebung dienen. Dann ist sie Ausdruck der sachlich-inhaltlichen Legitimationskompetenz des Bundestages

1 BVerfGE 13, 123 (125 f.) [1961]; 57, 1 (5, 8) [1981]; 67, 100 (129) [1984]; 70, 324 (355) [1986]; 105, 252 (270) [2002]; 105, 279 (306) [2002]; 110, 199 (215) [2004]. Ferner NWVerfGH, Urt. v. 4.10.1993 – VerfGH 15/92 –, NVwZ 1994, 678; BayVerfGH v. 17.1.2001 – Vf. 56-IVa-00 –, BayVBl. 2001, 657.

2 BVerfGE 70, 324 (355) – Kleinert [1986].

3 BVerfGE 110, 199 (215) – Landtag Schleswig-Holstein [2004].

(Gesetzgebung). Oder sie muss der Kontrolle der Bundesregierung dienen, ist dann also Ausdruck der Kontrollkompetenz des Bundestages (Grundsatz der parlamentarischen Verantwortlichkeit der Bundesregierung). Verfassungsrechtlich erforderlich ist demnach, dass die Frage im Zusammenhang mit der Rechtsstellung des Abgeordneten steht, also der Gesetzgebung oder der Kontrolle dient. Nicht jedoch kann der Bundestag eine administrative Superkontrolle in Anspruch nehmen. Der Bundestag ist nicht das höchste Verwaltungsgericht, das jegliches Exekutivhandeln kontrolliert.

Negativ gewendet heißt das: Die Frage darf nicht den »Kernbereich exekutiver Eigenverantwortung« betreffen – so die Formulierung des Bundesverfassungsgerichts.[4] Was ist damit gemeint? Aus dem Grundsatz der Gewaltenteilung kann eine Auskunftssperre gegenüber dem Internum der Regierung entstehen. Mehrere Entscheidungen des Bundesverfassungsgerichts konkretisieren diesen »Kernbereich« auf die internen Entscheidungsabläufe innerhalb der Bundesregierung, also auf die Prozesse der Willensbildung und Politikformulierung. Durch ein Fragerecht soll nicht hinterher an die Öffentlichkeit gezerrt werden, wie ein bestimmter Kompromiss innerhalb der Bundesregierung zustande kam. Zöge man solche Interna in die Öffentlichkeit, dann wüsste die Öffentlichkeit, wer etwa bei einem Kompromiss nachgegeben hat. Das wäre eine politisch wertvolle Information, mit der einem Mitglied der Bundesregierung Führungsschwäche vorgeworfen werden könnte. Es ließe sich sagen, bestimmte Belange finden innerhalb der Bundesregierung nicht den ihnen gebührenden Stellenwert. Man könnte die Willensbildung in der Bundesregierung selbst zum Gegenstand der politischen Debatte machen und etwa in Wahlkämpfen ausschlachten. Derlei interne Abläufe der Willensbildung sind der parlamentarischen Kontrolle noch nicht eröffnet. Parlamentarische Kontrolle kann erst beginnen, wenn die interne Willensbildung innerhalb der Bundesregierung abgeschlossen ist und zu einem Ergebnis, etwa zu einer Beschlussvorlage geführt hat.[5] Die Willensbildung selbst aber kann nicht durch das Fragerecht ausgeforscht werden. Hier muss man der Regierung aus dem Grundsatz der Gewaltenteilung und als Ausdruck institutionellen Respekts ein Internum zubilligen.

Weitergehende Einschränkungen im Hinblick auf einen exekutiven Kernbereich bestehen nicht. Man kann den »exekutiven Kernbereich« also nicht thematisch definieren, so dass etwa wirtschaftliche Informationen (Betriebsgeheimnisse) oder Geheimdienstrelevantes darunter prinzipiell zu fassen wäre. Das wäre ein vollkommen falscher Ansatz zum Verständnis des Frage-resistenten »exekutiven Kernbereichs«. Seine Bestimmung erfolgt nicht thematisch, sondern institutionell, nämlich von der Organwillensbildung her gedacht, von den Voraussetzungen einer funktionierenden

4 BVerfGE 110, 199 (214) – Landtag Schleswig-Holstein [2004]; »Kernbereich« zuvor in BVerfGE 9, 268 (280) [1959]; 34, 52 (59) [1972]. Die Formulierung »Kernbereich exekutiver Eigenverantwortung« geht zurück auf R. Scholz, Parlamentarischer Untersuchungsausschuß und Steuergeheimnis, AöR 105 (1980), 564 (598); aufgegriffen durch BVerfGE 67, 100 (139) [1984]; 68, 1 (86 f.) [1984]; 95, 1 (16) [1996].

5 Vgl. BVerfGE 67, 100 (139) – Flick [1984]; 110, 199 (215) – Landtag Schleswig-Holstein [2004].

eigenverantwortlichen Willensbildung in der Regierung. Der »Kernbereich« kann also jedes Themenfeld betreffen und ist nicht auf besonders sensible Bereiche beschränkt. Umgekehrt können nicht bestimmte Themen (Betriebliches, Geheim- und Nachrichtendienste) grundsätzlich zum »exekutiven Kernbereich« stilisiert werden. Bei Ausnahmen, die auf den »Kernbereich« gestützt werden, geht es um die politisch eigenverantwortliche Funktionsfähigkeit der Bundesregierung.

Jenseits dieses »Kernbereichs« sind Bereiche, in denen ein Fragerecht nicht besteht, in der Verfassungsrechtsprechung nicht anerkannt. Mit anderen Worten: Die Frage, ob die Regierung antworten muss, ist vergleichsweise einfach zu beantworten. Ja, sie muss im Grunde fast immer antworten, solange Aufgaben des Parlamentes mit der Frage zusammenhängen und soweit nicht der »exekutive Kernbereich« betroffen ist.

2. Kommen wir zum zweiten Problem, dem Wie, dem Umfang des Informationsanspruchs. In welcher Ausführlichkeit, Offenheit und Intensität ist zu antworten? Anders ausgedrückt: Wann darf die Bundesregierung eine Auskunft begrenzen, die sie an sich geben müsste?

Die Beweislast liegt hier auf Seiten der Bundesregierung. Sie muss einen kollidierenden verfassungsrechtlichen Belang anführen, um die Auskunft beschränken zu können. Welche verfassungsrechtlichen Rechtspositionen kommen in Betracht, um eine solche Auskunft unvollständig oder jedenfalls nicht öffentlich zu erteilen? Hier sind mehrere Aspekte denkbar. Nur rechtliche taugen zur Auskunftsbegrenzung – nicht jedoch Aspekte der politischen Zweckmäßigkeit.

In Betracht kommen in erster Linie Grundrechte Dritter, etwa das allgemeine Persönlichkeitsrecht (Art. 2 Abs. 1 i.V.m. Art. 1 Abs. 1 GG), oder auch Betriebs- und Geschäftsgeheimnisse, wenn sie grundrechtlich geschützt werden im Rahmen der Berufs- und Gewerbefreiheit (Art. 12 Abs. 1 GG). Müssten hier Rechtspositionen Dritter offen gelegt werden, würde die Bundesregierung durch eine entsprechende Information in die Grundrechte Privater eingreifen. Grundsätzlich darf die Bundesregierung grundrechtlich geschützte Informationen Dritter nicht bekanntgeben. Das darf sie nur bzw. nur in einem bestimmten Umfang, wenn besondere Rechtsgrundlagen solche Informationen ermöglichen. Das parlamentarische Auskunftsrecht darf nicht zur Umgehung des grundrechtlichen Gesetzesvorbehalts führen.

3. Geheimhaltung aus objektiven Gründen – ohne dass subjektive Rechte Dritter in Rede stehen – ist per se kein verfassungsrechtlicher Belang. Das Grundgesetz ermächtigt den Staat nicht, in bestimmten Bereichen geheim zu handeln – ganz im Gegenteil: Das Grundgesetz etabliert eine offene Staatlichkeit. Öffentlichkeit ist ein zentraler Grundsatz des Staatshandelns. Geheimes wird nicht auf Seiten des Staates, sondern auf Seiten der Privaten geschützt. Was die Verfassung an Geheimnisschutz enthält, dient dem Schutz der Privaten. Sie müssen sich weder der Öffentlichkeit noch dem Staat offenbaren. Aber der Staat genießt nicht, wie ein Privatmann, einen korrespondierenden Geheimnisschutz nach dem Motto, »ich will bestimmte Dinge diskret halten«.

Das gilt natürlich erst recht nicht in der parlamentarischen Debatte. Im Bundestag herrscht das Öffentlichkeitsprinzip, das Art. 42 Abs. 1 GG prominent verankert. Die Debatte ist öffentlich. Die Frage wird öffentlich gestellt. Naturgemäß ist die Antwort dann auch öffentlich zu erteilen. Anders könnten weder Frage noch Antwort die Debatte und die Willensbildung beeinflussen. Informationen, die nur geheim weitergegeben und nicht in der Öffentlichkeit verwertet werden dürfen, sind wertlos. Das Fragerecht soll gerade die Willensbildung des Bundestages ermöglichen. Deswegen muss die Frage grundsätzlich auch öffentlich beantwortet werden.

Das ist im Übrigen vom Bundesverfassungsgericht seit langem anerkannt: »Öffentliches Verhandeln von Argument und Gegenargument, öffentliche Debatte und öffentliche Diskussion sind wesentliche Elemente des demokratischen Parlamentarismus. Gerade das im parlamentarischen Verfahren gewährleistete Maß an Öffentlichkeit der Auseinandersetzung und Entscheidungssuche eröffnet Möglichkeiten eines Ausgleichs widerstreitender Interessen, die bei einem weniger transparenten Verfahren sich nicht so ergeben.«[6] Auch wenn dies selbstverständlich erscheinen mag, muss es im Kontext der Geheimhaltungsargumente in Erinnerung gerufen werden.

Würde die Frage nicht öffentlich beantwortet, widerspräche dies der Rechtsstellung des Art. 38 Abs. 1 Satz 2 GG. Denn die Rechte des Abgeordneten sind Rechte, die sich in der Parlamentsöffentlichkeit bewähren. Teilöffentlichkeiten können das gerade nicht kompensieren. Man könnte sonst sagen, man gibt eine Information nur einem erlauchten Kreise von vertrauenswürdigen Abgeordneten bekannt. Das aber wäre nur eine Antwort gegenüber einer Teilöffentlichkeit des Parlaments. Sie kann die fehlende Öffentlichkeit nicht kompensieren, weil die Gleichheit aller Abgeordneten verletzt wird. Die Rechte des Art. 38 GG stehen jedem Abgeordneten gleichermaßen zur Verfügung. Der Abgeordnete muss sich nicht darauf verweisen lassen, dass die Rechtsstellung eines anderen Mitglieds desselben Organs gewahrt wird. Eine asymmetrische Informationsverteilung verstieße gegen Art. 38 GG.

4. Wir halten fest: Ohne eine Beteiligung am geheimen Wissen der Regierung kann das Parlament weder das Gesetzgebungsrecht noch das Haushaltsrecht noch die parlamentarische Kontrolle gegenüber der Regierung ausüben.[7] Geheimhaltung ist deswegen immer besonders rechtfertigungsbedürftig. Wenn Geheimhaltung aus Gründen der politischen Zweckmäßigkeit gewünscht wird, bedarf sie einer besonderen Begründung. Verfassungsrechtlich ist sie jedenfalls nicht automatisch begründbar. Die Beweislast liegt auf Seiten der Heimlichkeit, nicht der Öffentlichkeit. Nun hat das Bundesverfassungsgericht eine politisch begründete Geheimhaltung gelegentlich anerkannt, aber in einem viel geringeren Ausmaß als der Bundesregierung bei ihrer restriktiven Antwortpraxis[8] auf Anfragen einzelner Abgeordneter offenbar bekannt ist. Geheimhaltung wurde akzeptiert, wenn private Rechtspositionen betroffen waren, wenn Einzelne ein Recht auf Geheimhaltung geltend machen können und

6 BVerfGE 70, 324 (355) – Flick [1984] unter Berufung auf BVerfGE 40, 237 (249) – Strafvollzugsbeschwerde [1975].

7 So BVerfGE 67, 100 (135) – Flick [1984].

8 Für Fallmaterial vgl. die Zusammenstellung von Volker Beck, Missachtung des Parlamentes und Behinderung der parlamentarischen Kontrolle durch die Bundesregierung, Oktober 2008, 39 S., mit zahlreichen Beispielen aus der 16. Legislaturperiode.

die Bundesregierung dieses Recht bei ihrer Antwort berücksichtigen muss. Diese Geheimhaltung bezieht sich aber nicht auf das Auskunftsrecht des Parlaments (das Ob), sondern nur auf die Art und Weise der Auskunftserteilung (das Wie). Nicht die Auskunft als solche unterliegt der Geheimhaltung, sondern nur jene Aspekte, durch welche die Bundesregierung private Rechte, insbesondere das allgemeine Persönlichkeitsrecht, verletzte.

Hier liegt ein wichtiger Unterschied zum so genannten Kernbereich der exekutiven Verantwortlichkeit. Dort sind »Regierungsgeheimnisse« anerkannt, die im Ablauf der Willensbildung gründen. Hier, bei der Frage, wie zu antworten ist, gibt es solche Regierungsgeheimnisse jedoch nicht. Die Bundesregierung muss daher auf alle Fragen, etwa zu den Nachrichtendiensten, antworten. Sie kann nicht sagen, dieser Bereich unterliegt irgendwie prinzipiell der Geheimhaltung.

IV. Spezialfragen

Fünf Spezialbereiche verdienen freilich eine nähere Aufmerksamkeit, weil sich dort spezielle Grenzen dieses allgemeinen Informationsanspruchs ergeben.

1. Wie ist es bei Nachrichtendiensten oder Verfassungsschutzbehörden? In den entsprechenden Gesetzen (z.B. § 8 Abs. 2 BVerfSchG) hat der Bundestag Rechtsgrundlagen für eine Geheimhaltung bestimmter Informationen geschaffen. Nun kann nicht die vom Bundestag der Behörde überantwortete geheime Aufgabe durch einen öffentlichen Auskunftsanspruch gegenüber der Regierung als Aufsichtsbehörde zunichte gemacht werden. Der Bundestag muss sich an seinem eigenen Gesetz, mit dem er Kompetenzen an Behörden übertragen hat, festhalten lassen. Das Auskunftsrecht aus Art. 38 GG kann nicht die vom Bundestag durch die Gesetzgebung geschaffene Ermächtigung aushebeln, bestimmte Informationen geheim zu sammeln. Hier kann sich die Bundesregierung (bzw. der zuständige Bundesminister) auf das Gesetz und den dort geregelten Geheimnisschutz berufen. Will der Bundestag bestimmte Informationen trotzdem erlangen, muss er die gesetzlichen Grundlagen ändern oder gesonderte Regelungen treffen, wie er es mit dem Gesetz über die parlamentarische Kontrolle nachrichtendienstlicher Tätigkeit des Bundes (PKGrG) getan hat.

Hier entsteht ein verfassungsrechtlich heikles Problem, ob sich der einzelne Abgeordnete bei der Wahrnehmung seines Organrechtes aus Art. 38 Abs. 1 Satz 2 GG darauf verweisen lassen muss, dass der Bundestag in den einschlägigen Gesetzen der Nachrichtendienste der Bundesregierung Geheimhaltung ermöglicht hat. Freilich kann die verfassungsrechtliche Stellung des Abgeordneten (und darin eingeschlossen das Fragerecht und der Informationsanspruch) nicht einfachrechtlich ausgeschlossen werden. Man kann hier auch nicht mit einer Selbstbeschränkung des Bundestages argumentieren, da Art. 38 Abs. 1 Satz 2 GG gerade jedem einzelnen Abgeordneten und nicht dem Parlament als Organ zukommt. Daher besteht der Auskunftsanspruch auch bei einfachgesetzlich anerkanntem Geheimhaltungsinteresse fort. Es darf daran erinnert werden, dass er nur den Bereich der parlamentarischen

Arbeit umfasst, nicht jedoch zur administrativen Superkontrolle mutiert. Deswegen kann die Auskunft hier auf das beschränkt werden, was mit der Parlamentsarbeit im Zusammenhang steht. Die Abgrenzungen werden im Einzelfall schwierig zu ziehen sein; Informationen werden nicht die Umstände des Einzelfalls betreffen, weil dies einer Administrativkontrolle gleichkäme. Sie können sich aber auf Einzelfälle erstrecken, wenn gerade sie mit Regierungshandeln verbunden sind, denn dann liegt ein Bereich der parlamentarischen Kontrolle vor (Fall Kurnaz).

Auch kann der Bundestag durch organisatorische Maßnahmen seinerseits die Geheimhaltung gewährleisten und das einfachrechtlich anerkannte Geheimhaltungsinteresse dann gleichermaßen wahren. Nicht alle Informationen verlangt der Bundestag prinzipiell öffentlich. Die Geschäftsordnung des Bundestages sieht eine Geheimschutzordnung vor (§ 17 GOBT). Akten können als Verschlusssachen zirkulieren. Insofern besteht ein abgestuftes Regime, indem bestimmte Bereiche dem Bundestag offen gelegt werden müssen und können, indem andererseits aber der Abgeordnete aus seiner Rechtsstellung im Art. 38 GG nicht jedwede administrative Tatsache mit Hilfe des Auskunftsrechts in Erfahrung bringen kann.

2. Gibt es eine Einschätzungsprärogative beim Geheimen für die Bundesregierung? Kann die Bundesregierung von sich aus bestimmen, welche Bereiche geheim sind und welche nicht? Hat sie ein Interpretationsmonopol? Angesichts der restriktiven Antwortpraxis der Bundesregierung mag man davon ausgehen. Die Bundesregierung beruft sich hier auf Gesetzesbestimmungen, wonach sie bestimmte Informationen nicht preisgeben darf. Bei der Interpretation von Gesetzen hat die Bundesregierung aber nicht das letzte Wort. Es gilt vielmehr, was auch sonst bei der Anwendung und Auslegung von Gesetzen gilt: Auch die Normen des BND-Gesetzes oder des BVerfSchG unterliegen der gerichtlichen Kontrolle. Die Inanspruchnahme eines exekutiven Interpretationsmonopols über die Geheimhaltungswürdigkeit und -bedürftigkeit kann rechtsstaatlich nicht akzeptiert werden. Die Regierung muss sich notfalls vor Gericht mit Tatsachen verantworten, warum bestimmte Informationen geheim sind und sie deswegen keiner oder nur einer eingeschränkten Weitergabe bzw. Auskunft unterliegen.

Die Informationen müssen daher von einem Richter auf ihre Geheimhaltungswürdigkeit am Maßstab des jeweiligen Gesetzes überprüft werden können. Dem kann sich die Bundesregierung nicht wiederum durch Geheimhaltung entziehen. Auch im Verhältnis zur Judikative können organisatorische Vorkehrungen dem Geheimnisschutz Rechnung tragen (z.B. in camera-Verfahren).

3. Darf die Bundesregierung auf das Parlamentarische Kontrollgremium (§ 1 Abs. 1 PKGrG) verweisen und behaupten, man werde Fragen zu bestimmten Themenfeldern – etwa den Nachrichtendiensten – nur dort beantworten?[9] Das ist eine interessante Rechtsfrage. Die Bundesregierung würde sich dann die Rechtsauffassung zu Eigen machen, Informationen nur einer parlamentarischen Teilöffentlichkeit preis zu geben. Wie oben bereits erwähnt, ist dies unzulässig, denn eine solche

9 Vgl. z.B. BT-Drs. 16/158, Fragen 18-19; 16/2098, Frage 1; 16/3775, Frage 10; 16/4000, Frage 16.

Preisgabe gegenüber einer Teilöffentlichkeit würde zu einer Verletzung der Rechte des Abgeordneten nach Art. 38 GG führen.

Dem kann auch nicht entgegengehalten werden, die Einrichtung des Parlamentarischen Kontrollgremiums sei wie eine Variante des organisatorischen Geheimnisschutzes des Bundestages zu behandeln. Das Parlamentarische Kontrollgremium ist keine institutionelle Variante der Verschlusssache, um Geheimsachen innerhalb des Bundestages behandeln zu können. Und man kann auch nicht argumentieren, durch die Einrichtung des Parlamentarischen Kontrollgremiums habe der Bundestag selbst eine Teilöffentlichkeit an die Stelle des Plenums gesetzt. Denn der Bundestag wollte mit dem Parlamentarischen Kontrollgremium seine Informationsrechte erweitern, nicht jedoch beschränken. § 1 Abs. 2 PKGrG bekräftigt ausdrücklich, dass bestehende Rechte des Bundestages und seiner Ausschüsse sowie der G 10-Kommission unberührt bleiben. Es ging bei der Einrichtung des Parlamentarischen Kontrollgremiums nicht um die Begrenzung des Auskunftsrechts oder des Auskunftsforums. Das Gesetz bezweckt, dass der Bundestag durch selbständige Mitteilungen der Bundesregierung über die Tätigkeit der Nachrichtendienste informiert wird. Er soll nicht ins Blaue fragen müssen, sondern durch eine Informationsbringschuld der Regierung in die Lage versetzt werden, dann konkrete Fragen zu stellen. Das PKGrG ist eine institutionelle Voraussetzung für die Ausübung des Kontrollrechts des Bundestages, das dann z.B. durch Fragen einzelner Abgeordneter wahrgenommen wird. Nicht aber darf seine Einrichtung dazu verwendet werden, die Kontrollrechte zu beschränken: Dafür bietet weder der Entstehungszusammenhang noch der Wortlaut des § 1 Abs. 2 PKGrG noch der Sinn und Zweck des Gesetzes Anlass. Der Regelungszweck des Gesetzes wird durch die Antwortpraxis der Bundesregierung auf den Kopf gestellt.

Hinzu kommt noch folgende Erwägung: Das Parlamentarische Kontrollgremium soll auch den Verwaltungsrechtsschutz kompensieren. Der Bürger, der von einer nachrichtendienstlichen Maßnahme betroffen ist, erfährt von ihr nichts. Das liegt in der Natur der Geheimdienste, deren Informationen nur dann wertvoll erscheinen, wenn sie geheim sind. Sinn und Zweck ist es, Ahnungslose auszuforschen, nicht jedoch, wie sonst regelmäßig bei hoheitlichem Handeln, das Verhalten der Normadressaten zu beeinflussen. Dies nun führt zu einer Rechtsschutzlücke beim Betroffenen. Er könnte ja, wenn er Adressat geheimdienstlicher Maßnahmen ist und dies wüsste, dagegen gerichtlich vorgehen. Da er dies aber gerade nicht weiß, ist ihm der Indiviualrechtsschutz genommen, was eine Verletzung der Rechtsschutzgewähr des Art. 19 Abs. 4 GG bedeutet, die besonderer Rechtfertigung bedarf. Diese Einbuße an Rechtsschutz des Bürgers soll durch das Kontrollgremium kompensiert werden. Das Parlamentarische Kontrollgremium ist also auch Sachwalter der Rechte der betroffenen Bürger. Es ist aber nicht Sachwalter der Organrechte der anderen Abgeordneten. Das ist der entscheidende Unterschied. Deswegen ist die Antwortpraxis der Bundesregierung, bei nachrichtendienstlichen Informationen grundsätzlich auf das Parlamentarische Kontrollgremium zu verweisen, meines Erachtens rechtswidrig.

4. Können Informationen mit der Behauptung zurückgehalten werden, es handele sich um Betriebs- und Geschäftsgeheimnisse? Kann sich die Bundesregierung mit einer solchen Erwägung beispielsweise weigern, betriebswirtschaftliche Kalkulatio-

nen der Deutschen Bahn (Netzunterhaltung) preis zu geben? Betriebsgeheimnisse sind legitime Erwägungen, um Informationen zu verweigern oder im Umfang zu beschränken. Sie müssen aber auf einer Grundrechtsposition eines Privaten beruhen. Schließlich darf die Bundesregierung durch eine Auskunft nicht die Grundrechte Dritter verletzen, sei es aus Art. 2 Abs. 1 GG (allgemeines Persönlichkeitsrecht), sei es aus Art. 12 Abs. 1 GG (Berufs-, Gewerbe- und Wettbewerbsfreiheit). Jedoch muss auch hier genau unterschieden werden, ob das Privatrechtssubjekt, dessen Schutz die Bundesregierung wahrzunehmen behauptet, sich überhaupt auf eine Grundrechtsposition berufen kann. Hier besteht nämlich kein Automatismus. Probleme entstehen regelmäßig bei juristischen Personen des Privatrechts, zumal wenn sie sich im Eigentum der öffentlichen Hand befinden.

Bei der Deutschen Bahn AG etwa, die angesprochen wurde, stellt sich die Frage, ob sie überhaupt ein Grundrechtsträger ist? Mit der Einräumung einer privaten Rechtsstellung ist nicht automatisch die Grundrechtsträgerschaft verbunden. Juristische Personen des Privatrechts genießen – anders als das weithin geglaubt wird – nicht per se Grundrechtsschutz. Die Grundrechte schützen nicht Privatrechtssubjekte, sondern natürliche Personen. Juristische Personen des Privatrechts genießen Grundrechtsschutz nur unter den Voraussetzungen des Art. 19 Abs. 3 GG, und zwar als Reflex des Grundrechtsschutzes für die hinter der juristischen Person stehenden natürlichen Personen. Das Bundesverfassungsgericht hat hier besondere Voraussetzungen aufgestellt. Es betont den Zusammenhang mit dem individuellen Freiheitsschutz und verlangt einen Durchgriff auf die hinter der juristischen Person stehenden natürlichen Personen.[10] Es kommt folglich nicht auf die Eigenart des Grundrechts oder den Umstand an, dass juristische Personen prinzipiell in den Schutzbereich fallen können. Entscheidend ist die Eigenart der jeweiligen juristischen Person. Nur wenn im Einzelfall ein nach Sinn und Zweck des Freiheitsschutzes zu bestimmender Durchgriff auf die natürlichen Personen vorgenommen werden kann, genießt diese juristische Person den Schutz des jeweiligen Grundrechts. Die Grundrechte schützen natürliche Personen, nicht Privatrechtssubjekte ihrer Natur nach.

Deswegen ist der Verweis auf Betriebsgeheimnisse bei juristischen Personen besonders begründungsbedürftig. Hier besteht kein Automatismus. Wenn eine juristische Person des Privatrechts sich in Staatseigentum befindet, also ein Ausweichen in die Rechtsform des Privatrechts gegeben ist, dann fehlt es am Maßstab des Art. 19 Abs. 3 GG an der Grundrechtssubjektivität, und zwar nicht erst bei vollständigem Eigentum der öffentlichen Hand, sondern bereits ab einem Staatsanteil von 50,01 %, weil dann indiziert ist, dass der Staat den bestimmenden Einfluss auf das Unternehmen hat.[11]

Hinzu kommt: Als grundrechtlich erheblicher Belang können Betriebsgeheimnisse nicht per se auf eine private Rechtsstellung gestützt werden, sondern bedürfen einer spezifischen Wettbewerbskomponente. Grundrechtlich relevant wird das Be-

10 BVerfGE 21, 362 (368 f.) [1967]; 61, 82 (101) [1982]; 68, 193 (205 f.) [1984]; 75, 192 (196) [1987]; 106, 28 (42 f.) [2002].

11 BVerfG, NJW 1990, 1783. Irrig insofern BVerwGE 114, 160 (189); 118, 352 (359).

triebsgeheimnis primär im Wettbewerb: Wenn eine Information preisgegeben wird, die den Unternehmer im Wettbewerb benachteiligt, weil seine Konkurrenten plötzlich Einblick in Interna gewinnen, dann liegt in dieser Preisgabe ein Eingriff in die Wettbewerbsfreiheit als Ausfluss der Gewerbefreiheit. Wenn es aber keine Wettbewerber gibt, wie das bei der Deutschen Bahn AG jedenfalls beim Netzbetrieb der Fall ist, dann ist aus Art. 12 Abs. 1 GG, unabhängig von der Frage, ob sich die Deutsche Bahn AG überhaupt auf das Grundrecht der Berufsfreiheit berufen kann, kein Anknüpfungspunkt für ein solches Betriebsgeheimnis gegeben.

Prinzipiell sind Betriebs- und Geschäftsgeheimnisse daher legitime Belange, um Auskünfte zu beschränken. Die Subsumtion auf die Deutsche Bahn allerdings verfängt hier gerade nicht, so dass die Antwortpraxis der Bundesregierung, zur Netzunterhaltung unter Hinweis auf Betriebsinterna keine genauen Auskünfte zu erteilen, nicht haltbar ist.

5. Darf die Bundesregierung darüber hinaus nach eigener politischer Zweckmäßigkeit Staatsgeheimnisse definieren? Dafür finden wir keine Rechtsgrundlage im Grundgesetz. Wie sollten diese Staatsgeheimnisse im Einzelnen beschränkt werden? Staatsgeheimnisse entstehen nur durch einfachrechtliche Ermächtigungen, eben durch die Gesetze, mit denen Nachrichtendienste etabliert werden. Damit ist das Ausmaß und der Umfang von Staatsgeheimnissen natürlich auch der Legislative zugänglich durch die Reichweite, in der bestimmte nachrichtendienstliche Behörden geschaffen werden, und den Umfang, in dem diesen Behörden Kompetenzen eingeräumt werden.

V. Abhilfe

Wie kann eine offenbar rechtswidrige Antwortpraxis der Bundesregierung abgestellt werden? Um die Rechte des Abgeordneten durchzusetzen, bleibt kein anderes Mittel, als Organstreite vor dem Bundesverfassungsgericht zu führen. Die Erfolgsaussichten sind besser, als viele glauben. Denn es existiert keine Entscheidung zum Umfang des Fragerechts des einzelnen Abgeordneten. Alle relevanten ähnlichen Verfahren, in denen es etwa um die Rechte des Untersuchungsausschusses oder das Interpellationsrecht ging, sind zugunsten des Bundestages ausgegangen. Aus Karlsruhe leuchtet uns eine ausgesprochen parlamentsfreundliche Tendenz entgegen.

Ein wichtiger Aspekt dabei ist auch der Funktionswandel des Bundestages vom Legitimations- zum Kontrollorgan. Der Bundestag hat durch die europäischen Rechtsakte und die internationale Vernetzung mit ihrer intergouvernementalen Zusammenarbeit Einbußen bei der Gesetzgebung erlitten. De facto sind seine Kompetenzen von der Normsetzung abgerückt. Auch hat das Bundesverfassungsgericht etwa bei der Ausweitung der exekutiven Normsetzung einen entsprechenden Funktionswandel mit der Begründung hingenommen, der Bundestag könne den Verlust an gesetzlicher Gestaltungsmacht durch seine Kontrollkompetenzen wettmachen. Ein Zuwachs an Kontrolle mag also ein Abschmelzen an Rechtsetzungsmöglichkeiten kompensieren.[12] Dieses Argument stärkt die Bedeutung der Kontrollrechte des einzelnen Abgeordneten, also auch das Fragerecht und den Informationsanspruch.

Im Übrigen kann der Bundestag de lege ferenda einfachrechtliche Auskunftsansprüche normieren (»Parlamentsinformationsgesetz«). Das sollte bewusst und nicht zögerlich umgesetzt werden. Viele Datenschutzgesetze, auch Polizeigesetze der Länder, kennen bereits Auskunftsansprüche des Bürgers. Entsprechende Auskunftsansprüche lassen sich natürlich auch in die Gesetze der Nachrichtendienste aufnehmen, auch wenn es kontraintuitiv erscheint, einen Auskunftsanspruch gegenüber einem Nachrichtendienst zu haben. Hierfür sind natürlich politische Mehrheiten erforderlich, für die es zu werben gilt.

Auch im wirtschaftsrechtlichen Bereich lassen sich entsprechende Informations- und Auskunftsansprüche gesetzlich normieren, was angesichts der erheblichen gesamtgesellschaftlichen Bedeutung, die große Kapitalgesellschaften heute für das Wohl und Wehe des Gemeinwesens haben, auch ein rechtspolitisch sinnvolles Unterfangen wäre. Schließlich müssen wir laufend erfahren, dass die kapitalgesellschaftlichen Kontrollinstrumente versagen bzw. ihre Kontrolle notgedrungen private Interessen verfolgt, so dass die Kontrolle nicht mit der tatsächlich ausgeübten ökonomischen Macht korreliert.

Diese Aspekte leiten bereits über zu einem abschließenden Ausblick auf die einfachrechtlichen Auskunftsansprüche im eingangs genannten IFG und UIG. Beide Gesetze enthalten Auskunftsansprüche für jedermann, knüpfen also nicht an einer besonderen verfassungsrechtlichen Organstellung an. Rechtspolitisch bemerkenswert ist dabei, dass wir diese subjektiven Auskunftsrechte des Bürgers dem Europarecht verdanken. Sie sind nicht der deutschen parlamentarischen Initiative entsprungen, sondern es wurden europarechtliche Vorgaben nachvollzogen. Insofern wundert es, warum nicht der Deutsche Bundestag auch von sich aus mutiger ist, Informationsansprüche des einzelnen Bürgers zu normieren. Diese Informationsansprüche kommen schließlich auch dem Abgeordneten in seiner Rechtsstellung als Bürger zugute. Freilich enthalten diese Gesetze einen Katalog an Beschränkungsmöglichkeiten, in dem auch Betriebs- und Geschäftsgeheimnisse und Sicherheitsbelange aufgeführt werden.[13] Nachrichtendienste sind nach § 3 IFG weitgehend ausgenommen. Alles in allem zeigt sich hier bereits ein beachtlicher Umfang einfachgesetzlich gestaltbarer Auskunftsrechte. Hier scheint mir ein sinnvoller rechtspolitischer Weg zu liegen, um die Informationsverschaffung von der Exekutive zu stärken.

12 BVerfGE 49, 89 [124 f.] – Kalkar [1978]; 68, 1 (89) – Pershing [1984]; 70, 324 (356) – Kleinert [1986].

13 Vgl. §§ 3-6 IFG, §§ 8, 9 UIG.

Tiefflieger gegen Demonstranten

Günter Frankenberg

I. Problemlage

Die Trennung von Polizei und Militär sei von gestern, lässt (nicht nur) die Bundeskanzlerin vernehmen.[1] Historisch ist diese Feststellung gewiss zutreffend. Fraglich sind jedoch sowohl die Implikation, diese Trennung sei überholt, als auch die Folgerung, unter dem Zeichen – wieder einmal – des »Krieges gegen den Terror«, aber nicht nur hierfür, müsse die Unterscheidung von innerer Sicherheit (Gefahrenabwehr) und äußerer Sicherheit (Abwehr von Angriffen auf das Territorium der Bundesrepublik) aufgegeben und die auf letztere spezialisierten Streitkräfte auch im Innern eingesetzt werden. Der Bundesinnenmister sekundiert und verdeutlicht: »Es macht meines Erachtens ... keinen Sinn, die Bundeswehr grundsätzlich überall auf der Welt ... im Grenzbereich ziviler, also polizeilicher, und militärischer Sicherheit einzusetzen, nur in Deutschland selbst nicht, weil dort – und offenbar nur dort – das Trennungsgebot zwischen polizeilichen und militärischen Aufgaben und Befugnissen noch aufrecht erhalten werden soll.«[2]

Gefordert wird, erstens, die Schaffung einer »organisatorischen Bundeswehreinheit Territorialschutz zur Gefahrenabwehr und Vorsorge für alle möglichen Bedrohungen der Sicherheit in unserem Lande«, so Schäuble, also nicht nur zur Bekämpfung von Terroristen. Und dazu zweitens, die Ergänzung und Änderung von Art. 35 GG und Art. 87a GG, um den Einsatz der Streitkräfte im Innern, etwa bei Großdemonstrationen, jenseits der Grenzen herkömmlicher Amtshilfe, sowie den Abschuss von sog. Renegade Flugzeugen, die von mutmaßlichen Terroristen gekapert worden sind, verfassungsrechtlich abzusichern.[3]

Diese Forderungen kommen nicht »wie Ziethen aus dem Busch«, sondern entsprechen einer schleichenden Normalisierung von Einsätzen der Bundeswehr im Rahmen der Gefahrenabwehr, das heißt: jenseits der Amtshilfegrenzen bei Kirchentagen, Papstbesuchen und anderen Großveranstaltungen. Diese Praxis soll nunmehr nachträglich legalisiert bzw. konstitutionalisiert werden. Zuletzt machten die Streitkräfte in Heiligendamm von sich reden. Im Kontext des »Versammlungsgeschehens« anlässlich des G 8-Treffens vom 6.-8. Juni 2007 kamen ca. 1.100 Soldaten und zivile Mitarbeiter der Bundeswehr zu einem Einsatz bei unmittelbaren Operati-

1 Welt online 2.7.2007.

2 Wolfgang Schäuble, seinerzeit MdB, EuGRZ 2005, 294 (295).

3 Nach der Entscheidung des Bundesverfassungsgerichts zu § 14 Abs. 3 LuftSiG (BVerfGE 115, 118) dürfte Letzteres weder politisch noch verfassungsrechtlich ein leichtes Unterfangen sein.

onsmaßnahmen. Tornados und Jagdflugzeuge führten »Aufklärungsflüge«, bei denen Bildaufnahmen erstellt wurden, auch über dem Demonstrationsgebiet durch – teilweise unterhalb der genehmigten Flughöhe von etwa 150 m als Tiefflüge in nur 116 m Höhe. Außerdem wurden gepanzerte Spähwagen des Fennek-Systems im Demonstrationsgebiet eingesetzt. Die Beurteilung dieses massiven Einsatzes der Streitkräfte wurde inzwischen der dritten Gewalt überantwortet: Die Verwaltungsgerichtsbarkeit hat über Klagen von TeilnehmerInnen der Demonstrationen zu befinden. Die Bundestagsfraktion Bündnis 90/Die Grünen hat, in Prozessstandschaft für den Deutschen Bundestag handelnd, vor dem Bundesverfassungsgericht ein Organstreitverfahren angestrebt.

II. Stichworte zur Wehr- und Notstandsverfassung

Was sagt das Grundgesetz zum Einsatz der Bundeswehr im Innern? Vor 60 Jahren war, aus naheliegenden Gründen, ein Einsatz der Streitkräfte im Innern mangels Wiederbewaffnung der Bundesrepublik nicht vorgesehen. Folgerichtig schwieg die ursprüngliche Fassung von Art. 35 GG zu einer Verwendung der Streitkräfte. 1956 wurde im Zuge der Wiederbewaffnung die Regelung des Einsatzes der Streitkräfte in inneren Notstandslagen dem Gesetzgeber (Art. 143 GG a.F.) anvertraut. Die Notstandsgesetze von 1968 sahen Streitkräfteeinsätze im Innern nur in Notlagen und nur zur Unterstützung der Polizeikräfte vor.

Heute ist Art. 87a Abs. 2 GG Ausgangspunkt der verfassungsrechtlichen Beurteilung. Dort ist ein Verfassungsvorbehalt normiert: »Außer zur Verteidigung dürfen Streitkräfte nur eingesetzt werden, soweit dieses Grundgesetz es ausdrücklich zulässt.« Mit diesem Vorbehalt beginnt der Streit um Begriffe. »Verteidigung« (Art. 115a GG) wird herkömmlich im Sinne des Völkerrechts verstanden als Abwehr eines Angriffs durch einen anderen Staat von außen auf das Bundesgebiet mit Waffengewalt. Diese Konzeption einer Territorialverteidigung ist inzwischen durch die Revision des Bündnisfalles gemäß Art. 5 NATO-Vertrag sowohl im Rahmen der »neuen Sicherheitsarchitektur« der NATO[4] als auch durch deren Umsetzung in »out of area«-Einsätzen erheblich ausgeweitet, wenn nicht obsolet und vom Bundesverfassungsgericht in einer Reihe von Entscheidungen[5] im Wesentlichen abgesegnet geworden.

Der Begriff des »Einsatzes« bzw. des »Einsetzens« (Art. 87a Abs. 2 GG) harrt noch der verfassungsgerichtlich-autoritativen Definition: In der Lehre wird darunter überwiegend die hoheitliche, militärtypische Verwendung der Streitkräfte als in der Regel bewaffnete Vollzugsorgane mit Eingriffscharakter verstanden und so gegen die schlichte oder schlicht hoheitliche Verwendung im Rahmen der Amtshilfe (Art. 35 Abs. 1 GG) oder bei Katastrophen- und Unglücksfällen (Art. 35 Abs. 2 und 3

4 Ausführlich dazu Michael Berndt, Die Neue Europäische Sicherheitsarchitektur, 2007.

5 BVerfGE 89, 38 (Somalia); 100, 266 (Kosovo); 108, 34 (AWACS); 117, 359 (Tornado/Afghanistan); 118, 244 (ISAF).

GG) abgegrenzt. Das aus dem Verfassungsvorbehalt abgeleitete Gebot der Texttreue sollte ernst genommen werden: Keine Änderung der Wehrverfassung »auf leisen Sohlen«.

Diese Texttreue und Zurückhaltung entspricht auch der zurückhaltenden Konzeption des Grundgesetzes hinsichtlich der Einsätze im Innern:

(1) Art. 87a Abs. 3 GG sieht solche Einsätze für den Verteidigungs- und Spannungsfall vor (Art. 80a und 115a GG) und begrenzt sie auf den Objektschutz und die Verkehrsregelung im Rahmen des Verteidigungsauftrages und zur Unterstützung der Polizeikräfte. Art. 87a Abs. 4 GG erstreckt den Bundeswehreinsatz auf Fälle des – von Staatsrechtslehrern als Reminiszenz an das 19. Jahrhundert belächelten oder aber für unzulänglich erachteten – inneren Notstandes (Art. 91 Abs. 2 GG).[6] Sollten zur Abwehr einer drohenden Gefahr für den Bestand oder die freiheitliche demokratische Grundordnung der Bundesrepublik oder eines Bundeslandes die Kräfte der Polizei und des Bundesgrenzschutzes (der heutigen Bundespolizei) nicht ausreichen, dann kann die Bundesregierung die Streitkräfte, wiederum nur unterstützend, zum zivilen Objektschutz und zur »Bekämpfung organisierter und bewaffneter Aufständischer« beiziehen.

(2) Art. 35 Abs. 2 Satz 2 GG und Art. 35 Abs. 3 GG regeln zwei besondere Konstellationen der Amtshilfe durch die Streitkräfte, nämlich die Hilfe bei regionalen und überregionalen Katastrophen und besonders schweren Unglücksfällen zur Unterstützung der Polizei. Diese offensichtlich von der Hamburger Flutkatastrophe von 1962 geprägten Regelungen sind insofern bemerkenswert, als eine unterstützende Verwendung der Streitkräfte, wie 1972 eingefügt, »zur Aufrechterhaltung oder Wiederherstellung der öffentlichen Sicherheit oder Ordnung« gerade nicht vorgesehen ist – auch nicht »in Fällen von besonderer Bedeutung« (Art. 35 Abs. 2 Satz 1 GG). Danach kommt eine Verwendung von Personal und Gerät der Bundeswehr nur bei Ereignissen wie Überschwemmungen, Lawinenunglücken, einer Explosion in einem Chemiewerk oder Reaktorunfällen, nicht aber bei Großdemonstrationen, »Demonstrationsexzessen« oder Flugzeugabschüssen in Betracht.[7] Selbst wenn man davon ausgeht, dass die Einrichtungen der Bundeswehr, trotz der im Übrigen restriktiven Regelungen des Grundgesetzes, in den Kreis der zur Amtshilfe verpflichteten Behörden – Art. 31 Abs. 1 GG spricht »alle Behörden« an – einbezogen sind, kommt also eine auch nur schlicht hoheitliche Verwendung zur Gefahrenabwehr nicht in Betracht.

III. Zur Logik und Aktualität der Trennungen

Die grundgesetzliche Wehrverfassung und Notstandsverfassung folgt in den Regelungen, die eine Verwendung der Streitkräfte vorsehen oder aber gerade nicht vorsehen, einer recht deutlichen Trennungslogik. Diese unterscheidet, erstens, Aufgaben

6 Ernst-Wolfgang Böckenförde, Der verdrängte Ausnahmezustand, NJW 1978, 1881 ff.

7 Ebenso Gubelt, in: v. Münch/Kunig, Grundgesetz, 4./5. Aufl. 2001, Art. 35 Rn. 22 ff. m.w.N.

der Gefahrenabwehr von solchen der Verteidigung und ordnet diese unterschiedlichen Institutionen (Polizei/Militär) zu. Zweitens orientiert sie sich durchgängig an der Differenzierung von hoheitlichen (polizeilichen) und nicht hoheitlichen (Amtshilfe-)Befugnissen. Drittens weist sie der Polizei eine originäre, den Streitkräften aber nur eine subsidiäre Rolle zur Unterstützung der Polizeikräfte zu. Viertens ist – insbesondere aus den Bestimmungen für den inneren Notstand und aus den Subsidiaritätsregelungen – zu schließen, dass ein Einsatz der Streitkräfte mit militärtypischer Bewaffnung in keinem Fall vorgesehen ist. Viertens unterscheidet das Grundgesetz die rechtsstaatliche Normallage von Ausnahmelagen, wie Aufruhr, Katastrophen, und schwere Unglücksfälle als innerstaatliche Notstände einerseits und Krieg/Verteidigung als äußerem Ausnahmezustand andererseits.

Auch der Zweck dieser Trennungen lässt sich unschwer erschließen: Sie sind in erster Linie darauf angelegt, eine innerstaatliche Eskalation durch eine sichtbar eingreifende, militärische Waffen einsetzende Bundeswehr zu unterbinden. Im Sinne einer solchen Zivilisierung von Konflikten sollen auch militärische Machtdemonstrationen (show of force) etwa bei Zusammenstößen mit Protestgruppen der Zivilgesellschaft verhindert werden. Gewährleistet werden soll eine solche De-Eskalation durch die spezifisch-gefahrenabwehrrechtliche und auf Kooperation[8] angelegte Ausbildung und Professionalität von Polizeikräften sowie ihre defensive Bewaffnung.

Mit den Regeln für die Verwendung der Streitkräfte will das Grundgesetz die Distanz des Verfassungs- und Gefahrenabwehrrechts zum Kriegsvölkerrecht wahren. Vorrang vor dessen Gebot, die Zivilbevölkerung zu schonen,[9] haben mithin die Geltung der Grundrechte und rechtsstaatliche Prinzipien. Das ist zu schließen aus den unterschiedlichen Eingriffsschwellen für Gefahrenabwehr und in Kriegssituationen sowie aus den unterschiedlichen Anforderungen an die Verhältnismäßigkeit von Gefahrenabwehr- bzw. Verteidigungsmaßnahmen.

Die Logik der institutionellen, aufgabenmäßigen und funktionellen Trennungen wird gegenwärtig allerdings in vielfacher Hinsicht durchbrochen oder unterlaufen. Auf Seiten der Bundeswehr verändern sich, wie oben angedeutet, die Konzeption der Verteidigung und damit auch die Institution Streitkräfte vor allem durch deren polizeiähnliche Auslandseinsätze, zuletzt gegen Piraten. Letzterer wurde von der Bundeskanzlerin einmal mehr zum Anlass genommen, eine Grundgesetzänderung zu fordern.[10] Unstreitig treten bei diesen Einsätzen eine Verpolizeilichung des Militärs und Verschiebungen der ohnehin porösen Grenzen zwischen innerer und äußerer Sicherheit zutage. Indem Verteidigung nach Maßgabe der Sicherheitsarchitekten der NATO und der Sicherheitspolitiker der Bundesrepublik vom Territorium abgelöst wird, lassen sich westliche Interessen und die westliche Lebensform mit militär-

8 Zur Kooperationspflicht bei Demonstrationen: BVerfGE 69, 315 (Brokdorf).

9 Siehe dazu Genfer Konventionen und Zusatzprotokolle; Knut Ipsen, Völkerrecht, 1999, § 69; Andreas Herberg-Rothe, Der Krieg, 2003.

10 F.A.Z.Net vom 26.6.2009.

polizeilichen Aktionen nach der »Struck-Doktrin« auch »am Hindukusch«[11] oder eben im Golf von Aden oder anderswo »verteidigen«.

Auf Seiten der Polizei verändern sich dramatisch die Aufgaben der Gefahrenabwehr, die damit einhergehenden Befugnisse und schließlich die Gestalt dieser Institution. Vor allem, wer sich auf die Semantik und Logik eines »Krieges gegen den Terror« und die »organisierte Kriminalität« einlässt,[12] wird die Entwicklung hin zu einem sonderpolizeilichen Bekämpfungsrecht nicht beanstanden. Als Folge der Globalisierung von Gefahrenlagen (und Bedrohungsvorstellungen) in Kauf zu nehmen wären dann die Entgrenzung der Aufgaben der Polizei (wie die des Militärs), die Vorverlagerung polizeilicher Eingriffe weit ins Gefahrenvorfeld – im Sinne einer »Gefahren erfindenden« Risikovorsorge, der Übergang von gezielten Einzeleingriffen und direkter Verhaltenssteuerung zu flächigen Gefahrenabwehrkonzepten und breit streuenden Eingriffen mit indirekt verhaltenssteuernden Effekten sowie die Absenkung der Eingriffsschwellen – gegen Nichtstörer und »Gefährder«, etc. Flankiert werden diese Entwicklungen auf der organisatorischen Ebene von Zentralisierungsschüben (siehe Bundespolizei und zuletzt das BKA-Gesetz!), die die zur Geburtsstunde des Grundgesetzes herrschenden Vorstellungen von einer dezentralisierten und kommunalisierten Polizei[13] heute ins Reich der Nostalgie verweisen.

Begleitet werden diese Trends von einer (Polizei-)Rechtswissenschaft, die sich nicht durchgängig (eine leuchtende Ausnahme ist vor allem das von Lisken und Denninger herausgegebene Handbuch des Polizeirechts), aber doch zunehmend auf das »Denken vom Ausnahmezustand her«[14] einstellt und keinen Anlass sieht, die Normalisierung ausnahmerechtlicher Eingriffsbefugnisse – nicht einmal: »Rettungsfolter«, »Rettungsabschuss« und »Feindstrafrecht« – zu beanstanden.

IV. Nachwort

Es gibt gute Gründe, sich der Aufspreizung der inneren Sicherheit und der Metamorphose der äußeren Sicherheit unter dem Zeichen des »Krieges gegen den Terror« und der damit einhergehenden Beschädigung des Grundgesetzes – hier durch neue Einsatzmöglichkeiten für die Streitkräfte im Innern – zu widersetzen. Zunächst ist daran zu erinnern, dass es sich bei Sicherheit um einen von Hause aus maßlosen Wert handelt: Als Leitprinzip führt dieser zu einer folgenreichen Umwertung der Rechtsordnung. Hinsichtlich der Verwendungen der Streitkräfte zeigt sich dies vor allem darin, dass sie zur Erosion institutioneller und kompetenzieller Trennungen führt und diesen ihren freiheitsschützenden Sinn nimmt, der sich auch an anderen

11 Netzeitung.de vom 11.3.2004 (Struck: »Deutschland wird auch am Hindukush verteidigt.«).

12 Ich beschränke mich auf wenige Anmerkungen und verweise auf meine ausführliche Kritik: Günter Frankenberg, Kritik des Bekämpfungsrechts, KJ 2005, 370 ff. und Staatstechnik (i.E.).

13 Ausführlich: Boldt/Stolleis, Geschichte der Polizei in Deutschland, in: Lisken/Denninger (Hrsg.), Handbuch des Polizeirechts, 4. Aufl. 2007, 1 ff. (27 ff.).

14 Dazu Frankenberg, Staatstechnik, Kap. IV, VI und VII. (i.E.).

Formen der Gewaltenteilung und Aufgabendifferenzierung ablesen lässt. Ein monolithischer Sicherheitsapparat würde sich nicht nur zu einem Rechtsstaatsproblem, sondern auch zu einem Demokratieproblem auswachsen.

Zum anderen ist dem derzeit im Trend liegenden, aber gleichwohl überzogenen Versprechen einer staatlich zu gewährleistenden Rundumsicherheit – gegen Terroranschläge, »organisierte« Straftaten im Inland, Übergriffe von Warlords und Piraterie im Ausland etc. – auch aus einem anderen Grund entgegen zu treten. Denn dieses Versprechen, das mit »Bekämpfungsgesetzen« und neuen Eingriffsermächtigungen, bei militärischen Auslandseinsätzen und anlässlich der Einforderung von Grundgesetzänderungen abgegeben wird, spielt einer Sicherheitsversorgungsmentalität in die Hände, die wiederum der zivilen Desertion Vorschub leistet: Die aktiv gedachte Zivilgesellschaft zieht sich aus der Öffentlichkeit, auch aus der öffentlichen Auseinandersetzung mit dem Terrorismus zurück und »lässt es den Staat richten«. Als Publikum kommt sie den Sicherheitsorganen mit einem ebenso törichten wie folgenreichen Grundrechtsverzicht entgegen, der sich in der Hinnahme von Überwachungsmaßnahmen, Schleier- und Rasterfahndungen (man habe nichts zu verbergen) sowie der Gewöhnung an die Präsenz der Streitkräfte äußert.

Auf Dauer könnte die mangelnde Sensibilität für ausnahmerechtliche Befugnisse sowohl für die Ordnung der Freiheit als auch für die entfesselten Sicherheitsorgane selbst zum Problem werden: wenn nämlich bürgerlicher Freiheitsverzicht und Quietismus umschlagen in ein illusorisches Bedürfnis nach »Daseinsgewissheit«, das sich an die staatlichen Gewalten als Aufforderung adressiert, endlich »richtig« für Sicherheit zu sorgen. Der Ermächtigung von Polizei- und Streitkräften sowie der bürgerlichen Selbstentmächtigung korrespondiert am Ende dann die Überforderung des Sicherheitsstaates.

Die Zukunft informationeller Selbstbestimmung: Datenschutz ins Grundgesetz und Modernisierung des Datenschutzkonzepts

Alexander Roßnagel

Freiheit in der »Informationsgesellschaft« setzt informationelle Selbstbestimmung voraus. Diese Selbstbestimmung ist mehr und mehr gefährdet und erfordert eine Verstärkung ihres normativen Schutzes. Dieser ist nicht ausdrücklich im Grundgesetz verankert. Daher stellt sich die Frage, ob die Freiheit in der Informationsgesellschaft besser geschützt werden könnte, wenn das Grundrecht auf informationelle Selbstbestimmung im Wortlaut des Grundgesetzes anerkannt wird. Der Beitrag untersucht die Vor- und Nachteile einer solchen Verfassungsergänzung und ihre möglichen Leistungen. Er kommt zum Ergebnis, dass es weniger auf die textliche Verankerung des Datenschutzes im Grundgesetz als vielmehr auf eine Anpassung des Schutzkonzepts an die künftigen Herausforderungen ankommt.

I. Herausforderungen für die informationelle Selbstbestimmung

Alte Herausforderungen für den Freiheitsschutz haben sich verschärft, neue Herausforderungen mit zunehmendem Gewicht kommen hinzu. Noch nie war der rechtliche Schutz informationeller Selbstbestimmung so notwendig wie heute.

1. Alte Herausforderungen

Gerade in der jüngsten Zeit sind in besonderem Maß Verletzungen und Gefährdungen der informationellen Selbstbestimmung festzustellen, die in ihrer Struktur zwar nicht neu, in Quantität und Qualität aber besonders auffällig sind.

Die politische Mehrheit hat mit besonderer Betonung der inneren Sicherheit vielfältige gravierende gesetzliche Einschränkungen der informationellen Selbstbestimmung beschlossen, durch die die Bedingungen staatlicher Überwachung verbessert werden sollen. Jüngste Beispiele hierfür sind die Vorratsspeicherung von Telekommunikationsdaten nach § 113a und b TKG,[1] die Online-Durchsuchung nach § 20k

1 S. die Gesetzesbegründung in BT-Drs. 16/5846 und 6979.

BKAG[2] und die Überwachung der Kommunikation von Bürgern mit Bundesbehörden nach dem geplanten § 5 des zu novellierenden BSI-Gesetzes.[3] Beispiele dieser Art verstärken den Eindruck, dass die Mehrheitspolitik leicht bereit ist, für vage Hoffnungen auf mehr Sicherheit die informationelle Selbstbestimmung der Bürger aufzugeben.

Private Unternehmen haben gerade beim Umgang mit personenbezogenen Daten die Achtung vor gesetzlichen Grenzziehungen verloren: Sie veranlassten im großen Stil illegale Verhaltenskontrollen. Das Handelsunternehmen Lidl hat über lange Zeit seine Mitarbeiter ohne konkreten Tatverdacht durch geheime Kameras überwachen lassen. Die Telekom hat unzulässiger Weise die Verbindungsdaten von Mitarbeitern und Aufsichtsratsmitgliedern auswerten lassen. Sie hat außerdem – wie viele andere Unternehmen auch – die Kundendaten von Millionen Kunden für das Bundeskriminalamt nach Kriterien, das dieses vorgegeben hat, illegal einer Rasterfahndung unterzogen. Die Deutsche Bahn hat ohne konkreten Verdacht von der Mehrzahl ihrer Mitarbeiter Kontobewegungen ausgewertet, Telekommunikationskontakte überwacht und Festplatten ausspioniert. Vermutlich sind diese Beispiele nur mit der Spitze eines Eisbergs vergleichbar und stehen für eine erheblich breitere Praxis unzulässiger Datenverarbeitungen.

Die Kommerzialisierung personenbezogener Daten setzt sich immer mehr durch und bestimmt das Handeln mit ihnen. Die Identität von Personen wird mehr und mehr zum Handelsgut. Nicht nur Auskunfteien, Adresshändler, Call-Center und Letter-Shops leben vom Verkauf personenbezogener Daten. Im Jahr 2008 sind vielfach Sammlungen mit Daten von Millionen Bürgern aufgetaucht, die illegal auf dem Schwarzmarkt für vergleichsweise geringe Summen verkauft worden sind.[4] Auch im Umfeld dieser Skandale ist eine breitere Praxis illegalen Handelns zu vermuten.

Diese Beispiele stehen für Herausforderungen der informationellen Selbstbestimmung, die in ihrer Struktur bekannt sind und für deren Verhinderung die Datenschutzregelungen geschaffen sind. Sie sind gekennzeichnet durch überschaubare Verhältnisse mit wenigen beteiligten Instanzen in klarer Frontstellung. Ihre Wirkungen sind prinzipiell bekannt, die möglichen Gegeninstrumente grundsätzlich vorhanden. Sie zu verhindern, erfordert für den Bereich der Gesetzgebung eine andere politische Abwägung, in der Datenschutzpraxis eine bessere ressourcielle Ausstattung der zuständigen Stellen und eine politische Unterstützung des gewünschten Vollzugs.

2 S. die Gesetzesbegründung in BT-Drs. 16/9588 und 10822; s. hierzu auch BVerfG, NJW 2008, 822.
3 S. den Gesetzentwurf in BT-Drs. 16/11967.
4 S. z.B. Stefan Krempl, Private Daten außer Kontrolle, c't 1/2009, 47.

2. Neue Herausforderungen

Neben der Verschärfung bekannter Probleme haben sich aber auch Herausforderungen entwickelt, die neue Strukturen und bisher unbekannte Wirkungen aufweisen. Für sie gibt es noch keine passenden Strukturen und Instrumente zum Schutz der informationellen Selbstbestimmung. Auch hier einige Schlaglichter auf die Problemzonen:

Das Mitmach-Netz des Web 2.0 mit seinen Anwendungen der Film- und Bildsammlungen, Weblogs und Wikis, Podcasts und Networking-Plattformen erweitert nicht nur die Kommunikations-, Meinungs- und Entfaltungsfreiheit der Beteiligten, sondern erzeugt auch neuartige Gefährdungen der Persönlichkeit und der informationellen Selbstbestimmung. Diese entstehen nicht durch mächtige Institutionen (Staat, Rundfunk, Presse, Auskunfteien), sondern durch die (Mit-)Nutzer selbst. Im Web 2.0 kann jemand einen anderen Menschen vor aller Welt bloßstellen und seinen Ruf für alle Zeit ruinieren. Jeder kann zum Akteur, jeder kann zum Autor werden und dadurch auch – ungebremst und ungefiltert – in Persönlichkeitsrechte anderer eingreifen. Das gleiche Medium, das egalitäre Freiheit ermöglicht, schafft auch die Grundlage für ihre Gefährdung. Für diese neu strukturierte Gefährdung enthält das Datenschutzrecht noch keine geeignete Antwort.[5]

Die neuen Möglichkeiten der Identifizierung von Personen und Dingen in der körperlichen wie in der virtuellen Welt durch Biometrie, RFID, elektronische Ausweise, Bürgerportale und ähnliche Identifikationsmittel bewirkt einerseits mehr Rechtssicherheit und Verantwortung, ermöglicht aber auch eine immer dichtere Zuordnung von Handlungen und Zuständen zu Identitäten. Auch auf die entstehenden neuartigen Gefährdungen und die dadurch erforderlichen neuen Zielabwägungen ist das Datenschutzrecht nicht vorbereitet und bietet nicht die erforderlichen Schutzinstrumente.

Die Erfassung des Kontextes von Orten, Dingen oder Personen durch vielfältigste Sensoren, die Lokalisierung allen Geschehens durch Ortungsgeräte und die Einordnung dieser Orts- und Kontextdaten in verschiedene »Weltmodelle« ermöglicht, Veränderungen in der Umgebung wahrzunehmen und auf sie zu reagieren. Dadurch kann die Technik dem Nutzer quasi »mitdenkend« kontextbezogen umfangreiche Zusatz- und Hintergrundinformationen sowie Dienstleistungen anbieten. Kontexterfassung und Lokalisierung ermöglichen aber auch jedem, seine Umgebung, seine Gegenstände, aber auch Personen optimal zu kontrollieren.[6]

Schließlich wird dies alles zusammengeführt zur Erfassung des alltäglichen Lebens durch allgegenwärtige Datenverarbeitung (Ubiquitous Computing). Mit ihr

5 S. z.B. Alexander Roßnagel, Persönlichkeitsentfaltung zwischen Eigenverantwortung, gesellschaftlicher Selbstregulierung und staatlicher Regulierung, in: Christoph Bieber/Martin Eifert/Thomas Groß/Jörn Lamla (Hrsg.), Soziale Netze in der digitalen Welt – Das Internet zwischen egalitärer Teilhabe und ökonomischer Macht, 2009, i.E.

6 S. z.B. Alexander Roßnagel (Hrsg.), Mobilität und Kontext – Zukunftsentwicklungen der mobilen Kommunikation in Recht und Technik, 2009.

werden viele Hoffnungen verbunden. Weltweit wird geforscht und entwickelt, um eine Welt Wirklichkeit werden zulassen, in der viele Alltagsgegenstände mit Sensor-, Kommunikations- und Rechnertechnik ausgestattet sind, in der die Datenverarbeitung zwar allgegenwärtig, aber in den Hintergrund getreten ist.[7] Der Mensch hat nicht mehr nur ein einziges für die Datenverarbeitung bestimmtes Gerät (Computer), vielmehr ist seine gesamte Umgebung mit der Kapazität zur Datenverarbeitung und zur Kommunikation ausgestattet. Die ihn umgebenden Dinge können (durch Sensoren) ihre Umgebung wahrnehmen. Jedem Ding ist eine Webseite zugeordnet, auf der diese Informationen gespeichert und abgerufen werden können. Im Internet der Dinge erhalten die Gegenstände ein »Gedächtnis« und können ihre Informationen (Nutzungsgeschichte, Gebrauchsanweisung, Reparaturanleitung und ähnliche Informationen) dem Nutzer mitteilen. Viele konzeptionelle Untersuchungen und szenarienhafte Darstellungen beschreiben die Zielsetzung dieser Forschung und Entwicklung als eine Zukunft, in der die Informationstechnik lang gehegte Menschheitsträume – wie die Erweiterung der Sinne durch die Sensorerfassung der Umwelt, die Stärkung des Gedächtnisses durch das Erinnerungsvermögen der Dinge oder die Befreiung von (lästiger) Arbeit durch Delegation auf Technik – erfüllt.[8]

Sowohl hinsichtlich der alten als auch bezogen auf die neuartigen Herausforderungen stellt sich die Frage, was es helfen würde, das Grundrecht auf informationelle Selbstbestimmung im Grundgesetz ausdrücklich zu verankern.

II. Verfassungsrechtliche Regelung des Datenschutzes

Das Grundrecht auf informationelle Selbstbestimmung ist bisher nicht ins Grundgesetz aufgenommen worden. Dies ist in anderen Staaten und Ländern anders. Wo ist bereits eine solche ausdrückliche verfassungsrechtliche Regelung erfolgt, und welche Forderungen wurden für das Grundgesetz schon erhoben?

7 Zu den vielfältigen technischen Entwicklungen, die dies ermöglichen s. z.B. Friedemann Mattern, Total vernetzt, Szenarien einer informatisierten Welt, 2003; BSI, Kommunikations- und Informationstechnik 2010+3: Neue Trends und Entwicklungen in Technologien, Anwendungen und Sicherheit, 2003; Elgar Fleisch/Friedemann Mattern (Hrsg.), Das Internet der Dinge, Berlin 2005; Rand Corporation, Eine neue Zeit. Deutschland und die Informations- und Kommunikationstechnologie im Jahr 2015, 2005; Alexander Roßnagel, Datenschutz in einem informatisierten Alltag, Friedrich-Ebert-Stiftung, 2007.

8 S. z.B. Mark Weiser, The Computer for the 21st Century, Scientific American 265/3 (1991), 94 ff.; Vlad Coroama u.a., Szenarien des Kollegs Leben in einer smarten Umgebung, 2003; Friedemann Mattern (Hrsg.), Die Informatisierung des Alltags, 2008; Alexander Roßnagel/ Tom Sommerlatte/Udo Winand (Hrsg.), Digitale Visionen – Zur Gestaltung allgegenwärtiger Informationstechnologien, 2008.

1. Aufnahme in die Verfassung

Auf europäischer Ebene ist der Datenschutz in Art. 8 der Europäischen Menschenrechtskonvention als Bestandteil des Privatsphärenschutzes verankert.[9] Diesen bringt die Konvention durch die Worte: »Jede Person hat das Recht auf Achtung ihres Privat- und Familienlebens, ihrer Wohnung und ihrer Korrespondenz« zum Ausdruck. Ebenso gewährleistet die Charta der Grundrechte der Europäischen Union in Art. 8 Abs. 1 ein Grundrecht auf Datenschutz, indem sie bestimmt, dass »jede Person das Recht auf Schutz der sie betreffenden personenbezogen Daten« hat.

Von den 27 Mitgliedstaaten der Europäischen Union haben neun Staaten den Datenschutz ausdrücklich in ihren Verfassungen geregelt. Eine Anerkennung als Grundrecht findet sich in Art. 10 der Verfassung Finnlands, Art. 9a der Verfassung Griechenlands, Art. 10 der Verfassung der Niederlande, Art. 35 der Verfassung Portugals, Art. 3 der Verfassung Schwedens, Art. 19 der Verfassung der Slowakei, Art. 38 der Verfassung Sloweniens, Art. 18 der Verfassung Spaniens und Art. 59 der Verfassung Ungarns. Dabei gewährleisten die Verfassungen sowohl die Privatsphäre oder das Privatleben als auch den Schutz personenbezogener Daten meist in abstrakter Weise. Nur Portugal enthält eine relativ detaillierte Regelung. § 3 der Verfassung Schweden schützt die persönliche Integrität.

Nicht nur auf europäischer Ebene hat der Datenschutz verfassungsrechtliche Anerkennung erfahren. Das Gleiche gilt auch für zehn der 16 Landesverfassungen in Deutschland. Von diesen schützen Art. 33 Abs. 2 der Verfassung Berlins, Art. 11 der Verfassung Brandenburgs, Art. 4a der Verfassung von Rheinland-Pfalz und Art. 33 der Verfassung Sachsens die informationelle Selbstbestimmung als Grundrecht, während Art. 12 Abs. 3 der Verfassung Bremens, Art. 6 Abs. 1 der Verfassung Mecklenburg-Vorpommerns, Art. 4 Abs. 2 der Verfassung Nordrhein-Westfalens, Art. 2 der Verfassung des Saarlands, Art. 6 Abs. 1 der Verfassung Sachsen-Anhalts und Art. 6 Abs. 2 der Verfassung Thüringens jedem den »Schutz seiner personenbezogenen Daten« gewährleisten.

Insgesamt ist somit festzuhalten, dass eine beachtliche Minderheit der Mitgliedstaaten der Europäischen Union und die Mehrheit der Bundesländer den Datenschutz in ihren Verfassungen als Grundrecht anerkannt haben. Dabei ist eine in der geschichtlichen Entwicklung steigende Tendenz festzustellen. Wenn ohnehin eine Verfassungsrevision oder -novelle stattfindet, wird oft die Gelegenheit genutzt, auch das neue Grundrecht auf Datenschutz in die Verfassung mit aufzunehmen.

9 S. z.B. Christoph Grabenwarter, Europäische Menschenrechtskonvention, 3. Aufl. München 2008, S. 194 f.

2. Forderungen zur Aufnahme ins Grundgesetz

Forderungen, das Grundrecht auf Datenschutz in das Grundgesetz aufzunehmen, wurden bereits mehrfach verfolgt – bisher allerdings ohne Erfolg. Solche Forderungen wurden zum Beispiel 1992 von der Kommission Verfassungsreform des Bundesrats erhoben,[10] um die notwendige Fortentwicklung des Grundgesetzes in einer technisierten Welt sicherzustellen. Auch die Konferenz der Datenschutzbeauftragten des Bundes und der Länder forderte im Jahr 1992 eine Anerkennung des Datenschutzes im Grundgesetz.[11] Diese Forderung erhielt allerdings 1993 nicht die als notwendig vereinbarte Zweidrittel-Mehrheit in der Gemeinsamen Verfassungskommission. Die Gegenargumente stellten darauf ab, dass es weder notwendig noch förderlich sei, ein bereits vom Bundesverfassungsgericht anerkanntes Grundrecht ins Grundgesetz aufzunehmen.[12] Im Rahmen der Verfassungsreformkommission folgten im Jahr 1993 jeweils eine Initiative des Landes Hessen[13] und der SPD-Bundestagsfraktion – allerdings ohne Erfolg.[14] Die Aufnahme des Grundrechts auf informationelle Selbstbestimmung ins Grundgesetz empfahl auch das Gutachten zur Modernisierung des Datenschutzrechts, das im Jahr 2001 für das Bundesministerium des Innern erstellt worden war.[15] Alle diese Initiativen, Forderungen und Empfehlungen konnten die jeweilige Mehrheit im Bundestag und Bundesrat nicht davon überzeugen, die verfassungsrechtliche Anerkennung dieses Grundrechts auf die politische Agenda zu setzen.

3. Vorschlag von Bündnis90/Die Grünen

Den jüngsten Versuch einer Aufnahme des Grundrechts ins Grundgesetz hat die Bundestagsfraktion Bündnis90/Die Grünen unternommen und am 18.6.2008 einen entsprechenden Gesetzentwurf in das Gesetzgebungsverfahren eingebracht. Begründet wird der Vorstoß vor allem mit der wünschenswerten Vollständigkeit und Klarheit der Grundrechtsgewährleistungen. Der Entwurf schlägt unter anderem vor, in das Grundgesetz einen neuen Art. 2a mit folgendem Wortlaut aufzunehmen:

> »Das Recht, über persönliche Daten selbst zu bestimmen, wird gewährleistet. Beschränkungen dieses Rechts bedürfen einer gesetzlichen Grundlage.«

10 Zu den Gründen s. BR-Drs. 360/92, Rn. 162 ff.

11 Entschließung vom 28.4.1992; ebenso z.B. Hans-Hermann Schrader, Datenschutz in den Grundrechtskatalog, CR 1994, 427 ff.; Philip Kunig, Der Grundsatz informationeller Selbstbestimmung, Jura 1993, 598; dagegen Michael Kloepfer, Datenschutz als Grundrecht, 1980, 49 ff.

12 Zu den Gründen s. BT-Drs. 12/6000, 62 f.

13 Drs. 21 der Gemeinsamen Verfassungskommission – s. BT-Drs. 12/6000, 61.

14 Drs. 25 der Gemeinsamen Verfassungskommission – s. BT-Drs. 12/6000, 61.

15 S. Roßnagel/Pfitzmann/Garstka, Modernisierung des Datenschutzrechts, Gutachten für das Bundesministerium des Innern, 2001, S. 57 f.

In der Begründung werden die Bedingungen an das Eingriffsgesetz erweitert: In das Grundrecht soll nur auf gesetzlicher Grundlage »und nach der Rechtsprechung des Bundesverfassungsgerichts nur im überwiegenden Allgemeininteresse eingegriffen werden (dürfen). Die Verwendung der Daten ist auf den im Eingriffsgesetz konkret bestimmten Zweck begrenzt. Damit ist die Sammlung nicht anonymisierter Daten auf Vorrat zu unbestimmten oder noch nicht bestimmbaren Zwecken nicht zulässig.«[16]

III. Bewertung einer verfassungsrechtlichen Regelung

Eine verfassungsrechtliche Anerkennung des Grundrechts auf informationelle Selbstbestimmung könnte mit Gewinnen, aber auch mit Risiken auf den Feldern der Rechtsdogmatik, der Rechtskultur und der Rechtspolitik verbunden sein.

1. Rechtsdogmatik

Von einer ausdrücklichen Regelung der informationellen Selbstbestimmung im Grundgesetz würde man sich in erster Linie rechtsdogmatische Verbesserungen versprechen. Diese drängen sich auf den ersten Blick allerdings nicht auf.

Die informationelle Selbstbestimmung ist seit dem Volkszählungsurteil des Bundesverfassungsgerichts vom 15.12.1983[17] als Konkretisierung der freien Entfaltung der Persönlichkeit nach Art. 2 Abs. 1 GG in Verbindung mit der von Art. 1 Abs. 1 GG geschützten Menschwürde in der Rechtspraxis anerkannt. Das Bundesverfassungsgericht hat seitdem die informationelle Selbstbestimmung in gefestigter Rechtsprechung immer wieder als Grundrecht bezeichnet.[18] Für die dogmatische Geltung des Grundrechts bringt die Aufnahme ins Grundgesetz keine Verstärkung.[19]

In der Rechtspraxis werden die Gesetzgeber, die Verwaltungen und die Gerichte durch die informationelle Selbstbestimmung als Konkretisierung der von Art. 2 Abs. 1 GG gewährleisteten freien Entfaltung der Persönlichkeit in Verbindung mit der von Art. 1 Abs. 1 GG geschützten Menschenwürde ebenso gebunden wie von einem im Grundgesetz erwähnten Grundrecht. Eine Verstärkung der Bindungswirkung ist durch eine explizite Aufnahme ins Grundgesetz nicht zu erwarten.

Dies gilt auch für die unterschiedlichen Funktionen des Grundrechts. Auch die informationelle Selbstbestimmung bewirkt rechtsdogmatisch eine Schutzpflicht des Gesetzgebers und entfaltet eine mittelbare Drittwirkung.[20] Eine gleich wirksame

16 BT-Drs. 16/9607, 4; s. hierzu auch Renate Künast, „Meine Daten gehören mir" – und der Datenschutz gehört ins Grundgesetz, ZRP 2008, 203.
17 BVerfGE 65, 1 (41 ff.).
18 S. z.B. BVerfG, NJW 2006, 976 (978); BVerfG, NJW 2006, 1939 (1940).
19 Zu möglichen Irritationen s. III.3.
20 S. z.B. BVerfGE 84, 192 (195).

Geltung des Grundrechts im öffentlichen und im privaten Bereich[21] erfordert keine Aufnahme ins Grundgesetz,[22] sondern ist auch – wie das Beispiel des Telemediengesetzes zeigt[23] – durch einfaches Gesetz zu erreichen.

Eine rechtsdogmatische Verstärkung könnte das Grundrecht durch die Aufnahme ins Grundgesetz gegenüber dem Bundesverfassungsgericht erfahren. Dieses ist an seine eigene Rechtsprechung nicht in der Weise gebunden, dass es von dieser nicht abweichen könnte.[24] Theoretisch könnte das Bundesverfassungsgericht – praktisch wohl nur nach und nach – von seiner bisherigen Konkretisierung der Grundrechte aus Art. 2 Abs. 1 und 1 Abs. 1 GG abrücken. Dies wäre bei einer ausdrücklichen Regelung im Verfassungstext nicht mehr möglich.[25] Allerdings ist dieses Argument nicht besonders stark, weil der Gewährleistungsgehalt in der Rechtsprechung eher selten Gegenstand detaillierter Textanalysen war. Er wird meist nur – so auch im Entwurf von Bündnis90/Die Grünen – durch einen sehr abstrakten Begriff eher angedeutet und eröffnet dem Bundesverfassungsgericht einen breiten Spielraum der fallbezogenen Ausprägung. Auch lässt der – notwendig sparsame – Wortlaut große Möglichkeiten des Gerichts zur Konkretisierung des Grundrechts für bestimmte Lebensbereiche.

Bleibt letztlich als echter dogmatischer Gewinn nur das Zitiergebot des Art. 19 Abs. 1 Satz 2 GG. Dieses greift nicht für Grundrechte, die das Bundesverfassungsgericht durch Konkretisierungen geschriebener Grundrechte gewonnen hat. Eine gesetzliche Einschränkung der informationellen Selbstbestimmung muss daher nicht im einschränkenden Gesetz erwähnt werden. Nach der Regelung des Art. 19 Abs. 1 Satz 2 GG ist der Gesetzgeber nur dann zu dem Zitat eines Grundrechts, das er durch eine gesetzliche Regelung einschränken will, verpflichtet, wenn es förmlich im Grundgesetz genannt ist.[26] Nach einer Aufnahme in den Wortlaut des Grundgesetzes müsste also der Gesetzgeber sich bei jedem einschränkenden Gesetz durch eine gesonderte Regelung klar machen, dass er dieses Grundrecht einschränkt.[27]

21 Zu dieser Forderung s. Roßnagel/Pfitzmann/Garstka (Fn. 15), S. 48 ff.

22 Dies ist jedoch die spezifische Zielsetzung des Entwurfs der Bundestagsfraktion von Bündnis90/Die Grünen, s. BT-Drs. 16/9607: „Die Vorschrift wurde bewusst als Gewährleistung ausgestaltet. Dadurch soll die Schutzpflicht, die den Gesetzgeber im Bereich privater Datensammlungen trifft, zum Ausdruck gebracht werden." S. auch die Initiative Hessens in der Gemeinsamen Verfassungskommission – s. BT-Drs. 12/6000, 62

23 S. Alexander Roßnagel, Das Telemediengesetz, NVwZ 2007, 743 ff.

24 S. z.B. Georg Seyfarth, Die Änderung der Rechtsprechung durch das Bundesverfassungsgericht, 1998.

25 Künast (Fn. 16), ZRP 2009, 203 f.

26 S. z.B. Hans D. Jarass/Bodo Pieroth, GG-Kommentar, 10. Aufl. München, Art. 19 Rn. 4.

27 So z.B. die Kommission Verfassungsreform des Bundesrats – s. BT-Drs. 12/6000, 62; Künast (Fn. 16), ZRP 2009, 203.

2. Rechtskultur

Für die Rechtskultur könnten sich dadurch Gewinne ergeben, dass die formelle Anerkennung durch den verfassungsändernden Gesetzgeber der informationellen Selbstbestimmung eine höhere Legitimation verschafft. Im Gegensatz zu einer Erzeugung des Grundrechts durch das Gericht würde der verfassungsrechtlichen Anerkennung eine öffentliche Debatte und ein formelles parlamentarisches Gesetzgebungsverfahren im Bundestag und Bundesrat vorausgehen, als dessen Ergebnis dann der jeweils mit Zweidrittelmehrheit getroffene Gesetzesbeschluss stehen würde.

Von diesem Verfahren und dem gesetzgeberischen Beschluss würde ein starkes politisches Signal an alle Stellen ausgehen, die mit personenbezogenen Daten umgehen. Noch immer wird das Recht auf informationelle Selbstbestimmung unzureichend beachtet. Durch die öffentliche Erörterung der Grundgesetzergänzung und durch den Beschluss des Parlaments würde das allgemeine Rechtsbewusstsein in Bezug auf den Datenschutz gestärkt und die Bereitschaft, das Grundrecht zu beachten, gefestigt.[28] Dadurch würde gegenüber den Bürgern und den verantwortlichen Stellen ein rechtspolitisches Signal gesetzt und die besondere Bedeutung des Datenschutzes in der Entwicklung zur Informationsgesellschaft betont.[29]

Die Aufnahme des Grundrechts ins Grundgesetz mit mehr als Zweidritteln der Stimmen im Bundestag und im Bundesrat zu beschließen, hätte die Funktion, einen gesamtgesellschaftlichen Konsens über die Bedeutung der informationellen Selbstbestimmung für die weitere Entwicklung der Gesellschaft in eine hochtechnisierte Zukunft mit alltäglicher Verarbeitung personenbezogener Daten zu bestätigen.[30]

Dadurch auch wird die notwendige Klarheit über die Geltung des Grundrechts hergestellt. Versuche, wie in der Vergangenheit, die Grundrechtsqualität der informationellen Selbstbestimmung in Frage zu stellen,[31] wären damit eindeutig zum Scheitern verurteilt.

Schließlich würde dieses Grundrecht nicht nur Kennern der Verfassungsrechtsjudikatur bekannt. Wirft heute ein Bürger einen Blick ins Grundgesetz, wird er die informationelle Selbstbestimmung und damit das wichtigste Grundrecht der »Informationsgesellschaft« dort nicht finden. Gerade im Bereich der Grundrechte ist es wünschenswert, dass die Bürger ihre grundlegenden Rechte aus der Verfassung selbst in hinreichender Klarheit entnehmen können.[32]

Diesen rechtskulturellen Gewinnen stehen aber auch Risiken gegenüber, die durch eine Aufnahme der informationellen Selbstbestimmung ins Grundgesetz entstehen.

28 S. hierzu die Kommission Verfassungsreform des Bundesrats – s. BT-Drs. 12/6000, 62.
29 Roßnagel/Pfitzmann/Garstka (Fn. 15), S. 57 f.
30 S. auch Künast (Fn. 16), ZRP 2008, 203.
31 S. z.B. Rupert Scholz/Rainer Pitschas, Informationelle Selbstbestimmung und staatliche Informationsverantwortung, 1984; Horst Ehmann, Neue Reformvorstellungen zum Datenschutzrecht, RDV 1989, 64.
32 BT-Drs.16/9607, 4; Künast (Fn. 16), ZRP 2008, 203.

Das Bundesverfassungsgericht hat zu vielen geschriebenen Grundrechten Konkretisierungen des Gewährleistungsgehalts entwickelt, die spezifische Umstände oder Risiken typischer Lebensbereiche in den normativen Gehalt des Grundrechts aufnehmen. Für das Grundrecht auf Schutz und Entfaltung der Persönlichkeit sind dies zum Beispiel das Recht am eigenen Bild, das Recht am eigenen Wort oder das Recht auf Gewährleistung der Vertraulichkeit und Integrität informationstechnischer Systeme. Wenn die informationelle Selbstbestimmung in den Text des Grundgesetzes aufgenommen wird, mit welchen Argumenten sollte dann den anderen Grundrechtskonkretisierungen diese Anerkennung verwehrt werden. Würde aber die Verfassung nicht überladen, wenn versucht wird, die wichtigsten Ergebnisse der Rechtsprechung des Bundesverfassungsgerichts ins Grundgesetz aufzunehmen?

Wird eine Grundrechtskonkretisierung durch Kodifizierung als »besonders wichtig« anerkannt und wird anderen diese Anerkennung versagt, stellt sich die Frage, was diese differenzierte Behandlung für die Grundrechtskonkretisierungen bedeutet. Muss dann die fehlende Anerkennung bestimmter Grundrechtskonkretisierungen für diese nicht als Herabstufung interpretiert werden? Die selektive Aufnahme von Ergebnissen der Rechtsprechung ins Grundgesetz birgt immer das Risiko nicht gewollter Gewichtsverschiebungen und unbeabsichtigter Abwertungen.[33]

Jedenfalls dürfte eine unterschiedliche Behandlung von Grundrechtskonkretisierungen zumindest übergangsweise zu mehr Rechtsunsicherheit führen, weil in Wissenschaft und Rechtsprechung diese unterschiedliche Behandlung erörtert und verarbeitet werden muss. Dies wird für eine Übergangszeit zur Ausbildung vielfältiger Interpretationsalternativen führen, bevor die Herausbildung von herrschender Meinung und gefestigter Rechtsprechung nach und nach zu einer Einschränkung vertretbarer Alternativen führt.

3. Rechtspolitik

Rechtspolitisch kann sich die Partei, die sich die eher überzeugende Forderung nach einer Aufnahme der informationellen Selbstbestimmung ins Grundgesetz zu Eigen macht, gegenüber konkurrierenden Parteien profilieren. Die besseren Argumente dürften letztlich für eine verfassungsgesetzliche Anerkennung sprechen.

Die Fraktion Bündnis90/Die Grünen verfolgt mit ihrer Initiative auch das Ziel, mit der Verankerung klarer Gewährleistungen für den Bereich des Datenschutzes eine Aufforderung für den Gesetzgeber zu verbinden, »auch die schon lange notwendige Überarbeitung der Datenschutzgesetze endlich anzugehen und insbesondere auch den Schutz vor – zunehmend bedrohlichen – privaten Datensammlungen auszubauen«.[34]

Die Forderung nach formeller Anerkennung enthält aber auch rechtspolitische Risiken. Zum einen dürfte diese Zielsetzung bei fehlender Mehrheit vielfach als billige

33 S. Gemeinsame Verfassungskommission, BT-Drs. 12/6000, 63.
34 BT-Drs. 16/9607, 4.

Forderung symbolischer Politik verstanden werden, die nur deswegen erhoben werden kann, weil keine Chance zur Umsetzung besteht.

Sollte sich jedoch die Mehrheit die Forderung zu Eigen machen, ist zu erwarten, dass sie die verfassungsrechtliche Anerkennung nach ihren politischen Vorstellungen realisiert. Damit besteht das Risiko, dass sie das Grundrecht auf informationelle Selbstbestimmung durch Einschränkung des Gewährleistungsgehalts und durch Ausweitung der Eingriffsschranken so korrigiert, dass sich die Niederlagen der letzten Jahre vor dem Bundesverfassungsgericht[35] nicht mehr wiederholen.

Schließlich ist zu fragen, welche rechtspolitische Steuerungskraft mit einer Aufnahme in den Wortlaut des Grundgesetzes erreicht werden kann. Wird der Text generalklauselartig gefasst, ist es aber sehr fraglich, ob genau die Wirkungen, die der Initiator mit seinem Vorschlag bewirken will, an Ende auch erreicht werden.

Der Text des Gewährleistungsgehalts muss weitgehend offen gehalten werden, um seine Aufgabe erfüllen zu können, die jeweilige Freiheit in unterschiedlichen Lebensbereichen und Konfliktlagen über eine längere Zeit hinweg zu schützen. Wird sein Wortlaut in abstrakter Weise gefasst, eröffnen sich zwangsläufig neue Möglichkeiten, das Grundrecht für verschiedene typische Sachverhalte zu konkretisieren. Für eine gewisse Zeit wird daher unklar sein, ob nach der Kodifizierung das alte, vom Bundesverfassungsgericht ausgearbeitete Schutzprogramm noch uneingeschränkt gilt.

Die Schranken des Grundrechts sollen zwar präzis die Eingriffsmöglichkeiten in das Grundrecht an eindeutige Voraussetzungen binden. Sollen aber »Textungetüme« wie in Art. 13 oder 16a GG vermieden werden, muss auch ihr Text knapp und schlank gehalten werden. Werden die Grundrechtsschranken abstrakt gefasst, können sie nicht das fein differenzierte Geflecht korrespondierender Anforderungen an die Zulässigkeit von Eingriffen abbilden, die das Bundesverfassungsgericht in jahrzehntelanger Rechtsprechung entwickelt hat. In noch stärkerem Maß wird dann die Frage zu verhandeln sein, ob der Gesetzgeber durch eine verkürzte Fassung der Eingriffsschranken nicht die Vorgaben des Bundesverfassungsgerichts »entschlacken« und praktikabler machen wollte. Vor dieser Diskussion dürften auch »Ergänzungen« der Anforderungen in der Gesetzesbegründung nicht schützen, wie sie im Entwurf von Bündnis90/Die Grünen enthalten sind.[36] Denn zum einen sind sie nur Begründung eines Entwurfs und nicht beschlossener Gesetzestext. Zum anderen – viel problematischer – enthält diese Begründung nur einen Bruchteil der vom Bundesverfassungsgericht entwickelten Anforderungen und provoziert geradezu die Frage, inwieweit die nicht erwähnten Anforderungen noch weiterhin gelten sollen. Unklar ist in diesem Fall auch, wie sich die verfassungsrechtlichen »Weichspüler« Güter-

35 S. z.B. zum Großen Lauschangriff BVerfGE 109, 279; zur polizeilichen Telekommunikationsüberwachung BVerfGE 113, 348; zur Rasterfahndung BVerfG, NJW 2006, 1939; zur Online-Durchsuchung BVerfG, NJW 2008, 822; zur Kfz-Kennzeichenüberwachung BVerfG, NJW 2008, 1505.

36 BT-Drs. 16/9607, 4.

abwägung und Verhältnismäßigkeitsprinzip auf den tatsächlichen Schutz der informationellen Selbstbestimmung auswirken werden.

Zusammenfassend ist festzuhalten: Die informationelle Selbstbestimmung als zentrales Grundrecht der Informationsgesellschaft sollte durch den Verfassungstext ausdrücklich geschützt sein. Allerdings sind rechtspolitische Risiken im Gesetzgebungsverfahren zu bedenken.

IV. Schutzkonzept für die informationelle Selbstbestimmung

Die Anerkennung der informationellen Selbstbestimmung als geschriebenes Grundrecht im Grundgesetz ist ein wichtiger verfassungskultureller Schritt und ein bedeutendes verfassungspolitisches Zeichen. Für die Freiheit in der Informationsgesellschaft wird es aber nur dann von praktischer Bedeutung sein, wenn das Schutzkonzept für dieses Grundrecht den zu erwartenden Gefährdungen entspricht. Ohne ein angepasstes Schutzkonzept wird die formelle Anerkennung der informationellen Selbstbestimmung nur ein Pyrrhussieg symbolischer Politik sein.

Die künftigen Anwendungen der Datenverarbeitung werden jedoch das zentrale Schutzkonzept des Datenschutzes, wie es in den Urteilen zur informationellen Selbstbestimmung durch das Bundesverfassungsgericht aus dem Grundrecht abgeleitet und im geltenden Datenschutzrecht normativ umgesetzt worden ist, in Frage stellen. Diese These soll am Beispiel des Ubiquitous Computing belegt werden.

1. Das Schutzkonzept des Datenschutzrechts

Um das Grundrecht für die selbstbestimmte Entwicklung und Entfaltung des Einzelnen und als Grundlage einer freien und demokratischen Kommunikationsverfassung wirksam werden zu lassen, hat das Bundesverfassungsgericht Anforderungen zu seinem Schutz abgeleitet.[37] Die Vorschriften des Datenschutzrechts können vielfach als Umsetzung dieses normativen Schutzprogramms verstanden werden. Danach ist jeder Umgang mit personenbezogenen Daten ein Eingriff in das Grundrecht auf informationelle Selbstbestimmung.[38] Er soll daher, soweit möglich, vermieden werden. Zulässig ist er nur, wenn der Gesetzgeber oder der Betroffene ihn hinsichtlich Umfang und Zweck gebilligt haben. Er muss dem Betroffenen gegenüber transparent gemacht werden, um ihm die Überprüfung der Rechtmäßigkeit und die Geltendmachung seiner Mitwirkungsrechte zu ermöglichen. Der Umgang mit den Daten ist auf den gebilligten Zweck beschränkt und darf nur soweit und solange erfolgen,

37 BVerfGE, 65, 1 (44 ff.); 84, 192 (195); 100, 313 (358 ff.); 110, 33 (52 ff.); 113, 348 (364 ff.).

38 S. BVerfGE 100, 313 (366); dies gilt auch für die Datenverwendung durch private Stellen – s. BVerfGE 84, 192 (195).

wie dies für die Erreichung dieses Zwecks erforderlich ist. Diese Grundsätze sind durch technisch-organisatorische Maßnahmen abzusichern.

Das Datenschutzrecht enthält zwar keine speziellen Regelungen für Anwendungen allgegenwärtigen Rechnens. Sein normatives Schutzkonzept kann aber grundsätzlich auch für diese Anwendungen taugliche normative Lösungen bieten, die erwartbare Interessenkonflikte in akzeptabler Weise regeln.[39] Dies setzt aber voraus, dass

- nur wenige Instanzen mit klarer Rollenzuweisung beteiligt sind. Soweit der Staat Überwachungsdaten erhebt, der Arbeitgeber mit Logistikdaten auch Daten seines Arbeitnehmers speichert, der Vermieter in seinem Haus Daten über den individuellen Energieverbrauch seiner Mieter verarbeitet, der Verkäufer dem Kunden nur mit RFID-Marken versehene Waren anbietet oder die Autoversicherung das Fahrverhalten der Versicherungsnehmer für die Prämienberechnung aufzeichnet, besteht eine klare und einfache »Frontstellung« zwischen Datenverarbeiter und Betroffenem.
- die Verhältnisse überschaubar sind. Soweit nur wenige Beteiligte einzelne Schritte der Datenerhebung, Verarbeitung und Nutzung durchführen und damit eindeutige Zwecke verfolgen, herrschen klar strukturierte Prozesse, deren Wirkungen einzelnen Verantwortlichen zuzurechnen sind.
- die zu beurteilenden Handlungen nur Einzelfälle betreffen. Soweit der Umgang mit den Daten bekannt oder aufklärbar ist und die Zusammenhänge und Verantwortlichkeiten durchschaubar sind, können der Betroffene oder die Datenschutzaufsicht sich auf das Ereignis konzentrieren und ihre Kontrollrechte geltend machen.

In solchen Konstellationen wird allgegenwärtiges Rechnen die Möglichkeiten der Interessendurchsetzung zwischen den Beteiligten verschieben und für die Datenverarbeiter auch neue Missbrauchsmöglichkeiten eröffnen. Dennoch entsprechen die neuen Problemstellungen dem »Erwartungshorizont« des Datenschutzrechts, und es ist weiterhin möglich, die rechtliche Erlaubnis einer Datenverwendung zu überprüfen und datenschutzrechtliche Grundsätze wie Transparenz für den Betroffenen sowie Zweckbindung und Erforderlichkeit der Datenverarbeitung zur Anwendung zu bringen.

2. Überforderung des geltenden Schutzkonzepts

Allgegenwärtiges Rechnen schafft aber nicht nur neue Handlungsmöglichkeiten zur Interessendurchsetzung und zum Datenmissbrauch.[40] Es verändert auch die Form der Interaktion des Menschen mit Informationstechnik grundsätzlich und schafft dadurch Verhältnisse, in denen

39 Roßnagel/Jandt/Müller/Gutscher/Heesen, Datenschutzfragen mobiler kontextbezogener Systeme, 2006.

40 S. zu den folgenden Ausführungen auch Roßnagel (Fn. 7), S. 126 ff.

- viele Beteiligte mit ständig wechselnden Rollen beteiligt sind,
- vielfältige Zwecke gleichzeitig verfolgt werden,
- Daten auch in privaten oder gemischt privat/geschäftlichen Kontexten verwendet werden,
- die Datenverarbeitung spontan von den Techniksystemen selbst organisiert wird,
- die Datenverarbeitung für den Betroffenen unbemerkt erfolgt und in ihren Wirkungen undurchschaubar ist.

Auf diese neuen Verhältnisse sind die Grundsätze des datenschutzrechtlichen Schutzprogramms kaum anwendbar. Die Ziele, die mit Ubiquitous Computing verfolgt werden, widersprechen den Zielen, die mit den Prinzipien des Datenschutzrechts erreicht werden sollen. Im Konflikt zwischen beiden dürfte entscheidend sein, dass die Anwendungen des allgegenwärtigen Rechnens den Betroffenen in den meisten Fällen nicht aufgedrängt – in diesem Fall dürften die Datenschutzprinzipien greifen –, sondern von diesen gewollt werden. Sie werden dann als Konsequenz auch damit einverstanden sein müssen, dass die Hintergrundsysteme die notwendige Kenntnis über ihre Lebensweise, Gewohnheiten, Einstellungen und Präferenzen erhalten. In diesen neuen Verhältnissen wird das bisherige Schutzprogramm als solches in jedem seiner Bestandteile in Frage gestellt. Dies soll am Beispiel der Prinzipien der Transparenz, der Zweckbindung und der Erforderlichkeit näher untersucht werden.

a) Transparenz

Der Grundsatz der Transparenz fordert, die Daten grundsätzlich bei dem Betroffenen zu erheben und ihn zuvor zu unterrichten. Bei jeder neuen Speicherung ist er zu benachrichtigen. Gegenüber der verantwortlichen Stelle hat er Auskunftsrechte.

Diese Instrumente der Transparenz stoßen künftig an subjektive Grenzen. Allein die zu erwartende Vervielfachung der Datenverarbeitungsvorgänge in allen Lebensbereichen übersteigt die mögliche Aufmerksamkeit um ein Vielfaches. Zudem soll die allgegenwärtige Rechnertechnik gerade im Hintergrund und damit unmerklich den Menschen bei vielen Alltagshandlungen unterstützen. Niemand würde es akzeptieren, wenn er täglich tausendfach bei meist alltäglichen Verrichtungen Anzeigen, Unterrichtungen oder Hinweise zur Kenntnis nehmen müsste. Würde das Recht dennoch auf solchen Zwangsinformationen bestehen, würde es das Gegenteil von Aufmerksamkeit und Sensibilität erreichen. Und selbst wenn der Betroffene dies wollte, stehen für die Alltagsgegenstände meist keine oder keine adäquaten Ausgabemedien zur Verfügung.

Außerdem setzen hohe Komplexität und vielfältige Zwecke der möglichen Transparenz objektive Grenzen. Statt eines einfachen Datensatzes (z.B. Postadresse) würde dem Betroffenen ein komplexes Sensordestillat präsentiert, das darüber hinaus in den meisten Fällen eher eine Vermutung als eine Tatsache darstellt, dass dieses den Betroffenen betrifft.[41] Für viele Anwendungen wird bei Datenerhebung unklar sein, ob die Daten personenbezogen sind. Sie erhalten den Personenbezug oft viel später. Eine einzelne Erhebung mag irrelevant erscheinen, besondere Bedeutung wird sie oft erst dadurch erlangen, dass sie nachträglich mit vielen anderen Daten zusammengeführt wird. Dann besteht aber keine Möglichkeit mehr, den Betroffenen zu benachrichtigen. Für andere Anwendungen kann der Zweck der Datenverarbeitung mehrfach wechseln und sich auch unvorhergesehen einstellen. Vielfach wird eine unerwünschte (Mit-)Erhebung durch die mobilen Geräte anderer Kooperationspartner erfolgen. Viele Anwendungen werden ineinander greifen und verteilte Ressourcen nutzen (z.B. Mitnutzung des Ausgabemediums eines anderen Gegenstands). Andere Anwendungen müssen zu ihrer Funktionserfüllung benötigte Daten austauschen (z.B. Ereignisdienst braucht externe Information über Ereigniseintritt). Eine Erhebung beim Betroffenen und erst recht seine Unterrichtung über die zu erhebenden Daten und den Zweck ihrer Verarbeitung wird daher vielfach unmöglich oder sehr schwierig sein.

Sensornetze, zu denen sich benachbarte Sensoren drahtlos spontan vernetzen, ihre Arbeit untereinander abstimmen und relevante Daten austauschen, ermöglichen eine flexible und nahezu unsichtbare Beobachtung der Umwelt.[42] Die einzelne Datenerhebung ist weitgehend irrelevant, sie kann auch nicht im Einzelfall angezeigt werden. Eine nachträgliche Auskunft über alle verarbeiteten Daten ist prinzipiell möglich, würde aber eine Speicherung aller erhobenen und verarbeiteten Daten voraussetzen, um im Ausnahmefall eines Auskunftsbegehrens die Daten des Anfragenden herausdestillieren zu können.

b) Zweckbindung

Die Zweckbindung soll dem Betroffenen ermöglichen, die Preisgabe von Daten entsprechend seiner sozialen Rolle im jeweiligen sozialen Kontext selbst zu steuern. Mit ihr ist ein Zugriff Unberechtigter auf die Daten, eine Datenverarbeitung auf Vorrat und die Bildung umfassender Profile nicht zu vereinbaren.[43]

Bereits das Ziel, die Datenverarbeitung zu steuern und auf den festgelegten Zweck zu begrenzen, widerspricht der Idee einer unbemerkten, komplexen und spontanen technischen Unterstützung. Je vielfältiger und umfassender die zu erfas-

41 S. auch Marc Langheinrich, Die Privatsphäre im Ubiquitous Computing, in: Fleisch/Mattern (Fn. 7), S. 340.

42 S. z.B. Friedemann Mattern, Ubiquitous Computing, in: Jürgen Taeger/Andreas Wiebe (Hrsg.), Mobilität – Telematik – Recht, 2005, S. 15.

43 S. BVerfGE 65, 1 (49); Philip Scholz, Datenschutz bei Data Warehousing und Data Mining, in: Alexander Roßnagel (Hrsg.), Handbuch Datenschutzrecht, 2003, S. 1845 ff.

senden Alltagshandlungen sind, umso schwieriger wird es, den Zweck einzelner Datenverarbeitungen vorab festzulegen und zu begrenzen.[44]

Daher stellt sich die Frage, ob der bereichsspezifisch, klar und präzise festgelegte Zweck, den das Bundesverfassungsgericht fordert,[45] noch das angemessene Kriterium sein kann, um die zulässige Datenverarbeitung abzugrenzen.[46] Soll etwa »Ad-Hoc-Kommunikation« als eine Form der Telekommunikation zugelassen werden, für die sich die Infrastruktur jeweils situationsabhängig und ständig wechselnd mit Hilfe der Endgeräte der Kommunikationspartner und unbeteiligter Dritter bildet,[47] kann nicht vorherbestimmt werden, welche Beteiligten zu welchen Zwecken welche Daten erhalten und verarbeiten. Jeder kann ein solches mobiles Ad-Hoc-Netz, sozial betrachtet, für beliebige Zwecke benutzen. Jeder kann in diesem Netz, technisch betrachtet, – zeitweise und abwechselnd – als Sender, Mittler und Empfänger wirken. Werden dabei die Vorgänge in verschiedenen Lebensbereichen miteinander verknüpft oder werden technische Funktionen miteinander verschmolzen, wechselt der Zweck, zu dem Daten anfänglich erhoben und verarbeitet wurden, mehrfach – ohne dass dies dem vom Gesetzgeber oder dem Betroffenen gewünschten Ziel widerspricht. Sensornetze, die sich aus in die Umwelt eingebrachten Sensoren spontan bilden, sollen ihre Umwelt beobachten und flexibel für vielfältige Zwecke des Umweltmonitorings benutzt werden. Sie können etwa für die Beobachtung von Umweltbelastungen, Bewegungen, Materialveränderungen und viele andere Zwecke genutzt werden, ohne dass dies bei der Erhebung eines einzelnen Datums feststehen muss oder kann.[48]

Werden aber Daten für vielfältige und wechselnde Zwecke erhoben, sind eine an einem begrenzten Zweck orientierte Abschottung von Daten, ein daran anknüpfender Zugriffsschutz und eine auf der Zweckunterscheidung aufbauende informationelle Gewaltenteilung schwierig zu verwirklichen, vielfach sogar unpassend. Ähnlich verhält es sich mit dem Verbot einer Datenhaltung auf Vorrat und einer Profilbildung. Wenn viele Anwendungen ineinander greifen, Daten aus anderen Anwendungen übernehmen, für den Nutzer Erinnerungsfunktionen für künftige Zwecke erfüllen sollen, die noch nicht bestimmt werden können, sind Datenspeicherungen auf Vorrat nicht zu vermeiden. Wenn die Umgebungssysteme kontextsensitiv und selbstlernend sein sollen, werden sie aus den vielfältigen Datenspuren, die der Nutzer bei seinen Alltagshandlungen hinterlässt, und seinen Präferenzen, die seinen Handlungen implizit entnommen werden können, vielfältige Profile erzeugen.[49] Für Profile, die die informationelle Selbstbestimmung gefährden, und Profile, die eine

44 S. hierzu auch Langheinrich (Fn. 41), S. 337.

45 BVerfGE 65, 1 (44, 46).

46 S. kritisch aus anderen Gründen Roßnagel/Pfitzmann/Garstka (Fn. 15), S. 29 ff.

47 S. zu Ad-Hoc-Netzen auch Stefan Ernst, Rechtliche Probleme mobiler Ad-Hoc-Netze, in: Taeger/Wiebe (Fn. 42), S. 127 ff.

48 S. z.B. Mattern (Fn. 42), S. 15.

49 S. hierzu Matthias Schwenke, Individualisierung und Datenschutz, 2006; Silke Jandt, Vertrauen im Mobile Commerce – Vorschläge für die rechtsverträgliche Gestaltung von Location Based Services, 2008.

optimale Befriedigung der Nutzerinteressen gewährleisten, bedarf es weiterer Unterscheidungskriterien, die nicht allein an der Tatsache einer Profilbildung anknüpfen können.[50]

Mit der vielfältigen – oft unbewussten – Verfügbarkeit über personenbezogene Daten könnten sich faktisch neue Offenbarungspflichten ergeben, die zu einer nachträglichen Zweckänderung führen. Wenn die Dinge vieles um sie herum registrieren und speichern, könnte man durch Zusammenführung der gespeicherten Daten die Vergangenheit rekonstruieren und damit in vielen Fällen der Wahrheitsfindung dienen. Soll in der Familie, im Wohnumfeld, am Arbeitsplatz, im Rahmen der öffentlichen Sicherheit oder der gerichtlichen Beweisaufnahme geklärt werden, wie sich ein Ereignis zugetragen hat, könnte sich jeder verpflichtet fühlen oder verpflichtet werden, die Daten seiner Gegenstände zur Verfügung zu stellen.

Allgegenwärtige Datenverarbeitung bringt umfangreiche und aussagekräftige personenbezogene Daten hervor, die für Sicherheitsinstitutionen von größtem Interesse sind. Bisher haben die Gesetzgeber früher oder später ihrem Drängen, auch auf die Daten neuer Anwendungen zugreifen zu können, immer nachgegeben. Daher muss damit gerechnet werden, dass alle personenbezogenen Daten, die in Alltagsgegenständen verarbeitet werden, über kurz oder lang entgegen ihrem ursprünglichen Verarbeitungszweck diesen Institutionen zur Verfügung gestellt werden müssen. Die Verpflichtung zur Vorratsdatenspeicherung bei Anbietern öffentlicher Kommunikationsdienste ist nur ein Schritt auf diesem Weg.

c) Erforderlichkeit und Datensparsamkeit

Da das Prinzip der Erforderlichkeit, das inhaltlich, modal und zeitlich die Datenverarbeitung begrenzen soll, am Zweck der Datenverarbeitung ausgerichtet ist, erleidet es die gleiche Schwächung wie das Prinzip der Zweckbindung. Soll die Datenverarbeitung im Hintergrund ablaufen, auf Daten zugreifen, die durch andere Anwendungen bereits generiert wurden, und gerade dadurch einen besonderen Mehrwert erzeugen, wird es schwierig sein, für jede einzelne Anwendung eine Begrenzung der zu erhebenden Daten oder deren frühzeitige Löschung durchzusetzen. Auch die Einbeziehung von Umweltbedingungen mittels Sensortechnik in einer dynamischen, also laufend aktualisierenden Weise begrenzt zudem die Begrenzungsfunktion des Erforderlichkeitsprinzips. Sensorbestückte Gegenstände und Umgebungen sind fast immer aktiv und erheben eine Unmenge Daten, um den Nutzern nach ihrem – sich ständig ändernden – Bedarf jederzeit ihre Dienste anbieten zu können.[51]

Das »Gedächtnis« der Gegenstände ermöglicht, eine Art »Fahrtenschreiber« der Dinge zu entwickeln und ihre »Lebensspur« zu rekonstruieren, immer zu wissen, wo sich ein Ding aufhält und verlorene Dinge immer wieder zu finden. Werden mehrere

50 S. hierzu für Location Based Services Silke Jandt/Philip Laue, Voraussetzungen und Grenzen der Profilbildung bei Location Based Services, K&R 2006, 316 ff.

51 S. Mattern (Fn. 42), S. 18.

»Lebensspuren« miteinander abgeglichen, kann der gemeinsame Kontext verschiedener Dinge ermittelt werden – und damit auch ihrer Besitzer. Nutzen die Betroffenen diese Gedächtnisfunktion der Gegenstände, um dadurch ihr eigenes löchriges Gedächtnis zu erweitern, lässt dies das Erforderlichkeitsprinzip gänzlich leer laufen. Für diese Funktion sind alle Daten für sehr lange Zeit erforderlich, weil niemand wissen kann, an was man sich irgendwann einmal erinnern möchte.

Aus vergleichbaren Zwängen stößt auch der Grundsatz, möglichst keine oder wenige personenbezogene Daten zu erheben, zu speichern und zu verarbeiten, an Grenzen. Oft kann erst eine Vielzahl langfristig gespeicherter Daten die gewünschte Unterstützungsleistung bieten. Auch die Verarbeitung anonymer und pseudonymer Daten kann ungeeignet sein, weil die Daten oftmals unmittelbar erhoben werden: Eine Kamera, ein Mikrofon oder ein Sensor nehmen anders als ein Webformular den Benutzer direkt wahr und können vielfach nicht ohne Offenlegung der Identität des Benutzers verwendet werden. Indirekte Sensoren wie zum Beispiel druckempfindliche Bodenplatten können auch ohne direkte Wahrnehmung durch Data-Mining-Techniken Menschen an ihrem Gang identifizieren. Die enge Verknüpfung der Sensorinformation mit Ereignissen der realen Welt erlaubt selbst bei konsequenter Verwendung von Pseudonymen in vielen Fällen eine einfache Personenidentifikation. So können zum Beispiel bei einem Indoor-Lokalisierungssystem die pseudonymen Benutzer anhand ihres bevorzugten Aufenthaltsortes identifiziert werden.[52]

V. Ansätze zur Bewahrung informationeller Selbstbestimmung

Durch allgegenwärtige Datenverarbeitung können somit die zentralen Grundsätze des datenschutzrechtlichen Schutzprogramms ausgehöhlt oder überspielt werden. Dies stellt nicht die Zielsetzung der informationellen Selbstbestimmung und damit ihre Aufnahme ins Grundgesetz in Frage. Denn die Welt des allgegenwärtigen Rechnens wird nur dann human und lebenswert sein, wenn diese Selbstbestimmung gewährleistet ist. Allerdings muss das Schutzprogramm für dieses Grundrecht den neuen Herausforderungen angepasst werden, wenn auch in Zukunft Selbstbestimmung gelten soll. In welche Richtung die Modernisierung des Datenschutzrechts gehen muss, soll kurz angedeutet werden:[53]

1. Gestaltungs- und Verarbeitungsregeln

Die Zulassungsregeln müssen durch Gestaltungs- und Verarbeitungsregeln ergänzt werden. Statt das Schwergewicht auf eine einmalige, lange vor der Datenverarbeitung liegende Zulassungsentscheidung durch Zwecksetzung des Gesetzgebers oder

52 S. Langheinrich (Fn. 41), S. 339 f.
53 S. ausführlicher Roßnagel (Fn. 7), S. 175 ff.

des Betroffenen zu legen, sollte Datenschutz künftig vorrangig durch Gestaltungs- und Verarbeitungsregeln bewirkt werden, die permanent zu beachten sind.[54] So könnte zum Beispiel Transparenz statt auf einzelne Daten stärker auf Strukturinformationen bezogen sein und statt durch eine einmalige Unterrichtung durch eine ständig einsehbare Datenschutzerklärung im Internet gewährleistet werden. Eine andere Transparenzforderung könnte sein, von allen Alltagsgegenständen eine technisch auswertbare Signalisierung zu fordern, wenn sie Daten erheben. Statt einer Einwilligung könnte als Opt-in auch anzusehen sein, wenn der Betroffene freiwillig seine individuellen Fähigkeiten unterstützende und verstärkende Techniksysteme und Dienste nutzt. Zum Ausgleich müssten diese so gestaltet sein, dass sie über Datenschutzfunktionen verfügen, die er auswählen und für sich konfigurieren kann.

2. Datenschutz durch Technikgestaltung

Die Gestaltungs- und Verarbeitungsregeln sind auf eine technische Umsetzung angewiesen.[55] Selbstbestimmung muss durch Infrastrukturen unterstützt werden, die ermöglichen, auf Gefährdungen automatisch zu reagieren, ohne dass dies aufdringlich oder belästigend wirkt. Ein Beispiel: Die Einhaltung von Verarbeitungsregeln zu kontrollieren, darf nicht die permanente persönliche Aufmerksamkeit erfordern, sondern muss automatisiert erfolgen. Wenn die datenverarbeitenden Alltagsgegenstände ein Signal aussenden, kann dies von einem Endgerät des Betroffenen erkannt werden und zu einer automatisierten Auswertung der zugehörigen Datenschutzerklärung führen. Entsprechend der voreingestellten Datenschutzpräferenzen kann ein P3P[56]-ähnlicher Client eine Einwilligung erteilen oder ablehnen. In Zweifelsfällen kann das Gerät je nach Voreinstellung den Betroffenen warnen und ihm die Erklärung in der von ihm gewählten Sprache anzeigen oder akustisch ausgeben. Die Hinweis- und Warndichte muss einstellbar sein. Die Durchsetzung von Verarbeitungsregeln muss im Regelfall durch Technik und nicht durch persönliches Handeln des Betroffenen erreicht werden.[57] Technischer Datenschutz hat gegenüber rein rechtlichem Datenschutz Effektivitätsvorteile: Was technisch verhindert wird, muss nicht mehr verboten werden. Gegen Verhaltensregeln kann verstoßen werden, gegen technische Begrenzungen nicht. Datenschutztechnik kann so Kontrollen und Strafen überflüssig machen.

54 S. Roßnagel/Pfitzmann/Garstka (Fn. 15), S. 70 ff.

55 S. Marlis Köhntopp/Burckhard Nedden, Datenschutz und „Privacy Enhancing Technologies“, in: Alexander Roßnagel (Hrsg.), Allianz von Medienrecht und Informationstechnik?, 2001, S. 55 ff. und 67 ff.

56 Platform for Privacy Preferences – s. näher www.w3c.org/P3P.

57 S. z.B. für RFID Jürgen Müller/Matthias Handy, RFID und Datenschutzrecht, DuD 2004, 629.

3. Vorsorge für informationelle Selbstbestimmung

Wie in anderen Rechtsbereichen muss Vorsorge die Gefahrenabwehr ergänzen, zum einen durch die Reduzierung von Risiken und zum anderen durch präventive Folgenbegrenzungen potenzieller Schäden. Die Risiken für die informationelle Selbstbestimmung sind in einer Welt allgegenwärtiger Datenverarbeitung nicht mehr ausreichend zu bewältigen, wenn nur auf die Verarbeitung personenbezogener Daten abgestellt wird. Vielmehr sind im Sinn vorgreifender Folgenbegrenzung auch Situationen zu regeln, in denen noch keine personenbezogenen Daten entstanden sind. So bedürfen zum Beispiel die Sammlungen von Sensorinformationen, Umgebungsdaten oder von pseudonymen Präferenzen einer vorsorgenden Regelung, wenn die Möglichkeit oder gar die Absicht besteht, sie irgendwann einmal mit einem Personenbezug zu versehen.[58] Auch sind zur Risikobegrenzung Anforderungen an eine transparente, datensparsame, kontrollierbare und missbrauchsvermeidende Technikgestaltung zu formulieren. Ebenso entspricht es dem Vorsorgegedanken, die einzusetzenden Techniksysteme präventiven (freiwilligen) Prüfungen ihrer Datenschutzkonformität zu unterziehen und diese Prüfung zu dokumentieren.

4. Technikgestalter als Regelungsadressaten

Regelungen, die sich nur an Datenverarbeiter richten, dürften viele Gestaltungsziele nicht erreichen. In viel stärkerem Maß sind daher die Technikgestalter anzusprechen. Diese sollten vor allem Prüfpflichten für eine datenschutzkonforme Gestaltung ihrer Produkte, eine Pflicht zur Dokumentation dieser Prüfungen für bestimmte Systeme und Hinweispflichten für verbleibende Risiken treffen.[59] Auch sollten sie verpflichtet werden, ihre Produkte mit datenschutzkonformen Defaulteinstellungen auszuliefern.

5. Anreize und Belohnungen

Die datenschutzgerechte Gestaltung der künftigen Welt allgegenwärtiger Datenverarbeitung fordert die aktive Mitwirkung der Entwickler, Gestalter und Anwender. Sie werden hierfür aber nur zu gewinnen sein, wenn sie davon einen Vorteil haben. Daher sollte die Verfolgung legitimen Eigennutzes in einer Form ermöglicht werden, die zugleich auch Gemeinwohlbelangen dient. Datenschutz muss daher zu einem Werbeargument und Wettbewerbsvorteil werden. Dies ist möglich durch die freiwillige Auditierung von Anwendungen, die Zertifizierung von Produkten und die

58 S. Alexander Roßnagel/Philip Scholz, Datenschutz durch Anonymität und Pseudonymität, MMR 2000, 728 ff.

59 S. näher Roßnagel/Pfitzmann/Garstka (Fn. 15), S. 143 ff.

Präsentation von Datenschutzerklärungen. Werden diese von Datenschutzempfehlungen a la »Stiftung Warentest«, von Datenschutzrankings oder durch die Berücksichtigung bei öffentlichen Auftragsvergaben begleitet, kann ein Wettbewerb um den besseren Datenschutz entstehen. Dann werden die Gestaltungsziele beinahe von selbst erreicht.[60]

6. Institutionalisierte Grundrechtskontrolle

Der Schutz der informationellen Selbstbestimmung bedarf schließlich einer objektiven Ordnung, die in der Praxis mehr und mehr an die Stelle individueller Rechtewahrnehmung tritt. Die Einhaltung von Datenschutzvorgaben kann künftig immer weniger von der individuellen Kontrolle des Betroffenen abhängig gemacht werden. Sie muss in noch viel stärkerem Maß stellvertretend Kontrollverfahren und Kontrollstellen übertragen werden, die das Vertrauen der Betroffenen genießen. Gegenstand der Kontrolle müssen Systeme mit ihren Funktionen und Strukturen sein, nicht so sehr die individuellen Daten. Ziel der Kontrolle muss es sein, die individuellen und gesellschaftlichen Wirkungen der technischen Systeme zu überprüfen und diese datenschutzgerecht zu gestalten.

VI. Künftige Chancen der Selbstbestimmung

Die künftige Welt der allgegenwärtigen Datenverarbeitung – im Web, in der jeweiligen Umgebung, im Hintergrund allen alltäglichen Geschehens – wird die informationelle Selbstbestimmung nötiger den je erfordern, und sie wird stärker denn je gefährdet sein. In dieser Welt Selbstbestimmung zu erhalten, wird eine Aufgabe sein, deren Erfüllung nicht durch die Aufnahme dieses Freiheitsrechts ins Grundgesetz entschieden wird. Diese wird hilfreich sein und manches erleichtern. Viel wichtiger aber ist, ein dieser Zukunft angepasstes Schutzkonzept für diese Selbstbestimmung zu entwickeln und umzusetzen.

60 Alexander Roßnagel, Datenschutzaudit, in: ders. (Hrsg.), Handbuch Datenschutzrecht, 2003, S. 439 ff.

Sind die Barrieren gefallen? 15 Jahre Benachteiligungsverbot für Behinderte

Judith Hartmann

Am 15.11.1994 wurde im Grundgesetz der Satz »Niemand darf wegen seiner Behinderung benachteiligt werden« in Artikel 3 Absatz 3 als Satz 2 eingefügt.[1]

Diese Ergänzung wurde nach jahrelangem Kampf der verschiedenen Verbände von Menschen mit Behinderungen vorgenommen, um besonders krasse Benachteiligungen, wie beispielsweise im Frankfurter Urteil über Behinderte als Reisemangel,[2] künftig zu verhindern.

15 Jahre nach der Einfügung dieser Vorschrift in das Grundgesetz stellt sich die Frage, inwieweit tatsächlich eine Gleichstellung in der Rechtspraxis und im Bewusstsein der Bevölkerung erfolgt ist.

Nach der Euphorie bei der Einfügung des Satzes 2 in Art. 3 Abs. 3 GG ist bei den betroffenen Menschen inzwischen überwiegend Ernüchterung eingetreten. Viele Menschen mit Behinderung empfinden vor allem das sog. Sonderschulurteil des Bundesverfassungsgerichts aus dem Jahre 1997[3] als schweren Schlag gegen Integrations- und Gleichstellungsbemühungen der Behindertenbewegung. Mit dieser Entscheidung wurde bestätigt, dass das Benachteiligungsverbot nicht verhindert, dass eine behinderte Schülerin mit sonderpädagogischem Förderbedarf gegen ihren Willen an eine Sonderschule verwiesen werden darf, auch wenn ihr damit jede Chance genommen wird, eine Regelschule zu besuchen.

Insgesamt sind bis heute erst sehr wenige weitere Entscheidungen des Bundesverfassungsgerichts zu Art. 3 Abs. 3 Satz 2 GG Grundgesetz ergangen. Über die Hälfte von ihnen sind Nichtannahmebeschlüsse, mit denen abgelehnt wurde, entsprechende Verfassungsbeschwerden überhaupt erst zur Entscheidung anzunehmen.[4]

Auch die obersten Bundesgerichte haben sich bislang kaum mit dem verfassungsrechtlichen Benachteiligungsverbot befasst, und wenn es doch einmal geschehen ist, haben sie ihm selten Geltung verschafft. Häufig finden Gerichte Wege in ihrer Begründung, um Benachteiligungen zu rechtfertigen.

Das grundsätzliche Problem ist, das Benachteiligungsverbot in Art. 3 Abs. 3 Satz 2 GG in das einfache Recht umzusetzen. Am ehesten sind die Vorgaben noch im

1 42. Gesetz zur Änderung des Grundgesetzes vom 27.10.1994, BGBl. I, S. 3146.

2 Landgericht Frankfurt am Main, NJW 1980, 1169.

3 BVerfGE 96, 288.

4 Juris-Abfrage vom 13.5.2009 (mit den Suchwörtern Art. 3 Abs. 3 Satz 2 GG und BVerfG), z.B. BVerfG, Nichtannahmebeschlüsse vom 10.2.2006 (Az.: 1 BvR 91/06) und vom 10.3.2004 (2 BvR 577/01).

Allgemeinen Gleichbehandlungsgesetz[5] und den Bundes[6]- sowie Landesgleichstellungsgesetzen[7] umgesetzt worden, im Schulrecht hingegen fast gar nicht.

Bei der Rechtsdurchsetzung ist weiterhin nachteilig zu werten, dass das Verbandsklagerecht nach wie vor restriktiv geregelt ist und Verfassungsbeschwerden bislang von Interessenverbänden von Menschen mit Behinderungen gar nicht erhoben werden können.

Bereits dies zeugt von Benachteiligungen von Menschen mit Behinderungen, da diese Menschen in der Regel nicht zu den einkommensstarken Bevölkerungsgruppen gehören und daher häufig nicht die Mittel besitzen, um sich auf einen jahrelangen Rechtsstreit einzulassen. Daneben bedarf es einer hohen Willensstärke und Ausdauer, um einen Gang durch mehrere Instanzen durchzustehen.

Selbst die vorhandenen Gesetze zur Gleichstellung verhindern überdies nicht jede Form von Benachteiligung.

Das Bundesgleichstellungsgesetz betrifft nur die öffentlich-rechtliche Gleichstellung und enthält nur wenige verbindliche Vorschriften, die einen konkreten einklagbaren Anspruch für Menschen mit Behinderung schaffen. Beispielsweise sind die Vorschriften zur barrierefreien Ausgestaltung im Bereich Bau und Verkehr nicht als Muss-Vorschriften, sondern als Soll-Vorschriften[8] ausgestaltet und damit einem gewissen Ermessensspielraum unterworfen. Auch in einigen Landesgleichstellungsgesetzen[9] sind diese gravierenden Schwachpunkte zu erkennen, die dazu führen, dass Bauherren (auch öffentliche) weiter Neubauten errichten, die nicht barrierefrei konzipiert wurden.

Im für den zivil- und arbeitsrechtlichen Bereich geltenden Allgemeinen Gleichbehandlungsgesetz (AGG) ist kein Verbandsklagerecht vorgesehen, nur die Möglichkeit der Beistandschaft durch Antidiskriminierungsverbände in Verfahren ohne Anwaltszwang.[10] Zudem existiert nach wie vor das Problem, dass im AGG derzeit noch schuldrechtliche Verträge, die nicht zu den Massengeschäften gehören, für Behinderte nicht vom Diskriminierungsverbot umfasst sind, so beispielsweise Benachteiligungen im privaten Bildungsbereich oder bei der Versorgung mit Wohnraum.[11]

5 Vom 14.8.2006, BGBl. I, S. 1897.

6 Gesetz zur Gleichstellung behinderter Menschen (Behindertengleichstellungsgesetz – BGG), BGBl. I, S. 1467.

7 Als erstes Land verabschiedete Berlin ein Gleichstellungsgesetz für behinderte Menschen: Gesetz über die Gleichberechtigung von Menschen mit und ohne Behinderung (Landesgleichberechtigungsgesetz – LGBG) vom 17.5.1999, GVBl. S. 178; als letztes der 16 Länder hat Niedersachsen ein Landesgleichstellungsgesetz verabschiedet: Niedersächsisches Behindertengleichstellungsgesetz (NBGG) vom 25.11.2007, Nds.GVBl. S. 661.

8 § 8 Abs. 1 BGG.

9 Beispielhaft § 7 Abs. 1 des Hamburgischen Gleichstellungsgesetzes (HmbGGbM) vom 21.3.2005, HmbGVBl. 2005 S. 75; in etlichen Landes-BGG ist keine konkrete Verpflichtung zum barrierefreien Bauen öffentlicher Gebäude enthalten, diese enthalten vielfach lediglich die Regelung, dass nicht benachteiligt werden dürfe.

10 § 23 AGG.

11 § 19 Abs. 1 und 2 AGG.

Aber es gibt nicht nur Umsetzungsdefizite, sondern sogar noch gesetzliche Vorschriften, die selbst konkrete Benachteiligungen verursachen.

Auf einfachgesetzlicher Ebene bestehen trotz Art. 3 Abs. 3 Satz 2 GG nach wie vor Benachteiligungen für Menschen mit Behinderungen. So sind beispielsweise immer noch Leistungen der Eingliederungshilfe für Behinderte nach dem Sozialgesetzbuch XII vom Einsatz von Einkommen und Vermögen abhängig.[12] Dies trifft insbesondere Behinderte mit hohem Pflegebedarf, die, wenn sie überhaupt eine Arbeitsstelle bekommen haben, den größten Teil ihres Einkommens für die Pflege verwenden müssen und denen anschließend nur noch ein geringer Teil ihres Arbeitslohns als Freibetrag zur Verfügung steht, oder auch Behinderte, die eine Zweitausbildung/-studium beginnen wollen und behinderungsbedingt notwendige Unterstützung erst erhalten, wenn sie ihr vorhandenes Vermögen bis auf einen minimalen Freibetrag ausgegeben und kein die Freibeträge übersteigendes Einkommen haben. Auch § 13 Abs. 1 Satz 3 SGB XII ist eine zunehmend von den Behörden genutzte, extrem benachteiligende Vorschrift, deren Anwendung behinderte Menschen gegen ihren Willen in ein Heim zwängen kann und damit ihrer Selbstständigkeit beraubt.[13]

Die in den letzten Jahren zu verzeichnenden, teilweise positiven Veränderungen in der Gesetzgebung wurden dagegen nicht durch Art. 3 Abs. 3 Satz 2 GG oder durch entsprechende Urteile der Gerichte, insbesondere dem Bundesverfassungsgericht, bewirkt, sondern durch europarechtliche Vorgaben und den weiterhin beharrlichen Bemühungen der Behindertenverbände.

Die Bundesrepublik Deutschland wurde erst durch verbindliche EU-Richtlinien[14] gezwungen, ein Antidiskriminierungsgesetz für das Zivilrecht zu erlassen und hierdurch Menschen mit Behinderungen einen besonderen Schutz im Zivil- und Arbeitsrecht zukommen zu lassen.

So ist das im Rahmen der Umsetzung der verschiedenen EU-Richtlinien erlassene Allgemeine Gleichbehandlungsgesetz (AGG) erst nach äußerst heftigen Diskussionen am 18.08.2006 in Kraft getreten. Hinsichtlich Menschen mit Behinderungen bezieht sich die bisherige AGG-Rechtsprechung fast ausschließlich auf das arbeitsrechtliche Gebiet und hier wiederum insbesondere auf die Begründung eines Arbeitsverhältnisses sowie berufliche Aufstiegsmöglichkeiten. Ansprüche aus dem AGG sind aber häufig nicht gerichtlich durchsetzbar, insbesondere die Beweisführung[15] bereitet große Probleme in AGG-Verfahren, und die Gerichte entscheiden regional sehr unterschiedlich.

12 §§ 82-92a SGB XII.

13 Aus der aktuellen Rechtsprechung: Sozialgericht Hamburg, Urteil vom 13.12.2007 – S 50 SO 584/05; Sozialgericht Lüneburg, Urteil vom 4.10.2007 – S 22 SO 298/05; Landessozialgericht Hamburg, Beschluss vom 14.2.2006 – L 4 B 406/05 SO ER.

14 Richtlinie 2000/43/EG des Rates vom 29.6.2000, ABl. EG Nr. L 180 S. 22; Richtlinie 2000/78/EG des Rates vom 27.11.2000, ABl. EG Nr. L 303 S. 16; Richtlinie 2002/73/EG des Europäischen Parlaments und des Rates vom 23.9.2002, ABl. EG Nr. L 269 S. 15; Richtlinie 2004/113/EG des Rates vom 13.12.2004, ABl. EU Nr. L 373 S. 37.

15 § 22 AGG.

Aktuell ist eine weitere EU-Richtlinie in Arbeit,[16] die absehbar weitere Veränderungen im AGG notwendig werden lässt. Denn bislang sind, wie bereits oben ausgeführt, mehrere für Menschen mit Behinderungen wichtige Lebensbereiche noch nicht durch das AGG abgedeckt.

Erfahrungen aus dem Ausland zeigen zudem, dass Barrierefreiheit zwar mit eine Sache der Einstellung in den Köpfen der einzelnen Menschen ist, aber letztendlich erst durch verbindliche gesetzliche Vorgaben konkret umgesetzt wird. So hat in den USA der Americans with Disabilities Act (ADA) von 1990[17] für die nötigen Veränderungen gesorgt und einen generellen Bewusstseinswandel herbeigeführt. Ähnlich gestaltete sich die Situation in Großbritannien, wo ebenfalls eine entsprechende Antidiskriminierungsgesetzgebung[18] für Menschen mit Behinderungen für eine größere Gleichbehandlung und Vermeidung von Benachteiligungen gesorgt hat und sich der Umgang mit Menschen mit Behinderungen zum Positiven hin verändert hat. Allerdings ist die Ausgangslage in den angelsächsischen Ländern hinsichtlich des Benachteiligungsverbots eine andere durch ein anderes Verständnis von Behindertenpolitik. Dort wird durch die Schaffung von Diskriminierungsverboten eine Gleichstellung behinderter Menschen angestrebt, während in kontinentaleuropäischen Ländern nach wie vor stark der Gedanke der rehabilitativen Förderung vorherrscht und insbesondere Deutschland hier immer noch eher einem institutionellen Ansatz anhängt.

Die von der Bundesrepublik Deutschlang unterzeichnete UN-Konvention »Übereinkommen vom 13.12.2006 über die Rechte von Menschen mit Behinderungen« und das dazugehörige Fakultativprotokoll sind ein weiterer wichtiger Erfolg für die Behindertenbewegung, dessen rechtliche Umsetzung aber weitgehend unklar und die Befolgung der UN-Konvention durch die Unterzeichnerstaaten als völkerrechtlichem Vertrag nicht direkt einklagbar ist.

Die Konvention und das dazugehörige Fakultativprotokoll wurden inzwischen von der Bundesrepublik Deutschland ratifiziert.[19] Die Ratifizierung der UN-Konvention weckt derzeit ähnliche Erwartungen wie vor 15 Jahren die Einfügung des Benachteiligungsverbots für Behinderte in das Grundgesetz. Es bleibt mit Skepsis abzuwarten, ob die derzeit hohen Erwartungen von Menschen mit Behinderungen in die UN-Konvention nicht wieder in Ernüchterung umschlagen, da es einen langen Atem braucht, um internationale Vereinbarungen auf unterster Ebene in entsprechende nationale Vorschriften umzusetzen und bislang nicht geklärt ist, inwie-

16 Vorschlag für eine Richtlinie des Rates zur Anwendung des Grundsatzes der Gleichbehandlung ungeachtet der Religion oder der Weltanschauung, einer Behinderung, des Alters oder der sexuellen Ausrichtung, KOM (2008) 426; das Europäische Parlament hat den Vorschlag der Kommission unter Einarbeitung von Änderungen am 2.4.2009 angenommen (2008/0140 (CNS)) und der Kommission sowie dem Rat zur weiteren Entscheidung übermittelt.

17 Kodifiziert in 42 U.S.C.A. §§ 12101-12213 und 47 U.S.C.A. §§ 225, 611.

18 Disability Discrimination Act 1995, Disability Discrimination Act 2005.

19 Am 24.2.wurde von der Bundesrepublik Deutschland die Ratifizierungsurkunde bei den Vereinten Nationen hinterlegt und am 26.3.2009 ist die UN-Konvention über die Rechte von Menschen mit Behinderungen für die Bundesrepublik Deutschland verbindlich geworden.

weit die einzelnen Bestimmungen der UN-Konvention für Menschen mit Behinderungen einen direkten Rechtsanspruch verschaffen. Hinzu kommt, dass die der Bundesratsdrucksache BR-760/08 vom 17.10.200 zum Konventionstext hinzugefügte Denkschrift[20] erkennen lässt, dass die Bundesregierung aktuell keinen hohen Veränderungsbedarf sieht. Es wird zu einzelnen Artikeln der UN-Konvention in der Denkschrift erörtert, dass entsprechende Regelungen insbesondere in den verschiedenen Sozialgesetzbüchern, vorrangig dem SGB IX, enthalten sind und diese Regelungen Menschen mit Behinderungen angemessen berücksichtigen würden. Auf die bereits oben erwähnten Beispiele für benachteiligende Gesetze auf der untersten Gesetzgebungsebene wird in der Denkschrift nicht eingegangen bzw. die Illusion genährt, als hätte die Bundesregierung die Vorgaben der UN-Konvention weitgehend in nationales Recht umgesetzt und Umsetzungsbedarf nur für bestimmte wenige Bereiche gesehen.

Ungeachtet der oben erwähnten Skepsis bei der Umsetzung ist an der UN-Konvention eindeutig positiv zu bewerten, dass sie äußerst detailliert beschreibt, welche Rechte sich behinderte Menschen weltweit wünschen und dass diese Rechte von den jeweiligen Regierungen beachtet werden mögen.

Im Kern wird es weiterer Anstrengungen bedürfen, um das Ziel eines benachteiligungsfreien Lebens von Menschen mit Behinderungen zu erreichen. Es sind nach wie vor intensive politische und juristische Bemühungen erforderlich, um weitergehende Veränderungen auf rechtlichem Gebiet für Menschen mit Behinderungen herbeizuführen. Diese Bestrebungen umfassen die Veränderung und Ergänzung bereits bestehender Gesetze, aber auch Überlegungen hinsichtlich der Schaffung neuer Leistungsansprüche wie beispielsweise ein Gesetz zur »Sozialen Teilhabe«[21] und konkret durchsetzbare weitere Benachteiligungsverbote sowie eine Verbesserung der Rechtsschutzmöglichkeiten gerade beim Verbandsklagerecht.

20 BR-Drs. BR-760/08, S. 45.

21 Aktuelle Kampagne des Forums selbstbestimmter Assistenz behinderter Menschen e.V., www.forsea.de.

Gleichheit nur für Heteros? Keine Diskriminierung wegen der »sexuellen Identität«

Christine Hohmann-Dennhardt

I. Der historische Hintergrund. Von der Verfolgung über die Diskriminierung hin zu deren Überwindung

Die Einsicht, dass es eine Diskriminierung ist, Homo- oder Transsexuelle anders zu behandeln als Heterosexuelle bzw. ihnen die Anerkennung ihrer empfundenen sexuellen Orientierung oder Geschlechtlichkeit vorzuenthalten, ist noch nicht sehr alt, sie ist erst in den letzten Jahrzehnten des letzten Jahrhunderts gewachsen, und damit auch die wissenschaftliche Erkenntnis über solche Veranlagungen, weil lange Zeit das Vorurteil die ernsthafte Auseinandersetzung mit dem Thema ersetzte. Nach der Rassendiskriminierung und der Frauendiskriminierung war und ist es die Diskriminierung der Homo- und Transsexualität, die am längsten nicht als solche wahrgenommen wurde.

Im Gegenteil. Homosexualität wurde jahrhundertelang als abartig, widernatürlich, verwerflich, Gottes Geboten nicht folgend, als Unzucht und Sodomie angesehen. Man hielt es nicht nur für berechtigt, sondern für notwendig, sie unter schwere Strafe zu stellen. Erst um die vorletzte Jahrhundertwende erhoben sich einige Stimmen, die die Streichung der einschlägigen Strafnormen forderten, allerdings zum Teil auch mit der Begründung, Homosexualität sei eine Krankheit, deretwegen man nicht bestraft werden dürfe. Doch sie waren eine kleine Minderheit. So blieb es, mit einigen Reduzierungen im Strafmaß, bei der Strafbarkeit gleichgeschlechtlicher Handlungen, die im Nationalsozialismus wieder verschärft wurde. Homosexuelle wurden von den Nazis verfolgt und vernichtet. Auch nach dem Zweiten Weltkrieg sah man in West-Deutsch-land von der Strafbarkeit nicht ab. 1957 erklärte das Bundesverfassungsgericht sie mit dem Grundgesetz für vereinbar. Der damit verbundene Eingriff in das Persönlichkeitsrecht der Betroffenen sei gerechtfertigt, weil die gleichgeschlechtliche Betätigung eindeutig gegen das Sittengesetz, das sittliche Empfinden der Bevölkerung verstoße.

Erst Ende der sechziger, Anfang der siebziger Jahre wurde die strafrechtliche Verfolgung homosexueller Handlungen auf solche mit Jugendlichen beschränkt und schließlich 1994 der einschlägige § 175 StGB gänzlich gestrichen. In den siebziger/achziger Jahren entwickelte sich, auch mit dem Entstehen einer Schwulen- und Lesbenbewegung, die in die Öffentlichkeit trat, allmählich ein Verständnis für die Lage der Betreffenden und eine Sensibilität dafür, dass z.B. die Kündigung eines Arbeitsverhältnisses oder einer Wohnung wegen der sexuellen Orientierung einer

Person eine Diskriminierung darstellt und eine solche, rechtlich legitimierte gesellschaftliche Ächtung der Betroffenen nicht länger hinnehmbar ist.

Der deshalb seitens der SPD und einem Abgeordneten der PDS in der nach der Wiedervereinigung eingesetzten Gemeinsamen Verfassungskommission von Bund und Ländern Anfang der 90iger Jahre unternommene Versuch, Art. 3 Abs. 3 GG um ein Diskriminierungsverbot wegen sexueller Orientierung/Identität zu ergänzen, erhielt zwar in der Kommission eine Stimmenmehrheit, nicht aber die notwendige Zweidrittelmehrheit. Ebenso scheiterte ein entsprechender Gesetzentwurf von Bündnis 90/Die Grünen. Im Jahre 2001 konnte dann, nach mehreren zuvor gescheiterten parlamentarischen Initiativen, von der rot/grünen Regierung das Lebenspartnerschaftsgesetz verabschiedet und in Kraft gesetzt werden, das gleichgeschlechtlichen Paaren ermöglicht, ihre Beziehung als Lebenspartnerschaft rechtlich abzusichern. Das Bundesverfassungsgericht hat dieses Gesetz für vereinbar mit dem Grundgesetz erklärt. Und 2006 wurde in Umsetzung europarechtlicher Vorgaben das Allgemeine Gleichbehandlungsgesetz (AGG) geschaffen, das in privaten Bereichen eine Diskriminierung unter anderem auch wegen der sexuellen Identität untersagt.

Dies und das Outing einer Reihe von Spitzenpolitikern haben mit dazu beigetragen, dass die Akzeptanz der Homosexualität in Deutschland gestiegen ist. Zu erkennen war dies auch daran, dass die Einführung der Lebenspartnerschaft mehr Aufregung in der Politik und Rechtswissenschaft als in der Bevölkerung hervorrief. Allerdings gibt es in weiten Kreisen auch weiterhin noch Vorbehalte, insbesondere gegen eine völlige Gleichbehandlung von hetero- und homosexuellen Paaren. So hat Bayern erneut beim Bundesverfassungsgericht einen Normenkontrollantrag, diesmal gegen das Lebenspartnerschaftsergänzungsgesetz gestellt, mit dem die Rechte der Lebenspartner weiter den Rechten von Ehepartnern angeglichen werden. Besonders umstritten ist dabei die Möglichkeit der Stiefkindadoption, die auch Lebenspartnern eingeräumt werden soll. Bezeichnend für die noch bestehenden Ressentiments ist auch, dass das seit Jahren überarbeitungsbedürftige TranssexuellenG in den letzten Jahren mehrmals vom Bundesverfassungsgericht beanstandet und korrigiert worden ist, ohne dass der Gesetzgeber bisher konkrete Schritte für eine umfassende Reform dieses Gesetzes unternommen hat. Gerade auch dieses Thema wird noch stark tabuisiert, womit der Personenkreis der Transsexuellen ganz besonderen Problemen ausgesetzt ist.

II. Begriffsverwirrung – oder wie man sich sprachlich einem heiklen Thema nähert

Bei uns meint das Wort »Geschlecht« die geschlechtliche Zuordnung eines Menschen. Für das körperliche Begehren eines anderen und das Ausleben dieses Begehrens ist dem Englischen das Wort »sex«, »Sexualität« entlehnt worden, das allerdings nicht nur dieses ausdrückt, sondern auch das biologische Geschlecht bezeichnet.

»Sexuelle Identität« ist insofern ein Begriff, bei dem nicht ganz klar ist, was er eigentlich meint. Das Wort »Identität« deutet auf das eigene Ich hin, insofern kann das Wort »sexuell« in diesem Zusammenhang eigentlich nicht die Ausrichtung auf einen anderen, sondern das Geschlecht ansprechen. Dann ist darunter die für sich selbst erkannte und empfundene Geschlechtlichkeit zu verstehen, im Unterschied zu der Geschlechtlichkeit, die einem bei Geburt aufgrund der äußeren Geschlechtsmerkmale rechtlich zugeordnet worden ist. Das Verbot der Diskriminierung wegen sexueller Identität schützt insofern das eigene, zum Ausdruck gebrachte Geschlechtsempfinden von Transsexuellen. Das aber soll, jedenfalls allein, nicht damit gemeint sein. Denn vor Diskriminierung sollen mit dieser Formulierung eines Diskriminierungsverbotes auch Homosexuelle geschützt werden. Der Grund, diese vor Diskriminierung zu schützen, wäre besser mit sexueller Orientierung zu bezeichnen. Doch der Begriff »sexuelle Identität« ist bei uns gesetzlich schon in § 75 BetrVG und § 1 AGG sowie einigen Länderverfassungen eingeführt und wird im umfassenden Sinne, also Homosexualität und Transsexualität erfassend, verstanden und interpretiert. Allerdings wäre es sinnvoll, sollte ein solches entsprechendes Diskriminierungsverbot in unsere Verfassung aufgenommen werden, die Formulierung »Diskriminierung wegen der geschlechtlichen Identität oder sexuellen Orientierung« zu wählen und im Zuge dessen die schon bestehenden gesetzlichen Regelungen dem anzupassen.

III. Im Bermudadreieck von Art. 2, Art. 3 und Art. 6 GG – zur verfassungsrechtlichen Ausgangssituation

Das Bundesverfassungsgericht hat immer wieder, zuletzt in seiner Entscheidung zu § 8 TSG vom 27. Mai 2008 betont, dass Art. 2 Abs. 1 i.V.m. Art. 1 Abs. 1 GG der engeren persönlichen Lebenssphäre Schutz bietet, zu der auch der Sexualbereich gehört, der die sexuelle Selbstbestimmung des Menschen und damit das Finden und Erkennen der eigenen geschlechtlichen Identität sowie der eigenen sexuellen Orientierung umfasst. In diesen intimsten Bereich der Persönlichkeit dürfe nur bei Vorliegen besonderer öffentlicher Belange eingegriffen werden. Der grundrechtliche Schutz, der Trans- und Homosexuellen damit zukommt, umfasst neben diesem Verbot auch das Gebot an den Staat, für einen hinreichenden Schutz der Intimsphäre zu sorgen, denn Grundrechte sind nicht nur Abwehr-, sondern auch Teilhaberechte. Doch ob aus diesem Gebot gegebenenfalls auch das Erfordernis eines bestimmten Handelns des Staates hergeleitet werden kann, hat das Bundesverfassungsgericht bisher offengelassen. In seiner Entscheidung zum Lebenspartnerschaftsgesetz hat es allerdings ausgeführt, der Gesetzgeber habe mit der Einführung des Instituts der Lebenspartnerschaft den Artikeln 2 Abs. 1 und 3 Abs. 1 und 3 GG Rechnung getragen, indem er gleichgeschlechtlich orientierten Personen zu einer besseren Entfaltung ihrer Persönlichkeit verholfen und Diskriminierungen abgebaut habe. Damit hat das Gericht die Ausfüllung des Gebots durch den Gesetzgeber verfassungsrechtlich legitimiert, hatte aber wegen des gesetzgeberischen Handelns nicht mehr die Frage zu beantworten, ob der Gesetzgeber aufgrund von Art. 2 Abs. 1 oder Art. 3 GG verpflichtet gewesen ist, gleichgeschlechtlichen Paaren eine Möglichkeit der rechtlichen Absicherung ihrer Partnerschaft zu eröffnen.

Art. 3 Abs. 1 GG, der allgemeine Gleichbehandlungsgrundsatz, verbietet nach ständiger Rechtsprechung des Bundesverfassungsgerichts die Ungleichbehandlung von Personengruppen, wenn zwischen ihnen keine Unterschiede von solcher Art und solchem Gewicht bestehen, dass sie die ungleiche Behandlung rechtfertigen könnten. Für weite Bereiche des Privaten lässt nun das AGG die Rechtfertigung nicht mehr gelten, für eine Ungleichbehandlung zwischen Hetero- und Homosexuellen gäbe es gewichtige Gründe, indem es eine Ungleichbehandlung/Diskriminierung von Personen wegen der sexuellen Identität verbietet. Der Gesetzgeber, der dies statuiert hat, ist jedoch selbst allein an Art. 3 Abs. 1 GG gebunden, der allgemein verlangt, dass »Gleiches gleich, Ungleiches aber ungleich« zu behandeln ist. Insofern ist umstritten, ob er, je nach zu treffender Regelung, nicht doch zwischen Hetero- und Homosexuellen differenzieren darf oder, wie manche meinen, gar muss, vor allem dann, wenn es um den Schutz der Ehe aus Art. 6 GG geht. In der Entscheidung zur Lebenspartnerschaft ist das Bundesverfassungsgericht davon ausgegangen, dass die Lebenspartnerschaft zur Ehe ein aliud ist und insofern die Ehe keinen Schaden nimmt, wenn Lebenspartnern gleiche Rechte wie Eheleuten eingeräumt werden. Damit ist jedoch noch nicht die Frage beantwortet worden, ob sie in allen Rechten gleichzustellen sind.

In einer Kammerentscheidung des Zweiten Senats, in der es darum ging, dass einem verpartnerten Beamten der Familienzuschlag vorenthalten wurde, ist diese Differenzierung unbeanstandet geblieben. Gemessen an Art. 3 Abs. 1 GG sei die Ungleichbehandlung durch Art. 6 Abs. 1 GG gerechtfertigt. Der darin enthaltene Schutz- und Förderauftrag im Hinblick auf die Ehe bilde einen sachlichen Differenzierungsgrund. Die Unterscheidung sei angesichts der tatsächlichen Lebensverhältnisse auch nicht unverhältnismäßig, da der Familienzuschlag geleistet werde, wenn man eine Person in seinen Haushalt aufnehme, der man zur Zahlung von Unterhalt verpflichtet sei. Diese Entscheidung entfaltet als Kammerentscheidung jedoch keine Bindungswirkung.

Bezogen auf die Kostenübernahme einer künstlichen Befruchtung durch die gesetzliche Krankenversicherung hat der Erste Senat es für vereinbar mit Art. 3 Abs. 1 GG erklärt, dass nur verheiratete Versicherte, nicht dagegen solche, die in einer nichtehelichen Lebensgemeinschaft leben, einen Anspruch darauf haben, weil Verheiratete eine Verpflichtung zur Verantwortung für den anderen eingegangen sind, weshalb die eheliche Partnerschaft in solchen Situationen risikoreicher und langwieriger Eingriffe belastbarer ist und dem Kind eine sicherere Lebensbasis bietet.

Art. 3 Abs. 3 GG enthält ein absolutes Diskriminierungsverbot wegen des Geschlechts. Unter »Geschlecht« wird dabei nach allgemeiner Auffassung die Unterscheidung männlich/weiblich verstanden. Ob das Diskriminierungsverbot auch beim »selbst empfundenen« oder umgewandelten Geschlecht zum Zuge kommt, also eine Ungleichbehandlung wegen der geschlechtlichen Identität von Transsexuellen verbietet, wovon der EuGH im Hinblick auf europäische Richtlinien ausgeht, darüber hat das Bundesverfassungsgericht noch nicht entschieden. In der Differenzierung zwischen Lebenspartnern und verheirateten oder nichtverheirateten heterosexuellen

Paaren hat es jedenfalls bei der Eröffnung der Lebenspartnerschaft nur für homosexuelle Paare keine Diskriminierung heterosexueller Paare wegen des Geschlechts gesehen, denn hier knüpfe der Gesetzgeber Rechte und Pflichten nicht an das Geschlecht einer Person, sondern an die Geschlechtskombination einer Personenverbindung. Auf diese Ausführungen hat die schon erwähnte Kammerentscheidung des Zweiten Senats Bezug genommen und beim Lebenspartnern vorenthaltenen Familienzuschlag ebenfalls Art. 3 Abs. 3 GG für nicht einschlägig erachtet.

Art. 6 Abs. 1 GG stellt Ehe und Familie unter den Schutz der staatlichen Ordnung, nicht dagegen andere Lebensgemeinschaften. Nach ständiger Rechtsprechung des Bundesverfassungsgerichts ist Ehe die auf Dauer angelegte rechtliche Verbindung von Mann und Frau. Der Schutzauftrag umfasst die Pflicht, alles zu unterlassen, was die Ehe beeinträchtigt, und sie durch geeignete Maßnahmen zu fördern. Insofern ist dem Gesetzgeber nach der Rspr. des Bundesverfassungsgerichts nicht verwehrt, die Ehe gegenüber anderen Lebensformen zu begünstigen. Das Gericht hat aber in der Entscheidung zum Lebenspartnerschaftsgesetz erklärt, dass sich aus der Zulässigkeit einer Privilegierung der Ehe kein Gebot ergibt, andere Lebensformen gegenüber der Ehe zu benachteiligen. Das Ausmaß der Förderung der Ehe werde nicht verringert, wenn die Rechtsordnung andere Lebensformen anerkennt und ebenso fördert, die mit der Ehe nicht in Konkurrenz stehen.

Festhalten lässt sich zusammenfassend, dass nach bisheriger Rechtsprechung das Grundgesetz eine Differenzierung zwischen Hetero- und Homosexuellen nicht absolut untersagt, insbesondere wenn Grund der Differenzierung die Förderung der Ehe ist. Andererseits aber verstößt eine Gleichbehandlung von ihnen nicht gegen Art. 6 Abs. 1 GG. Bisher nicht entschieden ist, ob Transsexuelle vom Diskriminierungsverbot wegen des Geschlechts geschützt sind. Jedenfalls erfasst dieses Diskriminierungsverbot nicht Homosexuelle, denn sie werden nicht wegen ihres Geschlechts, sondern wegen ihrer sexuellen Orientierung diskriminiert.

IV. Supranationale Regelungen

Die Europäische Menschenrechtskonvention enthält keinen ausdrücklichen Schutz vor Diskriminierungen wegen der sexuellen Identität. Allerdings leitet der EGMR aus Art. 8 EMRK, der die Achtung des Privat- und Familienlebens fordert, ein Recht auf Achtung der sexuellen Selbstbestimmung her, das z.B. Beschränkungen bei der Wahl eines Partners verbietet. Auch die Transsexualität fällt nach der Rechtsprechung des Gerichts als Selbstbestimmung über den eigenen Körper in den Schutzbereich von Art. 8. Jedoch geht dieser Schutz von Homo- und Transsexuellen nach der bisherigen Rechtsprechung des Gerichtshofs nicht weiter als der, den Art. 2 Abs. 1 GG nach der Rechtsprechung des Bundesverfassungsgerichts bietet. Allerdings lässt der EGMR auf Grund von Art. 8 i.V.m. dem Diskriminierungsverbot in Art. 14 EMRK Differenzierungen aufgrund der sexuellen Orientierung oder geschlechtlichen Identität nur aus besonders schwerwiegenden und überzeugenden Gründen zu und hat dies im Laufe der Jahre immer strenger beurteilt.

Nachdem die Rahmenrichtlinie Beschäftigung und Beruf 2000/78/EG, die Diskriminierungen wegen der sexuellen Ausrichtung im Beschäftigungsbereich verbietet, mit dem AGG in deutsches Recht umgesetzt worden ist, gilt einfachrechtlich das darin enthaltene Diskriminierungsverbot wegen sexueller Identität. Auch hier ist weiterhin in Literatur und Rechtsprechung umstritten, ob dieses Verbot zur Folge hat, dass in den vom Gesetz erfassten Bereichen Partner einer eingetragenen Lebenspartnerschaft mit Ehepartnern gleichbehandelt werden müssen.

Die noch nicht in Kraft getretene Grundrechtecharta enthält in Art. 21 das Diskriminierungsverbot wegen der sexuellen Ausrichtung und wegen des Geschlechts, also nach der Rspr. des EuGH auch wegen der geschlechtlichen Identität. Dieses Verbot gilt nach Art. 51 für die Organe und Institutionen der Union und für die Mitgliedstaaten bei der Durchführung des Rechts der Union. Da der Union, sollte der Vertrag von Lissabon in Kraft treten, weitere Rechtsetzungskompetenzen zuerkannt werden, kann das Europarecht künftig auf immer mehr Feldern den deutschen Gesetzgeber auf die Wahrung eines absoluten Diskriminierungsverbots wegen der geschlechtlichen Identität und sexuellen Ausrichtung verpflichten.

Nicht unerwähnt bleiben sollten auch die Yogyakarta Principles, die die Staaten u.a. dazu auffordern, das Prinzip der Nichtdiskriminierung aufgrund der sexuellen Orientierung in ihre nationalen Verfassungen aufzunehmen, sofern sie noch nicht darin enthalten sind (Prinzip 2) und in ihrem Prinzip 24 ausdrücklich fordern, dass alle Ansprüche, die für verheiratete oder in eingetragener Lebenspartnerschaft lebende Partner unterschiedlichen Geschlechts gelten, in gleichem Maße auch für Partner gleichen Geschlechts zu gelten haben. Die Prinzipien wurden auf Veranlassung der Internationalen Juristenkommission und des International Service for Human Rights (ISHR) von namhaften Menschenrechtsexperten aus 25 Nationen erarbeitet und im November 2006 verabschiedet. Sie sind nicht rechtsverbindlich, beanspruchen aber, als Rechtsgrundsätze und Auslegungsprinzipien bei der Anwendung völkerrechtlich verbindlicher Menschenrechtskonventionen nicht nur politische, sondern auch rechtliche Relevanz zu besitzen.

V. Was bringt die Verankerung eines Diskriminierungsverbots wegen sexueller Identität in Art. 3 Abs. 3 GG?

Bei Verankerung eines Diskriminierungsverbotes wegen sexueller Identität in Art. 3 Abs. 3 GG könnten Ungleichbehandlungen von Homo- oder Transsexuellen gegenüber Heterosexuellen nicht mehr gerechtfertigt werden, wie dies beim allgemeinen Gleichheitsgrundsatz der Fall ist, auch wenn die Rechtsprechung des Bundesverfassungsgerichts der Ungleichbehandlung von Personengruppen wegen persönlicher Merkmale schon enge Grenzen setzt.

Dennoch wäre auch damit noch nicht völlig die Frage geklärt, ob der Eheschutz aus Art. 6 Abs. 1 GG es rechtfertigt, trotz des Diskriminierungsverbotes Lebenspartner und Ehepartner unterschiedlich zu behandeln. Denn es stehen sich hier zwei Grundrechtspositionen gegenüber, die jeweils Geltung beanspruchen. Dabei kann man die Auffassung vertreten, dass Art. 6 Abs. 1 GG nicht gebietet, Ehepartner anderen gegenüber zu bevorzugen. Insofern liefe es Art. 6 Abs. 1 GG nicht zuwider, wenn ein absolutes Diskriminierungsverbot in Art. 3 Abs. 3 GG die Gleichbehandlung von Lebenspartnern mit Ehepartnern forderte. Eine solche Argumentation entspräche den Yogyakarta Principles.

Darüber hinaus findet man die Argumentation, dass einem personalen Grundrechtsschutz mehr Gewicht zukommt als einer Institutsgarantie. Folgte man dem, dann könnte der Schutz der Ehe als Institut nicht dazu gereichen, das Diskriminierungsverbot zu relativieren. Gerade aber die Befürchtung, der Schutz der Ehe als Institut könnte bei Verankerung des Diskriminierungsverbotes wegen sexueller Identität in Mitleidenschaft geraten, ist wohl der Grund dafür, dass es noch massiven Widerstand gegen die Aufnahme eines solchen Diskriminierungsverbotes gibt. Denn man sieht infolgedessen nicht nur die Gefahr, dass die Ehe mit anderen Lebensgemeinschaften gleichgesetzt wird, sondern dass die Verankerung dieses Diskriminierungsverbotes auch zu der Frage führen könnte, ob es Homosexuellen weiter verboten werden darf, eine Ehe einzugehen. Nun kann man hier einwenden, dass Art. 6 Abs. 1 GG nicht selbst definiert, was eine Ehe ist, also im Wandel der Zeit auch so interpretiert werden könnte, dass auch gleichgeschlechtliche Paare die Ehe eingehen können. Und man könnte auf andere Länder verweisen, die die Ehe für homosexuelle Paare geöffnet haben. Allerdings gibt es in diesen Ländern keinen verfassungsrechtlich verbürgten Schutz der Ehe wie bei uns. Und jedenfalls ist man, als dieser Schutz ins Grundgesetz eingeführt wurde, davon ausgegangen, dass es sich dabei um eine rechtliche Verbindung von Frau und Mann handelt. So auch das Bundesverfassungsgericht in bisher ständiger Rechtsprechung Insofern halte ich es für sinnvoll, dass der Gesetzgeber den Weg gegangen ist, mit der Lebenspartnerschaft ein eigenes Institut für gleichgeschlechtliche Paare zu schaffen.

Um der Diskriminierung von Homo- und Transsexuellen ein Ende zu bereiten und darüber hinaus ein Signal zu setzen, das zur weiteren Sensibilisierung der Bevölkerung im Hinblick auf noch immer bestehende Diskriminierungen und Stigmatisierungen und zur Erhöhung der Akzeptanz der Betroffenen beitragen kann, plädiere ich mit Nachdruck für ein solches Diskriminierungsverbot, wie ich es schon als Mitglied der Gemeinsamen Verfassungskommission getan habe.

Doch gerade in Bezug auf die Ausstattung von Lebens- und Ehepartnern mit gleichen Rechten und Pflichten ist zu fragen, ob diese Gleichbehandlung in jeder Hinsicht Sinn macht. Es ist ja durchaus verständlich, dass von Seiten der Homosexuellen nach so langer Entbehrung vorenthaltener Rechte die Gleichheit und Gleichstellung reklamiert wird. Doch das Eherecht ist bei allem Entrümpeln gleichberechtigungswidriger Regeln großenteils immer noch zugeschnitten auf die Ernährer- und Hausfrau/Mutter-Ehe. Solange diese Form ehelichen Lebens noch in weiten Bevölkerungsteilen praktiziert wird, wird sich daran nur schrittweise etwas ändern. Die Diskussion um das neue Unterhaltsrecht zeigt, wie viele Frauen fürchten, dass sie nun bei Trennung und Scheidung als jahrelange Hausfrau und Mutter nicht mehr hinreichend abgesichert sind. Auch der Versorgungsausgleich liegt in der klassischen Rollenaufteilung begründet. Dasselbe gilt für die Witwenrenten. Hier gibt es von Frauenseite schon lange die Forderung, anstelle solch abgeleiteter Ansprüche

Frauen gesetzlich mehr zu unterstützen, eigene Rentenansprüche aufzubauen und diese für Kindererziehungszeiten in größerem Maße als bisher aufzustocken. Und schließlich befördert auch das Ehegattensplitting eine Rollenaufteilung in der Ehe, die zwar noch gelebt wird, aber nicht unbedingt Ausdruck der Frauenemanzipation ist, weshalb z.B. der Juristinnenbund die Abschaffung des Splittings fordert.

Eine Übernahme all dieser Regelungen in die Lebenspartnerschaft aus Gleichbehandlungsgründen konterkarierte nicht nur die Forderungen der Frauenbewegung, sondern könnte den status quo im Eherecht zementieren und schadete zudem der Gleichberechtigung der Lebenspartner. Es wäre ein bedauerlicher Rückschritt, wenn sich Lebenspartner aus Gleichheitsgründen in Rollen einrichteten, die eher dem Gestern angehören sollten, weil sie in Abhängigkeit bringen und einer gleichberechtigten Partnerschaft abträglich sind. Besser wäre da, auf solche Regelungen zu verzichten, die den Hausmann in der Lebenspartnerschaft zu schützen trachten, und stattdessen auf Emanzipation zugeschnittene Regeln zu schaffen. Damit könnte die Lebenspartnerschaft eine Vorreiterrolle für eine Lebensgemeinschaft einnehmen, in der Gleichberechtigung wirklich zu Hause ist.

Kinder in den Mittelpunkt – und ins Grundgesetz

Margarete Schuler-Harms

I. Das »Kind« in der deutschen Verfassungsentwicklung

Die Verfassungsentwicklung der vergangenen 60 Jahre hat vielfältige kindbezogene Gewährleistungen und Grundsätze hervorgebracht. Längst sind Minderjährige (»Kinder«)[1] als Träger von Grundrechten anerkannt.[2] Eine Ausnahme bilden das Grundrecht auf Ausübung des Rechts auf Kriegsdienstweigerung (Art. 12a GG) und das Wahlrecht aus Art. 38 Abs. 2 GG. Während ersteres schon begrifflich erst mit der an die Volljährigkeit gebundenen Wehrpflicht entsteht, beruht letzteres auf einer heute nicht mehr unumstrittenen Entscheidung des Verfassunggebers. Einige Landesverfassungen räumen bereits Jugendlichen ab 16 Jahren das Wahlrecht bei Kommunalwahlen ein.[3]

Als explizite Garantie enthalten die Landesverfassungen ein Recht Minderjähriger auf Bildung,[4] formuliert entweder als Recht auf Bildung bzw. Erziehung und Ausbildung[5] oder als Recht auf gleichberechtigten Zugang zu Bildungseinrichtungen.[6] Ungeachtet der konkreten Ausgestaltung besteht in allen Fällen ein Recht auf chancengleichen Zugang, der sich unter besonderen Umständen zum Anspruch auf Zugang zu einer konkreten Bildungseinrichtung verdichtet.[7] Ein entsprechendes Recht lässt sich aus auch aus Art. 3 Abs. 1 GG, ggf. verknüpft mit Art. 12 Abs. 1

1 Als „Kinder" bezeichnet das Recht die unter 18jährigen, vgl. nur § 7 KJHG.

2 Grundlegend z.B. Bodo Pieroth/Bernhard Schlink, Grundrechte. Staatsrecht II, 23. Aufl. 2007, Rn. 123 ff.; M. Roell, Die Geltung der Grundrechte für Minderjährige, 1984, S. 23 ff.; Ursula Fehnemann, Die Innehabung und Wahrnehmung von Grundrechten im Kindesalter, 1983.

3 Mecklenburg-Vorpommern, Niedersachsen, Nordrhein-Westfalen, Schleswig-Holstein und Sachsen-Anhalt.

4 Ausführlich Ralf Poscher/Johannes Rux/Thomas Langer, Das Recht auf Bildung, 2009, S. 106 ff.

5 Art. 11 VerfBW; Art. 20 Abs. 1 Satz 1 BerlVerf; Art. 29 Abs. 1 VerfBrandbg; Art. 8 VerfM-V; Art. 4 Abs. 1 VerfNds; Art. 8 Abs. 1 Satz 1 VerfNRW; Art. 29 SächsVerf; Art. 25 Abs. 1 Verf-LSA; Art. 20 ThürVerf.

6 Art. 128 Abs. 1 BayVerf; Art. 27 Abs. 1 BremVerf; Art. 59 Abs. 2 HessVerf; Art. 31 Satz 1 R-PfVerf; Art. 27 Abs. 6 VerfSaar; Art. 8 Abs. 2 Verf SH.

7 Poscher/Rux/Langer (Fn. 4), S. 91 ff.

GG, ableiten.[8] Ein absolutes »Recht auf Bildung« ist auch dem Grundgesetz grundsätzlich nicht zu entnehmen.[9]

Heute überwiegt die Auffassung, dass Minderjährige auch selbst zur Geltendmachung ihrer Grundrechte berechtigt sind. Das Bundesverfassungsgericht und ein großer Teil des Schrifttums[10] sprechen sich seit Langem für eine flexible Altersgrenze aus.[11] Viele bereichsspezifische Regeln gestalten diese Berechtigung einfachrechtlich aus oder geben jedenfalls Anhaltspunkte.[12] So ist für die Ausübung der Religionsfreiheit bedeutsam, dass Minderjährige nach Vollendung des zwölften Lebensjahres nicht gegen ihren Willen in einem anderen Bekenntnis als bisher erzogen werden können und mit dem 14. Geburtstag über ihre Religionszugehörigkeit eigenständig entscheiden dürfen.[13] Für die Konkretisierung des Sozialstaatsprinzips ist von Bedeutung, dass Jugendliche, die das 15. Lebensjahr vollendet haben, Anträge auf Sozialleistungen stellen und verfolgen sowie Sozialleistungen entgegen nehmen dürfen.[14] In Familiensachen sind Jugendliche ab 14 Jahren verfahrensfähig und damit in der Lage, in einem sie selbst betreffenden Verfahren ein ihnen nach bürgerlichem Recht zustehendes Recht geltend zu machen;[15] das unter 14-jährige Kind ist künftig durch ein Gericht persönlich anzuhören, wenn die Neigungen, Bindungen oder der Wille des Kindes für die Entscheidung von Bedeutung sind oder wenn eine persönliche Anhörung aus sonstigen Gründen angezeigt ist.[16] Auch das öffentliche Recht normiert die Handlungsfähigkeit Minderjähriger, etwa in Form der Verfahrensfähigkeit minderjähriger Ausländer und Asylbewerber[17] oder der Handlungsfähigkeit minderjähriger Schüler in schulrechtlichen Angelegenheiten.[18] Die Mündigkeit zur Berufsausübung und zur rechtsgeschäftlichen Verfügung über das Eigentum wiederum ist an die Regeln des BGB über die Geschäftsfähigkeit gebunden. Testierfähigkeit im Rahmen von Art. 14 GG ist ab 16 Jahren gegeben (§ 2229 BGB).

8 Poscher/Rux/Langer (Fn. 4), S. 88 ff.; Zurückhaltung bezüglich des Schutzbereichs aus Art. 12 Abs. 1 GG bei BVerfGE 58, 257 (272); BVerwGE 56, 155 (157 f.).

9 Nur vorübergehende Ableitung eines Rechts auf Bildung durch das BVerwG, vgl. BVerwGE 47, 201 (206) einer-, BVerwGE 56, 155 (158) andererseits.

10 Ablehnend z.B. Reinhold Zippelius/Thomas Würtenberger, Deutsches Staatsrecht, 32. Aufl. 2008, § 18 Rn. 69 m.w.N.; Uwe Volkmann, Staatsrecht II. Grundrechte, 2007, § 8 Rn. 4 f., für die Prozessfähigkeit.

11 Zum Streitstand Horst Dreier, in: ders. (Hrsg.), Grundgesetz Kommentar, Band I, 2. Aufl. 2004, Vorb. vor Art. 1 GG, Rn. 112 ff.; W. Roth, Die Grundrechte Minderjähriger im Spannungsfeld selbständiger Grundrechtsausübung, elterlichen Erziehungsrechts und staatlicher Grundrechtsbindung, 2003, S. 66 ff.

12 Ausführlicher Überblick bei Lore Maria Peschel-Gutzeit, FPR 2008, 471 ff.; ferner Hans Peter Moritz, ZBlJugR 2002, 405 ff.

13 Gesetz über die religiöse Kindererziehung vom 15.7.1921, RGBl. S. 939.

14 § 36 Abs. 1 SGB I.

15 Künftig § 9 Abs. 1 Nr. 3 des Gesetzes über das Verfahren in Familiensachen und in Angelegenheiten der freiwilligen Gerichtsbarkeit – FamFG – i.d.F. vom 17.12.2008, BGBl. I, 2586, mit Wirkung vom 1.9.2009.

16 § 159 Abs. 2 FamFG (Fn. 15). Dazu Norbert Heiter, FamRZ 2009, 85 ff.

17 § 80 AufenthG, § 12 AsylVG.

18 Z.B. Art. 56 i.V.m. Art. 86 ff. Bayerisches Erziehungs- und Unterrichtsgesetz.

Soweit sich dem einfachen Recht keine Altersgrenzen entnehmen lassen, wird auf die (generelle oder individuelle) Einsichtsfähigkeit abgestellt. Frühzeitig können Rechte wahrgenommen werden, die an die menschliche Existenz anknüpfen (Art. 1, Art. 2 Abs. 2 Sätze 1 und 2, Art. 104 GG). Für andere Grundrechte, etwa die Kommunikationsgrundrechte oder das Petitionsrecht,[19] bedarf es zur Wahrnehmung bestimmter, sich beim Kind erst entwickelnder intellektueller Fähigkeiten.[20]

Besondere Aufmerksamkeit hat in der Entwicklungsgeschichte des Grundgesetzes die Grundrechtsberechtigung Minderjähriger im Schulverhältnis erfahren. Die Verabschiedung des »besonderen Gewaltverhältnisses« verhalf den Grundrechten der Schüler zur unmittelbaren Geltung.[21] Dem Kind wurde ein Recht auf eine »möglichst ungehinderte Entfaltung seiner Persönlichkeit und damit seiner Anlagen und Befähigungen« zugesprochen,[22] das als Abwehrrecht gegen Ordnungsmaßnahmen in Stellung gebracht werden kann, auch wenn dieser Ordnungsrahmen andererseits im Rahmen der Schrankensetzung beachtlich bleibt.[23] Konkretisiert wurden auch die Kommunikationsfreiheiten und die Versammlungsfreiheit im öffentlich-rechtlichen Schulverhältnis. Schülerinnen und Schüler können sich auf die Meinungsfreiheit berufen. Für Schülerzeitungen, die von Schülern ohne Beteiligung der Schule erstellt werden, gelten der Schutz der Meinungs- und Pressefreiheit sowie das Zensurverbot im Rahmen der allgemeinen Schranken.[24] Eine Einschränkung der Versammlungsfreiheit ist zum Zwecke der Aufrechterhaltung der Funktionsfähigkeit der Bildungseinrichtung zwar zulässig, doch ist die Versammlungsfreiheit bei der Ermessensentscheidung über eine Befreiung vom Unterricht angemessen zu berücksichtigen.[25]

Im Bereich der Familie haben Bundesverfassungsgericht und Gesetzgebung die Zuordnung von Elternrecht und Kindesinteressen auf eine Weise aktualisiert, die in den Grundsätzen irreversibel sein dürfte. Das Kindeswohl als Bezugspunkt des Elternrechts wurde in einem kontinuierlichen Prozess um Kindesrechte angereichert, die ihre Grundlage im Recht des Kindes auf Entwicklung seiner Persönlichkeit und

19 So die heute überwiegende Meinung, vgl. nur OVG Berlin, DÖV 1976, 261; BVerwG, NJW 1976, 637; Hartmut Bauer, in: Dreier (Fn. 11), Art. 17 Rn. 20 m.w.N., unter Berufung auf Robert von Mohl, Staatsrecht, Völkerrecht und Politik, Band 1, 1860, S. 222 (230); Martin Pagenkopf, in: Michael Sachs (Hrsg.), GG Grundgesetz Kommentar, 5. Aufl. 2009, Art. 17 Rn. 7.

20 Vgl. Pieroth/Schlink (Fn. 2), Rn. 124; zum Aspekt der Einsichtsfähigkeit Dreier (Fn. 11), Rn. 113.

21 Rolf Gröschner, in: Dreier (Fn. 11), Art. 7 Rn. 63.

22 BVerfGE 45, 400 (417); 58, 257 (272); BVerwGE 47, 201 (206), Ableitung jeweils aus Art. 2 Abs. 1 GG.

23 Zum Verhältnis von Schülergrundrechten und staatlichen Ordnungsmaßnahmen Dieter Sterzel, KJ 1989, 307 ff.; Felix Hanschmann, NVwZ 2008, 1295 ff.

24 Grundlegend Hans D. Jarass, DÖV 1983, 609 (611 ff.); Wolfgang Hoffmann-Riem, in: AK-GG, 3. Aufl. 2001, Art. 5 I, II, Rn. 174; Christian Starck, in: v.Mangoldt/Klein/Starck, GG, Band I, 5. Aufl. 2005, Art. 5 Rn. 265 f.

25 Vgl. VG Hannover, NJW 1991, 1000 f.; VG Saarland v. 28.8.2000 – 1 K 257/98 – juris; Helmuth Schulze-Fielitz, in: Dreier (Fn. 11), Art. 8 Rn. 89 m.w.N.; Sterzel (Fn. 23), 307 (313 f.) m.w.N.

damit wiederum in der Verfassung finden. Zugleich stärken Gesetzgeber und Bundesverfassungsgericht auf dem Gebiet des Familienrechts den Aspekt der elterlichen Verantwortung, der nicht nur das Elternrecht, sondern auch die Pflicht zur Elternschaft, etwa zur Erziehung des Kindes und zum Umgang mit dem Kind, umfasst.

In fortgesetzter Rechtsprechung hat das Bundesverfassungsgericht Grundrechte des Kindes herausgearbeitet, die sein Aufwachsen, seine Pflege, Erziehung und Betreuung betreffen. Kern dieser Rechtsprechung bildet die Anerkennung des Kindes als einer Persönlichkeit mit eigener Würde und eigenen Rechten.[26] Mit der Verankerung des Kindeswohls (auch) in Art. 2 Abs. 1 GG wird dieser Status im Verhältnis zu den Eltern maßgeblich.[27] Das Persönlichkeitsrecht des Kindes umfasst materielle wie immaterielle Voraussetzungen seiner Persönlichkeitsentwicklung.[28] Zu den materiellen zählt z.B. die Begrenzung der finanziellen Verschuldung von minderjährigen Kindern durch die Eltern, zu den immateriellen Voraussetzungen einer personalen Identitätsbildung das Recht auf Kenntnis der eigenen Abstammung.[29] Die Persönlichkeitsentwicklung erfordert außerdem ein Recht auf Pflege und Erziehung, das nicht nur gegenüber dem Staat, sondern – so das Bundesverfassungsgericht in der aktuellen Entscheidung zum Umgangsrecht[30] – auch unmittelbar gegenüber den Eltern besteht. Das Gericht verankert dieses Grundrecht des Kindes unmittelbar in Art. 6 Abs. 2 Satz 1 GG und stellt es in engen Zusammenhang mit dem Persönlichkeitsrecht des Kindes aus Art. 2 Abs. 1 i.V.m. Art. 1 Abs. 1 GG. In dieser Verbindung sichert das Recht auf Pflege und Erziehung dem Kind den familiären Bezug, der für seine Persönlichkeitsentwicklung von besonderer Bedeutung ist.[31]

Die Entscheidung des Bundesverfassungsgerichts zum Umgangsrecht bildet den vorläufigen Schlusspunkt einer Rechtsentwicklung, die nahezu die gesamte Geltungsdauer des Grundgesetzes überspannt. Einen wichtigen Markstein bildete das Sorgerechtsgesetz von 1980.[32] Es löste das Prinzip der elterlichen Gewalt durch das der elterlichen Sorge ab, indem es die Selbstbestimmung der Kinder und Jugendlichen stärkte und die Bedeutung des Sorgerechts für die Verwirklichung des Kindeswohls hervorhob. In der zunächst heftig umkämpften[33] Norm des § 1626 BGB wurde den Eltern ein kooperativ-diskursiver Erziehungsstil aufgegeben, der die wachsende Fähigkeit und das wachsende Bedürfnis der Kinder zu selbständigem und verantwortungsbewusstem Handeln zu berücksichtigen hatte. Das Familienrecht

26 Vgl. BVerfGE 24, 119 (144); BVerfG, NJW 2008, 1287 (1288). Zu den historischen Entwicklungslinien Michael Coester, in: Kinder und Jugendliche im Sozialleistungssystem. Bundestagung des Deutschen Sozialrechtsverbandes e.V., Bd. 58, 2009, S. 7 (8 ff.).

27 BVerfGE 99, 145 (156).

28 Dreier (Fn. 11), Art. 2 I Rn. 77 m.w.N.

29 BVerfGE 79, 256 (268 f.); 90, 263 (270); 96, 56 (63).

30 BVerfG, NJW 2008, 1287 (1288).

31 BVerfG, NJW 2008, 1287 (1288 f.).

32 Gesetz zur Neuregelung des Rechts der elterlichen Sorge vom 18.7.1979, BGBl. I, 1061.

33 Kritisch z.B. Walter Schmitt Glaeser, Das elterliche Erziehungsrecht in staatlicher Reglementierung, 1980, insbes. S. 58 ff.; Fritz Ossenbühl, Das elterliche Erziehungsrecht, 1981, S. 80 ff.; Uwe Diederichsen, NJW 1980, 1 ff.

normierte nun die gegenseitige Rücksichtnahme- und Beistandspflicht von Eltern und Kindern und erklärte entwürdigende Erziehungsmaßnahmen für unzulässig. Der Aspekt der elterlichen Verantwortung wurde in der Reform des Kindschaftsrechts von 1998 weiter verstärkt.[34]

Der Gesetzgeber ist außerdem seinem besonderen Auftrag des Art. 6 Abs. 5 GG nachgekommen und hat unter fortlaufender Begleitung des Bundesverfassungsgerichts die geforderte rechtliche Gleichstellung von ehelichen und nichtehelichen Kindern nahezu vollständig verwirklicht.[35]

Nicht in vergleichbarer Weise waren die materiellen Lebensbedingungen von Kindern in diesen Jahren Gegenstand verfassungsrechtlichen Wandels. Art. 6 Abs. 4 GG unterstellt zwar die Mutter dem Schutz und der Fürsorge der staatlichen Gemeinschaft und schützt damit mittelbar und für eine begrenzte Lebenszeit auch das Kind. Außerdem zählt heute der Bedarf des Kindes an Betreuung und Erziehung zu seinen verfassungsrechtlich geschützten minimalen Existenzbedingungen.[36] Weitere spezifische Kinderrechte oder Schutz- und Förderpflichten wurden aber nicht formuliert. Auch das Sozialstaatsprinzip entfaltete insoweit keine Katalysatorwirkung für die Ausbildung teilhaberechtlicher Gewährleistungen. Dabei ist die Mangellage von Kindern unübersehbar. Auch heute sind die materiellen Lebensbedingungen von ehelichen und nichtehelichen Kindern noch keineswegs gleich,[37] werden die Regelsätze der Leistungen nach SGB II, vorsichtig gesagt, unsensibel bemessen[38] und besteht für einige Gruppen von Kindern erheblicher Integrations- und Bildungsbedarf.

II. Verfassungspolitische Forderungen und Vorschläge

Die skizzierte Verfassungsentwicklung kam weitgehend ohne Änderungen der Verfassungstexte aus. Erst seit einigen Jahren und in zeitlichem Bezug zur UN-Kinderrechtskonvention[39] richten sich die verfassungspolitischen Bemühungen darauf, explizite Kindesrechte in die Verfassungen aufzunehmen.

34 Vgl. Dieter Schwab/Thomas Wagenitz, Familienrechtliche Gesetze – Synoptische Textausgabe mit dem neuen Kindschaftsrecht und einer Einführung in die Reformgesetze, 1997, Einführung, S. 1 (8).

35 Differenzierungen verbleiben bei der elterlichen Sorge. Die Verfassungsmäßigkeit bejaht BVerfG, NJW 2003, 955.

36 BVerfGE 99, 216 (233 f.).

37 Zuletzt 3. Armuts- und Reichtumsbericht der Bundesregierung von Juli 2008, S. 87 ff., abrufbar unter: http://www.bmas.de/coremedia/generator/26742/property=pdf/dritter__armuts__und__reichtumsbericht.pdf.

38 BSG, Vorlagebeschluss an das BVerfG vom 27.1.2009 – B 14/11b AS 9/07 R –, zitiert nach juris.

39 Übereinkommen über die Rechte des Kindes vom 20.11.1989, in Deutschland am 5.4.1992 in Kraft getreten, BGBl. II, S. 990. Zu den Vorläuferregelungen Hans Zacher, in: Rainer Pitschas/Arndt Uhle (Hrsg.), Wege gelebter Verfassung in Recht und Politik – Festschrift für Rupert Scholz, 2007, S. 413 (427 f.).

Nach der Verabschiedung der Konvention im Jahre 1989 fanden unterschiedliche Kinderrechtsgarantien Eingang in die Landesverfassungen. Während die älteren Verfassungen vornehmlich Rechte der Kinder auf Entfaltung und Entwicklung, Schutz und Fürsorge formulieren, wird in neueren Gewährleistungen die Bedeutung des Kindes als »eigenständige Person« hervorgehoben.[40] Vor allem diese Verfassungen normieren Rechte auf Achtung der Würde, auf Entfaltung der Persönlichkeit, auf gewaltfreie Erziehung und auf Berücksichtigung der wachsenden Fähigkeit der Kinder zu eigenverantwortlichem und selbständigem Handeln.[41]

Die Forderungen nach einer Ausformulierung von Kindesrechten im Grundgesetz setzten mit den Beratungen zur Reform des Grundgesetzes von 1994 ein und halten bis heute an.[42]

In den Beratungen zur Verfassungsreform[43] forderte die SPD, die Grundrechtsfähigkeit von Kindern im Grundgesetz festzuschreiben und eine kooperative und gewaltfreie Erziehung durch die Eltern verfassungsrechtlich zu verankern. Zusätzlich sollte eine Staatszielbestimmung aufgenommen werden, die neben dem Verbot der Kinderarbeit auch die Sorgepflicht der staatlichen Gemeinschaft für kindgerechte Lebensverhältnisse formulierte. Die staatliche Gemeinschaft sollte darüber hinaus verpflichtet werden, gleiche Bedingungen für die leibliche und seelische Entwicklung der Kinder zu schaffen und Benachteiligungen aufgrund ihrer familiären, wirtschaftlichen oder sozialen Lage entgegenzuwirken.

Ein Vorschlag der PDS formulierte die Pflicht zum Schutz und zur Achtung anderer Lebensgemeinschaften als Ehe und Familie, sprach erziehenden und betreuenden Frauen und Männern Anspruch auf Schutz und Förderung sowie auf gesellschaftliche Rücksichtnahme zu und sah die Förderung der Vereinbarkeit von Beruf und Familie vor. In Übereinstimmung mit dem Entwurf der SPD wurde auch die Forderung eines kooperativen, gewaltfreien Erziehungsstils verankert. In einem späteren Vorschlag der PDS[44] finden »andere Lebensgemeinschaften« keine Erwähnung mehr. Stattdessen formuliert die Partei nun die Rechtsträgerschaft von Kindern und das Recht jedes Kindes auf Entwicklung und Entfaltung sowie weiterhin die Pflicht der staatlichen Gemeinschaft zum Schutz und zur Förderung der Rechte des Kindes und zur Sorge für kindgerechte Lebensbedingungen.

40 Art. 27 VerfBrandbg; Art. 14 VerfM-V; Art. 4a VerfNds, eingefügt durch Gesetz vom 18.6.2009, NdsGVBl. S. 276; Art. 6 VerfNRW, geändert durch Gesetz vom 29.1.2002, GB NRW S. 52 (»eigenständige Persönlichkeit«).

41 Außer den in Fn. 40 genannten Verfassungen z.B. Art. 24a VerfSaarl, eingefügt durch Gesetz vom 4.7.2007, ABl. S. 1798; Art. 11 Verf-LSA; Art. 19 ThürVerf.

42 Eine Übersicht über die nachfolgend aufgenommenen Vorschläge verdanke ich Marc Köster, Referent für Kinder-, Jugend- und Familienpolitik in der Bundestagsfraktion »Bündnis 90/Die Grünen«.

43 Ausführlich hierzu Matthias Herdegen, FamRZ 1993, 374. Vgl. auch Bericht der Gemeinsamen Verfassungskommission, BT-Drs. 12/6000 vom 5.11.1993, S. 59 f.

44 BT-Drs. 14/7818 vom 12.12.2001.

Auch die Jugendministerkonferenz[45] legte in den Verfassungsberatungen einen sich auf Art. 6 Abs. 2 beziehenden Ergänzungsvorschlag vor. Festgeschrieben werden sollte ein Recht des Kindes auf Entwicklung und Entfaltung sowie die Pflicht der staatlichen Gemeinschaft zum Schutz und zur Förderung der Rechte des Kindes und zur Sorge für kindgerechte Lebensbedingungen.

Keiner der Vorschläge fand Eingang ins Grundgesetz, und einige Jahre blieb es ruhig um die Kinderrechte. Im Jahr 2006 jedoch diskutierte die Kommission des Deutschen Bundestages zur Wahrnehmung der Belange der Kinder in einem Öffentlichen Expertengespräch erneut über die Aufnahme von Kinderrechten ins Grundgesetz.[46] Heute liegt hierfür eine Reihe neuer Vorschläge aus den Parteien und der Wissenschaft vor.[47] Einige der Vorschläge zielen auf eine Ergänzung oder Neufassung des Art. 6 Abs. 2 GG. Formuliert wird darin erstens das Recht eines Kindes auf Entwicklung und Entfaltung seiner Persönlichkeit, auf gewaltfreie Erziehung und den Schutz vor Gewalt, Vernachlässigung und Ausbeutung. Zweitens wird der Staat (und die Gesellschaft) zu Achtung, Schutz und Förderung der Rechte des Kindes und zur Sorge für kindgerechte Lebensbedingungen verpflichtet. Ein Vorschlag von Wiesner zielt auf eine ähnliche Formulierung, allerdings verortet in einem neuen Art. 2 Abs. 1a GG und ergänzt um die Formel, dass dem Kindeswohl bei allem staatlichen Handeln, das die Rechte und Interessen des Kindes berühre, Vorrang zukomme. Von diesen Vorschlägen weichen die Formulierungen bei Peschel-Gutzeit ab, die – sichtlich inspiriert durch die UN-Kinderrechtskonvention – das Recht der Kinder auf Bildung und auf freie Meinungsäußerung sowie auf regelmäßige Beziehungen und den direkten Kontakt mit den Eltern ergänzend aufnimmt.

Von anderer Seite wird seit längerem die Einführung eines Kinderwahlrechts von Geburt an gefordert, das für die Zeit mangelnder Einsichts- und Handlungsunfähigkeit des Kindes durch die Eltern wahrgenommen werden sollte.[48] Einen stärker

45 Vorschlag der Konferenz der Jugendministerinnen und Jugendminister, Jugendsenatorinnen und Jugendsenatoren vom 12.6.1992.

46 13. Sitzung der Kommission vom 20.11.2006, Protokoll Nr. 16/13, in Grundzügen referiert bei Gregor Kirchhof, ZRP 2007, 149 ff.

47 Partei Bündnis 90/Die Grünen mit Änderungsvorschlag zu Art. 6 Abs. 2 GG, in ähnlicher Form aufgenommen bei Renate Künast, FPR 2008, 478 (481); Bundesministerium der Justiz mit Formulierungsvorschlag zur Neufassung des Art. 6 Abs. 2 für die Kinderkommission des Deutschen Bundestages; Kirchhof (Fn. 46), 149 (153), mit Ergänzungsvorschlag Art. 6 Abs. 2; Reinhard Wiesner, ZKJ 2008, 225 ff., mit dem Vorschlag eines neuen Art. 2 Abs. 1a, zustimmend abgedruckt bei Kirsten Scheiwe, ZKJ 2009, 9 (13 f.); Peschel-Gutzeit, zitiert nach der Übersicht von Köster (Fn. 42).

48 Fraktionsübergreifender Antrag vom 11.11.2003, BT-Drs. 15/1544; fraktionsübergreifender Antrag vom 27.6.2008, BT-Drs. 16/9868; Löw, FuR 1993, 25 (27); Hans Hattenhauer, JZ 1996, 9 (13); Peschel-Gutzeit, NJW 1997, 2861 ff.; beachtliche Gegenargumente bei Ingo von Münch, NJW 1995, 3165 ff.; Rainer Wernsmann, Der Staat 44 (2005), 43 ff.; Andreas Glaser, Nachhaltige Entwicklung in Demokratie, 2006, S. 389 m.w.N.; differenzierend z.B. Franz Reimer, ZParl 2004, 322 ff.

emanzipatorischen Ansatz verfolgen Vorschläge zur Einführung eines Wahlrechts ab 16 Jahren.[49]

III. Gesellschaftliche und rechtliche Rahmenbedingungen

Die aktuelle Verfassungsrechtslage und die rechtspolitischen Forderungen sind Element und Ergebnis einer gewandelten staatlichen und gesellschaftlichen Haltung zu Familie und Kindern, für die mehrere Faktoren ursächlich sind.

Die Verfassungsentwicklung spiegelt die wachsende Erkenntnis, dass Kinder nicht kleine Erwachsene sind, sondern besondere Persönlichkeiten mit originären, nicht der Stellung und dem Leben Erwachsener vergleichbaren Bedürfnissen. Kinder benötigen eine spezifische Versorgung, Betreuung und Erziehung, sie verlangen nach Bildung und nach Räumen, in denen sie spielen, sich erproben und entfalten können. Zugleich festigte sich gerade in diesen 60 Jahren das Bewusstsein dafür, dass auch Kinder eigene schützenswerte Interessen haben, die als individuelle Rechte, auch Grundrechte, auszugestalten sind.

Auch die Lebensbedingungen von Kindern haben sich entscheidend verändert.[50] Kinder wachsen seltener mit mehreren Geschwistern auf. Öffentlicher Raum für Spiel und Entfaltung steht kaum mehr zur Verfügung. Auch die Familienverhältnisse haben sich gewandelt. Zwar lebt noch immer die überwiegende Zahl der Kinder mit beiden leiblichen Eltern zusammen. Immer mehr Kinder aber leben in »Patchwork-Familien« mit teils stabilen, teils wechselnden familiären Beziehungen. Einige dieser Beziehungen, vor allem diejenigen zwischen nicht zusammen lebenden Eltern und Kindern sowie zwischen Großeltern und Enkeln ergeben sich nicht mehr spontan, sondern bedürfen der Organisation, auch mit Hilfe des Familienrechts. Zugleich tritt in solchen wechselhaften Familienstrukturen das einzelne Familienmitglied als Person mit eigenen Rechten und Pflichten deutlicher hervor. In diesen Strukturen bildet gerade das Kind eine stabile Größe. Es rückt – zumindest rechtlich[51] – in den »Mittelpunkt«.

Schließlich ist auch das Interesse der Gesellschaft und des Staates an den Kindern im Wandel begriffen. Kinder können nicht mehr für selbstverständlich genommen werden, sondern sind zu einem kostbaren Gut geworden. Staat und Gesellschaft öffnen sich heute vorsichtig der unter dem Grundgesetz lange tabuisierten Bevölkerungspolitik und entdecken die Nachwuchssicherung als politische Aufgabe.[52] Das

49 Vgl. die Anträge der Grünen-Bundestagsfraktion zur Änderung des Art. 38 GG sowie des Bundes- und Europawahlgesetzes vom 18.3.2009, BT-Drs. 16/12344 und 16/12345; Künast (Fn. 47), 478 (480).

50 Ausführlich z.B. Franz-Xaver Kaufmann, Zukunft der Familie im vereinten Deutschland, 1995, S. 82 ff.

51 Insbesondere durch die Reform des Kindschaftsrechts von 1998.

52 Bewertungen aus verfassungsrechtlicher Sicht bei Winfried Kluth und Susanne Baer, Demografischer Wandel und Generationengerechtigkeit, VVDStRL 68 (2009), 246 ff. (290 ff.);

Gemeinwesen sieht sich gehalten, »strukturelle Rücksichtslosigkeiten« abzubauen und aktiv Sorge für die Lebensbedingungen von Familien und Kindern zu tragen. Kinder rücken damit auch in den Mittelpunkt des kollektiven Interesses, wobei Kinder, Familien und natürliche Lebensgrundlagen des Gemeinwesens oftmals als unscharfe, synonym verwendete Begriffe eine staatliche Aufgabe der Nachwuchssicherung kennzeichnen. Die Nachwuchssicherungsaufgabe wiederum spiegelt sich in der Konzentration der Politik auf das Kind als Träger der nachfolgenden Generation. In der Tradition einer freiheitlichen Verfassung fordert diese Politik aber zugleich die Entwicklung des Kindes zu einer eigenverantwortlichen Persönlichkeit innerhalb der sozialen Gemeinschaft.[53]

Verstärkend wirken die internationalen Vereinbarungen über Kinderrechte. Vor allem die UN-Kinderrechtskonvention von 1989[54] und die darin enthaltene Verpflichtung, »alle geeigneten Gesetzgebungs-, Verwaltungs- und sonstigen Maßnahmen zur Verwirklichung der in diesem Übereinkommen anerkannten Rechte zu treffen«, hat der Diskussion um die Aufnahme von Kinderrechten ins Grundgesetz Schwung verliehen. Nichtregierungsorganisationen mahnen eine entsprechende »Umsetzung« der Konvention an.[55] Freilich wird dabei die Bedeutung der Konvention für die deutsche Rechts- und Verfassungsentwicklung zumeist überschätzt. Die irrige Auffassung, Kinder würden im Grundgesetz nicht als Rechtssubjekte behandelt, beruht auf der verkürzenden Lektüre des Verfassungstextes und verkennt insbesondere die Bedeutung des einfachen Rechts und der Verfassungsinterpretation für dessen Konkretisierung.[56] Sie übersieht außerdem, dass die Konvention selbst als einfaches Bundesrecht zur Ausgestaltung und Konkretisierung der Kindergrundrechte beitragen kann. Auch bei einer expliziten Ausformulierung von Kinderrechten im Grundgesetz würde deshalb die Konvention kaum größere Impulswirkung entfalten können.[57]

IV. Rahmensetzungen und Impulse der supra- und internationalen Verfassungsentwicklung

Für eine Einschätzung, ob Kinder dennoch eine stärkere Berücksichtigung im Grundgesetz finden könnten oder gar sollten, ist auch die internationale Rechtslage maßgebend. Das Grundgesetz ist längst in ein Geflecht von europäischen Verfas-

Schuler-Harms, DVBl. 2008, 1090 ff.; vgl. auch Zacher, in: Stephan Lorenz (Hrsg.), Festschrift für Andreas Heldrich, 2005, S. 1211 ff.

53 BVerfG, NJW 2008, 1287 (1288) unter Bezug auf das »Menschenbild des Grundgesetzes«. Ähnlich bereits BVerfGE 24, 119 (144).

54 S.o. Fn. 39.

55 Z.B. »Kinderrechte ins Grundgesetz«, Hintergrundpapier des »Aktionsbündnis Kinderrechte«, Deutsches Kinderhilfswerk, Deutscher Kinderschutzbund, UNICEF, abrufbar unter: http://www.kinderrechte-ins-grundgesetz.de/fileadmin/kinderrechte/grundsatzpapier.pdf.

56 Plastisch im oben (Fn. 55) zitierten Text, S. 2.

57 Diese Funktion der Konvention betont auch Scheiwe (Fn. 47), 9 (12).

sungen und Verträgen eingebunden, deren Staaten zumeist ebenfalls die UN-Kinderrechtskonvention ratifiziert haben. Von den ausländischen Verfassungen kann eine Impulswirkung, von den Garantien innerhalb der Europäischen Union gar eine rahmensetzende Kraft ausgehen.[58]

Der noch nicht in Kraft gesetzte, aber gleichwohl impulsgebende Art. 24 der Europäischen Grundrechtecharta (GRC) stellt das Kind in den Mittelpunkt. Auch diese Gewährleistung stützt sich auf die UN-Kinderrechtskonvention.[59] Sie regelt in Abs. 1 einen Anspruch der Kinder auf den Schutz und die Fürsorge, die für ihr Wohlergehen notwendig sind, und formuliert damit ein soziales Recht.[60] Mit der Betonung der Meinungsäußerungsfreiheit und der Formulierung, dass die Meinung des Kindes in eigenen Angelegenheiten Berücksichtigung findet, wird betont, dass Kinder eigenständige Personen sind.[61] Nach Abs. 2 soll bei allen Kinder betreffenden Maßnahmen öffentlicher oder privater Einrichtungen das Wohl des Kindes eine vorrangige Erwägung sein. Abs. 3 normiert den Anspruch des Kindes auf regelmäßige persönliche Beziehungen und direkte Kontakte zu beiden Elternteilen, es sei denn, dies stünde seinem Wohl entgegen.

In den mitgliedstaatlichen Verfassungen formulieren z.B. Frankreich,[62] Griechenland, Portugal, Spanien und Slowenien Gewährleistungen, die dem Art. 24 Abs. 1 GRC ähnlich sind. Viele der mitgliedstaatlichen Verfassungen normieren wie das deutsche Grundgesetz die staatliche Fürsorge für das Kind als Schranke des Elternrechts. Viele regeln die Gleichheit von ehelichen und nichtehelichen Kindern,[63] einige das Recht der Kinder auf Bildung und Erziehung oder auf Schutz durch die Gemeinschaft.[64] Häufig wird auch ein Verbot der Kinderarbeit aufgenommen. Belgien sichert jedem Kind ein Recht auf Achtung vor seiner moralischen, körperlichen, geistigen und sexuellen Unversehrtheit (Art. 22), Slowenien besonderen Schutz vor wirtschaftlicher, sozialer, körperlicher, geistiger und sonstiger Ausbeutung und vor Missbrauch (Art. 56 Abs. 2). Die spanische Verfassung nimmt internationale Abkommen in Bezug und inkorporiert damit die komplette UN-Kinderrechtskonvention.

Partizipationsrechte finden sich in unterschiedlicher Form. Finnland etwa normiert, dass Kinder gleichberechtigt als Individuen zu behandeln sind und auf die sie

58 Die Bedeutung des rechts- und sozialwissenschaftlichen Vergleichs für die Umsetzung der Konvention betont Zacher (Fn. 39), S. 413 (439).

59 Erläuterungen zur Charta, ABl. 2007C 303 /17, 25.

60 Der Grundrechtscharakter ist streitig; wie hier z.B. Friso Ross, in: Jürgen Schwarze (Hrsg.), EU-Kommentar, 2. Aufl. 2009, Art. 24 GRC Rn. 3; Thorsten Kingreen, in: Christian Callies/Matthias Ruffert (Hrsg.), EUV/EGV, 3. Aufl. 2007, Art. 24 GRC Rn. 3; a.A. z.B. Jarass, EU-Grundrechte, 2005, § 27 Rn. 3, 7.

61 Ross (Fn. 60), Art. 24 GRC Rn. 6 f. m.w.N.

62 Ausführlich z.B. Margarete Schuler-Harms, in: dies./Scheiwe, Aktuelle Rechtsfragen der Familienpolitik aus vergleichender Sicht, 2008, S. 21 ff. (31 f.).

63 Z.B. Art. 47 Abs. 3 der Verfassung Bulgariens, Art. 30 Abs. 3 der Verfassung Italiens, Art. 44 Abs. 3 der Verfassung Rumäniens.

64 Art. 14, 53 Abs. 1 und 2 der Verfassung Bulgariens; § 76 der Verfassung Dänemarks (Recht auf Unterricht); § 19 Abs. 3 der Verfassung Finnlands.

betreffenden Angelegenheiten entsprechend ihrer Entwicklung einwirken dürfen (§ 6 Abs. 3). In Polen sind staatliche Organe verpflichtet, bei der Feststellung von Kinderrechten die Meinung des Kindes anzuhören und diese möglichst zu berücksichtigen (Art. 72 Abs. 3). In Slowenien genießen Kinder von Verfassungs wegen Menschenrechte und Grundfreiheiten entsprechend ihrem Alter und ihrer Reife (Art. 56 Abs. 1). Portugal regelt u.a. die staatliche Pflicht, Jugendorganisationen auf ihrem Weg zur Verwirklichung kultureller Ziele sowie jede Form des internationalen Jugendaustausches zu fördern und zu unterstützen (Art. 70), und Polen die staatliche Pflicht, die Entwicklung der sportlichen Betätigung insbesondere von Kindern und Jugendlichen zu unterstützen (Art. 68 Abs. 5).

Auch verfahrensrechtliche Sicherungen und demokratische Rechte sind vereinzelt in die Verfassungen aufgenommen worden. Besonders weit gehen Polen mit der Einrichtung eines Beauftragten für die Rechte des Kindes (Art. 72 Abs. 4) und Österreich mit der Einführung des Wahlrechts ab 16 für die Wahlen zum Nationalrat und zum Europäischen Parlament.[65]

Dieser keineswegs vollständige Überblick über die mitgliedstaatlichen Verfassungen der EU zeigt das Bemühen aller Staaten um den Schutz des Kindes, seiner Bedürfnisse, Rechte und Ansprüche. Zugleich entsteht aber auch ein Bild bunter Vielfalt und höchst unterschiedlicher Prioritäten sowie unterschiedlicher Akzentuierungen von Freiheitsrechten, sozialen Rechten, Verfahrensgarantien und Staatszielbestimmungen. Auch Art. 24 GRC mit seinen unterschiedlichen Schutzfunktionen und Gewährleistungen »schillert«.[66]

V. Kinder ins Grundgesetz?

Für das deutsche Grundgesetz lässt sich hieraus zweierlei ableiten: Erstens würde sich die Aufnahme von Kinderrechten in die bunte Verfassungslandschaft Europas ohne Weiteres einfügen. Zweitens aber gibt es keine europäische Verfassungstradition und keinen »Mainstream«, an den sich anknüpfen ließe. Auch die UN-Kinderrechtskonvention hat keinen gemeinsamen verfassungsrechtlichen Standard der Kinderrechte erzeugt. In der Frage einer Aufnahme von Kinderrechten ins Grundgesetz ist der deutsche Verfassunggeber also frei.

Auch das Grundgesetz selbst ist für eine solche Aufnahme offen. Sein Text ist zwar gerade im Grundrechtsteil knapp und unter Verzicht auf Programmatik, Zielbeschreibungen und soziale Grundrechte formuliert. Andererseits wurden in jüngerer Zeit bereits neue Staatszielbestimmungen eingefügt und damit neue Programmatiken geschaffen. Das Grundgesetz fordert heute den Schutz der natürlichen Lebens-

65 Art. 26/1 Bundesverfassungsgesetz (Nationalrat); Bundesgesetz über die Wahl der Mitglieder des Europäischen Parlaments (Europawahlordnung) vom 15.3.2009, BGBl. Nr. 117/1996.

66 Christoph Grabenwarter, DVBl. 2001, 1 (6); Sven Hölscheidt, in: Jürgen Meyer (Hrsg.), Kommentar zur Charta der Grundrechte der Europäischen Union, 2. Aufl. 2006, Art. 24 Rn. 15.

grundlagen und der Tiere (Art. 20a), es fordert die Herstellung der tatsächlichen Bedingungen für die Gleichberechtigung von Männern und Frauen und die Bevorzugung Behinderter (Art. 3 Abs. 2 Satz 2, Abs. 3 Satz 2). Und schon immer fordert das Grundgesetz in Art. 6 Abs. 1 GG den Schutz der Familie, der ihre Förderung umfasst.

Im Bereich der politischen Teilhabe wäre eine Herabsetzung des Wahlalters auf 16 Jahre möglich, die die politische Grundrechtsträgerschaft Jugendlicher um das Wahlrecht ergänzte. Ein Wahlrecht ab Geburt, verbunden mit einem »Vertretungs«-Recht der Eltern, ist hingegen abzulehnen. Letzteres begründete kein eigenes Wahlrecht der Kinder, sondern ein verfassungsrechtlich problematisches »Familienwahlrecht« von eher zweifelhaftem politischem Nutzen für die Herstellung von Generationengerechtigkeit.[67]

Weiterhin die volle Aufmerksamkeit von Rechtswissenschaft und Rechtspolitik erfordert die Zuordnung von Kindeswohl und Grundrechten im Eltern-Kind-Verhältnis. Das Bundesverfassungsgericht entfaltet in seiner Entscheidung zum Umgangsrecht eine Art negatives Elternrecht als Teil des Persönlichkeitsrechts aus Art. 2 Abs. 1 i.V.m. Art. 1 Abs. 1 GG, das Eltern von der Pflicht zum Umgang mit dem Kind entbindet, wenn dieser nicht dem Wohl des Kindes dient. Eine Gefährdung intakter Eltern-Kind-Beziehungen und eine Desintegration der Familie durch diese »Verrechtlichung« sind nach bisheriger Erfahrung wohl nicht zu befürchten.[68] Nachweislich werden individuelle Rechtspositionen, die ja durch das einfache Recht begründet werden, im Rahmen einer funktionierenden ehelichen oder familiären Beziehung nur selten aktiviert.[69] Darüber hinaus aber besteht erheblicher Klärungs- und Systematisierungsbedarf.

Klärungsbedürftig bleibt das Verhältnis von Kindeswohl und Kindesrechten. Das Bundesverfassungsgericht stellt das Umgangsrecht des Kindes unter den Vorbehalt des Kindeswohls und errichtet damit eine objektive Schranke, deren Tragweite auszuloten bleibt.[70] Auch ist zu bedenken, dass im Spannungsverhältnis von Autonomie und Abhängigkeit die subjektive Rechtsstellung dem Kind gerade in der Beziehung zu den Eltern auch zur Belastung und Überforderung werden kann.[71] Und schließlich darf nicht übersehen werden, dass das »Recht auf Pflege und Erziehung« für die gewandelten Strukturen und Beziehungen der Familie erst noch entfaltet und mit

67 Zum Streitstand siehe oben Fn. 48. Ablehnend auch Künast (Fn. 47), 478 (480).

68 So aber z.B. Coester (Fn. 26), S. 7 (19 f.) m.w.N.

69 Jutta Limbach, in: Rosemarie Nave-Herz/Manfred Markefka (Hrsg.), Handbuch der Familienforschung, Band 1: Familienforschung, 1989, S. 225 f. Vgl. auch den Hinweis in BVerfGE 10, 59 (82), dass in fünf Jahren praktischer Verwirklichung der Gleichberechtigung von Eltern die Vormundschaftsgerichte nur vereinzelt von nicht getrennt lebenden Eltern angerufen worden seien. Auch der Taschengeldanspruch unter Eheleuten wird in intakten Ehen regelmäßig nicht vom berechtigten Ehepartner, sondern von dessen Gläubiger durchgesetzt, vgl. Tobias Haumer, FamRZ 1996, 193. Das Spezifische des Eltern-Kind-Verhältnisses thematisiert auch Christine Hohmann-Dennhardt, FPR 2008, 476 ff.

70 Erste Überlegungen bei Peschel-Gutzeit, NJW 2008, 1922 (1925); Coester (Fn. 26), S. 7 (18 f.).

71 Scheiwe (Fn. 47), 9 (13).

Leben gefüllt werden muss. Ein wichtiges Desiderat ist in diesem Zusammenhang die Klärung des Verhältnisses von biologischen und sozialen Eltern-Kind-Beziehungen,[72] die primär dem ausgestaltenden Gesetzgeber obliegt.

Klärungsbedürftig bleibt auch das Verhältnis von Elternrecht und staatlicher Interventionsmacht. Die Akzentuierung der Kindesrechte trägt im Verhältnis von Eltern und Kind nicht allein emanzipatorische Züge, sondern aktualisiert auch rechtspolitische Forderungen nach einer Stärkung der staatlichen Gewährleistungsverantwortung für Erziehung und Bildung der Kinder.[73] Für eine gesteigerte staatliche Verantwortung gibt es gute familien-, integrations- und sozialpolitische Gründe. Doch bedarf sie des sorgfältigen Ausgleichs mit der weiterhin primären elterlichen Verantwortung für Pflege und Erziehung der Kinder; denn auch in der neuen Architektur der Umgangsrechts-Entscheidung entscheiden die Eltern »frei von staatlichem Einfluss nach eigenen Vorstellungen darüber ..., wie sie ihrer Elternverantwortung gerecht werden wollen«.[74] Die Verschiebung der Gewichte erfordert neue verfassungs- und einfachrechtliche Justierungen, zu denen die Ausformulierung eines Rechts auf Pflege und Erziehung nur wenig beitragen könnte.

Eine Impulswirkung wäre dagegen prima facie von einer Staatszielbestimmung zu erwarten, die die Verantwortung von Staat und Gesellschaft für das Kind und für kindgerechte Lebensbedingungen begründete. Familienpolitik wird zwischen Finanz- und Sozialpolitik unzureichend koordiniert. Überdies ist sie in wenig sachgerechter Weise auf Bund, Länder und Gemeinden verteilt. Eine Verpflichtung von Staat und Gesellschaft auf das Kindeswohl könnte hier harmonisierend und koordinierend wirken und strukturelle Rücksichtslosigkeiten beseitigen helfen – sofern alle Zeichen günstig stehen.

Eine entsprechende Staatszielbestimmung könnte insbesondere stärkere Legitimationswirkung für die Herstellung kindgerechter Lebensbedingungen entfalten als das insoweit blass gebliebene Familienfördergebot aus Art. 6 Abs. 1 GG. Mit ihr ließe sich auch auf materielle Gefährdungslagen reagieren. Ein Fremdkörper wäre sie im Grundgesetz nicht, wurde doch mit dem Anspruch der Mutter auf Schutz und Fürsorge in Art. 6 Abs. 4 sogar ein soziales Grundrecht formuliert. Zugleich könnte eine Staatszielbestimmung die in den Gewährleistungen des Art. 6 GG angelegte Ausrichtung der Verfassung auf die Zukunft weiter stärken und befestigen.

Positive Wirkungen könnte auch ein Recht aller Kinder auf chancengleiche Lebensbedingungen entfalten, das in Art. 6 Abs. 5 GG seinen Platz finden könnte. Die nicht mehr zeitgemäße Differenzierung von ehelichen und nichtehelichen Kindern ist verzichtbar geworden. Nach wie vor unterscheiden sich zwar die Lebensbedin-

72 Coester (Fn. 26), S. 7 (19).

73 Vgl. auch Coester (Fn. 26), S. 7 (21 ff.).

74 BVerfG, NJW 2008, 1287 (1288). Vgl. auch Hohmann-Dennhardt (Fn. 69), 476: »Wo es um enge, zwischenmenschliche Beziehungen geht, hat sich das Recht so weit wie möglich herauszuhalten«.

gungen dieser Kinder.[75] Doch lassen sich diese Unterschiede im Rahmen einer einkommensorientierten Steuer- und Sozialpolitik angemessen bearbeiten.

VI. Zusammenfassung

Die deutschen Verfassungen tragen bereits in ihren bestehenden Fassungen ausreichende Sorge für die Kinder. Insbesondere das Grundgesetz sichert politische Kommunikationsgrundrechte und persönliche Integrität und gewährleistet die Personalität des Kindes insbesondere gegenüber Schule und Eltern. Das Eltern-Kind-Verhältnis befindet sich dagegen an einem prekären Punkt der Verfassungsentwicklung, den es durch behutsame und verantwortliche Gesetzgebung und Rechtsprechung zu überwinden gilt. Gewisse Defizite bestehen im Bereich der sozialen Gewährleistungen, die jedoch weniger in der grundrechtlichen Stellung des Kindes und der Familie und stärker in der Organisation der Familien- und Kinderpolitik begründet liegen.

Der Aufnahme von Kinderrechten in die Verfassung steht andererseits nichts im Wege. Nicht allein symbolischen Charakter trügen insbesondere ein Wahlrecht für Jugendliche und soziale Gewährleistungen in Form von Staatszielbestimmungen. Das Grundgesetz würde mit solchen Garantien zugleich ein wenig stärker auf die Zukunft hin ausgerichtet.

75 Siehe oben Fn. 37.

Gleichheit in der neuen Vielfalt: Neuer Streit um Gleichberechtigung

Ute Sacksofsky

Über viele Jahre war die Bekämpfung der Benachteiligung von Frauen das Thema, an dem die Antidiskriminierungsdiskussion in Deutschland maßgeblich anknüpfte. Während in den USA die Bekämpfung der Rassendiskriminierung sowohl zeitlich als auch inhaltlich im Vordergrund stand,[1] war in Deutschland die Benachteiligung von Frauen paradigmatisch für die Entwicklung des Antidiskriminierungsrechts. Schon bei der Schaffung des Grundgesetzes in den Jahren 1948/1949 stritt der Parlamentarische Rat intensiv um die Gleichberechtigung von Frauen und Männern,[2] und der Umgang mit Geschlechtsdiskriminierung prägte in Deutschland die Debatten bis in die neunziger Jahre des 20. Jahrhunderts hinein. Heute hat sich dies sowohl rechtlich als auch politisch verändert. Zwei Veränderungsmomente sind besonders wichtig. Zum einen sind – insbesondere angestoßen durch die europäische Rechtsentwicklung – eine Vielzahl weiterer Merkmale in den Blick des Antidiskriminierungsrechts genommen worden;[3] dazu gehören vor allem ethnische Herkunft, sexuelle Identität und Alter. Ihren Niederschlag findet dies nicht nur in Art. 13 EG-Vertrag, sondern auch in den seit 2000 erlassenen Antidiskriminierungsrichtlinien.[4] Zum zweiten hat die neuere feministische Diskussion gezeigt, dass ein binäres Verständnis von Geschlecht zu kurz greift. Geschlecht erschöpft sich nicht in einer Welt von Frauen, die Männer und Männern, die Frauen begehren. Ein Teil der neuen Vielfalt ist geschlechtliche Vielfalt.

Welche Folgen haben diese Veränderungen aus der Perspektive der Gleichberechtigung von Frauen? Der folgende Text wird auf sechs Fragen eingehen:

- Was nützen besondere Gleichstellungsvorschriften in der Verfassung? Die Beantwortung dieser Frage bietet auch Gelegenheit zu einem Rückblick auf die letzten 60 Jahre.

1 Ausführlich dazu: Ute Sacksofsky, Das Grundrecht auf Gleichberechtigung, 2. Aufl. 1996, S. 207 ff.; Ian Haney Lopèz, Race, Law and Society, 2006; Derrick A. Bell, Race, Racism and American Law, 2008.

2 Für eine genaue Beschreibung der Entstehungsgeschichte des Art. 3 Abs. 2 GG: Ute Sacksofsky (Fn. 1), S. 323-332.

3 Gabriele Britz, Diskriminierungsschutz und Privatautonomie, VVdStRL 2005, 355; Dagmar Schiek, From European Union non-discrimination law toward multidimensional equality law for Europe, in: dies./Victoria Chege, European Union Non-Discrimination Law, 2009, 3; Sybille Raasch, Vom Verbot der Geschlechtsdiskriminierung zum Schutz von Diversity, KJ 2004, 394.

4 Richtlinien 2000/43 EG; 2000/78 EG; 2002/73 EG; 2004/113 EG; 2006/54 EG.

- Welche Bedeutung hat die Verfassungsreform von 1994, die einen Verfassungsauftrag zur Herstellung tatsächlicher Gleichberechtigung aufnahm?
- Ist die Gleichberechtigungsgarantie symmetrisch, schützt sie also Männer wie Frauen? Sollten Antidiskriminierungsvorschriften geschlechtsneutral formuliert werden?
- Brauchen wir ein eigenes Diskriminierungsverbot wegen sexueller Identität in der Verfassung?
- Ist es überhaupt noch adäquat, heute von »Frauen« als einheitlicher Kategorie zu sprechen? Ignoriert dies nicht Differenzen zwischen Frauen?
- Wie verhält sich die Gleichberechtigung von Frauen zu Diskriminierungsverboten wegen anderer Merkmale, insbesondere der ethnischen Herkunft oder der Religion? Kommt es zu Spannungen, und wie sind diese zu lösen?

I. Zum Nutzen von Gleichstellungsvorschriften

Was nützen besondere Gleichstellungsvorschriften in der Verfassung? Mit anderen Worten: Lohnt es sich überhaupt, sich um Gleichberechtigung in der Verfassung Gedanken zu machen, gar darum zu kämpfen? Die deutsche – zweite – Frauenbewegung der siebziger Jahre war von großer Skepsis gegenüber Staat und Recht generell geprägt.[5] Recht erschien als typisch patriarchale, konservative Institution, die unter dem Deckmantel scheinbarer Objektivität männliche Interessen rücksichtslos durchsetzte. Auch das Verfassungsgericht hat sich hier in mancher Hinsicht nicht sehr rühmlich hervorgetan: Ich erinnere etwa an die Abtreibungsentscheidungen.[6] Doch dies ist nur die eine Seite. Recht ist immer ambivalent.[7] Es kann auch emanzipativ wirken, einer gesellschaftlich mit wenig Macht ausgestatteten Person oder Gruppe Rechte verleihen. Auch diese Seite ist in der verfassungsgerichtlichen Rechtsprechung zu den Geschlechterverhältnissen sichtbar geworden. Werfen wir einen kurzen Blick zurück auf die letzten 60 Jahre Gleichberechtigungsrechtsprechung.[8]

In den ersten vierzig Jahren – bis 1992 – verstand das Bundesverfassungsgericht den Gleichberechtigungssatz als Differenzierungsverbot: Danach verbietet der

5 Ausführlich zu diesem Verhältnis und seiner Entwicklung Birgit Sauer, Die Asche des Souveräns, 2000, S. 117 ff.

6 BVerfGE 39, 1; 88, 203. Ablehnende, kritische Anmerkungen vgl. insbesondere: Dagmar Oberlies, Die Neuregelung des Schwangerschaftsabbruchrechts, Streit 1992, 38; dies., § 218: Die Frau als Grundrechtssubjekt, Streit 1992, 60; dies., Paragraph 218 – ein persönlicher Abgesang, Streit 1993, 83; Monika Frommel, § 218 – Straflos, aber rechtswidrig – zielorientiert, aber ergebnisoffen – Paradoxien der Übergangsregelungen des Bundesverfassungsgerichts, KJ 1993, 324; Anna Hochreuter, Gebärzwang und tote Frau als Brüterin – patriarchale Ethik?, KJ 1994, 67.

7 Ute Sacksofsky, Die blinde Justitia: Gender in der Rechtswissenschaft, in: Hadumod Bußmann/Renate Hof, Genus, Stuttgart 2005, S. 402 (437 f.); Sarah Elsuni, Geschlechtsbezogene Gewalt und Menschenrechte, 2009 i.E., Kap. 1.3.3.

8 Ausführlich analysiert bei: Sacksofsky (Fn. 1) S. 23-99 und 386-391.

Gleichberechtigungssatz »grundsätzlich und ein für alle Mal die Differenzierung nach dem Geschlecht«.[9] Freilich hat das Gericht das grundsätzliche Verbot der Anknüpfung an das Merkmal Geschlecht seit der ersten Entscheidung 1953 begrenzt; im Hinblick auf die »objektiven biologischen oder funktionalen Unterschiede« hat es Differenzierungen zwischen Männern und Frauen erlaubt.[10] Doch die Reichweite dessen, was als »objektive« biologische oder funktionale Unterschiede angesehen wurde, veränderte sich erheblich.

Die fünfziger und sechziger Jahre waren geprägt durch die Betonung der natürlichen Verschiedenheit von Männern und Frauen. Das Bundesverfassungsgericht nahm eine »natürliche« Rollenverteilung zwischen Männern und Frauen als gegeben hin, fundierte sie gar biologisch: »Schon die körperliche Bildung der Geschlechtsorgane weist für den Mann auf eine mehr drängende und fordernde, für die Frau auf eine mehr hinnehmende und zur Hingabe bereite Funktion hin«.[11] Es sprach von dem »auf Mutterschaft angelegten Organismus der Frau« oder davon, dass in der Mutterschaft das Wesen der Frau »am tiefsten wurzelt und sich entfaltet«.[12] Selbstverständlich klingen heute solche Formulierungen reaktionär. Dennoch sollten solche Formulierungen im Kontext der Zeit gelesen werden, und in diesem Kontext nützten diese Formulierungen Frauen. Das Gericht sah seine Aufgabe darin zu verhindern, dass sich die »Andersartigkeit« der Frau zu ihrem Nachteil auswirkte. So hob es eine ganze Reihe von Normen auf, die Frauen benachteiligten – am wichtigsten der sogenannte väterliche Stichentscheid[13] –, und korrigierte damit den Gesetzgeber, der das Gleichberechtigungsgebot nur zögerlich – inhaltlich wie zeitlich – umsetzte.[14] »Gleichwertigkeit bei Andersartigkeit« war das Leitmotiv der Rechtsprechung in dieser Phase.

In den siebziger und frühen achtziger Jahren betonte das Gericht immer stärker die Gleichheit der Geschlechter. Insbesondere für den Bereich des Familienrechts stellte es fest: »Die Vorstellung vom Vater als Haupt oder Mittelpunkt der Familie ist [...] rechtlich durch die Partnerschaft zwischen Mann und Frau abgelöst«.[15] Dementsprechend wurde die Rechtfertigungskraft der Formel von den objektiven biologischen oder funktionalen Unterschieden immer enger gefasst. Der stärkeren Betonung der Gleichheit von Mann und Frau korrespondierte eine immer striktere Anwendung des Art. 3 Abs. 2 GG als Differenzierungsverbot.

9 BVerfGE 37, 217 (244); ähnlich bereits BVerfGE 3, 225 (240).
10 BVerfGE 3, 225 (242).
11 BVerfGE 6, 389 (425).
12 BVerfGE 10, 59 (78).
13 BVerfGE 10, 59.
14 Art. 117 Abs. 1 GG hatte dem Gesetzgeber eine Frist bis zum 1.4.1953 eingeräumt, um das der Gleichberechtigung von Männern und Frauen entgegenstehende Recht anzupassen. Das Gleichberechtigungsgesetz, das dies vornehmen sollte, wurde erst 1957 erlassen: Gesetz über die Gleichberechtigung von Mann und Frau auf dem Gebiet des bürgerlichen Rechts vom 18.6.1957, BGBl. I, S. 609.
15 BVerfGE 37, 217 (251).

Ein solches engeres Verständnis des Differenzierungsverbots folgte in gewissem Sinne der Logik der Veränderung der Geschlechterverhältnisse; die Vorstellungen von einer natürlichen Verschiedenheit der Geschlechter, auf der die Ausnahmen von der Gleichbehandlung basierten, trugen immer weniger.[16] Mit einer solchen Deutung konnten auch die letzten Überbleibsel von Normen, die ausdrücklich nach Geschlecht differenzierten – und es waren nicht mehr viele –, von Verfassungs wegen beseitigt werden.[17] Doch inzwischen gibt es solche Normen kaum noch, und wenn, dann allenfalls mit Vorteilen für Frauen, etwa bei Quotenregelungen oder anderen Frauenfördermaßnahmen, dem Feuerwehrdienst[18] oder dem Sorgerecht für nichteheliche Kinder.[19] Ein enges, formales Verständnis des Gleichberechtigungssatzes, wie er im Differenzierungsverbot seinen Ausdruck findet, nützt unter diesen Rahmenbedingungen nur noch Männern. Für Frauen wäre das Verfassungsgebot der Gleichberechtigung funktionslos geworden.

II. Zur Verfassungsreform von 1994

Aus der eben beschriebenen Entwicklung heraus war die Verfassungsreform von 1994, die einen zweiten Satz in Art. 3 Abs. 2 GG aufnahm, von großer Bedeutung. Auch dieser Einschub war von Frauen mithilfe von »waschkörbeweisen Eingaben«[20] erkämpft worden.[21] Zur Erinnerung: Die Verfassungskommission des Bundesrates, die sich als erste mit der Verfassungsreform beschäftigt hatte, war mit der erforderlichen Mehrheit nur zu dem Ergebnis gekommen, eine Umstellung in Art. 3 Abs. 2 GG vorzunehmen, der damit – wegen der »alphabetischen Reihenfolge« – lauten sollte: »Frauen und Männer sind gleichberechtigt«.[22]

In der Verfassungsreform ist es freilich nicht gelungen, alles, was sich Frauen damals wünschten, durchzusetzen. Ein Ziel war die Klarstellung der Zulässigkeit von Frauenquoten.[23] Dafür fand sich nicht die erforderliche Mehrheit. Im Ergebnis

16 Dies war die konsequente dogmatische Umsetzung der für eine gewisse Phase der Frauenbewegung prägenden Trennung von „sex“ (als biologischem Geschlecht) und „gender“ (als sozialem Geschlecht). Zur feministischen Diskussion vgl. Andrea Maihofer, Geschlecht als hegemonialer Diskurs, in: Theresa Wobbe/Gesa Lindemann (Hrsg.), Denkachsen, 1994, S. 236; dies., Gleichheit und/oder Differenz? Zum Verlauf einer Debatte, in: Eva Kreisky/Birgit Sauer (Hrsg.), Geschlechterverhältnisse im Kontext politischer Transformation, 1997, S. 155.

17 BVerfGE 63, 181; 68, 384; 71, 224.

18 Dazu BVerfGE 92, 91.

19 Dazu BVerfGE 107, 150.

20 Jutta Limbach/Marion Eckertz-Höfer (Hrsg.), Frauenrechte im Grundgesetz des geeinten Deutschland, 1993, S. 281.

21 Dokumentation der Entwicklung bei Limbach/Eckertz-Höfer (Fn. 20).

22 Der damalige Minister Bull sprach von einem »Treppenwitz der Rechtsgeschichte«, zit. nach Limbach/Eckertz-Höfer (Fn. 20), S. 291.

23 Hierfür gab es eine ganze Reihe von Vorschlägen für eine »Kompensationsklausel«, die etwa lauten sollte: »Zum Ausgleich bestehender Ungleichheiten sind Maßnahmen zur Förderung

ist dies verschmerzbar. Zum einen hat sich der Streit um Frauenquoten seit 1995 auf die europäische Ebene verlagert.[24] Den teils sehr restriktiven Entscheidungen des EuGH[25] hätte auch eine klare deutsche Verfassungsnorm nicht widerstanden, da das Europarecht dem nationalen Recht der Mitgliedstaaten vorgeht. Zum anderen hat das Bundesverfassungsgericht zwar bis heute nicht über Quotenregelungen entschieden, aber den Weg vorgezeichnet, mit dem sie verfassungsrechtlich gerechtfertigt werden können.[26]

Streng juristisch-technisch gesehen war die Aufnahme des Verfassungsauftrags nur eine »Klarstellung«.[27] Denn das Bundesverfassungsgericht hatte schon zuvor seine Rechtsprechung geändert und hervorgehoben, dass sich das Gleichberechtigungsgebot auf die gesellschaftliche Wirklichkeit erstrecke.[28]

Doch eine verfassungsrechtliche Klarstellung hilft. Sie verstärkt die Durchsetzungschancen auf rechtlicher Ebene, und sie hat Wirkung im politischen Prozess. Der Verfassungsauftrag kann zusammen mit der Rechtsfigur der mittelbaren Benachteiligung[29] dazu dienen, patriarchale Strukturen aufzubrechen. Diese von der

von Frauen zulässig« (so der Vorschlag der SPD-Gruppe in der Gemeinsamen Verfassungskommission von Bundestag und Bundesrat, Limbach/Eckertz-Höfer (Fn. 20), S. 243).

24 EuGH Kalanke/Freie Hansestadt Bremen, Slg. 1995, I-3069; Marschall/NRW, Slg. 1997, I-6363; Badeck/Hessischer Ministerpräsident, Slg. 2000, I-1875; Abrahamsson & Anderson/Fogelqvist, Slg. 2000. I-5539; Ute Sacksofsky, Die Rechtsprechung des EuGH zu Frauenfördermaßnahmen – ein Puzzle aus vier Teilen, RdJB 2002, 193.

25 Eine »starre Quote« (unbedingte Bevorzugung von Bewerberinnen bei gleicher Qualifikation) hielt der EuGH in der Entscheidung Kalanke (Fn. 24) für europarechtswidrig : Es könne lediglich um Chancengleichheit, nicht um Ergebnisgleichheit gehen, andernfalls bewirke die Regelung eine Diskriminierung von Männern aufgrund des Geschlechts; Frauenförderung müsse zudem individuell ausgestaltet sein und nicht auf die Herstellung von Gruppenrechten zielen. Auch im Fall Marschall (Fn. 24) stellte der EuGH auf Chancengleichheit und Individualrechte ab; dabei hielt er »weiche Quoten« (Bevorzugung von Bewerberinnen mit Öffnungsklausel, wonach spezielle Interessen von Bewerbern berücksichtigt werden müssen) für rechtmäßig, sofern diese Klausel beinhalte, dass »nicht in der Person des männlichen Bewerbers liegende Gründe überwiegen«, die einer Bevorzugung der Frau entgegenstehen. Vgl. hierzu auch Anne Peters, Women, Quotas and Constitution, 1999, S. 231 ff.; Björn Gerd Schubert, Affirmative Action und Reverese Discrimination, S. 89 ff.; Dagmar Schiek, Das EuGH-Urteil vom 17.10.1995 zu leistungsabhängigen Quoten im öffentlichen Dienst, RiA 1996, 80.

26 Auch wenn dieser Weg noch nicht praktisch geworden ist, liegt er in der dogmatischen Struktur, die dem Verfassungsauftrag aus Art. 3 Abs. 2 GG rechtfertigende Kraft gegenüber dem Differenzierungsverbot aus Art. 3 Abs. 3 GG zuweist: s. etwa: BVerfGE 85, 191 (207 ff.).

27 Das Bundesverfassungsgericht wies der Verfassungsänderung ausdrücklich nur eine »klarstellende« Funktion zu: BVerfGE 92, 91 (109).

28 BVerfGE 85, 191 (207). Es konnte dafür schon an ältere Entscheidungen anknüpfen, s. z.B. BVerfGE 15, 337 (345); 48, 327 (340); 57, 335 (345 f.).

29 § 3 Abs. 2 AGG: »Eine mittelbare Benachteiligung liegt vor, wenn dem Anschein nach neutrale Vorschriften, Kriterien oder Verfahren Personen wegen eines in § 1 genannten Grundes gegenüber anderen Personen in besonderer Weise benachteiligen können, es sei denn, die betreffenden Vorschriften, Kriterien oder Verfahren sind durch ein rechtmäßiges Ziel sachlich gerechtfertigt und die Mittel sind zur Erreichung dieses Ziels angemessen und erforderlich.« Vgl. auch: Christine Fuchsloch, Das Verbot der mittelbaren Geschlechtsdiskriminierung,

europäischen Rechtsprechung entwickelte Rechtsfigur – hier hat Europa wirklich positiv gewirkt – hat erst seit kurzem Eingang ins deutsche Verfassungsrecht gefunden.[30] In diesem Zusammenspiel hätte dann der Gleichberechtigungssatz wirklich wieder eine – auch für Frauen – wichtige Funktion.

III. »Geschlechtsneutralität«

Es gibt eine immer stärker werdende Tendenz, Antidiskriminierungsvorschriften geschlechtsneutral zu formulieren. Man spricht – etwa im Betriebsverfassungsgesetz – vom »unterrepräsentierten Geschlecht« oder im Elterngeldgesetz vom »Elternteil«, statt klar zu benennen, wo es um Männer oder Frauen, Väter oder Mütter geht. Ich halte diese Tendenz für gefährlich und falsch. Sie entspricht einer Logik, die Frauenfördermaßnahmen als »umgekehrte Diskriminierung« begreift und dabei völlig den Unterschied zwischen Inklusion und Exklusion übersieht. Frauenfördermaßnahmen sollen Frauen den Zugang zu Bereichen erleichtern oder ermöglichen, von denen Frauen – häufig durch informelle Kriterien – traditionell ausgeschlossen waren und auch heute noch ausgeschlossen werden; das ist etwas substantiell Anderes als Regelungen, die Frauen bestimmte Bereiche verschließen, weil Frauen dafür als nicht geeignet angesehen werden. Letztlich entspricht das krampfhafte Bemühen um Geschlechtsneutralität genau dem formalen Verständnis von Gleichberechtigung, das dazu dient, immer wieder in verschiedenen Abwandlungen zu erzählen, »heute sei die Gleichberechtigung doch erreicht, Frauen sollten sich nicht so haben«.

Um Missverständnisse auszuschließen: Damit soll nicht geleugnet werden, dass Fortschritte erzielt worden sind. Die Geschlechterordnung hat sich verändert, und die Veränderungen sind positive, aber die Geschlechterverhältnisse sind weit von einer Symmetrie entfernt, und dies muss rechtlich – gerade im Antidiskriminierungsrecht – benannt werden. Sonst führen rechtliche Regelungen zu widersinnigen Ergebnissen. Um es am Beispiel des Elterngeldes zu erläutern: Eltern erhalten insgesamt für bis zu vierzehn Monaten Elterngeld, wenn sie wegen der Betreuung ihres Kindes ihre Erwerbstätigkeit unterbrechen. Außer in einigen Sonderfällen[31] kann

1995; Karl-Jürgen Bieback, Die mittelbare Diskriminierung wegen des Geschlechts, 1997; Ute Sacksofsky, Die Gleichberechtigung von Mann und Frau – besser aufgehoben beim Europäischen Gerichtshof oder beim Bundesverfassungsgericht?, in: Charlotte Gaitanides/Stefan Kadelbach/Gil Carlos Rodriguez Iglesias (Hrsg.), Europa und seine Verfassung. FS für Manfred Zuleeg zum 70. Geburtstag, 2005, 310.

30 BVerfGE 97, 35 (43). Die dogmatischen Strukturen hat das Gericht für diese Rechtsfigur seitdem kaum entwickelt. Ansätze hierzu finden sich in einer neueren Entscheidung: BVerfGE 113, 1; Anmerkungen hierzu: Astrid Wallrabenstein, Kindererziehungszeiten in der Anwaltsversorgung, NJW 2005, 2428; Susanne Pötz-Neuburger, Kindererziehungszeiten im berufsständischen Versorgungswerk, Streit 2006, 44. Vorangehend bereits Christine Fuchsloch/Margarete Schuler-Harms, Kindererziehung in der berufsständischen Versorgung, NJW 2004, 3065 (3068).

31 Immerhin fallen die Alleinerziehenden nach § 4 Abs. 3 Satz 3 BEEG darunter.

jeder Elternteil jedoch nur maximal für zwölf Monate Elterngeld beanspruchen. In der öffentlichen Diskussion werden die über zwölf Monate hinausgehenden zwei Monate, der Intention des Gesetzgebers entsprechend, als »Vätermonate« bezeichnet. Im Elternzeitgesetz sind sie aber geschlechtsneutral formuliert, d.h. beziehen sich auch auf das Elternpaar, in dem der Mann zuhause bleibt und das Kind betreut, und die Frau kontinuierlich weiter arbeitet. Dieses Elternpaar erhält genauso wie das Elternpaar mit der traditionellen Rollenverteilung, in der die Frau für Haus und Kinder zuständig ist, nur für zwölf Monate Elterngeld, wenn die Frau keine Pause von ihrem Beruf macht. Dieses Elternpaar, das sich vom traditionellen Rollenbild weit entfernt hat, wird im Namen der Geschlechtsneutralität benachteiligt. Denn die Zielrichtung des Gesetzes war eindeutig: Väter sollen dazu gebracht werden, sich um Kinder zu kümmern. Der Gesetzgeber hat einen guten Grund, dazu beizutragen, dass die traditionelle geschlechtsspezifische Arbeitsteilung überwunden wird. Dafür auch in die Gestaltungsfreiheit der Eltern einzugreifen, die gerade ein nicht-traditionelles Modell leben, hat er keine verfassungsrechtliche Rechtfertigung.

Entsprechend problematisch sind auch die Regelungen im Betriebsverfassungsgesetz. § 15 Abs. 2 BetrVG bestimmt, dass das Geschlecht, das in der Belegschaft in der Minderheit ist, mindestens entsprechend seinem zahlenmäßigen Verhältnis im Betriebsrat vertreten sein muss, wenn dieser aus mindestens drei Mitgliedern besteht. Angesichts der Dominanz von Männern in Betriebsräten macht diese Regelung Sinn, wenn sichergestellt werden soll, dass Frauen in hinreichender Anzahl (häufig genug: überhaupt) Mitglieder des Betriebsrates sind. [32] Aber warum sollte es Anliegen des Gesetzgebers sein sicherzustellen, dass genügend Männer im Betriebsrat sitzen?

Nach meiner Auffassung ist die Begeisterung über Symmetrie einer Vorstellung von formaler Neutralität geschuldet, die gerade vergisst, worum es beim Antidiskriminierungsrecht nur gehen kann: rechtliche Schutzmechanismen gegen Diskriminierung zu entwickeln. Diskriminierung ist aber nicht symmetrisch und betrifft nicht alle durch ein Merkmal definierte Gruppen in gleicher Weise. Die Situation weißer Männer ist anders als die schwarzer Frauen, die Gefahr von Benachteiligung von Christen in Deutschland anders als die von Muslimen. Diskriminierung ist jeweils kontextabhängig, bezogen auf bestimmte räumliche und zeitliche Faktoren. Die Bekämpfung von Diskriminierung kann daher nur gelingen, wenn genau analysiert wird, worin Diskriminierung besteht und wer in einem bestimmten Zeitpunkt besonders diskriminierungsgefährdet ist. Dies gilt auch für Diskriminierungsverbote im Verfassungsrecht.[33]

32 Näher dazu Ute Sacksofsky, Geschlechterquote bei Betriebsratswahlen, Streit 2006, 62.

33 In diesem Sinne für das Diskriminierungsverbot wegen des Geschlechts auch: Catharine McKinnon, Geschlechtergleichheit, in: Herta Nagl-Docekal/Herlinde Pauer-Studer (Hrsg.), Politische Theorie, 1996, S. 140; Susanne Baer, Objektiv – neutral – gerecht? Feministische Rechtswissenschaft am Beispiel sexueller Diskriminierung im Erwerbsleben, KritV 1994, 154; Ute Gerhard, Menschenrechte sind Frauenrechte – Alte Fragen und neue Ansätze feministischer Rechtskritik, in: dies., Atempause, 1999, S. 129.

IV. Verfassungsrechtliche Absicherung sexueller Identität

Das Grundgesetz wurde 1949 zu einer Zeit geschaffen, als die Diskriminierung von Menschen, die nicht in die heteronormative Geschlechterordnung passten, gesellschaftlich akzeptiert war. Verfassungsrechtliche Diskriminierungsverbote wegen sexueller Identität waren damals überhaupt kein Thema. Es war die Zeit, in der männliche Homosexualität noch strafrechtlich verfolgt wurde. Auch das Bundesverfassungsgericht sah hierin 1957 kein verfassungsrechtliches Problem.[34] Inzwischen hat sich dies gesellschaftlich wie verfassungsrechtlich verändert: der alte § 175 StGB ist abgeschafft,[35] die eingetragene Lebenspartnerschaft rechtlich vorgesehen und vom Verfassungsgericht gebilligt worden.[36] Für Transsexuelle ist es immer wieder das Bundesverfassungsgericht gewesen, das ihren Anliegen zum Durchbruch verholfen hat; Transsexuelle haben bisher jeden Fall gewonnen.[37] Jedenfalls für eine Reihe von Problemlagen, die ein Diskriminierungsverbot wegen sexueller Identität erfassen würde, besteht, juristisch-technisch gesehen, nach derzeitiger Rechtsprechung kein Bedarf. Anders ist dies freilich für die Ungleichbehandlung von Ehe und eingetragener Lebenspartnerschaft. Diese hat das Gericht immer akzeptiert.[38]

Denkbar wäre, ein Diskriminierungsverbot wegen sexueller Identität im Wege der Verfassungsinterpretation zu entwickeln.[39] Immerhin gibt es im Grundgesetz das Verbot der Diskriminierung wegen des «Geschlechts«. Das Bundesverfassungsgericht hat sich dafür nicht offen gezeigt, sondern – etwa bei seiner Billigung der Schlechterstellung der eingetragenen Lebenspartnerschaft gegenüber der Ehe – die etwas merkwürdige Argumentation eingeführt, es handele sich nicht um eine Ungleichbehandlung wegen des Geschlechts, sondern wegen der »Geschlechtskombination einer Personenverbindung«.[40] In den Fällen von sexueller Identität, in denen es um Transsexualität und nicht um homosexuelles Begehren geht, erkennt das Bundesverfassungsgericht nur einen Verstoß gegen das allgemeine Persönlichkeitsrecht aus Art. 2 Abs. 1 GG an. Die Internationale Rechtsprechung ist dabei teilweise weiter. So hat etwa die Menschenrechtskommission (Internationaler Pakt über bürgerliche und politische Rechte) die Ungleichbehandlung gleichgeschlechtlicher Lebenspartner als Diskriminierung wegen des Geschlechts angesehen.[41] Zumindest in Fäl-

34 BVerfGE 6, 389.

35 Seit 10.3.1994 (29. Strafrechtsänderungsgesetz BGBl. 1994, 1168).

36 BVerfGE 105, 313.

37 BVerfGE 49, 286; 60, 123; 88, 87; 115, 1; 116, 243; 121, 175; BVerfG, NJW 1997, 1632.

38 BVerfGE 105, 313 (345 f.); BVerfG, NJW 2005, 1709; BVerfG, NJW 2008, 209; BVerfG, NJW 2008, 2325.

39 Für Diskriminierungsverbote wegen des Geschlechts im Völkerrecht entwickelt von Sarah Elsuni (Fn. 7); Laura Adamietz, Diskriminierung von Lebenspartnerschaften – causa non finita, Streit 2008, 117; Stephan Stüber, Verfassungsrechtlicher Schutz der Homosexualität, in: Paul M. Hahlbohm/Till Hurlin (Hrsg.), Querschnitt – Gender Studies, 2001, S. 82 (84 f.).

40 BVerfGE 105, 313 (351f.); BVerfG, NJW 2008, 209 (210).

41 Human Rights Committee (CCPR), Toonen v. Australia, UN Doc. CCPR/C/50/488/1992 (4.4.1994); Young v. Australia, UN Doc. CCPR/78/D/941/2000 (18.9.2003)

len von Transsexualität erkennt der EuGH eine Geschlechtsdiskriminierung an.[42] Der EuGH hat zudem die Schlechterstellung der eingetragenen Lebenspartnerschaft in Deutschland gegenüber der Ehe in einem 2008 entschiedenen Fall (Maruko) als Verstoß gegen Art. 1 i.V.m. Art. 2 RL 2000/78 EG (Rahmenrichtlinie zur Verwirklichung der Gleichbehandlung in Beschäftigung und Beruf) angesehen, mit der Begründung, die Lebenspartnerschaft nach nationalem Recht versetze Personen gleichen Geschlechts in eine Situation, die in Bezug auf die Hinterbliebenenversorgung mit der Situation von Ehegatten vergleichbar sei.[43]

Doch Interpretationsvorschläge von Juristinnen und Juristen können, selbst wenn sie sich irgendwann auch vor Gerichten durchsetzen sollten, nie den Effekt erzielen, den eine ausdrückliche Verfassungsänderung bringen könnte, nämlich die Symbolwirkung im politischen Prozess. Die Antwort auf die eingangs gestellte Frage lautet daher schlicht: Ja, ein Diskriminierungsverbot wegen sexueller Identität sollte in die Verfassung aufgenommen worden.

V. »Frauen« als einheitliche Kategorie

Das Grundgesetz spricht von der Gleichberechtigung von »Männern« und »Frauen«. Es scheint damit in gewissem Sinne veraltet. Es ist Ausdruck der Vorstellung einer binären Geschlechterordnung, die für Transgender keinen Platz hat. Zudem bestehen erhebliche Unterschiede zwischen Frauen – verhandelt wird dies unter dem Schlagwort »Intersektionalität«.[44] Es gibt erhebliche Differenzen zwischen Frauen, die teils, aber nicht nur mit anderen relevanten Diskriminierungsmerkmalen zusammenhängen.

42 EuGH Slg. 1997, I-2143; Slg. 2004, I-541.

43 EuGH, NVwZ 2008, 537.

44 Der Begriff wurde geprägt von Kimberlé Crenshaw (1989). Aus der neueren soziologischen Diskussion s. etwa: Helma Lutz, Differenz als Rechenaufgabe: über die Relevanz der Kategorien Race, Class und Gender, in: dies./Norbert Wenning (Hrsg.), Unterschiedlich verschieden, 2001, S. 215; Cornelia Klinger, Ungleichheit in den Verhältnissen von Klasse, Rasse und Geschlecht, in: Gudrun-Axeli Knapp/Angelika Wetterer (Hrsg.), Achsen der Differenz, 2003, 14; Leslie McCall, The Complexity of Intersectionality, Journal of Women and Society, 2005, S. 1771; Mieke Verloo, Multiple Inequalities, Intersectionality and the European Union, European Journal of Women´s Studies 2006, 211; Nina Degele/Gabriele Winker, Intersektionalität als Mehrebenenanalyse, 2007, http://www.feministisches-institut.de/druck/intersektionalitaet.pdf (letzter Zugriff 23.5.2009); aus der rechtlichen Diskussion: Elisabeth Holzleithner, Mainstreaming Equality: Dis/Entangling Grounds of Discrimination, Transnational Law & Contemporary Problems 2005, 927; Davina Cooper/Emily Grabham (Hrsg.), Law, Power and the Politics of Subjectivity, 2008; Julia Zinsmeister, Mehrdimensionale Diskriminierung. Das Recht behinderter Frauen auf Gleichberechtigung nach Art. 3 GG, 2007; Susanne Baer, Frauen und Männer, Gender und Diversität: Gleichstellungsrecht vor den Herausforderungen eines differenzierten Umgangs mit Geschlecht, in: Kathrin Arioli u.a. (Hrsg.), Wandel der Geschlechterverhältnisse durch Recht?, 2008, S. 21.

Doch führen auch diese Einsichten – die theoretisch wichtig und richtig sind – nicht dazu, dass im Recht auf die Kategorie »Frau« verzichtet werden könnte. Soll Recht wirksam gegen Diskriminierung sein, muss es an typischen gesellschaftlichen Konstellationen anknüpfen, und dafür eignet sich die Kategorie Frau noch immer. Denn die meisten Rechtsnormen beziehen sich auf bestimmte Kontexte, die ohnehin nur bestimmte Gruppen von Frauen betreffen. Es ist daher wichtig, sich im jeweiligen Regelungsbereich kontextabhängig zu verdeutlichen, welche Gruppen von Frauen jeweils betroffen sein können. Hier können spezifische Regelungen die verschiedenen Interessen auf- und wahrnehmen, ohne den Interessen bestimmter Gruppen von Frauen Vorrang einzuräumen.

Teilweise funktioniert dies hingegen nicht. Dann stehen wirklich Interessen mancher Frauen gegen Interessen anderer Frauen. Dies ist besonders deutlich im Konflikt zwischen Hausfrauen und berufstätigen Frauen. Eine Kürzung der Witwenrente geht zu Lasten von Frauen, die keine eigenständigen Rentenansprüche erworben haben. Andererseits aber stellt die Witwenrente eine Benachteiligung erwerbstätiger Frauen dar, denn sie finanzieren die Möglichkeit der Witwenrente über ihre Beiträge mit, ohne selbst eine entsprechende Absicherung ihrer Angehörigen zu erreichen.

Ein anderes Beispiel ist das Ehegattensplitting: Aus gleichberechtigungspolitischer Perspektive ist es außerordentlich problematisch und auch verfassungswidrig.[45] Dennoch muss man sich klar machen, dass Hausfrauen vom Ehegattensplitting profitieren – vielleicht nicht so stark wie ihre Ehemänner, aber eben doch.

Hier müssen Entscheidungen darüber getroffen werden, wessen Interessen als »Fraueninteressen« wahrgenommen werden. Das ist manchmal schwierig. Auch bietet das Argument, es gehe um die freie Entscheidung, welche Rolle Frauen wahrnehmen wollen, häufig keinen Ausweg. Es muss eine Auseinandersetzung darüber geführt werden, was Gleichberechtigung bedeutet, wie eigentlich eine gleichberechtigte Gesellschaft aussehen soll. Ich würde mir wünschen, dass diese Diskussion intensiver geführt wird.

VI. Gleichberechtigung von Frauen und Diskriminierungsverbote wegen anderer Merkmale

Ein Bereich, in dem der Streit um Gleichberechtigung massiv aufbricht, ist der Streit um den Umgang mit religiös geprägten Minderheiten, insbesondere muslimischen

45 Dies wurde von feministischen Juristinnen schon seit langem nachgewiesen, s. etwa: Annemarie Mennel, in: Ute Gerhard/Alice Schwarzer/Vera Slupik (Hrsg.), Auf Kosten der Frauen, 1988, 79; Franziska Vollmer, Das Ehegattensplitting, 1998; Ute Sacksofsky, Steuerung der Familie durch Steuern, NJW 2000, 1896; aus neuerer Zeit: Ulrike Spangenberg, Neuorientierung der Ehegattenbesteuerung, Hans Böckler Stiftung, Arbeitspapier 106, http://www.boeckler.de/pdf/p_arbp_106.pdf (letzter Zugriff 23.5.2009).

Migrantinnen und Migranten. Der Streit um das Kopftuch[46] spaltet auch die Frauenbewegung. Teils wird befürchtet, dass die religiös-patriarchale Prägung Emanzipationsgewinne gefährdet.[47] Die Befürchtung als solche teile ich, backlash ist – wie wir wissen – eine große Gefahr. Dennoch ist es falsch, einen Konflikt zwischen Emanzipation und Religion aufzubauen, der dann zu Lasten der Religion gelöst werden müsste. Gerade Menschen, die für Freiheit und fundamentale Rechte eintreten, müssen auch hinnehmen, dass manche Menschen Freiheit anders wahrnehmen als sie selbst es tun würden oder für richtig halten. Freiheit ist nur, wenn es auch die Freiheit zur Abweichung gibt. Religiöse Prägung betrifft menschliche Identität ähnlich intensiv wie sexuelle Identität. Sie hat daher den gleichen Anspruch auf Respekt und Schutz. Dies gilt natürlich nur so lange, wie Gläubige nicht anderen ihren Glauben aufzwingen wollen. Wird aus religiösen Gründen Zwang ausgeübt, muss der Staat intervenieren. Der Staat muss Hilfs- oder Ausstiegsangebote bereit halten für diejenigen, die in Zusammenhängen leben, in denen sie unterdrückt werden. Aber er kann nicht denen, die wegen ihrer religiösen Auffassung sich in einer Weise verhalten, die andere nicht gefährdet – wie etwa durch das Tragen eines Kopftuchs – eine gefährliche Gesinnung zuschreiben (die zudem häufig noch falsch ist, weil auch emanzipierte Frauen Kopftücher tragen)[48] und sie damit ausgrenzen oder bekämpfen. Dies ist das Prinzip des freiheitlichen Rechtsstaates: Handlungen werden bestraft, nicht Gesinnungen.

Das Verhältnis der Gleichberechtigung von Frauen zu anderen Diskriminierungsmerkmalen hat noch eine andere Seite. Die Gleichberechtigung der Geschlechter ist im Grundgesetz besonders hervorgehoben. Manche sprechen daher von einer

46 Zur verfassungsrechtlichen Auseinandersetzung s. etwa: Gabriele Britz, Das verfassungsrechtliche Dilemma doppelter Fremdheit – Islamische Bekleidungsvorschriften für Frauen und Grundgesetz, KJ 2003, 95; Ute Sacksofsky, Die Kopftuch-Entscheidung – von der religiösen zur föderalen Vielfalt, NJW 2003, 3279; Susanne Baer/Michael Wrase, Zwischen Integration und »westlicher« Emanzipation – Verfassungsrechtliche Perspektiven zum Kopftuch(-verbot) und der Gleichberechtigung, KritV 2006, 401.

47 So etwa Alice Schwarzer, Der Fall Ludin, in: dies. (Hrsg.), Die Gotteskrieger und die falsche Toleranz, 2002, S. 135; Halina Bendkowski, Von der Notwendigkeit der Freiheit, sich nicht selbst behindern zu müssen, in: Frigga Haug/Katrin Reimer, Politik ums Kopftuch, 2005, S. 35.

48 So etwa LT Hessen Pl.Pr. 16/49, S. 3321 (Dr. Jung, CDU: »Es trifft doch zu, dass gerade das Tragen des islamischen Kopftuches in staatlichen Institutionen längst zum Kampfprogramm von islamistischen Kräften geworden ist (…)«). Stellvertretend für diese Position steht auch die Aussage des Abg. McAllister, CDU (LT Niedersachsen Pl.Pr. 15/23, S. 2424): »(Das Kopftuch) steht sowohl für die Unterdrückung der Frau als auch für eine islamistische Weltanschauung. Beides ist mit den Werten in unserer Gesellschaft, ganz unabhängig von der Religionszugehörigkeit, schlicht unvereinbar.« Vgl. auch die Begründung des Gesetzesentwurfs der Landesregierung von Baden-Württemberg zur Änderung des Schulgesetzes vom 14.1.2004 (LT Baden-Württemberg Drs. 13/2793, S. 7., wonach mit dem Kopftuch zumindest ein Teil seiner Befürworter »eine mindere Stellung der Frau in Gesellschaft, Staat und Familie verbinde« sowie eine »fundamentalistische, kämpferische Stellungnahme für ein theokratisches Staatswesen«; nahezu wortgleich ist die Begründung des Gesetzentwurfes der Fraktion der CDU im rheinland-pfälzischen Landtag: LT Rheinland-Pfalz 14/3855, S. 3.

Hierarchie von Diskriminierungsmerkmalen und finden dies problematisch.[49] Nach meiner Auffassung ist die herausgehobene Bedeutung von Geschlechtergleichheit auch heute noch berechtigt. Nicht, weil Diskriminierung wegen des Geschlechts »fundamentaler« wäre – etwa im Sinne einer Debatte um Haupt- oder Nebenwiderspruch –, sondern weil es die Form der Diskriminierung ist, die zum einen sehr viele betrifft, und zum anderen besonders schwierig zu bekämpfen ist. Die unzähligen self-help-books über Frauen und Männer oder die Lektüre der FAZ zum Thema Väterrechte und mit dem Tenor der Unterdrückung von Männern durch »wildgewordene Feministinnen« zeigen: es gibt bei Weitem keinen Konsens über Gleichberechtigung der Geschlechter. Deshalb ist hier auch verfassungsrechtlicher Schutz besonders wichtig.

49 Susanne Baer, Ungleichheit der Gleichheiten? Zur Hierarchisierung von Diskriminierungsverboten, in: Christoph Menke/Eckart Klein (Hrsg.), Universalität – Schutzmechanismen – Diskriminierungsverbote, 2008, S. 421.

Komplexe Gleichheit: Ein neues Gleichheitskonzept für die vielfältige Republik

Rainer Nickel

Sechzig Jahre nach Inkrafttreten des Grundgesetzes hat sich die gesellschaftliche Realität der Bundesrepublik radikal gewandelt: Sie ist eine vielfältige[1] Republik geworden. Nicht nur die Arbeitsmigration und andere demographische Veränderungen, sondern auch das gewandelte Bewusstsein über das Bedürfnis einer Anerkennung von Vielfalt und Differenz zwingen dazu, die verfassungsrechtliche Gleichheitskonzeption, die 1949 ihren Niederschlag in Art. 3 GG gefunden hat, neu zu überdenken. Das im Jahre 2006 nach einem qualvollen und quälenden Prozess endlich in Kraft getretene Allgemeine Gleichbehandlungsgesetz (AGG), das auf zwei EG-Richtlinien aus dem Jahre 2000 beruht, vermag dabei die Defizite des grundgesetzlichen Rahmenkonzepts nicht auszugleichen. Es ist zudem in einer mitunter sehr schrillen[2] Atmosphäre der Ablehnung und des Widerwillens entstanden, in der vor allem die Sorge um die Privatautonomie und die Interessen »der Wirtschaft« thematisiert wurden. Die Bundesregierung benötigte mehrere Anläufe für einen Gesetzesentwurf, der erst lange nach der Umsetzungsfrist der zugrunde liegenden Richtlinien 2000/43/EG und 2000/78/EG im Jahre 2005 vorgelegt und dann erst nach den Neuwahlen in der 16. Wahlperiode verabschiedet wurde.

Die Engführung der Antidiskriminierungsdiskussion auf die »Drittwirkung« und die vermeintlichen Bedrohungen der Privatautonomie haben den Blick darauf verstellt, dass eine Grundsanierung des Gleichheits- und Antidiskriminierungskonzepts des Grundgesetzes längst überfällig ist. Zwar hat es im Zuge der Verfassungsreform 1994 einige nicht unerhebliche Veränderungen mit Blick auf die Geschlechterdis-

1 Zum Paradigma der Vielfalt vgl. Erhard Denninger, Menschenrechte und Grundgesetz, 1994, S. 13 ff; Rainer Nickel, Gleichheit und Differenz in der vielfältigen Republik, 1999, S. 16 ff.

2 Vgl. den Beitrag des Passauer Zivilrechtsprofessors Johann Braun, »Übrigens – Deutschland wird wieder totalitär«, JuS 2002, 424 f., dessen Titel im Original in Anführungszeichen gesetzt ist, aber zumeist ohne diese zitiert wird. In eine ähnliche Richtung gehen die Beiträge von Eduard Picker, Antidiskriminierungsgesetz – Anfang vom Ende der Privatautonomie?, JZ 2002, 880 (das Fragezeichen im Titel ist rein rhetorisch, wie sich aus dem Inhalt des Beitrags ergibt) und Karl-Heinz Ladeur, The German Proposal of an »Anti-Discrimination«-Law: Anticonstitutional and Anti-Common Sense. A response to Nicola Vennemann, 3 German Law Journal, Nr. 5,5.2002. Zur Kritik dieser Ansätze, die das Antidiskriminierungsgesetz häufig mit der Ausübung von jakobinischem Tugendterror gleichsetzen, vgl. Susanne Baer, »Ende der Privatautonomie« oder grundrechtlich fundierte Rechtsetzung? Die deutsche Debatte um das Antidiskriminierungsrecht, ZRP 2002, S. 290-294, und Rainer Nickel, Widening the Scope: Anti-Discrimination Law, Social Equality, and the Right to Equal Treatment, 1 Annual of German and European Law, 2003, S. 353-363.

kriminierung (Art. 3 Abs. 2 GG n.F.) und die Förderung von Behinderten (Art. 3 Abs. 3 S. 2 GG n.F.) gegeben. Dies ändert aber nichts daran, dass Art. 3 GG ein unzeitgemäßes Flickwerk darstellt, das die Realität einer vielfältigen Republik nicht abbildet und kein erkennbares, abgestimmtes Konzept von Gleichheit und Differenz enthält. Es ist daher erforderlich, einen Prozess der Selbstvergewisserung in Gang zu bringen, also eine Reformdiskussion zu beginnen. Als Ziel steht hierbei ein umfassender, aber auch angemessener und abgewogener Diskriminierungsschutz im Vordergrund, der mit adäquaten grundrechtlichen Mitteln ausgestattet wird und notwendige grundgesetzliche Klarstellungen enthält.

Die vorstehenden Thesen lassen sich an drei Fragestellungen messen: Erstens ließe sich einwenden, dass das AGG und die mit ihm geschaffene Antidiskriminierungsstelle eine Grundgesetzüberarbeitung überflüssig machen. Zweitens ließe sich einwenden, dass es überhaupt kein gesellschaftliches Bedürfnis für ein neues grundrechtliches Gleichheitskonzept gibt, weil die rechtlichen und gesellschaftlichen Probleme auch mit dem erprobten Bestand des Art. 3 Abs. 3 GG[3] und seinem individualistisch-liberalen Paradigma gemeistert werden können. Schließlich ist drittens zu erörtern, wie ein neues Gleichheitskonzept aussehen könnte.

I. Das AGG als Ausführungsgesetz zu Art. 3 Abs. 3 GG

Das Allgemeine Gleichbehandlungsgesetz wird in der Gesetzesbegründung sinngemäß auch als Ausführungsgesetz zu Art. 3 Abs. 3 GG bezeichnet, mit dem der Schutz vor Diskriminierungen im Sinne des Art. 3 GG verbessert werden soll.[4] Ein solcher Schritt war auch überfällig: Mehr als acht Jahre, nachdem die ersten beiden Entwürfe zu einem Antidiskriminierungs- oder Gleichbehandlungsgesetz in den Bundestag eingebracht worden waren,[5] wurde das AGG erst unter dem Eindruck einer Strafandrohung von Seiten der EU-Kommission schließlich in aller Eile im Bundestag beraten und trat am 18. August 2006 in Kraft. Wegen des anhaltenden Widerstands in Teilen der Großen Koalition wurden im Rechtsausschuss noch einige wichtige Änderungen gegenüber dem ursprünglichen Entwurf vorgenommen, die

3 Zu Art. 3 Abs. 2 GG und der Gleichberechtigung von Frauen vgl. den Beitrag von Ute Sacksofsky in diesem Heft.

4 Vgl. die Entwurfsbegründung zum Entwurf eines Gesetzes zur Umsetzung europäischer Richtlinien zur Verwirklichung des Grundsatzes der Gleichbehandlung, BT-Drs. 16/1780 vom 8.6.2006, S. 20.

5 Im Januar und März 2008 haben die Fraktionen von Bündnis 90/Die Grünen und der SPD jeweils eigene Gesetzesentwürfe in den Bundestag eingebracht, die allerdings nie beraten wurden und dem Prinzip der Diskontinuität zum Opfer fielen: BT-Drs. 13/9706 vom 20.1.1998 (B‘90/Die Grünen) und 13/10081 vom 9.3.1998 (SPD).

die Effektivität der Regelungen insgesamt in Frage stellen, jedenfalls aber eine aktive Umsetzung behindern.[6]

1. Diskriminierungsschutz als Do-it-yourself-Übung

Im Vorfeld der Gesetzesberatung hatten vor allem Vertreter der Wohnungs- und Versicherungswirtschaft sowie andere Interessenvertreter von Wirtschaftsverbänden – bis hin zum Deutschen Anwaltsverein – ein wahres Trommelfeuer gegen das Gesetz veranstaltet. Neben der ideologischen Geisterschlacht um die Privatautonomie haben die Gegner des Gesetzes insbesondere eine Prozessflut vorhergesagt und das Menetekel grenzenloser Schadensersatz- und Schmerzensgeldzahlungen an die Wand gemalt.[7]

Hiervon ist bislang allerdings wenig bis nichts zu sehen, im Gegenteil: Die bisherige Rechtspraxis scheint sich auf einige wenige Antidiskriminierungsmerkmale, das Geschlecht und das Alter, zu reduzieren, während insbesondere mit Bezug auf ethnische[8] Diskriminierung kaum Fallgestaltungen nachweisbar sind. Drei Jahre nach Inkrafttreten des Gesetzes lässt sich feststellen, dass mehr als die Hälfte der Fälle, die in Juris verzeichnet sind, sich auf Diskriminierung wegen des Alters – vor allem im Arbeits- und Sozialversicherungsrecht – beziehen; dies zeigt, dass die Maßnahmen insbesondere mit Blick auf die Diskriminierung wegen des Alters in der Praxis aufgegriffen werden. Die restlichen Fälle verteilen sich auf Diskriminierungen wegen des Geschlechts oder einer Behinderung; diese Fallgestaltungen sind ebenfalls fast ausschließlich arbeits- oder sozialrechtlicher Art. Es gibt fast überhaupt keine Fälle aus dem Bereich ethnischer Diskriminierung: In 10 von 343 gefundenen Fällen wird zwar hierauf Bezug genommen, aber in nur einem Fall war die Klage erfolgreich.[9] In

6 Vgl. hierzu R. Nickel, Einführung: Das neue Allgemeine Gleichbehandlungsgesetz, in: Heinrich-Böll-Stiftung (Hrsg.), Dossier: Das AGG, Berlin 2008, online abrufbar unter http://www.migration-boell.de/downloads/diversity/Nickel_AGG.pdf.

7 Der Bundestagsausschuss für Familie, Senioren, Frauen und Jugend führte am 7.3.2005 eine Öffentliche Anhörung zum Antidiskriminierungsgesetz durch (BT-Drs. 15/4538). Die schriftlichen Stellungnahmen zu der Bundestagsanhörung sind unter der folgenden Adresse im Internet erhältlich: http://baer.rewi.hu-berlin.de/wissen/antidiskriminierungsrecht/allgemeines-gleichbehandlungsgesetz/.

8 In diesem Beitrag wird der Ausdruck »Rassendiskriminierung« vermieden, um den Rassenbegriff nicht durch Wiederholung zu stärken. Die gelegentlich verwendete Alternative – »rassistische Diskriminierung« – erscheint in Anbetracht der Tatsache, dass eine Diskriminierungsabsicht jedenfalls bei einer indirekten/mittelbaren Diskriminierung nicht erforderlich ist, als zu eng und zudem zu sehr auf eine Stigmatisierung bedacht und ist deswegen ebenso ungeeignet. »Ethnische Diskriminierung« bezeichnet im Rahmen dieses Beitrags eine Diskriminierung wegen der tatsächlichen oder vermeintlichen ethnischen Herkunft oder der Hautfarbe oder anderer sekundärer äußerer Merkmale, aus der eine ethnische Herkunft abgeleitet wird.

9 Juris-Abfrage am 15.5.2009. Das Arbeitsgericht Berlin hat einen Entschädigungsanspruch in Höhe von 3.900 Euro ausgesprochen, weil die Bewerberin auf einen Arbeitsplatz eine frühzeitige Absage erhielt, weil sie »keine deutsche Muttersprachlerin« sei: ArbG Berlin, Urteil vom 11.2.2009 – 55 Ca 16952/08.

Bezug auf dieses Merkmal und das Merkmal der sexuellen Orientierung ist das AGG also nur zögernd oder noch überhaupt nicht aktiviert worden. Ein unlängst ergangenes Urteil des LG Aachen[10] stellt zudem weitere Hürden auf: Bei einer Diskriminierung anlässlich der Vermietung einer Wohnung soll die Hausverwaltungsgesellschaft, deren Personal die Diskriminierung begangen haben soll (»Die Wohnung wird nicht an Neger, äh... Schwarzafrikaner und Türken vermietet«), nicht selbst haften müssen, weil sie nicht passivlegitimiert sei. Gleichzeitig könne die Hausverwaltung auch nicht zur Auskunft über die Identität des Vermieters gezwungen werden. Damit wird es den Betroffenen zusätzlich erschwert, ihre Rechte durchzusetzen. Die Entscheidung dürfte kaum mit der Systematik der §§ 21, 19 AGG vereinbar sein, zumal sie den Diskriminierungsschutz ins Leere laufen lässt[11] und damit den europarechtlichen Vorgaben nicht gerecht wird.

Woran liegt es, dass das Gesetz im Bereich ethnischer Diskriminierung kaum aktiviert wird? Nicht zuletzt könnte es daran liegen, dass die jetzige Bundesregierung die AGG-Arbeit nicht aktiv – und erst recht nicht proaktiv – betreibt. Sie hat es insbesondere unterlassen, innerhalb der Bundesverwaltung entsprechende Aktivitäten anzustoßen. Es gibt zum Beispiel keine mit der Commission for Racial Equality (seit 2009 aufgegangen in der Equality and Human Rights Commission) in Großbritannien vergleichbare Einrichtung, die sich schwerpunktmäßig mit Diskriminierungen vor allem institutioneller und mittelbarer Art befasst, empirische Daten sammelt und auswertet und für eine entsprechende Vertretung der Interessen Betroffener – auch in Gerichtsverfahren – sorgt. Die Bundesregierung hat sich vielmehr damit begnügt, eine Minimallösung zu wählen und eine Antidiskriminierungsstelle des Bundes einzurichten, die die Betroffenen lediglich über die Möglichkeiten des rechtlichen Vorgehens informieren und eine »gütliche Beilegung« vermitteln kann (vgl. § 27 Abs. 2 AGG), aber zur gerichtlichen Durchsetzung von Rechten keinerlei Mandat hat.

Die Antidiskriminierungsstelle des Bundes hat auch fast drei Jahre nach Inkrafttreten des Gesetzes noch kein besonderes öffentliches Profil entwickelt. Die Leitung der neu errichteten Stelle hat sich zuallererst (bislang vergeblich) darum bemüht, ein »Bündnis mit der Wirtschaft«[12] einzugehen. Eine solche Aufgabenbeschreibung sucht man freilich in § 27 AGG vergebens. Moderne Governance-Maßnahmen, wie etwa die Durchführung von Implementationsforschung oder eine Befragung betroffener Kreise über Anwendungsprobleme und Reformansätze, wie

10 LG Aachen, Urteil vom 17.3.2009 – 8 O 449/07.

11 Kai Warnecke, Anspruchsgegner eines Schadensersatzes nach dem AGG, jurisPR-MietR 12/2009 Anm. 4.; Peter Derleder, Gleichbehandlung im Abseits des Wohnungsmarktes, NZM 2009, 310-312.

12 Auf der Internetseite www.antidiskriminierungsstelle.de heißt es: »Das Bündnis mit der Wirtschaft ist das zentrale und übergreifende Anliegen der Antidiskriminierungsstelle des Bundes.« Vor allem wegen dieser einseitigen Ausrichtung wächst derzeit in der politischen Öffentlichkeit die Kritik an der Stelle und ihrer Leitung. Die Antwort der Bundesregierung auf eine parlamentarische Anfrage der Grünen (BT-Drs. 16/12488) hatte sogar Rücktrittsforderungen zur Folge, vgl. http://www.migazin.de/2009/04/28/martina-koppen-leiterin-der-antidiskriminierungsstelle-des-bundes-erneut-in-die-kritik-geraten/.

sie zum Beispiel in Großbritannien schon längst Standard sind,[13] liegen dagegen bislang nicht vor und sind wohl auch nicht vorgesehen. Auch der Internetauftritt ist nicht sehr umfangreich; eine Einführungsbroschüre zum AGG wird unter der Rubrik »Service« versteckt. Die bereit gestellten Informationen sind eher kursorisch und zum Teil sogar juristisch zweifelhaft, weil sie das AGG ohne hinreichende Begründung einschränkend interpretieren. So heißt es zu der Frage, ob das AGG auch in der Schule und im Schulrecht Anwendung findet, dass das AGG nur für Unterrichtsverträge mit privaten Anbietern gelte. Inwieweit diese sehr restriktive Auslegung des AGG mit § 2 Abs. 1 Nr. 7 AGG vereinbar ist, der den Bereich der Bildung ausdrücklich dem Benachteiligungsverbot der §§ 1 und 2 AGG unterwirft, erläutert die Stelle ebenso wenig wie die Frage, ob dann wenigstens die Richtlinie 2000/43/EG diesen Bereich erfasst, so dass von einer unmittelbaren Anwendung der Richtlinienvorschriften ausgegangen werden kann. Die Richtlinie kennt keine künstliche Trennung zwischen »öffentlicher« oder »privater« Bildung (vgl. Art. 2 Abs. 2 Buchstabe g der Richtlinie 2000/43/EG).

Die Tendenz der Antidiskriminierungsstelle, das AGG sogar in ihrer Beratungstätigkeit sehr restriktiv oder sogar nicht richtlinienkonform auszulegen, verstärkt den Eindruck, dass die Stärkung der Rechte der von Diskriminierungen Betroffenen eher nicht im Vordergrund ihrer Arbeit steht. Immerhin wurde im April 2009 eine erste empirische Studie vorgelegt, die sich freilich nur sehr pauschal mit der »Wahrnehmung von Diskriminierung und Antidiskriminierungspolitik in unserer Gesellschaft« beschäftigt, aber nicht mit dem Antidiskriminierungsrecht und seiner Umsetzung.[14]

13 Vgl. die Bemühungen des Government Equalities Office (http://www.equalities.gov.uk) und der Equalities and Human Rights Commission (http://www.equalityhumanrights.com) um eine umfassende Anhörungs- und Beratungskultur zur neuen Equalities Bill, die den Race Relations Act von 1976 und weitere Rechtsvorschriften ablöst bzw. ergänzt. Die Anhörungspraxis im Vereinigten Königreich begnügt sich nicht mit einer Verbandsanhörung in Ausschüssen, sondern wird durch umfangreiche Arbeitspapiere und Fragebögen langfristig und sorgfältig vorbereitet. Sie ist damit Ausdruck einer veränderten, aktiven Anhörungskultur, die breiter und tiefer ansetzt als die gegenwärtige Anhörungskultur der Bundesregierung und des Bundestages. Außerdem kommt hier ein gesellschaftliches Grundverständnis zum Ausdruck, das die umfassende Bekämpfung von Diskriminierungen als Selbstverständlichkeit ansieht.

14 Die Studie wurde unter dem Titel »Diskriminierung im Alltag – Wahrnehmung von Diskriminierung und Antidiskriminierungspolitik in unserer Gesellschaft« (Baden-Baden 2009) veröffentlicht und ist auf der Webseite der Stelle (siehe oben Fn. 12) als PDF-Datei erhältlich. Sie wurde vom Sinus-Marktforschungsinstitut (jetzt: »Sinus Sociovision«) erstellt, das sich selbst als »Trend- und Milieuforscher« versteht. Der methodische Ansatz ist in seiner Allgemeinheit kaum zu überbieten: Ziel war es, »einen empirisch gesicherten Überblick über das thematische Feld Diskriminierung und Diskriminierungsschutz aus Sicht der Bevölkerung zu gewinnen«. Diese Befindlichkeitsforschung findet dann ihren Höhepunkt in dem abschließenden Resumé: »Das Dilemma einer fortschrittlichen Antidiskriminierungspolitik ist weniger die Akzeptanz der dahinterstehenden sozialen Normen und Werte als die Durchsetzung ganz praktischer Antidiskriminierungsmaßnahmen im Alltag. Dafür bräuchte es ein motiviertes Unterstützungspotenzial in der Bevölkerung, bei dem Themen-Involvement und Engagement sich mit einem breiten Wahrnehmungsfokus und einer gesellschaftlichen Problemattribution verbinden. Die Ergebnisse der vorliegenden Untersuchung zeigen, dass es in der deutschen Bevölkerung derzeit kein relevantes Potenzial dafür gibt.«

Auch die Nichtregierungsorganisationen in der Bundesrepublik, die bislang den Diskriminierungsschutz mehr als eine Art soziale Aufgabe verstanden haben und dem Recht kritisch gegenüber standen, haben die Umsetzung des AGG noch nicht entscheidend vorantreiben können. Ihnen sind personelle und institutionelle Grenzen gesetzt, die sie nicht ohne Unterstützung überwinden können. Darüber hinaus können weder NGOs noch die Antidiskriminierungsstelle eine Prozessvertretung übernehmen; das AGG sieht in § 23 AGG lediglich eine Beistandsfunktion der Verbände vor. Nur die Gewerkschaften können über ihr arbeitsrechtliches Rechtsschutzsystem ein wenig Abhilfe schaffen und ggf. Musterverfahren auswählen und unterstützen.[15] Das Ergebnis ist, dass die Betroffenen nach wie vor zumeist auf sich selbst gestellt sind, einschließlich des Kostenrisikos, und dies bewirkt, dass insbesondere auch Fälle struktureller Diskriminierung aus dem Blickfeld des Diskriminierungsschutzes verschwinden.

Wie notwendig es ist, Diskriminierungsschutz auch systematisch zu betreiben und eine institutionelle Unterstützung zu gewährleisten, zeigt ein Fall aus der aktuellen Rechtsprechung des EuGH, die Rechtssache Feryn aus Belgien.[16] Im Unterschied zur Bundesrepublik gibt es in Belgien eine Kommission, die Fälle ethnischer Diskriminierung vor die Gerichte bringen kann und auch bringt. Die Kommission hatte sich der Rechtssache Feryn angenommen, wobei die Besonderheit bestand, dass es keine direkt Betroffenen gab. Es ging um die öffentlichen Äußerungen eines Arbeitgebers, wonach dessen Betrieb zwar grundsätzlich Monteure einstellen wolle, aber keine Menschen fremder Herkunft beschäftigen könne, da die Kunden Bedenken hätten, ihnen für die Dauer der Arbeiten Zugang zu ihren privaten Wohnungen zu gewähren. Die belgische Kommission hatte dagegen vor dem Arbeitsgericht geklagt, aber keine Person benennen können, die sich auf das Stellenangebot beworben hatte. Die Klage wurde abgewiesen.[17] Das Berufungsgericht, der Arbeidshof de Brussel, war im Zweifel, ob die belgische Kommission auch ohne Betroffene klagen konnte. Es legte den Fall dem EuGH vor, der zu der Frage Stellung nehmen musste, ob es eine direkte Diskriminierung ohne Betroffene, also eine »opferlose« Diskriminierung gibt bzw. ob eine solche Fallgestaltung von der Richtlinie 2000/43/EG erfasst ist. Der EuGH hat mit Blick auf das Ziel der Richtlinie, die soziale Integration zu fördern und direkte Diskriminierungen wegen der ethnischen Herkunft zu unterbinden, die Frage bejaht,[18] und genau deswegen können auch solche Organisationen

15 Längerfristig besteht die Hoffnung, dass sich NGOs bilden, die ähnliche Funktionen auch außerhalb des Arbeitsrechts übernehmen. In Berlin ist unlängst das Büro zur Umsetzung von Gleichbehandlung (BUG e.V.) gegründet worden, das sich insbesondere zur Aufgabe gestellt hat, Betroffene bei der Durchführung von Musterverfahren zu unterstützen (Kontakt: Vera Egenberger, info.bug@gmx.de).

16 EuGH, Rechtssache C 54/07, Centrum voor gelijkheid van kansen en voor racismebestrijding gegen Firma Feryn NV, Urteil vom 10.7.2008, http://curia.europa.eu/jurisp/cgi-bin/form.pl?lang=de.

17 EuGH (Fn. 16), Ziff. 15-18.

18 EuGH (Fn. 16), Ziff. 23-25.

wie die britische CRE oder das belgische Centrum voor gelijkheid van kansen en voor racismebestrijding solche Fälle vor Gericht bringen.

Dies ist in der Praxis von enormer Wichtigkeit, denn EinzelkämpferInnen, die sich einem solchen Rechtsstreit – ggf. über Jahre hinweg – aussetzen wollen, sind natürlich dünn gesät.[19] Das hat nicht zuletzt auch ökonomische Gründe, und das prozessuale Institut der Prozesskostenhilfe kann dort nur sehr begrenzt Abhilfe schaffen, weil die Betroffenen in der überwiegenden Mehrzahl gerade nicht prozesskostenhilfe-berechtigt sind. Wer soll sich, seine Nerven und sein Privatvermögen opfern, um durch die Instanzen zu ziehen und nach zehn oder fünfzehn Jahren möglicherweise einen Erfolg zu erzielen? Und warum lässt das AGG keine Prozessführung durch die Antidiskriminierungsstelle des Bundes oder durch NGOs zu?

Zu beklagen ist zudem, dass die Einführung des AGG in keinerlei rechtspolitischer Strategie eingebettet ist, die eine Beobachtung der Gesetzesfolgen erlaubt und von dem Willen getragen ist, einen wirksamen, angemessenen und umfassenden Diskriminierungsschutz zu bieten. Während also in der Bundesrepublik das AGG als eine Art ungeliebtes Kind behandelt wird, machen sich der Gesetzgeber und die Regierung beispielsweise in Großbritannien die Mühe, Stärken und Schwächen der eigenen Gesetzgebung aufzudecken und Reformansätze zu sammeln. Auf diese Weise kann auch ein gesellschaftlicher Dialog über die »richtigen« Ziele und die »angemessenen« rechtlichen Mittel eines Rechts für die vielfältige Republik geführt werden, der sich von rein parteistrategischen Auseinandersetzungen abhebt.

Als Resümee lässt sich festhalten: Das AGG hat bislang insbesondere in Bezug auf ethnische Diskriminierung wenig Erfolge in der Praxis gebracht. Dies mag sich irgendwann in der Zukunft schrittweise ändern, falls die Antidiskriminierungsverbände sich professionalisieren, finanziell besser ausgestattet sind und etwas aktiver werden, aber das Grundproblem bleibt bestehen: Eine Antidiskriminierungsstelle des Bundes, die sich vor allem um einen »Pakt mit der Wirtschaft« bemüht, und ein AGG, das auf eine von opferbereiten Individuen angetriebene Do-it-yourself-Rechtsfortbildung setzt, sind keine angemessenen Umsetzungen des in Art. 3 Abs. 3 GG enthaltenen Optimierungsgebots. Die gegenwärtige Rechtslage und Rechtspraxis unterläuft zudem die Anforderungen der Richtlinie 2000/43/EG an einen effektiven Diskriminierungsschutz.

2. Mut zur Lücke: Das AGG und die öffentliche Gewalt

Das AGG ist auch in einer weiteren Hinsicht ein nur unzulängliches Ausführungsgesetz zu Art. 3 Abs. 3 GG: Es bietet nur lückenhaften Schutz. Die aufgeregte Debatte über den das Zivil- und Arbeitsrecht betreffenden Teil des AGG hat den Blick auf

19 Vgl. hierzu unten Fn. 29 zum bayerischen »Schleierfahndung«-Fall. Der dortige Kläger war Rechtsanwalt und hatte wohl auch deswegen keine Scheu, nach den zwei fachgerichtlichen Instanzen auch noch das Bundesverfassungsgericht und den bayerischen Verfassungsgerichtshof (letzteren erfolgreich) anzurufen.

den Umstand verdeckt, dass das AGG im Bereich des öffentlichen Rechts keinen umfassenden Schutz gewährt: Nach der Legaldefinition in § 2 Abs. 1 Ziff. 5-8 AGG werden nur diejenigen Bereiche erfasst, die dem Sozialrecht und Sozialversicherungsrecht, dem Bildungsbereich und der Infrastrukturvorsorge zuzuordnen sind. Damit hat sich an der vor dem AGG geltenden Rechtslage hinsichtlich der Diskriminierung bei der Ausübung öffentlicher Gewalt für die übrigen Bereiche des öffentlichen Rechts nichts geändert. Hier bleibt nur Art. 3 Abs. 3 S. 1 GG als Richtschnur, der freilich in der Praxis zumeist irrelevant geblieben ist, wenn man einmal von der Diskriminierung wegen des Geschlechts absieht.[20]

Die einzige Entscheidung des Bundesverfassungsgerichts, die sich in jüngerer Zeit vertieft mit dieser Vorschrift befasst hat, erörtert in kritikwürdiger Art den Heimatbegriff des Art. 3 Abs. 3 GG,[21] geht aber ansonsten auf die rechtlichen Kardinalfragen, die sich bei der Anwendung der Vorschrift regelmäßig stellen, nicht ein: Erfasst Art. 3 Abs. 3 GG auch indirekte oder mittelbare Diskriminierung in Bezug auf alle Merkmale, oder nur im Hinblick auf das Geschlecht?[22] Sind auch »opferlose« Diskriminierungen, wie im Fall Feryn, nach Art. 3 Abs. 3 GG untersagt? Welche Maßstäbe sind an den prozessualen Nachweis von Diskriminierungen zu stellen, und gibt es eine Beweiserleichterung? Diese und viele weitere Fragen werden zwar vom AGG in einem eng umgrenzten Bereich erfasst, aber das weite Feld der Ausübung öffentlicher Gewalt bleibt unberührt.

Die Relevanz eines solchen Dunkelfeldes zeigt sich an der Problematik der anlass- und verdachtsunabhängigen Personenkontrollen,[23] die, wenn sie sich an Hautfarbe oder Aussehen orientieren, auch als ethnic oder racial profiling bezeichnet werden, also als Anwendung ethnischer Generalverdachtsprofile. Während im europäischen Kontext die rechtliche Verarbeitung dieser Problematik noch weitgehend

20 Das BVerfG hat in jüngster Zeit mehrfach auf Art. 3 Abs. 3 S. 1 GG abgestellt, wenn es um die unterschiedliche Behandlung von Männern und Frauen ging: BVerfGE 114, 357-371 vom 25.10.2005 (Bleiberecht für Kinder von Nichtdeutschen); BVerfG, NJW 2009, 661-663 vom 7.11.2008 (Telefongespräche und Kosmetika für männliche Häftlinge).

21 Die Entscheidung BVerfGE 102, 41-67 betrifft die unterschiedliche Höhe der Kriegsopferrente in Ost und West. Das Sondervotum des Richters Kühling und der Richterinnen Jaeger und Hohmann-Dennhardt betont zu Recht, dass die Senatsmehrheit das Diskriminierungsmerkmal »Heimat«, das den Flüchtlingsschutz zum Ziel hat, in »volkstümelnder Weise« definiert und den Schutz des Art. 3 Abs. 3 S. 1 GG in dieser Hinsicht leerlaufen lässt: Rz. 69 f. und 74.

22 Die Kammerentscheidung 2 BvR 424/03 vom 2.4.2003 billigt in einem lapidaren Satz »die Einbindung des Beschwerdeführers in die Gruppe der Russlanddeutschen als prognostisch ungünstigen Faktor« bei der Prognoseentscheidung über die Strafaussetzung zur Bewährung: »Dies beruht auf tatsächlichen Erfahrungen und enthält keine Diskriminierung im Sinne von Art. 3 Abs. 3 GG«. Mit Blick auf die einschlägige Rechtsprechung des EuGH und der EGMR dürfte diese robuste Einstellung kaum zu halten sein.

23 Zu der Problematik vgl. Martin Herrnkind, Personenkontrollen und Schleierfahndung, KJ 2000, S. 188-208; ders., »Schleierfahndung«: Der Polizeiverdacht als institutionalisierte Diskriminierung, in: Humanistische Union (Hrsg.), Innere Sicherheit als Gefahr, 2003, S. 251-267.

aussteht, ist in den USA[24] mittlerweile längst ein Konsens darüber entstanden, dass ethnic profiling ein unzulässiges Mittel bei der Durchführung von Personenkontrollen ist.

Der Zusammenhang mit dem – zu schaffenden – Recht der vielfältigen Republik wird anhand eines Falles aus Spanien deutlich, der so oder so ähnlich auch in der Bundesrepublik spielen könnte:

Die spanische Staatsangehörige Rosalind Williams-Lecraft kam am 6. Dezember 1992 mit ihrem Ehemann und dem gemeinsamen Kind an der Bahnstation von Valladolíd an und wurde dort von einem Beamten der Policía Nacional aufgefordert, sich auszuweisen. Auf die Nachfrage, warum nur Frau Williams-Lecraft sich ausweisen müsse, nicht aber ihr – offenbar hellhäutigerer – Ehemann oder ihr Kind, sagte der Beamte, es gebe eine Anweisung des Innenministeriums, Personen »wie sie« zu kontrollieren, also »Personen, die sich wegen ihrer Erscheinung illegal im Land aufhalten könnten«. Die Rechtsmittel, die die Betroffene gegen diese nicht nur aus ihrer Sicht recht eindeutige Diskriminierung wegen der Hautfarbe eingelegt hat, blieben alle ohne Erfolg: Das erstinstanzliche Gericht und das Berufungsgericht wiesen die Klage ab.

Das spanische Verfassungsgericht (Tribunal Constitutional de Espana) entschied ebenfalls gegen Frau Williams-Lecraft. In seiner Entscheidung im Jahre 2001 stellte es fest, dass keine ethnische Diskriminierung nach Art. 14 der spanischen Verfassung (der dem bundesdeutschen Art. 3 Abs. 3 GG entspricht) vorliege. Nach Ansicht des Verfassungsgerichts sei aus den Umständen des Falles nicht ersichtlich, dass der Beamte aus rassistischen Motiven gehandelt habe, und es sei nicht irrational, wenn generell vermutet werde, dass an einem Ort, an dem viele Reisende um- oder ausstiegen, bei einer gezielten Personenkontrolle eine höhere Wahrscheinlichkeit bestehe, sich illegal im Lande aufhaltende Personen anzutreffen. Bestimmte physische oder ethnische Charakteristika könnten bei verdachtsunabhängigen Polizeikontrollen als rationale Kriterien für die Bestimmung einer nicht-nationalen Herkunft der Person, die solche Charakteristika auf sich vereine, berücksichtigt werden. Die hierbei erlittenen Unannehmlichkeiten seien auch eher marginal.[25]

Das Sondervotum des Richters Julio Diego González Campo kommt dagegen mit deutlichen Worten zu dem Schluss, dass die Entscheidung des Verfassungsgerichts mit dem Diskriminierungsverbot des Art. 14 der spanischen Verfassung nicht vereinbar sei und die Praxis, die Hautfarbe als Selektionskriterium für Kontrollen zu

24 Zu den Hintergründen der Diskussion und der großen Bandbreite an Fällen vgl. Brandon Garrett, Standing While Black: Distinguishing Lyons in the Racial Profiling Cases, 100 Columbia Law Review (2000), S. 1815-1846 sowie den Aufsatz von Samuel L. Gross & Debra Livingston, Racial Profiling Under Attack, 102 Columbia Law Review (2002), S. 1413-1438, der die Frage thematisiert, welche Auswirkungen der 11. September auf den bis zu diesem Datum erreichten gesellschaftlichen Konsens über die Rechtswidrigkeit von racial profiling hat. Ihre Schlussfolgerung lautet: »[I]t is appropriate and important that racial profiling keeps its ugly name«, ebd., S. 1438.

25 Tribunal Constitutional de Espana, STC 13/2001 vom 29.1.2001, www.tribunalconstitucional.es, unter II.9.

verwenden, auch gegen die Menschenwürde verstoße, weil sie einen Generalverdacht gegen diejenigen richtet, die eine dunkle Hautfarbe haben. Schließlich ignoriere das Gericht die Tatsache, dass Spanien ebenso wie viele andere europäische Länder inzwischen eine »sociedad multirracial« sei, also eine vielfältige Republik. Mit der Billigung eines auf die Hautfarbe bezogenen Verdachtsprofils werde auch die Integration der spanischen Gesellschaft gefährdet.[26]

Inzwischen ist auch der Menschenrechtsausschuss der UN mit dem Fall befasst. Mit Unterstützung der Frauenrechtsorganisation Women's Link Worldwide, SOS Racismo Madrid und der Open Society Justice Initiative hat sich Frau Williams-Lecraft mit einer Beschwerde an den Ausschuss gewandt.[27] Die spanische Regierung hat in ihrer Stellungnahme die Gerichtsentscheidungen wie auch die polizeiliche Praxis verteidigt.[28] Eine Entscheidung des Ausschusses steht noch aus.

Die Praxis des ethnic profiling ist keine spanische Besonderheit, sondern ist auch in anderen europäischen Ländern, und nicht zuletzt in der Bundesrepublik, weit verbreitet.[29] Einer aktuellen Studie der Open Society Justice Initiative zufolge ist der Gebrauch von ethnischen Verdachtsprofilen in Europa die Normalität.[30] Für manche Teile der Bevölkerung ist sie sogar normaler Bestandteil einer Parallel-Realität: Während »typisch deutsch« aussehende Personen nicht damit rechnen müssen, regelmäßig mit Ausweiskontrollen in Zügen oder U-Bahnen, auf Bahnhöfen oder städtischen Plätzen und Fußgängerzonen behelligt zu werden, scheint dies Berichten zufolge für diejenigen, die von den kontrollierenden Beamten als nicht »typisch deutsch« angesehen werden, nicht zu gelten.[31] Diese Lage hat sich in den vergange-

26 Sondervotum des Richters González Campo, wie vor, unter Ziff. 6.

27 Vgl. die Pressemitteilung der Organisation Women's Link Worldwide, »The Spanish Government defends the use of racist criteria in police identity stops«, erhältlich unter www.womenslinkworldwide.org.

28 Spanisches Ministerio de Justicia, Stellungnahme vom 2.3.2007. Der Text ist auf der Webseite www.womenslinkworldwide.org abrufbar.

29 Vgl. hierzu auch den bayerischen »Schleierfahndung«-Fall, dessen Sachverhalt auf eine Personenkontrolle und PKW-Durchsuchung aufgrund von ethnic profiling hinweist; zuletzt VG Augsburg, Urteil vom 19.4.2007 (Az. Au 5 K 06.227). Die Entscheidung erging aufgrund des Urteils des Bayerischen Verfassungsgerichtshofs vom 7.2.2006 (Az. Vf 69-VI-04 [BayVBl. 2006, 339]), in dem die Rechtmäßigkeit der Maßnahme bezweifelt wurde. Der von den Maßnahmen Betroffene war ein Rechtsanwalt, der die Kontrolle offenbar auf seine Rastalocken zurückführte. Ein nicht juristisch vorgebildeter Betroffener hätte wohl nicht die Ausdauer besessen, den Fall durch mehrere Instanzen zu verfolgen.

30 Open Society Justice Initiative, Ethnic Profiling in the European Union: Pervasive, Ineffective, and Discriminatory, New York 2009, www.justiceinitiative.org. Der 200 Seiten lange Bericht kommt zu dem Schluss, dass die gegenwärtigen Praktiken nicht nur eine Diskriminierung darstellen, sondern auch ineffektiv sind. In einem in Spanien durchgeführten Modellprojekt wurde gezeigt, dass Kontrollen nach individuellen Kriterien wirkungsvoller sind: »In 2007-2008, a pilot project undertaken by the Open Society Justice Initiative in collaboration with a municipal police force in Spain reduced the disproportionate rate at which minorities were stopped, while increasing police efficiency«, ebd., S. 12.

31 Vgl. Matthias Proske, Ethnische Diskriminierung durch die Polizei, Kriminologisches Journal 1998, 162-188; ders./Frank-Olaf Radtke (Hrsg.), Polizei und Diskriminierung. Studien zur

nen Jahren sogar noch verschärft: So ist im Zuge der nach dem 11. September 2001 einsetzenden Maßnahmen zur Verhütung von terroristischen Anschlägen in der Bundesrepublik ein Datenabgleich (»Rasterfahndung«) noch nie dagewesenen Ausmaßes durchgeführt worden, der letztlich vom Bundesverfassungsgericht unter Hinweis auf das Grundrecht auf informationelle Selbstbestimmung für verfassungswidrig erklärt wurde.[32]

Der Bericht der Open Society Justice Initiative fordert mit Recht, dass die Nutzung ethnischer Verdachtsprofile auf europäischer und/oder nationaler Ebene untersagt wird.[33] Solange es dazu nicht kommt, sind die Betroffenen in der Bundesrepublik auf die grundgesetzlichen Vorschriften angewiesen. Da bei polizeilichen Identitätskontrollen vor Ort das Recht auf informationelle Selbstbestimmung nur dann berührt wird, wenn persönliche Daten erhoben und verarbeitet werden, fällt die Maßnahme der Kontrolle als solche vermutlich aus dem Anwendungsbereich heraus, so dass die Entscheidung des Bundesverfassungsgerichts zur Rasterfahndung nicht einschlägig sein dürfte. Außerdem geht es, wie der Richter González Campo in seiner abweichenden Meinung im Fall Williams-Lecraft zutreffend herausgestellt hat, um die stigmatisierende Wirkung der Selektion selbst: Die Betroffenen werden symbolisch ausgebürgert, weil sie als »undeutsch« behandelt werden.

Ob ein Gebrauch ethnischer Stereotypen bei verdachtslosen Personenkontrollen rechtlich erlaubt ist oder sogar vorgeschrieben werden darf, ist aus Art. 3 Abs. 3 GG ebenso wenig wie aus Art. 14 der spanischen Verfassung eindeutig ablesbar: Beide Bestimmungen erklären noch nicht einmal unmissverständlich, dass auch eine indirekte/mittelbare Diskriminierung untersagt ist. Auch ein Verweis auf das Europarecht ist letztlich nicht ausreichend: Zwar hat der EuGH in der Zwischenzeit in der Rechtssache Mangold festgestellt, dass die Diskriminierungsmerkmale des Art. 13 EGV – und damit das Recht auf Nichtdiskriminierung – Bestandteil der Gemeinschaftsgrundrechte sind,[34] und dieser Grundrechtsbestand umfasst auch den Schutz vor indirekter/mittelbarer Diskriminierung wegen ethnischer Merkmale. Ein indirekt abgeleiteter Grundrechtsschutz aus dem ungeschriebenen Gemeinschaftsrecht (die Gemeinschaftsgrundrechte sind bislang nur Richterrecht) ist aber kein Ersatz für ei-

Ungleichbehandlung und Pädagogisierung der Ungleichbehandlung von Migranten, Frankfurt am Main (Eigendruck), 1996; Martin Herrnkind, »Schleierfahndung« (Fn. 23).

32 BVerfG, Urteil des Ersten Senats vom 4. April 2006 - 1 BvR 518/02 – BverfGE 115, 320.

33 Bericht der Open Society Justice Initiative (Fn. 30), S. 13.

34 EuGH, Rs. Mangold, Urteil vom 22.11.2005 – Az. C-144/04, Slg. 2005, I-09981. In der Entscheidung heißt es in Rz. 74 f.: »Zweitens ist zu beachten, dass der Grundsatz der Gleichbehandlung in Beschäftigung und Beruf nicht in der Richtlinie 2000/78 selbst verankert ist. Nach ihrem Artikel 1 bezweckt diese Richtlinie nämlich lediglich »die Schaffung eines allgemeinen Rahmens zur Bekämpfung der Diskriminierung wegen der Religion oder der Weltanschauung, einer Behinderung, des Alters oder der sexuellen Ausrichtung«, wobei das grundsätzliche Verbot dieser Formen der Diskriminierung, wie sich aus der ersten und der vierten Begründungserwägung der Richtlinie ergibt, seinen Ursprung in verschiedenen völkerrechtlichen Verträgen und den gemeinsamen Verfassungstraditionen der Mitgliedstaaten hat. Das Verbot der Diskriminierung wegen des Alters ist somit als ein allgemeiner Grundsatz des Gemeinschaftsrechts anzusehen.«

ne klare Regelung in der bundesdeutschen Verfassung. Hinzu kommt, dass die Gemeinschaftsgrundrechte nur im Bereich des Gemeinschaftsrechts Anwendung finden, so dass zunächst festgestellt werden müsste, ob anlass- und verdachtlose Personenkontrollen vom Gemeinschaftsrecht erfasst werden.[35] Eine Reform des Art. 3 Abs. 3 S. 1 GG sollte daher zumindest klarstellen, dass auch indirekte bzw. mittelbare Diskriminierung von der Vorschrift umfasst ist, und dass nicht nur im Zivil-, Arbeits- und Sozialrecht, sondern generell im Bereich des öffentlichen Rechts einschließlich des Polizeirechts grundsätzlich dieselben rechtlichen Maßstäbe gelten.

Neben dieser Klarstellungsfunktion könnte und sollte eine Überarbeitung des Art. 3 Abs. 3 GG auch eine weitere Lücke schließen und die Diskriminierung wegen des Alters und der sexuellen Identität[36] in den Katalog der Diskriminierungsmerkmale aufnehmen. Der Wertungswiderspruch zwischen dem AGG, das die Merkmale ausdrücklich aufgenommen hat, und der jetzigen Fassung des Art. 3 Abs. 3 GG ist umso auffälliger, als das Europarecht schon längst den Schritt vollzogen hat und eine Diskriminierung wegen des Alters oder der sexuellen Identität als Grund- und Menschenrechtsverletzung ansieht: Die Regelung in Art. 13 EGV und die Gleichbehandlungsrichtlinie 2000/43/EG haben das Recht auf Nichtdiskriminierung wegen des Alters oder der sexuellen Identität als Menschenrecht statuiert (vgl. den 3. Erwägungsgrund zur Richtlinie).

II. Das grundgesetzliche Konzept der individuellen Chancengleichheit und die gesellschaftliche Realität

Das AGG stellt einen ersten Schritt zur Gewährleistung und Realisierung von Chancengleichheit und Nichtdiskriminierung dar. Es ist aber kein Ausführungsgesetz zu Art. 3 Abs. 3 GG, weil es unter Rückgriff auf den menschenrechtlichen Kern des Gleichbehandlungsgrundsatzes eine breitere und differenziertere Konzeption der Gleichheit verfolgt: Es statuiert einen umfassenden horizontalen Ansatz, der allerdings im Bereich des Schutzes vor Diskriminierungen durch die öffentliche Gewalt lückenhaft ist. Aufgabe einer Überarbeitung des grundgesetzlichen Gleichheitskonzepts wäre es also auch, die Konzeptionen des AGG und des Grundgesetzes aufeinander abzustimmen. Im Kontext des Grundgesetzes stellt sich dann die Frage, ob die bestehenden Regelungen das notwendige Schutzniveau reflektieren.

Die verfassungsrechtliche Idee von Chancengleichheit und Gleichbehandlung im Grundgesetz folgt im Grundsatz einem liberalen Paradigma, das heißt, es gilt die individuelle Gleichheit vor dem Gesetz (Art. 3 Abs. 1 GG), und nur indirekt ergibt sich aus dem Zusammenspiel der grundgesetzlichen Normen auch die Idee einer sozialen Gleichheit (vermittelt durch das Sozialstaatsprinzip des Art. 20 Abs. 1 GG). Das liberale Paradigma geht davon aus, dass bei einer grundsätzlichen gesetzlichen

35 Hierfür spricht, dass die Einführung der verdachts- und anlassunabhängigen Kontrollen insbesondere mit dem Wegfall der europäischen Binnengrenzen begründet wurde.

36 Vgl. hierzu den Beitrag von Christine Hohmann-Dennhardt in diesem Heft.

Gleichbehandlung keine großen Interferenzen oder sozialen Verwerfungen auftreten. Art. 3 Abs. 3 S. 1 GG konkretisiert diesen Ansatz für die dort genannten Merkmale und verbietet die Anknüpfung an diese Merkmale zur Begründung einer Ungleichbehandlung.[37] Hierdurch sollen, so die Vorstellung, die Gleichbehandlung aller und die gesellschaftliche Chancengleichheit gewährleistet werden. Die Realität sieht allerdings anders aus: Schon die Gesetzesbegründung zum AGG hatte ausführlich dargelegt, dass in Bezug auf bestimmte gesellschaftliche Gruppen sich konkret existierende Benachteiligungen auch negativ auf deren soziale Lage auswirken.[38] Zwar kann hier nicht von einer monokausalen Struktur ausgegangen werden, weil eine Reihe weiterer Faktoren zur ökonomischen und sozialen Schichtung der Gesellschaft beitragen. Diskriminierung ist aber auch kein vernachlässigenswerter Faktor, weil sie bestehende Ungleichheiten zementiert oder sogar verschärft.

Die soziale Realität einer verhältnismäßigen Benachteiligung bestimmter sozialer Gruppen hat sich seit Inkrafttreten des AGG nicht entscheidend geändert, sondern eher noch verschlimmert: Nach zwei jüngst vorgelegten Berichten, dem Bericht zur Kinderarmut und der Pisa-Studie, sieht die Realität so aus, dass in der Bundesrepublik die Chancengleichheit nur unzureichend verwirklicht ist. Die Pisa-Studie[39] hat zum Entsetzen vieler deutlich gemacht, dass es eine ganz klare Differenzierung nach der Bildungsherkunft der Eltern gibt und dass wir eine sehr stark sozial segmentierte, insbesondere auch bildungsmäßig segmentierte Gesellschaft sind. Das ist ein enormes gesellschaftliches Problem für diese Gesellschaft, und der UNICEF-Kinderarmutsbericht hat darüber hinaus auch deutlich gemacht, dass es mit der materiellen Chancengleichheit nicht sehr weit her ist. Der im Mai 2008 vorgestellte Bericht stellt fest: »Die Bildungschancen eines Kindes hängen in Deutschland viel stärker als in anderen Ländern davon ab, wo es lebt und wo es herkommt. Der Schulabschluss der Eltern, Arbeitslosigkeit im Wohnumfeld, die durchschnittliche Zahl der Bücher im Haushalt sowie der Migrantenanteil sind entscheidende Indikatoren für den Schulerfolg. Kinder aus ausländischen Familien besuchen in den ersten Lebensjahren seltener einen Kindergarten und sind in Sonder- und Hauptschulen stark überrepräsentiert. Etwa 17 Prozent der Jugendlichen mit Migrationshintergrund verlassen die Schule ohne einen Abschluss. In Baden-Württemberg sind es sogar 30 Prozent, in Hamburg und Berlin 25 Prozent.«[40] Diese Aussagen bekräfti-

37 Vgl. Werner Heun, in: Dreier (Hrsg.), Grundgesetz, Bd. 1, 2. Aufl., Art. 3, Rn. 124 m.w.N.

38 BT-Drs. 16/1780, S. 23-25.

39 Vgl. hierzu den Bericht »Pisa 2008 – Kleine Klassen, weniger Migranten« in Die ZEIT vom 18.11.2008: „Nach den Worten des Berliner Bildungssenators und früheren stellvertretenden Ministerpräsidenten von Rheinland-Pfalz, Jürgen Zöllner, bleibt diese hohe Abhängigkeit von sozialer Herkunft und Schulerfolg denn auch ‚das zentrale Problem' des deutschen Schulsystems. Für die Förderung von Kindern aus bildungsfernen Schichten und aus Migrantenfamilien benötigten die Schulen mehr Zeit und mehr Personal, sagte er bei der Vorstellung der Studie in Berlin.« Die GEW bezeichnet die fehlende Chancengleichheit in den Schulen als einen »Schandfleck«, ebd.

40 UNICEF-Bericht »Zur Lage von Kindern in Deutschland«, 2008. Das Zitat stammt aus der Zusammenfassung der Ergebnisse, erhältlich unter http://www.unicef.de/5497.html.

gen, dass es einen ganz erheblichen Handlungsbedarf gibt. Grundsätzlich vermag das Grundgesetz also eine rechtliche Gleichheit absichern, es scheint aber eine soziale Gleichheit oder auch nur eine Chancengleichheit, etwa im Bereich der Bildung, nicht wirkungsmächtig garantieren zu können.

Besonders deutlich ablesbar ist, dass die in den Berichten festgestellte soziale Segmentierung auf die Lage der Personen mit Migrationshintergrund negativ durchschlägt. Der Bildungsbericht 2008 der Kultusminister und des Bundesministeriums für Bildung und Forschung macht dies überdeutlich, indem er zur Lage der Schüler aus Familien mit Migrationshintergrund ein katastrophales Bild abliefert: Danach besuchen 40 Prozent der ausländischen (hier heißt es ausdrücklich »ausländischen«), aber nur 15 Prozent der deutschen Jugendlichen eine Hauptschule. 17 Prozent der ausländischen Jugendlichen erreichen keinen Schulabschluss, 7 Prozent sind es bei den deutschen Jugendlichen.[41] Aus diesen Daten lässt sich zweifellos ersehen, dass Personen mit Migrationshintergrund deutlich schlechtere Bildungschancen haben.

Der Bildungsbericht 2008[42] führt diese eklatante Abweichung im Wesentlichen auf den familiären sozio-ökonomischen Hintergrund zurück, also eben nicht auf den Migrationshintergrund und den hierauf bezogenen Benachteiligungen in Bildung, Ausbildung und Beruf. Diese Engführung der Ursachen scheint angesichts der Berichte über Diskriminierungen auf dem Arbeits- und Ausbildungsmarkt[43] sowie im Bereich der Bildung insgesamt kaum haltbar, und so sind dann auch der Armuts- und Reichtumsbericht der Bundesregierung und die Vertiefte Bilanzierung Nationaler Integrationsplan in der Tendenz ein wenig anders formuliert. Beide Berichte konstatieren, dass bei Personen mit Migrationshintergrund das Armutsrisiko deutlich höher liegt als bei »klassisch-deutschen« Familien und dass es zwar klare Unterschiede innerhalb der Gruppe der MigrantInnen gibt, aber Diskriminierung ein Ursachenfaktor für Armut sein kann.[44]

Im Ergebnis lässt sich also unter der Ägide des bestehenden Gleichheitskonzepts des Art. 3 Abs. 1 und 3 GG eine deutliche Segmentierung der Gesellschaft feststellen, und die Idee einer allgemeinen rechtlichen Gleichbehandlung – also das liberale Paradigma – scheint nicht ausreichend zu sein, um dieser Entwicklung entgegensteuern zu können. Das AGG hat bislang wenig dazu beigetragen, an diesem Befund etwas zu ändern. Das bedeutet nicht, dass das Gesetz überflüssig ist, sondern dass es bestimmter weiterer Maßnahmen bedarf, um die Ursachen einer sozialen Segmentierung zu bekämpfen.

41 Bundesministerium für Bildung und Forschung (Hrsg.), Bildung in Deutschland, Sept. 2008, S. 89-92, und Bundesregierung (Hrsg.), Vertiefte Bilanzierung Nationaler Integrationsplan vom 15.10.2008, S. 3-6.

42 Vertiefte Bilanzierung (Fn. 41), S. 4 f.

43 OECD (Hrsg.), Jobs for Immigrants – Labour Market Integration in Australia, Denmark, Germany and Sweden, Juli 2007, S. 195 ff.

44 Vgl. Bundesregierung (Hrsg.), Lebenslagen in Deutschland, 3. Armuts- und Reichtumsbericht der Bundesregierung, Juli 2008, S. 139 ff. (145); Vertiefte Bilanzierung (Fn. 41), S. 4 f.

III. Die Verfassungslogik einer Gleichheit in Vielfalt

Die ursprüngliche Verfassungslogik des Art. 3 GG von 1949 – ein liberal-individualistischer Ansatz bietet ausreichend Schutz vor Diskriminierungen bestimmter gesellschaftlicher Gruppen – ist nicht mehr zeitgemäß. Dies zeigt sich bereits an den bisherigen Reformen in diesem Bereich. Die Diskriminierungsmerkmale des Art. 3 Abs. 3 S. 1 GG sind zwar nach wie vor als grundsätzlich gleichrangig angeordnet, aber im Gesamtkonzept des Art. 3 GG besteht inzwischen eine Schieflage: Die rechtliche Behandlung zweier Merkmale – Geschlecht und Behinderung – ist im Zuge der Verfassungsreform 1994 entscheidend geändert worden, weil ein dringendes gesellschaftliches und rechtliches Bedürfnis nach einer Ausweitung des Schutzes bestand. Der damit eingezogene verfassungsrechtliche Abstand zwischen Art. 3 Abs. 2 GG und Art. 3 Abs. 3 S. 2 GG und den übrigen in Art. 3 Abs. 3 S. 1 genannten Merkmalen bedeutet eine Abkehr vom horizontalen Ansatz, der die Diskriminierungsmerkmale als grundsätzlich gleichrangig betrachtet, auch wenn merkmalsbezogene Differenzierungen im Detail möglich sind. Diese Hierarchisierung der Diskriminierungsmerkmale des Art. 3 Abs. 3 S. 1 ist mittlerweile nicht mehr gerechtfertigt.

Ein wesentlicher Bestandteil der Hierarchisierung liegt darin, dass in Bezug auf eine Behinderung und mit Blick auf die Gleichberechtigung der Geschlechter ausdrücklich auch positive Maßnahmen möglich sind. In ständiger Rechtsprechung zur Reform des Art. 3 Abs. 2 GG führte das Bundesverfassungsgericht aus:

> »Über das Diskriminierungsverbot des Art. 3 Abs. 3 GG hinaus stellt Art. 3 Abs. 2 GG ein Gleichberechtigungsgebot auf und erstreckt dieses auch auf die gesellschaftliche Wirklichkeit (vgl. BVerfGE 85, 191 <207>; 92, 91 <109>). Das ist durch die Anfügung von Satz 2 in Art. 3 Abs. 2 GG ausdrücklich klargestellt worden (vgl. BVerfGE 92, 91 <109>). Art. 3 Abs. 2 GG zielt auf die Angleichung der Lebensverhältnisse und die Durchsetzung der Gleichberechtigung der Geschlechter (vgl. BVerfGE 85, 191 <207>; 89, 276 <285>; 109, 64 <89>).«[45]

Damit sind durch die Reform des Art. 3 Abs. 2 GG die Angleichung der Lebensverhältnisse als grundrechtliches Ziel sowie ein Handlungsbedarf für positive Gleichstellungsmaßnahmen anerkannt worden. Gleiches gilt für die Gleichstellung Behinderter; in Art. 3 Abs. 3 S. 2 GG ist klargestellt, dass zwar Benachteiligungen verboten, Bevorzugungen aber erlaubt oder sogar geboten sind. Demgegenüber lehnt eine gegenwärtig weit verbreitete Interpretation des Art. 3 Abs. 3 S. 1 GG als ein bloßes Differenzierungs- bzw. Begründungsverbot[46] solche Handlungs- oder Schutzaufträge mit Blick auf die übrigen in Art. 3 Abs. 3 S. 1 genannten Merkmale kategorisch ab. Im Ergebnis wird hierdurch der Abstand zu Art. 3 Abs. 1 GG eingeebnet, weil Abs. 3 dann nur noch die Sachlichkeitsanforderungen des Abs. 1 konkretisiert.

45 BVerfG, NJW 2007, 137 f.

46 Vgl. Heun, in: Dreier (Fn. 37), Art. 3, Rn.119-124 und 138, jeweils m.w.N.

Es gibt gute Gründe, Art. 3 Abs. 3 S. 1 GG als Optimierungsgebot zu interpretieren,[47] das in Verbindung mit der Menschenwürdegarantie des Art. 1 Abs. 1 GG ähnlich einem Staatsauftrag gewisse Schutzpflichten zur Herstellung auch faktisch gleicher Lebensverhältnisse enthält,[48] und damit Förderungsmaßnahmen nicht ausschließt, sondern eine Grundlage für diese darstellt. Angesichts der gegenwärtigen Systematik des Art. 3 GG sind diesen Argumentationsangeboten jedoch Grenzen gesetzt, weil der Unterschied zu Art. 3 Abs. 3 S. 2 GG zu verschwimmen droht. Zwar gibt es auch hierfür gute Gründe, da mittlerweile die sozialen Auswirkungen etwa der Benachteiligungen wegen der ethnischen Herkunft oder Zugehörigkeit – wie oben erörtert – recht gut dokumentiert sind und eine Aufweichung der Privilegierung von Behinderung und Geschlecht rechtfertigen. Aus Gründen der Rechtsklarheit sollte der Verfassungsgesetzgeber diese dynamische Interpretation des Art. 3 Abs. 3 S. 1 GG aber nicht den Gerichten überlassen, sondern selbst aktiv werden.

Darüber hinaus hatte schon die Reform des Art. 3 Abs. 2 GG gezeigt, dass es nicht ausreicht, für eine formale Chancengleichheit im Rahmen eines liberal-individualistischen Ansatzes zu sorgen, dass vielmehr über die formale Rechtsgleichheit hinaus auch eine soziale Gleichheit anzustreben ist, weil ansonsten die Verhältnisse zementiert werden. Die Verfassungslogik des Grundgesetzes sollte daher auch unter Berücksichtigung menschen- und europarechtlicher Fortschritte vom liberal-individuellen Grundrechtsverständnis auf eine Systematik umgestellt werden, die es ermöglicht, faktischen und sozialen Nachteilen wegen einer tatsächlichen (oder nur vorgestellten) Gruppenzugehörigkeit wirkungsvoll zu begegnen und strukturelle Diskriminierungen zu erkennen und zu korrigieren. Bei dieser Gelegenheit könnte dann auch die längst überfällige Ratifizierung des 12. Zusatzprotokolls zur EMRK erfolgen.

47 Vgl. Nickel (Fn. 1), S. 132 ff. (148-155, 213-216).

48 Jochen Abr. Frowein, Die Überwindung von Diskriminierung als Staatsauftrag in Art. 3 III GG, in: FS H. Zacher, 1998, S. 157 (160 ff.).

»Jeder nach seiner Façon«: Grundgesetz für die multireligiöse Gesellschaft

Stefan Korioth

I. Einleitung

Sechzig Jahre Grundgesetz – ein solches Jubiläum gibt Anlass nicht allein zu Feierlichkeiten, sondern auch zur kritischen Bestandsaufnahme: Ist das, was 1949 im Religionsrecht in teilweise enger Anlehnung an die Regelungen der Weimarer Reichsverfassung und sogar, noch weiter zurückgehend, an diejenigen des Entwurfs der Paulskirchenverfassung entwickelt wurde, noch in jeder Hinsicht geeignet, um den gegenwärtigen Herausforderungen innerhalb der modernen Gesellschaft angemessen begegnen zu können? Beim Verhältnis Staat-Religion besitzt diese Frage in doppelter Hinsicht eine besondere Relevanz: Zum einen sind in diesem Feld die gesellschaftlichen Veränderungen der vergangenen Jahrzehnte besonders deutlich. Vor dem Hintergrund zunehmender Säkularisierung einerseits, Immigration nichtchristlicher Bevölkerungsgruppen andererseits können die religiösen Verhältnisse in Deutschland nicht mehr als allein oder zumindest primär von den christlichen Großkirchen geprägt bezeichnet werden. Zum anderen erscheinen, vor dem Hintergrund dieser sozialen Veränderungen, die überkommenen grundgesetzlichen Regelungen als in besonderem Maße anachronistisch. Bereits die traditionelle Bezeichnung für das jenes Verhältnis von Staat und Religion betreffende juristische Spezialgebiet als »Staatskirchenrecht« verdeutlicht das Problem.

Beide Aspekte, der religionssoziologische Wandel und die rechtlichen Reaktionen hierauf, sollen im Folgenden näher beleuchtet werden. Im Ausgang der Analyse, inwieweit die bestehenden grundgesetzlichen Regelungen auch auf moderne Herausforderungen adäquate Antworten bereithalten, muss eine knappe Bestandsaufnahme zur gegenwärtigen Situation in Deutschland stehen, die zugleich die gravierenden Veränderungen im Verhältnis zu den frühen Jahren der Bundesrepublik verdeutlicht (II.). Vor diesem Hintergrund ist, ebenfalls knapp, das religionsrechtliche System des Grundgesetzes in Erinnerung zu rufen (III.), ehe die Frage nach der Erforderlichkeit einer Weiterentwicklung dieser grundgesetzlich vorgesehenen Regelungen beantwortet wird (IV.).

II. Was ist und leben wir in einer multireligiösen Gesellschaft?

Der in religionssoziologischer Hinsicht zu konstatierende Wandel in Deutschland lässt sich bereits rein quantitativ klar verdeutlichen. Lassen Sie uns daher mit den bekannten Fakten zur Religionsstatistik beginnen: Im Jahre 1950 gehörten – bezogen auf das damalige Bundesgebiet ohne Berlin – 96,4 % der Bevölkerung einer der beiden großen christlichen Kirchen an, mit einem etwas größeren Anteil der evangelischen Christen (50,6 %) gegenüber den Katholiken (45,8 %).[1] Dieser Zustand veränderte sich bis 1961 kaum. In den 1960er und 1970er Jahren verloren dann in der alten Bundesrepublik erstmals die beiden großen Kirchen insbesondere durch Kirchenaustritte massiv an Mitgliedern, während andere Religionsgemeinschaften zahlenmäßig gesehen weiterhin praktisch bedeutungslos blieben. In der DDR gehörten 1950 80,5 % der Bevölkerung der evangelischen Kirche an, 11 % der katholischen Kirche. Aggressive Atheismuskampagnen führten hier dazu, dass die Zahl der Kirchenmitglieder bis zur Wende 1989 auf knapp 30 % der Bevölkerung zurückging.[2]

Die massive Entkirchlichung spiegelt sich seit 1990 in der gesamtdeutschen Statistik zur Religionszugehörigkeit wider.[3] Ende 2006 gehörten 31,2 % der Bevölkerung der katholischen Kirche an,[4] 30,5 % der evangelischen Kirche.[5] Mit Blick auf den Islam, der seit Ende der 1970er Jahre an Bedeutung gewann, gibt es mangels formalisierten Mitgliedschaftsrechts keine gesicherten Zahlen. Geschätzt wurde für das Jahr 2008 jedoch, dass etwa 4 % der Bevölkerung in Deutschland sich zu dieser Religion bekennen.[6] Alle weiteren Religionsgemeinschaften vereinigen jeweils weniger als 0,5 % der Bevölkerung auf sich. Dies gilt etwa für die Neuapostolische Kirche, den Buddhismus, die jüdischen Gemeinschaften, die Zeugen Jehovas und die Anhänger des Hinduismus. Etwas mehr ein als Drittel der Bevölkerung, 34 %, gehören demgegenüber gar keiner Glaubensgemeinschaft mehr an.[7]

Die gängige Deutung dieser Fakten ist hinreichend bekannt. Die religiöse Landschaft in Deutschland ist in den letzten Jahrzehnten durch eine tiefgreifende Pluralisierung, Individualisierung und auch Enttraditionalisierung geprägt.[8] Besonders bemerkenswert für den gegenwärtigen Stand erscheint, dass die konfessionslose Bevölkerung – was in der Regel keine dezidierte Religionsfeindlichkeit, sondern schlichte Indifferenz gegenüber der Religion meint – etwa ein Drittel der Wohnbevölkerung der Bundesrepublik ausmacht. Es gibt also eine Gleichzeitigkeit von zwei Trends. Der erste ist die Pluralisierung der religiös Interessierten, Engagierten und Gebundenen; der zweite das schlichte Desinteresse an Religion, das von Konfessi-

1 Vgl. die Materialien der »Forschungsgruppe Weltanschauungen in Deutschland«, abrufbar unter: http://fowid.de/fileadmin/datenarchiv/Religionszugehoerigkeit_Bevoelkerung__1950-2008.pdf, S. 1.

2 Vgl. hierzu näher Detlef Pollack, Säkularisierung – ein moderner Mythos?, Tübingen 2003, S. 77 ff.

3 Vgl. Pollack, Säkularisierung (Fn. 2), S. 108 ff.

4 Vgl. die Angaben der Deutschen Bischofskonferenz, abrufbar unter: http://www.dbk.de/imperia/md/content/kirchlichestatistik/bevoelkerung_und_katholiken_1965-2007.pdf

5 Vgl. die Angaben der Evangelischen Kirche in Deutschland, abrufbar unter http://www.ekd.de/download/krchenmitglieder_2006.pdf, S. 6.

6 Vgl. http://fowid.de/fileadmin/datenarchiv/Religionszugehoerigkeit_Bevoelkerung__1950-2008.pdf, S. 7.

7 A.a.O., S. 5.

8 Vgl. Pollack, Säkularisierung (Fn. 2), S. 132 ff.

onslosen gern mit der modischen Umschreibung bezeichnet wird, man sei religiös unmusikalisch.[9]

Fragen wir von hier aus nach der Bedeutung der Religion für unsere Gesellschaft, dann lassen sich ebenfalls zwei sehr unterschiedliche Tendenzen feststellen. Sie bezeichnen die Gleichzeitigkeit des Ungleichzeitigen, ein Zustand, der nach gängiger soziologischer Sicht kennzeichnend für Übergangsphasen sein soll.[10] Die eine Seite dieser Entwicklung hat die Bundesjustizministerin Brigitte Zypries Ende 2006 in einer Grundsatzrede zur Religion teils polemisch beschrieben. Die »Renaissance der Religion« sei – so die Ministerin – ein »Feuilleton-Phänomen«. Faktische Belege für die behauptete Entwicklung, etwa in Form von Kircheneintritten, fehlten; lediglich im publizistischen Sektor könne man eine zunehmende Beschäftigung mit dem Thema erkennen: »Der Rückgriff auf die Religion ist eine Modeerscheinung von Autoren, denen alles zu unordentlich geworden ist in Deutschland.«[11] Daran ist sicher richtig, dass eine derartige Renaissance sich jedenfalls als Massenphänomen nicht feststellen lässt. Teilweise wird allerdings bereits ein statistisch erfassbarer Wandel in der allgemeinen Einstellung der Bevölkerung zur Religion geschildert.[12] Gleichwohl ist unbestreitbar, dass die von der frühen Religionssoziologie betonte Bedeutung der Religion als Homogenitätsfaktor der Gesellschaft[13] auch in den vergangenen Jahren weiter gesunken ist. Dieser Bedeutungsverlust hängt mit der Wandlung der christlichen Kirchen von umfassenden Volkskirchen zu Minderheitskirchen – jedenfalls in vielen Teilen Deutschlands –zusammen. Um als identitätsbestimmendes Merkmal einer Gesellschaft wirken zu können, dürfte Religion aber auf eine weitgehende Deckungsgleichheit von Staatsbürgern und Angehörigen derselben Religionsgemeinschaft verwiesen sein. Was insofern für die kollektive Dimension des Glaubens und seiner Gestalt in der Gesellschaft gilt, findet seine Entsprechung auf der individuellen Ebene der religiösen Prägung des Lebens der einzelnen Bürger. Auch in dieser Hinsicht ist festzustellen, dass die individuelle Lebensführung nur

9 Die Wendung stammt ursprünglich von Max Weber, vgl. Marianne Weber, Max Weber. Ein Lebensbild, 1984, S. 339; vgl. für eine aktuelle Anknüpfung etwa Norbert Bolz, Das Wissen der Religion. Betrachtungen eines religiös Unmusikalischen, München 2008.

10 Die Formel geht zurück auf den Kunsthistoriker Wilhelm Pinder, Das Problem der Generation in der Kulturgeschichte Europas, 1926; für eine aktuelle Verwendung s. etwa Reinhart Koselleck, Zeitschichten. Studien zur Historik, 2000, S. 9.

11 Brigitte Zypries, 5. Rede zur Religionspolitik am 5.12.2006, abrufbar unter: http://www.bmj.de/enid/0,ea2654706d635f6964092d0933373538093a0979656172092d0932303036093a096d6f6e7468092d093132093a095f7472636964092d0933373538/Reden/Brigitte_Zypries_zc.html. Vgl. zum Phänomen einer möglichen »Wiederkehr der Religion« und seinen Ursachen näher Karl-Heinz Ladeur/Ino Augsberg, Toleranz – Religion – Recht. Die Herausforderung des »neutralen« Staates durch neue Formen von Religiosität in der postmodernen Gesellschaft, 2007, S. 1 ff.

12 Vgl. Renate Köcher, Die neue Anziehungskraft der Religion. Wachsendes Interesse an Glaube und Kirche, in: F.A.Z. v. 12.4.2006, Nr. 87, S. 5. So habe sich etwa »der Anteil der Bevölkerung mit ausgeprägtem Interesse an religiösen Fragen seit etwa 1995 von 24 auf 33 Prozent erhöht, derjenige der Desinteressierten von 32 auf 24 Prozent vermindert.«

13 Vgl. kritisch Armin Nassehi, Geschlossenheit und Offenheit. Studien zur Theorie der modernen Gesellschaft, 2003, S. 261 ff., mit Bezug auf Durkheim, Weber und Parsons.

noch selten durchgehend durch die enge Anbindung an eine Kirche oder Religionsgesellschaft samt ihrer Lehren und ihrer Rituale bestimmt sein dürfte.[14]

Eine umfassende Betrachtung der gegenwärtigen religiösen Verhältnisse darf bei der Feststellung dieses Bedeutungsverlusts der Religion aber nicht stehen bleiben. Er bezeichnet nur die eine Seite der Entwicklung. Für eine geringere Zahl von Gläubigen hat Religion weiterhin als »Lebensführungsmacht« hohe Bedeutung. Dabei ist konträr zu dem Trend der Individualisierung von Religion auch eine Tendenz zur Entprivatisierung von Religion zu beobachten, die verstärkt auf eine Wirkung der Religion in die Gesellschaft hinein drängt. Derartige Auswirkungen religiöser Überzeugungen nicht allein auf das Alltagsleben der Gläubigen, sondern auf die Gesamtgesellschaft können sich in verschiedener Weise gesellschaftlich ausprägen. Eine Möglichkeit liegt darin, dass religiöse Differenzbehauptungen einer kleinen Gruppe von Gläubigen gezielt als Mittel der Anerkennungsforderungen von Minderheiten eingesetzt werden, eingeschlossen ein Drängen auf stärkere Berücksichtigung der eigenen Religion im Gesellschaftsganzen. Religion als starke individuelle Lebensführungsmacht kann aber auch die Option umfassen, sich in einer zunehmend verweltlichenden Gesellschaft zu isolieren, in den privaten Zirkel zurückzuziehen und Religion vielleicht sogar als Argument für nichtgewollte oder bewusst verweigerte Integration in die Gesellschaft anzuführen.[15] Letztendlich kann diese Option auch zum Widerstand gegen die bestehende Gesellschaftsordnung führen.[16] Nicht zu verkennen ist jedenfalls, dass in den vergangenen Jahren auch eine Re-Politisierung der Religion, insbesondere, aber keinesfalls nur auf Seiten des Islam, erfolgt ist.[17] Auch wenn man einer emphatischen Rede von der »Wiederkehr der Religion« skeptisch gegenübersteht und ihr die sich fortsetzenden Säkularisierungstendenzen in der Moderne entgegenhält, lässt sich zudem fragen, ob nicht möglicherweise gerade die Säkularisierung selbst als Reaktion eine Intensivierung des religiösen Erlebens der verbleibenden Gläubigen hervorruft.[18] Festgehalten werden sollte schließlich auch, dass die These einer weiterhin zunehmenden Verweltlichung allenfalls im engen nationalen Kontext eine gewisse Plausibilität beanspruchen kann. In internationaler Perspektive dagegen ist das Wachstum der Religionen – und zwar nicht nur des Islam, sondern auch und gerade des Christentums – ein nicht zu leugnendes Faktum.[19]

Doch damit genug der religionssoziologischen Betrachtungen zur gegenwärtigen Situation in Deutschland. Für Juristen, die sich mit dem Religionsrecht befassen,

14 Vgl. zum Problem allg. die Beiträge in Werner Gephart/Hans Waldenfels (Hrsg.), Religion und Identität. Im Horizont des Pluralismus, 1999.

15 Vgl. zum Problem Lale Yalçin-Heckmann, Are fireworks Islamic? Towards an Understanding of Turkish Migrants and Islam in Germany, in: Charles Stewart/Rosalind Shaw (Hrsg.), Syncretism/Anti-Syncretism. The Politics of Religious Synthesis, 1994, S. 169 ff.

16 Vgl. zum Problem näher (mit den erforderlichen Relativierungen) Wolfgang Schieder, Sind Religionen gefährlich?, 2008, S. 24 ff.

17 Vgl. dazu die Beiträge in Heiner Bielefeld/Wilhelm Heitmeyer (Hrsg.), Politisierte Religion. Ursachen und Erscheinungsformen des modernen Fundamentalismus, 1998.

18 So Ladeur/Augsberg, Toleranz (Fn. 11), S. 1 ff.

19 Vgl. Schieder, Sind Religionen gefährlich? (Fn. 16), S. 166 ff.

sind sie zwar notwendig, führen aber auch über die Grenzen der eigenen Disziplin hinaus und sollten daher, in Kenntnis der eigenen Kernkompetenzen, zurückhaltend eingesetzt werden.

III. Die zwei Säulen des grundgesetzlichen Religionsrechts

Fragen wir daher anders, nämlich so, wie es dem auf das Feld des Normativen spezialisierten Juristen gebührt: Was bedeutet der Befund der religiösen Differenzierung, Individualisierung und Enttraditionalisierung für das Recht?[20] Kann unser Religionsverfassungsrecht, dessen Fundamente vollständig und dessen Einzelheiten zumindest zu einem Teil aus der Zeit des exklusiven Gegenüber von Staat und christlichen Großkirchen stammen,[21] dieser neuen Situation angemessen Rechnung tragen? Handelt es sich – wie die überkommene Bezeichnung Staatskirchenrecht anzudeuten scheint[22] – um eine unzeitgemäße Ordnung mit unzulässigen Privilegierungen christlicher Kirchen oder um einen unverändert brauchbaren Ordnungsrahmen?[23]

Diese Fragen setzen zunächst eine Vergewisserung über die Grundzüge unseres Religionsrechtes voraus. Ich stelle sie unter die Prämisse, dass Religionsrecht in einer freiheitlichen Verfassungsordnung als Angebot von Freiheitsräumen und Rechtsformen verstanden werden sollte. Dieses Angebot soll möglichst vielen individuellen und korporativen religiösen Haltungen und Einstellungen Entfaltungsräume geben, Freiheit möglich machen, kollidierenden Freiheitsgebrauch zu einem schonenden Ausgleich bringen und schließlich auch notwendige Grenzen der religiösen Entfaltung klar benennen. Religionsrecht hat in diesem Sinne, neben der Ordnungsfunktion jeden Rechts, eine besondere Bereitstellungsfunktion.[24]

20 Vgl. zum Problem bereits Bernhard Schlink, Zwischen Säkularisation und Multikulturalität, in: FS für Gerd Roellecke, 1997, S. 301 ff.; Dieter Grimm, Multikulturalität und Grundrechte, in: Rainer Wahl/Joachim Wieland (Hrsg.), Das Recht des Menschen in der Welt, 2002, S. 135 ff.; Christian Walter, Religionsverfassungsrecht. In vergleichender und internationaler Perspektive, 2006, S. 494 ff.

21 Vgl. zur historischen Entwicklung näher Stefan Korioth, Die Entwicklung des Staatskirchenrechts in Deutschland seit der Reformation, in: Hans Michael Heinig/Christian Walter (Hrsg.), Staatskirchenrecht oder Religionsverfassungsrecht?, 2007, S. 39 ff.; Bernd Jeand'Heur/ders., Grundzüge des Staatskirchenrechts. Ein Lehrbuch, 2000, §§ 2 ff., S. 31 ff.

22 Vgl. zur Debatte, ob statt dieser überkommenen besser die modernere Bezeichnung »Religionsverfassungsrecht« gewählt werden sollte, die Beiträge in Heinig/Walter (Hrsg.), Staatskirchenrecht oder Religionsverfassungsrecht? (Fn. 21); ferner Stefan Korioth, Vom institutionellen Staatskirchenrecht zum grundrechtlichen Religionsverfassungsrecht. Chancen und Gefahren eines Bedeutungswandels des Art. 140 GG, in: FS für Peter Badura, 2004, S. 727 ff.

23 Vgl. zu einer ähnlichen Fragestellung Hans Michael Heinig, Ordnung der Freiheit – das Staatskirchenrecht vor neuen Herausforderungen, ZevKR 54 (2008), 235 ff.; Christian Walter, Religiöse Freiheit als Gefahr? Eine Gegenrede, DVBl. 2008, 1073 ff.; Ino Augsberg, Noli me tangere. Funktionale Aspekte der Religionsfreiheit, Der Staat 48 (2009), 239 ff.

24 Vgl. zur Bereitstellungsfunktion des Rechts allg. Gunnar Folke Schuppert, Verwaltungsrechtswissenschaft als Steuerungswissenschaft. Zur Steuerung des Verwaltungshandelns

Das grundgesetzliche Religionsrecht kennt zwei Säulen. Die erste dieser Säulen besteht im Grundrecht der Religionsfreiheit nach Art. 4 Abs. 1 und 2 GG. Als Menschenrecht ist die Religionsfreiheit von ihrem Herkommen her individualistisch geprägt, universalistisch angelegt und von besonderer Bedeutung dann, wenn es um den Schutz von Minderheitenpositionen geht. Bekanntlich hat insbesondere die Rechtsprechung des Bundesverfassungsgerichts den Schutzbereich der Religionsfreiheit extensiv ausgelegt und letztlich im Sinne einer allgemeinen Handlungsfreiheit aus religiöser Überzeugung verstanden.[25] Art. 4 GG umfasst in diesem Sinne »das Recht des Einzelnen, sein gesamtes Verhalten an den Lehren seines Glaubens auszurichten und seiner inneren Glaubensüberzeugung gemäß zu leben«.[26] Zur Feststellung dessen, was als religiöse (oder, gleichweise geschützt, weltanschauliche) Überzeugung gelten soll und welches Verhalten auf dieser Basis dann als glaubensgeleitet anzusehen ist, legt das Bundesverfassungsgericht auf das Selbstverständnis des Grundrechtsträgers besonderen Wert.[27] Dieses muss lediglich plausibel und nachvollziehbar dargelegt werden.

Das Grundrecht der Religionsfreiheit, auf das sich nicht nur Einzelne, sondern auch Religionsgemeinschaften berufen können, gilt heute als »Grundlage allen staatskirchenrechtlichen Argumentierens«.[28] Zugleich jedoch geht die grundrechtliche Norm über eine lediglich basale Bestimmung weit hinaus. Aus Art. 4 GG lässt sich ein komplettes System von konkreten Freiheitsgarantien religiöser Entfaltung ableiten: Garantiert wird die Freiheit des Glaubens (und, ebenso, der weltanschaulichen Überzeugungen) in der individuellen wie einer kollektiven Dimension, also als Freiheit des Einzelnen ebenso wie die einer Gemeinschaft. Der Schutz umfasst die positive Glaubensfreiheit – als Freiheit, einen bestimmten Glauben zu besitzen und danach zu leben – wie die negative Glaubensfreiheit – als Freiheit, keine Glaubensüberzeugungen anderer aufgezwungen zu bekommen.

Ganz anders strukturiert ist die zweite Säule des grundgesetzlichen Religionsrechtes. Sie besteht aus den durch Art. 140 GG übernommenen Weimarer Kirchenartikeln und bildet gegenüber der individualistisch geprägten grundrechtlichen Figur des Art. 4 GG die institutionelle Seite des Staatskirchenrechts.[29] Hier kommen die

durch Verwaltungsrecht, in: Wolfgang Hoffmann-Riem/Eberhard Schmidt-Aßmann/ders. (Hrsg.), Reform des Allgemeinen Verwaltungsrechts. Grundfragen, 1993, S. 67 ff. (96 ff.).

25 Vgl. BVerfGE 24, 236 (245 f.). Kritisch dazu etwa Ernst-Wolfgang Böckenförde, Schutzbereich, Eingriff, Verfassungsimmanente Schranken, Der Staat 42 (2003), 165 ff.

26 BVerfGE 32, 98 (106).

27 Vgl. zur Bedeutung des Selbstverständnisses der Religionsgemeinschaften BVerfGE 24, 236 (247 f.); 33, 23; 53, 366 (401); 66, 1 (22); 70, 138 (167); 72, 278 (289); 104, 337 (353 ff.); BVerwGE 112, 227 (234 f.); dazu Martin Morlok, Selbstverständnis als Rechtskriterium, 1993, S. 78 ff.; A. Isak, Das Selbstverständnis der Kirchen und Religionsgemeinschaften und seine Bedeutung für die Auslegung des staatlichen Rechts, 1994; Stefan Muckel, Religiöse Freiheit und staatliche Letztentscheidung, 1997, bes. S. 1 ff. (27 ff., 121 ff.).

28 Klaus Schlaich, Staatskirchenrecht, in: Dieter Grimm/Hans-Jürgen Papier (Hrsg.), Nordrhein-westfälisches Staats- und Verwaltungsrecht, 1986, S. 704 ff. (713).

29 Vgl. näher Jeand'Heur/Korioth, Grundzüge des Staatskirchenrechts (Fn. 21), §§ 8 ff., S. 125 ff.

historisch geprägten Besonderheiten des institutionellen Verhältnisses von Staat und Religionsgemeinschaften besonders deutlich zum Ausdruck. Diese Normen ruhen insoweit in der spezifisch deutschen Tradition, als sie speziell auf das Verhältnis von Staat und christlichen Großkirchen zugeschnitten sind. Schon in der Weimarer Verfassung waren die hier gegebenen Gewährleistungen allerdings religiös-inhaltlich neutral formuliert. Der Begriff der Kirche kommt nur ein einziges Mal und in negativer Weise vor, dort nämlich, wo Art. 140 GG in Verbindung mit Art. 137 Abs. 1 WRV statuiert: »Es besteht keine Staatskirche«. Ansonsten ist durchgehend von den »Religionsgesellschaften« die Rede. Dennoch ist klar, dass die einzelnen Regelungen vor dem Hintergrund der christlichen Großkirchen entstanden sind. Dies betrifft etwa den Körperschaftsstatus für Religionsgemeinschaften,[30] die Anstaltsseelsorge,[31] die Kirchensteuer,[32] den Schutz des Sonntages,[33] die Staatsleistungen[34] und Weiteres mehr. Manche dieser Garantien sind Präzisierungen grundrechtlicher Freiheit. Die meisten gehen darüber hinaus, indem sie Religion als Faktor des öffentlichen Lebens ausdrücklich zulassen.

Die unterschiedliche Struktur des Art. 4 und des Art. 140 GG darf jedoch nicht dazu führen, beide Normen streng getrennt voneinander in den Blick zu nehmen. Mit der entsprechenden verfassungsgerichtlichen Judikatur müssen die beiden grundgesetzlichen Bestimmungen vielmehr gerade in ihrer Zusammengehörigkeit und ihrem Zusammenwirken gelesen werden.[35] Die Verbindungslinie zwischen Art. 4 GG und Art. 140 GG, zwischen dem Grundrecht und der auf Korporationen bezogenen Regelung, schafft der Grundsatz der religiös-weltanschaulichen Neutralität des Staates.[36] Das Bundesverfassungsgericht leitet ihn aus beiden Normenkomplexen ab.[37] Neutralität versteht es dabei aber nicht im Sinne eines strikten, laizistischen Trennungsgebots; vielmehr wird die grundgesetzliche Ordnung ausdrücklich als eine weder religionsindifferente noch gar religionsfeindliche, sondern religionsfreundliche charakterisiert.[38] In diesem Sinne bezeichnet das Gericht im sogenannten Kopftuch-Urteil von 2003, in dem es sich besonders eingehend mit diesem Grundsatz auseinandergesetzt hat, die für den Staat gebotene religiöse Neutralität als

30 Vgl. dazu allg. Klaus G. Meyer-Teschendorf, Der Körperschaftsstatus der Kirchen, AöR 103 (1978), 329 ff.; Stefan Magen, Körperschaftsstatus und Religionsfreiheit. Zur Bedeutung des Art. 137 Abs. 5 WRV im Kontext des Grundgesetzes, 2004.

31 Vgl. dazu nur Jeand'Heur/Korioth, Staatskirchenrecht (Fn. 21), § 13, S. 201 ff.

32 Vgl. etwa Felix Hammer, Rechtsfragen der Kirchensteuer, 2002, S. 44 ff.

33 Vgl. umfassend Peter Häberle, Der Sonntag als Verfassungsprinzip, 2. Aufl. 2006.

34 Vgl. Michael Droege, Staatsleistungen an Religionsgemeinschaften im säkularen Kultur- und Sozialstaat, 2004.

35 Vgl. BVerfGE 53, 366 (400); 70, 138 (167).

36 Vgl. allg. dazu Klaus Schlaich, Neutralität als verfassungsrechtliches Prinzip, 1972; Stefan Huster, Die ethische Neutralität des Staates, 2002; ders., Die religiös-weltanschauliche Neutralität des Staates, in: Winfried Brugger/ders. (Hrsg.), Der Streit um das Kreuz in der Schule, 1998, S. 69 ff.; kritisch Karl-Heinz Ladeur/Ino Augsberg, Der Mythos vom neutralen Staat, JZ 2007, 12 ff.

37 Vgl. BVerfGE 12, 1 (4); 19, 206 (216); 93, 1 (7); 108, 282 (299 f.).

38 Vgl. BVerfGE 41, 29 (49 f.).

»offene und übergreifende, die Glaubensfreiheit für alle Bekenntnisse fördernde«.[39] Dieses Verständnis wohlwollender, freundlicher, fördernder, überwölbender Neutralität bedeutet vor allem, dass nach unserem Religionsverfassungsrecht keine konsequente rechtliche Privatisierung der Religion und religiöser Interessen stattfindet. Wichtig ist, dass nach unserem Neutralitätsverständnis religiöse Belange sich in der öffentlichen Sphäre entfalten können. Religiosität soll als solche in öffentlichen Räumen zur Geltung kommen können, wobei allerdings vorausgesetzt ist, dass sich der Staat in keiner Weise mit religiösen Inhalten identifiziert. Was dies bedeutet, lässt sich an einzelnen grundgesetzlichen Regelungen ablesen, die dieses Konzept von Neutralität umsetzen. Das gilt etwa für den Religionsunterricht nach Art. 7 Abs. 3 GG: Der grundgesetzlich gewährleistete Status als »ordentliches Lehrfach« besagt, dass der Staat Religion als Pflichtfach in den Unterricht an den öffentlichen Schulen aufnimmt und den Religionsunterricht organisiert und bezahlt. Die inhaltliche Gestaltung jedoch überlässt er den jeweils verantwortlichen Religionsgemeinschaften.[40] Ähnliches gilt für die Anstaltsseelsorge, insbesondere die Militärseelsorge, nach Art. 140 GG i.V.m. Art. 141 WRV.[41] Auch der Körperschaftsstatus nach Art. 140 GG i.V.m. Art. 137 Abs. 5 WRV ermöglicht es den Religionsgemeinschaften, in spezifischer Weise, nämlich unter Inanspruchnahme von einzelnen Befugnissen des öffentlichen Rechts, in die Sphäre des Öffentlichen hineinzuragen.[42] Keineswegs ist dieser Körperschaftsstatus – Gleiches gilt für die weiteren institutionellen Garantien – auf christliche Kirchen oder Religionsgemeinschaften beschränkt; grundsätzlich steht er vielmehr allen Religionsgemeinschaften offen, die bestimmte, religiös neutral formulierte Organisationsanforderungen erfüllen.[43] Weitergehende inhaltliche Erfordernisse, insbesondere eine besondere Loyalität dem Staat gegenüber,[44] hat das Bundesverfassungsgericht mit Recht für nicht erforderlich erklärt.[45]

39 BVerfGE 108, 282 (300).

40 Vgl. Christoph Link, Religionsunterricht, in: HdbStKirchR, Bd. II, 2. Aufl. 1995, § 54, S. 439 ff.; jüngst Stefan Korioth/Ino Augsberg, Ethik- oder Religionsunterricht? Eine Bestandsaufnahme aus verfassungsrechtlicher Sicht, ZG 24 (2009), i.E.

41 Vgl. Jeand'Heur/Korioth, Staatskirchenrecht (Fn. 21), §§ 13 und 14, S. 201 ff.

42 Vgl. Meyer-Teschendorf, Körperschaftsstatus (Fn. 30); Magen, Körperschaftsstatus (Fn. 30); Hans Michael Heinig, Öffentlich-rechtliche Religionsgesellschaften. Studien zur Rechtsstellung der nach Art. 137 Abs. 5 WRV korporierten Religionsgesellschaften in Deutschland und der Europäischen Union, 2003.

43 Vgl. dazu (mit Blick v.a. auf die Diskussion um die Körperschaftsfähigkeit der Zeugen Jehovas) Stefan Korioth, Loyalität im Staatskirchenrecht? Geschriebene und ungeschriebene Voraussetzungen des Körperschaftsstatus nach Art. 140 GG i.V.m. Art. 137 Abs. 5 WRV, in: Wilfried Erbguth/Friedrich Müller/Volker Neumann (Hrsg.), Rechtstheorie und Rechtsdogmatik im Austausch. Gedächtnisschrift für Bernd Jeand'Heur, 1999, S. 221 ff.

44 So aber das Bundesverwaltungsgericht in der dem Urteil des Bundesverfassungsgerichts zugrunde liegenden angegriffenen Entscheidung, vgl. BVerwGE 105, 117.

45 BVerfGE 102, 370.

IV. Ist eine Weiterentwicklung erforderlich?

Damit bleibt die Frage, ob dieses soeben in einem Grundumriss skizzierte Zwei-Säulen-Modell des deutschen Religionsrechtes noch eine angemessene Ordnung für die gegenwärtigen Erfordernisse der religiös pluralen Gesellschaft sein kann. Meines Erachtens ist diese Frage zu bejahen.[46] Die Tragfähigkeit des Modells ergibt sich insbesondere aus dem Zusammenspiel grundrechtlicher Freiheit und den vor allem durch die Kirchenartikel des Art. 140 GG bereitgehaltenen institutionalisierten Formen der Zusammenarbeit zwischen Staat und Religionsgemeinschaften. Diese Ordnung stammt zwar aus einer Zeit, als die Gesellschaft religiös noch deutlich homogener war. Auch unter veränderten tatsächlichen Voraussetzungen lässt sie sich aber so verstehen und anwenden, dass insbesondere der wachsenden Bedeutung religiös fundierter Lebensentwürfe Rechnung getragen werden kann, die sich nicht auf die Sphäre des Privaten beschränken wollen, sondern darauf insistieren, auch in der Öffentlichkeit zur Geltung zu kommen. Um diese Ziele zu erreichen, sind allerdings im Jahre 2009 einige Voraussetzungen zu beachten.

1. Dieses Erfordernis betrifft zunächst die grundrechtliche Religionsfreiheit nach Art. 4 Abs. 1 und 2 GG. Hier gibt es seit geraumer Zeit Vorschläge, die explizit vor dem Hintergrund zunehmender religiöser Vielfalt empfehlen, den Schutzbereich enger zu bestimmen als bisher. Das Grundrecht der Religionsfreiheit soll kein konturenloses Recht der religiösen Lebensführung sein, sondern beschränkt werden auf das, was nach klassischer Terminologie – im Bereich der Religionsausübung – als kultische Handlung bezeichnet wird.[47] Ein zweiter Vorschlag richtet sich darauf, die Rechtsprechung und Lehre zu verabschieden, wonach die Religionsfreiheit lediglich verfassungsimmanenten Schranken unterliegt, also nur durch Grundrechte anderer und weitere Verfassungsrechtsgüter eingeschränkt werden kann. Stattdessen sei es erforderlich, die Religionsfreiheit als unter Gesetzesvorbehalt stehendes Grundrecht zu verstehen; der Gesetzesvorbehalt soll sich aus Art. 140 GG in Verbindung mit Art. 136 Abs. 1 der Weimarer Reichsverfassung ergeben, wonach die staatsbürgerlichen Rechte und Pflichten von der Religionsfreiheit unberührt bleiben.[48] Beide Vorschläge, die auf ein engeres Verständnis des Grundrechts hinauslaufen, halte ich

46 Im Ergebnis ebenso Heinig, Ordnung der Freiheit (Fn. 23); Walter, Religiöse Freiheit als Gefahr? (Fn. 23); Augsberg, Noli me tangere (Fn. 23).

47 Vgl. etwa Ernst-Wolfgang Böckenförde, Schutzbereich, Eingriff, Verfassungsimmanente Schranken, Der Staat 42 (2003), 165 ff.; jüngst Ulrich Vosgerau, Freiheit des Glaubens und Systematik des Grundgesetzes. Zum Gewährleistungsgehalt schrankenvorbehaltloser Grundrechte am Beispiel der Glaubens- und Gewissensfreiheit, 2007.

48 Dafür etwa Axel Frhr. von Campenhausen, Religionsfreiheit, in: Josef Isensee/Paul Kirchhof (Hrsg.), HStR, Bd. VI, 2. Aufl. 2001, § 136, Rn. 82; Stefan Muckel, Religiöse Freiheit und staatliche Letztentscheidung, Berlin 1997, S. 224 ff.; Friedrich Schoch, Die Grundrechtsdogmatik vor den Herausforderungen einer multikonfessionellen Gesellschaft, in: Joachim Bohnert u.a. (Hrsg.), Verfassung – Philosophie – Kirche. Festschrift für Alexander Hollerbach zum 70. Geburtstag, 2001, S. 149 ff., hier S. 163 ff.; zum Ganzen Hartmut Maurer, Die Schranken der Religionsfreiheit, ZevKR 49 (2004), 311 ff. (v.a. S. 315, 330).

nicht für überzeugend. Bei der tatbestandlichen Beschränkung des Grundrechts würden wir die heutigen Abgrenzungsprobleme nicht aus der Welt schaffen, sondern letztlich nur auf eine andere Ebene verlagern. Ich glaube vor allem nicht, dass sich explizit religiöse Verhaltensweisen von religiös bestimmter Lebensführung abgrenzen lassen. Bei der Schrankenziehung zu Art. 4 GG halte ich die Rechtsprechung des Bundesverfassungsgerichts zu den verfassungsimmanenten Schranken nach wie vor für richtig. Die interpretatorische Ergänzung des Grundrechts um einen einfachen Gesetzesvorbehalt entspricht nicht der Intention des Parlamentarischen Rates[49] und trägt der besonderen Bedeutung der Religionsfreiheit nicht genügend Rechnung.[50] Den naheliegenden Einwand zum jetzigen Stand der Auslegung und Anwendung des Art. 4 GG, hier liege ein konturenloses Grundrecht vor, das missbräuchlichen Grundrechtsausübungen offenstehe, halte ich nicht für tragfähig. Missbräuchliche Berufungen auf die Religionsfreiheit, etwa bei Verhaltensweisen, die mit unserer Rechtsordnung schlechthin unvereinbar sind oder sich gegen diese Rechtsordnung richten, lassen sich durch die verfassungsimmanenten Schranken der Religionsfreiheit auffangen.

2. Etwas komplizierter liegen die Fragen im institutionellen Teil des Staatskirchenrechts. Hier gibt es teilweise Vorschläge, die überkommene Zweiteilung unseres Religionsverfassungsrechts durch »Amputation« des Art. 140 GG ganz und gar auf die grundrechtliche Seite zurückzuführen.[51] Das scheint mir deswegen nicht überzeugend, weil gerade die beiden Säulen unseres geltenden Rechts in ihrem Zusammenspiel es ermöglichen, Religion als öffentlichen Faktor in unserer Gesellschaft zu erhalten und zu Worte kommen zu lassen. Wenn ich damit auch für die Erhaltung des überkommenen, traditionsbehafteten Teils unseres Staatskirchenrechts plädiere, so bin ich mir gleichzeitig bewusst, dass dies nur sinnvoll ist, wenn die Anwendung des geltenden Rechts im besonderen Maße an dieser Stelle der Forderung Rechung trägt, das Religionsrecht als Angebot zu verstehen, das für möglichst viele religiöse Interessen offen gehalten werden muss. Keinesfalls darf das institutionelle Staatskirchenrecht als christlicher Traditionsbestand oder Privileg der christlichen Großkirchen verstanden werden, auch wenn es historisch so entstanden ist und auf die Kirchen zugeschnitten ist. Vom Körperschaftsstatus bis hin zu den theologischen Fakultäten und dem Religionsunterricht muss es möglich sein, diese Einrichtungen auch für Religionen zu öffnen, die unserem Kulturkreis bisher fremd waren. Damit dies gelingen kann, insbesondere mit Blick auf den Islam, sind Anpassungsleistungen von beiden Seiten, sowohl seitens des Staates als auch der Religionsgemeinschaften, die die Rechte in Anspruch nehmen wollen, erforderlich. So

49 Vgl. zur Entstehungsgeschichte Alexander Hollerbach, Grundlagen des Staatskirchenrechts, in: Josef Isensee/Paul Kirchhof (Hrsg.), HStR IV, 1989, § 139 Rn. 22 ff.; ferner Martin Borowski, Die Glaubens- und Gewissensfreiheit des Grundgesetzes, 2006, S. 55 ff.

50 Vgl. zur entsprechenden Diskussion näher Jeand'Heur/Korioth, Staatskirchenrecht (Fn. 21), S. 102 f. m.w.N.

51 Vgl. zu entsprechenden (letztlich zurückgewiesenen) Vorschlägen den Bericht der Gemeinsamen Verfassungskommission von Bundestag und Bundesrat vom 5.11.1993, BT-Drs. 12/6000, S. 106 ff.

kann es durchaus erforderlich sein, die Voraussetzungen des Körperschaftsstatus oder des Begriffes der Religionsgemeinschaft flexibler zu handhaben, um einen Zugang etwa islamischer Organisationen zu diesem Rechtsstatus zu ermöglichen. Zugleich gilt, dass in diesem Fall aber auch die religiösen Organisationen zur Anpassungsleistungen bereit sein müssen. Der institutionelle Teil des Staatskirchenrechts ruht in besonderer Weise darauf, dass die Religionsgemeinschaften eben nicht nur in privater grundrechtlicher Abgeschlossenheit ungestört ihrer Religion nachgehen wollen, sondern auch bereit sind, ihre Überzeugungen in den öffentlichen Diskurs konstruktiv einzubringen. Insofern, aber auch nur in dieser Hinsicht, kann das an den Staat gerichtete Neutralitätsgebot durchaus eine differenzierte Behandlung der Religionen und Religionsgemeinschaften ermöglichen. Es ist dem Staat zwar verwehrt, Religionen und Religionsgemeinschaften danach zu bewerten, welchen Beitrag sie zur kulturellen Integration der Gesellschaft leisten.[52] Religionsgemeinschaften aber, die durch die Anspruchnahme institutioneller Gewährleistungen explizit in die Sphäre des Öffentlichen eintreten wollen, müssen bereit sein, vor allem die religionsrechtlichen Grundentscheidungen des Grundgesetzes ihrerseits anzuerkennen.

3. Wird dies beachtet, so halte ich unser geltendes Staatskirchenrecht durchaus für eine zukunftsfähige Ordnung. Vermutlich ist unsere Ordnung sogar besser geeignet als rein grundrechtlich bestimmte religionsrechtliche Ordnungen oder solche, die eine laizistische Trennung von Staat und Religion kennen, der gewandelten Bedeutung von Religion in einer modernen Gesellschaft Rechnung zu tragen. Sie ermöglicht es den freiheitsberechtigten Einzelnen und religiösen Gruppen, zu wählen oder zu kombinieren, ob neben die grundrechtliche Freiheit ein spezifischer Öffentlichkeitsstatus der Religion treten soll.

52 In diese Richtung aber Ladeur/Augsberg, Toleranz (Fn. 11); kritisch dazu Heinig, Ordnung der Freiheit (Fn. 23), S. 241 ff.

Zur Gleichbehandlung der Religionen: Muslimische Glaubensgemeinschaften im deutschen Recht und in der Praxis

Hilal Sezgin[*]

Nach zweieinhalb Jahren Deutsche Islamkonferenz macht unter Deutschlands Muslimen ein Gerücht eine Runde, hat sich eine Hoffnung ausgebreitet, und die lautet: Wir müssen jetzt nur noch eine Körperschaft öffentlichen Rechts bilden, es irgendwie schaffen, als Religionsgemeinschaft anerkannt zu werden – dann stehen uns alle Möglichkeiten offen. Wir werden gut ausgebildete Lehrerinnen und Lehrer haben, wir werden im Radio und im Fernsehen senden dürfen, auch wir werden in allen Gremien sitzen, in denen bisher nur Vertreter der christlichen Kirchen Mitglied sind. Das Grundgesetz garantiert allen Religionen in gleichem Maße die freie Ausübung ihrer Religion, und wenn wir erst so eine Körperschaft oder Religionsgemeinschaft sind, haben wir die Zugangsbedingungen zu dieser Freiheit erfüllt.

Erzählt man davon einem Verfassungsrechtler, wird man merken, dass er irritiert bis konsterniert die Stirn zu runzeln beginnt. Er wird darauf hinweisen, dass da krude Missverständnisse bezügliche der Begriffe »Körperschaft«, »Religionsgemeinschaft« und sogar »anerkennen« vorliegen. Er wird erklären, dass die einen Aktivitäten tatsächlich zur Voraussetzung haben, dass der Zusammenschluss von Religionsangehörigen über den Status als Körperschaft des öffentlichen Rechts verfügen – das gilt z.B. für das Eintreiben von Kirchensteuern (Art. 140 GG i.V.m. Art. 137 Abs. 6 WRV) oder für steuerliche Begünstigungen (§ 54 AO; § 13 Abs. 1 Nr. 16 ErbStG; § 3 Abs. 1 Nr. 4 GrStG; § 2 Abs. 3 und § 4a UStG).[1] Für andere Aktivitäten kommt es dann wieder darauf an, dass der religiöse Zusammenschluss die Voraussetzungen einer Religionsgemeinschaft erfüllt. Das gilt insbesondere für die Veranstaltung von Religionsunterricht nach Art. 7 Abs. 3 GG, wobei das Bundesverfassungsgericht – um die Angelegenheit noch komplizierter zu machen – auch noch darauf hingewiesen hat, dass nicht jeder religiöse Zusammenschluss, der über einen Körperschaftsstatus verfügt, auch das Recht haben muss, Religionsunterricht nach Art. 7 Abs. 3 GG zu veranstalten.[2] Der Zugang zu eigenen muslimischen Sendungen wiederum, analog zur Übertragung christlicher Gottesdienste oder des Worts zum Sonntag, liege im Bereich der Rundfunkgesetze – Plural, nicht Singular. Jeder Sender ein eigenes Gesetz? Nun ist der Muslim an der Reihe, die Stirn zu runzeln: So einfach, wie gedacht, ist die Sache offenbar nicht.

* Ich danke Dr. Tarik Tabbara für Anregungen, Diskussion und juristischen Sachverstand.

1 Vgl. Axel Freiherr v. Campenhausen/Heinrich de Wall, Staatskirchenrecht, 2006, S. 266 f.

2 Vgl. die Zeugen Jehova-Entscheidung des Bundesverfassungsgerichts: BVerfGE 102, 370 (396).

In der Tat wird man, sobald man versucht, die rechtlichen Grundlagen für die öffentliche Partizipation von Religionsgemeinschaften in Deutschland nachzuvollziehen, feststellen, dass die Situation frustrierend unübersichtlich ist. Keineswegs gründen sich die entsprechenden Gesetze auf ein einzelnes normatives Prinzip, etwa wie ein Baum auf seinen Stamm, von dem sich dann die jeweiligen Anwendungsfälle verzweigen. Eher handelt es sich um ein Geflecht von einander zwar nicht unbedingt in die Quere kommender, doch logisch auch nicht voneinander abhängiger Einzelregelungen. Im Laufe der Jahrhunderte sind sie in Abgrenzung von, aber auch aus Generosität gegenüber den Anforderungen der Kirche(n) entstanden, um schließlich jenes Gebilde zu schaffen, das sich in Deutschland – manch streng laizistischem Franzosen zum Gräuel – herausbildete: Der Staat mischt sich nicht ein und ist neutral gegenüber den Religionen, gesteht ihnen aber auch ausdrücklich öffentlichen Raum zu, in dem sie und ihre Mitglieder sich entfalten dürfen. Diese wohlwollende Unparteilichkeit hat sich bisher allerdings noch nicht am Prüfstein großer religiöser Vielfalt entwickeln müssen, sondern konnte sich den beiden christlichen Konfessionen und der jeweiligen Anwendungssituation pragmatisch anpassen. Und so gehen einige dieser Gesetze aufs Bürgerliche Gesetzbuch, andere auf die Weimarer Zeit, andere auf die Situation in Nachkriegsdeutschland und wieder andere gar auf die Religionskriege zurück.

Wenn man diese Zeitspanne im Blick behält, fällt auf, dass es nicht ganz korrekt ist zu sagen, erstmals heute sei Deutschland vor die Frage des Umgangs mit verschiedenen Religionen gestellt. Keineswegs ist der Islam die erste nichtchristliche Religion, die Einlass begehrt, doch den seit Jahrhunderten in Deutschland lebenden Juden hat man bekanntermaßen Rechte aller Art abgesprochen, später in Teilen halbherzig verwirklicht, und dann ins Gegenteil bis hin zum Massenmord verkehrt. Nach 1945 hat man es immerhin geschafft, den in Deutschland sich allmählich wieder etablierenden jüdischen Gemeinden in Bezug auf Religionsunterricht, eigene Schulen, auch Sitze in Rundfunkräten etc. die notwendigen Räume einzurichten – ohne aber an der erwähnten unübersichtlichen Rechtslage etwas zu ändern. Dem Gedanken, dass künftig völlig neue Religionen kommen und die Möglichkeit umfassender öffentlicher Religionsausübung für sich einfordern könnten, ist man offenbar bisher gern ausgewichen. Auf wirklichen religiösen Pluralismus ist die Verfassung der Bundesrepublik bis heute jedenfalls in ihrer Praxis nicht eingestellt.

Jetzt aber, vor allem im Gefolge des Zuzugs von Arbeitsmigranten aus südlichen Mittelmeerländern und der Türkei, in geringerem Maße auch durch den Zuzug von Flüchtlingen aus dem kurdischen Teil desselben Landes und aus dem ehemaligen Jugoslawien, sieht sich die wohlwollende Unparteilichkeit des Grundgesetzes vor eine neue Situation und auf die Probe gestellt. Mit einem wie großen Teil der Bevölkerung man es dabei zu tun hat, wissen wir nicht. Die oft genannte Zahl von 3,4 Millionen Muslimen, die angeblich in Deutschland leben, greift mit Sicherheit viel zu hoch; diese Zahl orientiert sich allein an den Herkunftsländern.[3] Von den Neuankömmlingen aber haben sich viele vom Glauben der Eltern und Großeltern entfernt, seitdem sie hier leben; bei anderen waren schon diese nicht gläubig. Manche türkischen Kemalisten zum Beispiel oder iranische Intellektuelle, letztere waren einst vor dem Regime der Mullahs geflohen, sind, gelinde gesagt, nicht entzückt, sich regelmäßig der Gruppe der Muslime zugeschlagen zu sehen.

Umgekehrt sind über die Mitgliedschaft sämtlicher Moschee- und türkischer Kulturvereine nicht annähernd alle Muslime erfasst; trotz wiederholter Mahnungen deutscher Politiker, diese störrischen Muslime sollten sich endlich zu einer einzigen »Moschee« zusammenschließen, mit einem Oberhaupt bitte, das verbindlich für alle spreche, wird es mit dem Islam in Deutschland hoffentlich auf lange Zeit so bleiben: Keine Zugehörigkeit qua Geburt zu irgendeinem Verein oder einem kirchenähnlichen Gebilde. Und so wird es auch noch lange Zeit ein Rätsel bleiben, von wie vielen deutschen Muslimen wir sprechen, zumindest bis die Frage in die Hände der empirischen Sozialforschung übergeben wird oder sich das Statistische Bundesamt etwas anderes einfallen lässt.

Wie aber, so lautet die grundsätzlich zu stellende Frage, sollen wir – Muslime und Nicht-Muslime in Deutschland – mit dieser Situation umgehen: einem Grundgesetz, das sämtlichen Religionen dasselbe distanzierte Wohlwollen verspricht, im Detail aber nicht wirklich auf unterschiedliche Religionen eingerichtet ist, sowie einer großen und weiter anwachsenden Bevölkerungsgruppe, für die es bisher kein Analogon etwa zum Staatskirchenrecht gibt, die also einer bisher nicht explizit berücksichtigten Religion angehört? Dazu möchte ich im Folgenden drei Vorschläge machen, die teils eher grundsätzlicher, teils eher pragmatischer Natur sind. Zunächst scheint es mir, als ob Juristen und Politiker in vielen Fällen einfach zielorientierter und weniger legalistisch an die zu lösenden Probleme herangehen müssen.

Wann sich dieser Legalismus nicht allein aus der Sache ergibt, sondern möglicherweise auch ein Stück weit vorgeschoben ist, vermag ich nicht zu beurteilen. Aber ich möchte ein Beispiel aus meiner Arbeit, dem Journalismus, geben. Trotz diverser Anläufe und trotz mehr als zwei Jahren Deutsche Islamkonferenz ist es den Muslimen in Deutschland bisher noch nicht gelungen, auch nur einige wenige Sendeminuten innerhalb der üblichen öffentlich-rechtlichen Kanäle zu erhalten. Jeden Freitag gibt es 15 Minuten »Forum am Freitag«, das aber nur auf ZDF-Info ausgestrahlt wird, einem Sender, den fast niemand sieht oder auch nur empfängt. Anders als christliche Gottesdienste oder Worte zum Sonntag, enthält das Forum am Freitag auch nicht immer religiöse Inhalte, sondern greift auch gesellschaftliche Themen aus den üblichen Nachrichten vertiefend auf, sofern sie Muslime betreffen – Probleme an Schulen, Religionsunterricht, soziales Engagement Einzelner etc. Es ist also eher eine Sendung rund um das Leben der Muslime in Deutschland als zu ihrem Glauben, oder gar aus ihm heraus. Als eine im engeren Sinne islamische Sendung könnte man

3 Vgl. nur die Antwort der Bundesregierung auf die Große Anfrage der Fraktion Bündnis 90/Die Grünen zum Stand der rechtlichen Gleichstellung des Islam in Deutschland vom 18.4.2007, BT-Drs. 16/5033, S. 5 f.

das Islamische Wort bezeichnen, das der SWR am jeweils ersten Freitag des Monats herausbringt – nur wird das Islamische Wort gar nicht erst gesendet. Es liegt für den, der weiß, wo er suchen muss, im Internet als Text- und Audiodatei bereit.

Wenn man sich nun erkundigt, warum es keine Sendungen muslimischen Glaubens gibt, wird man wieder all diese Begriffe hören – Körperschaft, Religionsgemeinschaft, auch: Verkündigungssendung. Angeblich, und möglicherweise auch tatsächlich, erfüllen die muslimischen Gemeinden diverse Vorbedingungen nicht. Soll man es bei dieser Feststellung aber bewenden lassen, oder könnte man nicht versuchen, muslimische Sendungen trotzdem zu ermöglichen? Es geht ja nicht um Sendungen zum Zweck der Mission, sondern um einen Anteil an der gemeinsamen Öffentlichkeit; an einem öffentlichen Austausch, bei dem sowohl Nichtmuslime hineinhören können, als auch Muslime ihre – oft voneinander abweichenden! – Meinungen und Glaubensverständnisse darstellen können.

Manchmal reden sich Sender damit heraus, dass sie sehr oft den Islam in Deutschland zum Thema hätten. Das mag sein – aber in welcher Weise? Sendungen über den Islam, insbesondere übers Kopftuchtragen, über die Terrorgefahr oder über den Waffengebrauch unter Deutschlands Migrantenjugend können Sendungen islamischen Inhalts doch nicht ersetzen: Erstere verstärken die Kluft zwischen muslimischer und nicht-muslimischer Bevölkerung eher noch, während Letztere nötig sind, damit Muslime in Deutschland Fuß fassen können, als gleichberechtigte Bürger, als Teil der hiesigen, nicht irgendeiner anatolischen oder Kreuzberger Bevölkerung und Öffentlichkeit. Statt den Neuankömmlingen also vorzurechnen, wie es bisher aussah mit dem Kirchenfunk, mit der Verkündigung usw., wäre es sinnvoller, sich an diesem Ziel zu orientieren und entweder die bestehenden Gesetze zu ändern oder ein zusätzliches Modell zu erarbeiten, mithilfe dessen auch andere Religionen in den Genuss ihrer Sendezeiten, ihres Zugangs zu öffentlicher Präsentation und öffentlichem Austausch kommen.

Während in solchen Fällen auf der Hand liegt, was das Ziel oder Gut ist, das für alle gleichermaßen zu erreichen ist, gestalten sich viele andere Fälle schwieriger. Das liegt daran, dass, zugespitzt gesagt, Religionen und Religionszugehörigkeiten etwas grundsätzlich Irrationales mit sich führen, an dem manche Debatten einfach scheitern müssen, solange sie versuchen, allein nach vernünftigen Maßstäben vorzugehen. Ein Beispiel wäre der Religionsunterricht. Die unselige pro-reli-Initiative einmal beiseite lassend, gehe ich davon aus, dass öffentliche Angebote zum Religionsunterricht für verschiedene Glaubensgemeinschaften unerlässlich ist und dass dieser Unterricht auf lange Zeit Anlass zum Streit bieten wird, unter anderem zwischen religiösen Eltern – egal welchen Glaubens – einerseits und engagiert atheistischen Eltern andererseits. Denn der Religionsunterricht hat eine sonderbare Stellung im Erziehungsanspruch der Schulen. Was soll der Religionsunterricht leisten? Er soll Kinder gewissermaßen in einen Glauben hinein erziehen. Er soll den Kindern ja nicht nur etwas rein Faktisches beibringen – dass die Juden dieses und jenes glauben, dass Alexander Teile von Indien eroberte und man im Alten Rom Latein sprach. Der Religionsunterricht hat auch etwas Identitätsstiftendes und Appellatives: Ihr sollt dies und jenes glauben, wir glauben dies oder das. Und warum ein Kind nun an Christi Kreuzestod und nicht an Mohammeds Offenbarung oder umgekehrt glauben soll, lässt sich nicht über rationale Argumente begründen; der Auftrag, dieses oder jenes zu glauben oder zu lehren, ergeht völlig ohne vernünftige Gründe, seitens der Eltern allein.

Natürlich gibt es interne Gründe. Aber die sind nicht zwingend, nicht universalisierbar. Für einen Atheisten oder überhaupt einen Außenstehenden ist es praktisch so, als würden die Eltern einen Wunschzettel mit diversen Optionen erhalten und eine davon ankreuzen wie bei der Menüwahl in einem Flugzeug. Zwar wird die jeweilige Überzeugung vom Lehrer geteilt; anders als der Sozialkundelehrer oder die Sportlehrerin kann er aber die Vorzüge seines Systems – welche Probleme also eine Monarchie mit sich bringt oder warum es gesund ist, sich so und nicht anders zu bewegen – nicht begründen. In einer Gesellschaft, die nach ihrem Selbstbild nach vernünftigen Maßgaben strukturiert ist, muss das anecken; in einer Schule, die den Kindern beibringt, immer nach Gründen zu fragen und alles zu hinterfragen, muss das irritieren.

Ein anderes Beispiel für die »Irrationalität« von Religion wäre ein Dilemma, das Ernst-Wolfgang Böckenförde in einem Aufsatz über den säkularisierten Staat beschrieben hat. »Die Quintessenz dieser Diskussion liegt für mich darin, dass einerseits Bekenntnisfreiheit als Menschenrecht nicht unter einem Kulturvorbehalt steht und stehen darf, andererseits aus der Religionsfreiheit und Gleichberechtigung der Religionen kein Anspruch auf die Einebnung religiös determinierter Prägung der Kultur und Lebensform [...] erwachsen kann«.[4] Ich habe den Eindruck, dass Böckenförde meint, dieses Dilemma auflösen zu können – muss aber ehrlicherweise sagen: Ich fand seine Lösung zumindest in diesem Aufsatz nicht. Allerdings glaube ich nicht, dass es hier eine Lösung geben kann, aufgrund der erwähnten Irrationalität der Religion oder, in diesem Fall, der Kontingenz der Geschichte, die Deutschland eine jüdisch-christliche Vergangenheit beschert hat und keine muslimische oder buddhistische. Deswegen werden wir notwendigerweise, wenn wir bei manchen gesellschaftlichen Einrichtungen nach einem Warum fragen, keine befriedigende Antwort erhalten. Man denke an die Feiertage, oder überhaupt an den Kalender, an die Präsenz von Bauten, an Museen voller Bilder mit biblischen Motiven. Warum ist ausgerechnet der Sonntag Feiertag? Weil es so geworden ist. Meines Wissens will kein Muslim daran etwas ändern, zumal der Freitag im Islam kein arbeitsfreier Tag ist, man betet gemeinsam, dann geht man wieder seiner Arbeit nach. Das fünfmalige Beten aber kann ein Problem während eines üblichen deutschen Arbeitstages darstellen,[5] und vielleicht müssten wir heute, wenn sich das deutsche (und zwar nicht nur das reformierte, sondern auch das orthodoxe) Judentum im 20. Jahrhundert unbehelligt hätte entfalten können, über einen arbeitsfreien Samstag sprechen.

4 Ernst-Wolfgang Böckenförde, Der säkularisierte Staat: Sein Charakter, seine Rechtfertigung und sein Probleme im 21. Jahrhundert, 2007, S. 34.

5 Vgl. zu dieser Problematik Bernd Kraushaar, Die Glaubens- und Gewissensfreiheit der Arbeitnehmer nach Art. 4 GG, Zeitschrift für Tarifrecht 15 (2001), S. 208 ff.; Claus-Wilhelm Canaris, Grundrechte und Privatrecht, Archiv für civilistische Praxis 184 (1984), 201, 238 ff.; LAG Hamm, NJW 2002, 1970 ff.; LAG Hamm, NZA 2002, 1090 ff.

Um diesen eher grundsätzlichen Punkt kurz zusammenzufassen: In religiös homogenen Gesellschaften erscheint Religion – als ein System von Praktiken und Dogmen – als unproblematische Substanz; in einer heterogenen Gesellschaft aber entpuppt sich die Religionszugehörigkeit als etwas Beliebiges. Dafür, dass es sich um etwas Beliebiges handelt, hat diese Zugehörigkeit starke Konsequenzen; zumal in einer Gesellschaft, die ihrem Selbstverständnis nach dem, wie Jürgen Habermas es nennt, »eigentümlich zwanglosen Zwang des besseren Arguments« gehorcht.

Wenn ich zunächst also in manchen Angelegenheiten für einen ergebnisorientierten Pragmatismus plädiert habe und nun zu bedenken gegeben habe, dass Religionen etwas Sperriges mit sich bringen, das sich im öffentlichen Diskurs nicht restlos vernünftig klären lässt, möchte ich zum Schluss noch direkter auf das Ideal der Gleichberechtigung der Religionen eingehen, das ja implizit Gegenstand dieses Beitrags ist. Von diesem Ideal ist so nicht im Grundgesetz die Rede, auch nicht von staatlicher Neutralität in Bezug auf Religionen. Im Art. 4 Abs. 1 und 2 GG heißt es nur: »Die Freiheit des Glaubens, des Gewissens und die Freiheit des religiösen und weltanschaulichen Bekenntnisses sind unverletzlich. Die ungestörte Religionsausübung wird gewährleistet.« Allerdings wird staatliche Neutralität üblicherweise aus der Religionsfreiheit und den in das Grundgesetz über Art. 140 GG inkorporierten Regelungen der Weimarer Reichsverfassung zum Religionsverfassungs- bzw. Staatskirchenrecht abgeleitet. Aus dem Grundsatz der staatlichen Neutralität folgt wiederum der Grundsatz der (strikten) Gleichbehandlung der Religionen.[6]

Wie in anderen Kontexten auch, stellt sich hier die Frage: Was genau heißt eigentlich Gleichberechtigung? Was bedeutet eine Gleichbehandlung der Religionen? Ich schlage vor, dass diese Gleichberechtigung – ebenfalls wie in anderen sozialen und Gerechtigkeitskontexten – nicht ein abstraktes Prinzip ist, sondern sehr verschiedene Formen annehmen kann. Manchmal sind Idee und Umsetzung ja recht einfach: Es liegt auf der Hand, was gebraucht würde, und die Umsetzung wäre nicht schwer zu bewerkstelligen. Eigentlich müssen hier keine komplizierten normativen Auseinandersetzungen geführt werden, sondern es ist vorrangig eine Frage der zweckdienlichsten Mittel. Das Beispiel muslimischer Sendungen in Radio und Fernsehen ist in meinen Augen so ein Fall.

In anderen Fällen liegt die Sache schwieriger. Die »Privilegierung« des christlichen Glaubens ist tief in unsere gesellschaftlichen Abläufe eingelassen, und daher reibt sich die Idee Gleichheit hier mit der erwähnten Beliebigkeit, Irrationalität, Kontingenz, oder wie man es auch nennen will. Dass Muslime mit dem Feiertag Sonntag kein Problem haben, wurde bereits gesagt; aber wie verhält es sich mit der Durchführung des Ramadan, dem dreitägigen Feiern des abschließenden Bayram? Man kann die Zeit zwischen den Jahren, das fast völlige Erliegen des Arbeitslebens von Weihnachten bis Silvester, das sich ja auch nach dem christlichen Kalender richtet, nicht aufheben, und kann es für den Ramadan nicht analog gestalten. Hier wird es immer eine Art von Ungleichheit geben.

6 Vgl. nur BVerfGE 108, 282 (300, 313).

Ohnehin scheint es fragwürdig, ob die Zeit schon reif ist für die Forderung nach muslimischen Feiertagen, wie es Christian Ströbele mit den denkbar besten Absichten, und in der Sache völlig richtig, getan hat. Wenn man aber die momentan noch recht große Verständnislosigkeit, um nicht zu sagen explizite Islamophobie großer Teile der deutschen Mehrheitsgesellschaft bedenkt, sollte man wohl eher mit anderen Maßnahmen beginnen: Erst eine gemeinsame pluralistische Öffentlichkeit schaffen, der Verbreitung von Islamophobie entgegenwirken und den Kindern aller Milieus Bildung zugänglich machen, bevor man etwas fordert, für das die Mehrheit noch kein Verständnis hat. Dennoch, hypothetisch gesprochen: Selbst wenn man sich darüber einigen könnte, inwieweit in unserem gemeinsamen Kalender und Geschäftsjahr etwas zur Einbeziehung anderer Religionen »nachgebessert« werden sollte, kann und wird eine völlige Gleichheit hier nicht das Ziel sein. Mit einem gewissen, gar nicht so kleinen Maß an Ungleichheit müssen die Muslime eben leben. Einige Nachbesserungen also, aber dann heißt es für die Gleichbehandlung: Bis hierher und nicht weiter. Vieles in Deutschland wird so christlich geprägt bleiben, wie es war und ist.

Des Weiteren gibt es auch noch eine dritte Form von Gleichbehandlung, und die ist ihrer Natur nach kompensatorisch. Sie verlangt der bisher christlichen Gesellschaft am meisten ab, und vielleicht überhaupt unserem Rechtsempfinden, dem gemäß wir Gleichheit und auch Freiheit und ähnliche Ideale eher negativ verstehen: keine Hindernisse. Jeder soll ungehindert seiner Religion nachgehen dürfen. Doch abstrakte Gleichheit stößt bei faktisch großen Ungleichheiten an ihre Grenzen. Das Gesetz verbietet es Armen und Reichen gleichermaßen, unter Brücken zu schlafen, sagte Anatole France. Das Gesetz erlaubt es allen Religionsgemeinschaften gleichermaßen, auf den in ihrem Besitz befindlichen Gebäuden und Geländen soziale Einrichtungen, Begegnungsstätten oder Museen einzurichten, in denen die jeweils partikulare, religiös geprägte Kultur dargestellt, gepflegt und weiterentwickelt werden kann. Das wird schwierig.

Um einem Missverständnis vorzubeugen: Es soll hier gar nicht um numerische Verteilungsgerechtigkeit gehen. »Was ihr habt, das wollen wir auch«, ist weder Beweggrund noch das Ziel. Doch realistisch gesehen, fehlt es den Muslimen in Deutschland noch an Vielem. Die christlichen Kirchen haben an ihren Gebäuden jahrhundertelang bauen können und einiges Vermögen aufgebaut. Die Muslime in Deutschland haben das nicht. Wir brauchen Geld für Moscheen und Bildungseinrichtungen, auch für höhere Bildung. Protestanten und Katholiken haben Akademien, um auf hohem Niveau die Weiterentwicklung ihrer Religion voranzutreiben. Uns Muslimen fehlen dazu bisher die Akademiker, die Orte und das Geld.

Viele nichtmuslimische Deutsche mögen die Idee nicht, dass die türkische Religionsbehörde DITIB (Dachverband Türkisch-Islamische Union der Anstalt für Religionen e.V.) auf deutschem Grund Moscheen finanziert. Doch die DITIB sieht die Türkinnen und Türken hier als ihre Bürger an, und diese Bürger brauchen Moscheen. Wenn Deutschland sich dazu durchringen könnte zu sagen, dass die hier lebenden Muslime die eigenen, nämlich deutsche Muslime seien, müsste auch Deutschland Geld für solche Bauten ausgeben. Und zwar einiges an Geld.

Ich habe versucht zu zeigen, dass die Idee einer Gleichbehandlung der Religionen in Deutschland verschiedene Formen gesetzlicher und politischer Maßnahmen zur Umsetzung benötigen wird – einige davon sind eher kleinteiliger, fast administrativer Art; andere werden zu vermitteln versuchen zwischen der Idee der Gleichheit und der historisch gewachsenen, und legitimen Ungleichheit. In wieder anderen Fällen scheint großes Engagement notwendig, um die muslimischen Gemeinden in Deutschland zum Erblühen zu bringen und ihre Angehörigen zu ermächtigen, voll gleichberechtigt teilzuhaben an sämtlichen sozialen und politischen Aspekten des gemeinsamen demokratischen Spiels. Maßgabe für die Entscheidung, wann welche Form von Gleichbehandlung zur Anwendung kommen soll, müsste dann das jeweilige gesellschaftliche Ziel, der tiefere Sinn des Streitgegenstands sein.

Wer sich dieser Aufgabe künftig annehmen wird, welche gesellschaftlichen Akteure versuchen werden, für diese Gleichbehandlung zu streiten, ist derzeit so unklar wie manches Detail; die Ergebnisse der Deutschen Islamkonferenz jedenfalls fallen deutlich magerer aus als die in sie gesetzten Hoffnungen. Wichtig scheint mir, dass die Idee einer solchen Gleichberechtigung in der Debatte um den Islam in Deutschland überhaupt stärkeres Gewicht bekommt. Ob Religionsunterricht an deutschen Schulen oder islamische Theologie an den Universitäten – vieles, dem in den letzten Jahren zaghaft der Weg gebahnt wurde, wurde gleichsam als Maßnahme im Antiterrorkampf verkauft. Doch islamische Religion soll an deutschen Schulen nicht gelehrt und der Islam in der deutschen Öffentlichkeit nicht mehr Anerkennung finden, damit die hier lebenden Muslime leichter kontrolliert werden können. Sondern weil sie seit vier Jahrzehnten Teil der Bevölkerung sind und ihnen das Grundgesetz dasselbe Recht auf Ausübung ihrer Religion verspricht.

Verfassung als Gerechtigkeitsordnung – Bausteine politischer und sozialer Solidarität im Grundgesetz

Uwe Volkmann

I. Der neue Stellenwert der Verfassung

Wir diskutieren heute anders über Verfassung, als man darüber vor dreißig oder vierzig Jahren diskutiert hat. Damals erschien, in einem möglicherweise ganz ähnlichen sozialen und intellektuellen Milieu wie demjenigen, in dem diese Veranstaltung stattfindet, Bücher und Abhandlungen mit Titeln wie »Repressive Toleranz«, »Die Transformation der Demokratie« oder »Legitimationsprobleme im Spätkapitalismus«, die von einer ganzen Generation begierig verschlungen wurden und deren gemeinsamer Nenner die Geringschätzung jenes liberalen, demokratischen Staates war, in dem sie selbst überhaupt erst erscheinen konnten.[1] Die Verfassung als die rechtliche Grundordnung dieses Staates war gerade mit der Debatte um die Notstandsgesetze in den Mittelpunkt einer der großen innenpolitischen Kontroversen der Nachkriegszeit gerückt, in deren Verlauf ihre endgültige Umwandlung in ein Repressionsinstrument vielen nur eine Frage der Zeit schien. Und ihre Institutionen galten im besten Falle als solche, auf die man sich in einem »langen Marsch« zurüstete, um sie dann von innen heraus zu erneuern oder durch andere, in ihren Umrissen heute nur noch zu erahnende zu ersetzen. Und heute? Die Verfassung ist selbst in einer Partei, die ursprünglich nur »Bewegung« sein wollte, die etablierten Formen und Verfahren des Parlamentarismus wie des Parteienbetriebs als verkrustet, erstarrt, möglicherweise sogar rückständig ablehnte, offenbar angekommen; sie ist nun etwas, dem man eine Jubiläumsveranstaltung ausrichtet, vor der man sich in einer Feierstunde verneigt, kritisch natürlich und nach vorn gewandt, aber eben doch: verneigt. Selbst in der Linkspartei hat man, wie eine entsprechende Tagung der Rosa-Luxemburg-Stiftung belegt, offenbar sein Herz für das Grundgesetz entdeckt; nach neuesten Umfragen sind dort immerhin 69 Prozent der Anhänger »stolz auf das Grundgesetz«, was zwar etwas weniger ist als in der allgemeinen Bevölkerung (74 Prozent), aber doch ganz bemerkenswert für eine Partei, in der immer noch einzelne Mitglieder oder Untergruppen durch den Verfassungsschutz beobachtet werden.[2]

1 Im Einzelnen: H. Marcuse, Repressive Toleranz, in: R. P. Wolff/B. Moore/H. Marcuse, Kritik der reinen Toleranz, 1965; J. Agnoli/P. Brückner, Die Transformation der Demokratie, 1967; J. Habermas, Legitimationsprobleme im Spätkapitalismus, 1973.

2 Zu diesem Verhältnis von Linkspartei und Verfassung M. Küpper, Der lange Weg zum Grundgesetz, F.A.Z. Nr. 57 v. 9.3.2009, S. 5.

Was diesen Wandel herbeigeführt oder befördert hat, lässt sich naturgemäß nur schwer beurteilen; die Attraktivität des von der Verfassung eingerichteten Systems als solches mag dazu ebenso beigetragen haben wie eine gewisse Altersmilde auf der Seite der damaligen Protagonisten oder die Erkenntnis, dass dieses System selbst seine scharfzüngigsten Kritiker noch ausreichend mit Ämtern und Wirkungsmöglichkeiten versorgen kann. Jedenfalls fällt der Wandel in den Einstellungen zur Verfassung zusammen mit einer Veränderung in der Wirkungsweise der Verfassung selbst, mit einer neuen Deutung und Interpretation der Verfassung, durch die diese allmählich in die Gesellschaft ausgreift und in deren Verlauf sie ihrerseits in der Gesellschaft Fuß fasst. Die Verfassung geht danach nicht in ihren äußeren und förmlichen Elementen – der Einrichtung der Staatsorgane, der Verteilung der Gesetzgebungskompetenzen, dem Rechtsverhältnis von Bund und Ländern etc. – auf, so sehr ihre Wirksamkeit und ihre Anerkennung auch darauf beruhen. Aber daneben ist sie inhaltliche, materiale oder, wie man früher sagte, werterfüllte Ordnung; sie konstituiert nach den Worten von Konrad Hesse, der diese Entwicklung selbst maßgeblich mit herbeigeschrieben hat, nicht nur eine Ordnung um der Ordnung willen, sondern will eine »gute und gerechte Ordnung des Gemeinwesens« sein,[3] und ganz ähnlich wird sie in anderen Stellungnahmen als »allmaßstäbliche Grundordnung von Staat und Gesellschaft«, als »inhaltliche Mitte des Rechtssystems«, ja als »materiales Grundgerüst des sozialen Zusammenlebens überhaupt« beschrieben: ein »Gesellschafts-«, nicht »Herrschaftsvertrag«, wenn auf ältere Begriffe zurückgegriffen wird.[4]

Diese Veränderung ist in mehrfacher Hinsicht folgenreich. Sie bedeutet, um hier nur einiges Wenige anzudeuten, in der Sache eine Erweiterung und Öffnung der Verfassung wie auch der Verfassungsinterpretation in mehrere Richtungen: Als Vorstellung eines richtig oder gerecht geordneten Gemeinwesens öffnet sich die Verfassung in weitem, bisher nicht gekannten Umfang zu Erwägungen der politischen Philosophie, zu anderen Normensystemen wie Kultur und Ethik, überhaupt zu einer im weitesten Sinne gesellschaftlichen Moral, die in ihrer Anwendung immer neu ausbuchstabiert wird. Damit verbunden, öffnet sich die Verfassung für immer neue sachliche Gehalte, die in einer solchen Vorstellung angelegt sind, wie soeben die Entscheidung des Bundesverfassungsgerichts zu den Wahlcomputern und die darin enthaltene Postulierung eines ungeschriebenen Grundsatzes der Öffentlichkeit der Wahl gezeigt hat.[5] Schließlich öffnet sich der Kreis derer, die die Verfassung interpretieren und an ihrer Ausbuchstabierung mitarbeiten, in die Gesellschaft hinein, hin zu einer »offenen Gesellschaft der Verfassungsinterpreten«,[6] und eine Veranstaltung wie die hier stattfindende ist Teil dieser veränderten Interpretationskultur,

3 K. Hesse, Verfassungsrechtsprechung im geschichtlichen Wandel, JZ 1995, 265 (266).

4 In der Reihenfolge der Zitate: G. F. Schuppert/C. Bumke, Die Konstitutionalisierung der Rechtsordnung, 2000, S. 58; R. Alexy, Recht, Vernunft, Diskurs, 1995, S. 213; E.-W. Böckenförde, Staat, Verfassung, Demokratie, 1991, S. 47 ff.

5 BVerfG v. 3.3.2009 – 2 BvC 3/07 und 4/07.

6 P. Häberle, Verfassung als öffentlicher Prozess, 3. Aufl. 1998, S. 155 ff.

ist ein Versuch, die je eigenen Vorstellungen von Verfassung oder bestimmten Verfassungsinhalten als die richtigen, verbindlichen, vorzugswürdigen auszuweisen und damit gegebenenfalls gegen andere durchzusetzen. Die Verfassung selbst wird dadurch im Ergebnis immer mehr zur Projektionsfläche von Wünschen, Erwartungen, Hoffnungen auf eine gerechtere, bessere, solidarischere Gesellschaft, und dies möglicherweise zunehmend in dem Maße, in dem man real eine Zunahme von Ungerechtigkeit, eine Erkaltung der sozialen Beziehungen, das Schwinden solidarischer Verpflichtung zu verspüren meint.

II. Der Gesellschaftsentwurf des Grundgesetzes

Die neue Rolle der Verfassung als politischer Gerechtigkeitsordnung tritt vor allem in einer besonderen Sicht auf das Verhältnis der Bürger unter- und zueinander hervor, also in der Art und Weise, wie dieses Verhältnis vom Horizont des geltenden Verfassungsrechts aus gedeutet und zugleich ordnend, orientierend und sinnvermittelnd erfasst wird. Dieses Verhältnis ist danach einerseits geprägt durch das Recht und die Möglichkeit, die eigene, individuelle Persönlichkeit auszubilden und nach verschiedenen Richtungen hin zu entfalten: in den geschützten Räumen des Privaten und der Intimität, in der Übernahme oder Aneignung höchstpersönlicher Glaubens- und Gewissensüberzeugungen, in den gemeinschaftlichen Bindungen von Ehe, Familie, Partnerschaft oder loseren Formen der Geselligkeit, in der beruflichen und ökonomischen Sphäre, so wie es insgesamt durch das ganze Bündel der auf das private Lebensglück gerichteten Grundrechte gewährleistet wird. Auf der anderen Seite sind es nicht zuletzt diese Grundrechte, die in alledem zugleich Räume des Begegnens, des Austausches und des Zusammenwirkens mit anderen einrichten, die dann ihrerseits das Verhältnis unter den Bürgern inhaltlich vorstrukturieren. Dieses nimmt darüber die Gestalt eines Verhältnisses der Gegenseitigkeit an, eines Verhältnisses des Aufeinanderbezogen- und Aufeinanderangewiesenseins, das seine Grundlage gerade in der Verfassung findet.[7] In der bekannten Menschenbildformel des Bundesverfassungsgerichts sind beide Seiten zusammengezogen, wenn es dort heißt, das Grundgesetz ziele nicht auf das »selbstherrliche Individuum«, sondern auf die »in der Gemeinschaft stehende und ihr vielfältig verpflichtete Persönlichkeit«.[8] In besonderer Weise tritt diese Sicht aber naturgemäß bei der Konzeptionierung des politisch-demokratischen Prozesses hervor, weil darin die Bürger einander notwendig auf eine bestimmte Weise zugeordnet und dort die Entscheidungen getroffen werden, die am Ende für alle verbindlich sein sollen. Insofern lassen sich die Elemente

7 Zu diesem Zusammenhang von „Verfassung“ und „Gegenseitigkeit“ grundlegend G. Haverkate, Verfassungslehre, 1993; zum damit verwandten Konzept einer „Freiheit durch Geselligkeit“ D. Suhr, Entfaltung des Menschen durch die Menschen, 1976; ders., Freiheit durch Geselligkeit, EuGRZ 1984, 529 ff.

8 BVerfGE 45, 187 (227 f.); ähnlich zuvor schon 4, 7 (15 f.); 12, 45; 33, 1 (10 f.); st. Rspr.

und Auswirkungen eines Verständnisses von Verfassung als Gerechtigkeitsordnung gerade hier besonders anschaulich demonstrieren.[9]

1. Demokratie als gemeinschaftliches Unternehmen

Blickt man zur näheren Erfassung dieses Prozesses zunächst auf den Text des Grundgesetzes, bleiben die Aussagen fragmentarisch. Demokratie ist dort im Sinne eines Grundsatzes (Art. 20 Abs. 1, 2 GG) und mehrerer Ausführungsbestimmungen normiert, die ihrerseits als Konkretisierung des Grundsatzes begriffen werden können (Art. 21, 38 ff., 77 f. GG etc.). Aus diesen können dann durch Abstraktion einige weitere Merkmale gewonnen werden, die zusammen den äußeren Rahmen der grundgesetzlichen Demokratie ausmachen: die prinzipielle Zeitlichkeit der Herrschaft, das Mehrheitsprinzip, die Entscheidung für ein Mehrparteiensystem, die Festlegung auf eine grundsätzliche repräsentative Demokratie etc. Indessen ergeben die äußeren Merkmale noch keine angemessene Idee von der Sache selbst, also davon, was mit Demokratie in einem tieferen Sinne gemeint ist. In der politischen Theorie konkurrieren dazu seit jeher verschiedene Auffassungen, die sich mit einer gewissen Vereinfachung auf zwei Grundmodelle oder Grundbegriffe von Demokratie zurückführen lassen. Nach einem formal-individualistischen Begriff gilt als Demokratie jede politische Ordnung, in der die maßgeblichen Entscheidungen rechnerisch auf den Willen einer jeweiligen Mehrheit zurückgeführt werden können, wobei es ganz gleichgültig ist, wie sich diese Mehrheit gruppiert, welche Qualität die Mitwirkung des Einzelnen aufweist oder überhaupt welchen Inhalt die getroffene Entscheidung hat.[10] Nach einem substanziellen oder gemeinschaftlichen Begriff erscheint Demokratie demgegenüber in ihrem Kern als ein gemeinsames Unternehmen der Bürger, das diese zu einer politischen Einheit verbindet, sie mit ihren individuellen Beiträgen, Vorstellungen und Wünschen einbezieht und auf ein bestimmtes Ziel – dem gerechten Interessenausgleich, die bestmögliche Lösung etc. – ausgerichtet ist.[11] In dieser Kontroverse hat sich das Bundesverfassungsgericht schon ver-

9 Die folgenden Ausführungen knüpfen an verschiedene frühere Arbeiten von mir an, insbesondere an U. Volkmann, Solidarität – Programm und Prinzip der Verfassung, 1998, S. 217 ff.; Art. Demokratie, in: K.-H. Friauf/W. Höfling (Hrsg.), Berliner Kommentar, Loseblatt, Stand 1.4.2009, Art. 20 Teil 2; Verfassungsrecht zwischen normativem Anspruch und politischer Wirklichkeit, VVDStRL 67 (2008), 57 ff. Insofern beanspruchen sie weder Neuheit noch Originalität; es geht allein darum, ein bestimmtes Verfassungsverständnis an einem bestimmten Beispiel zu beleuchten.

10 Ein solches formales Verständnis etwa bei H. Kelsen, Vom Wesen und Wert der Demokratie, jetzt in: ders., Verteidigung der Demokratie, hgg. von M. Jestaedt/O. Lepsius, 2006, S. 153 (223 ff.). Zu nennen wären ferner die ökonomische Demokratietheorie von Joseph Schumpeter oder Anthony Downs, ferner elitistische Demokratiemodelle, vgl. zusammenfassend M. Schmidt, Demokratietheorien, 4. Aufl. 2008, S. 161 ff.

11 Vgl. zusammenfassend R. Dworkin, Freiheit, Selbstregierung und der Wille des Volkes, in: G. Lohmann/S. Gosepath, Philosophie der Menschenrechte, 2002, S. 292 ff. Genannt werden

gleichsweise früh in die Richtung des Gemeinschaftsmodells bewegt und Demokratie als diejenige Ordnung bestimmt, in der »die Menschen selbst ihre Entwicklung durch Gemeinschaftsentscheidungen« gestalten, »jedes Glied der Gemeinschaft freier Mitgestalter bei den Gemeinschaftsentscheidungen ist« und die »Möglichkeit der freien Auseinandersetzung zwischen allen realen und geistigen Kräften« auf die »annähernd gleichmäßige Förderung des Wohles aller Bürger« hingeordnet ist.[12] Zu dem in der Verfassung vorhandenen äußeren Rahmen liefert die Interpretation nun die innere Substanz nach. Von ihr aus erscheint Demokratie nicht länger als bloß statistisches Neben- oder auch Gegeneinander von Mehrheit und Minderheit, sondern als eine spezifische Art und Weise der Zuordnung und Verbindung von Bürgern. Diese Zuordnung erfolgt ihrerseits in verschiedenen Zusammenhängen, die selber wieder aus verschiedenen Elementen zusammengesetzt und in sich miteinander verbunden sind. Demokratie ist danach zunächst und an ihrem Grund ein Zusammenhang wechselseitiger Anerkennung: Bürger erkennen sich untereinander den Status als Freie und Gleiche zu und setzen sich wechselseitig zu Koautoren ihrer Rechtsordnung ein. Kein Beteiligter darf deshalb für seine Ziele und sein Verhalten universale Wahrheit und Richtigkeit reklamieren, sondern muss wenigstens die Möglichkeit anerkennen, dass auch die Ziele und das Verhalten der anderen gleichwertig sein können.[13] Zum zweiten zielt Demokratie auf eine bestimmte Art und Weise des Zusammenwirkens der Bürger, die sich als Interaktionszusammenhang bezeichnen lässt und etwa dann angesprochen ist, wenn Demokratie als Prozess der »Selbstregierung« oder »Selbstgesetzgebung« des Volkes charakterisiert wird. Auch dabei geht es allerdings wesentlich um eine bestimmte Qualität dieses Prozesses, wie sich erneut an der Gegenüberstellung der maßgeblichen Demokratiebegriffe veranschaulichen lässt: Nach dem formal-individualistischen Demokratiebegriff besteht Demokratie im Wesentlichen dann, wenn in periodischen, aber durchweg längeren Abständen – alle 4, 5 oder möglicherweise auch 7 Jahre – gewählt wird. Eine darüber hinausgehende Einflussnahme der Bürger auf staatliche Entscheidungen oder auch der Versuch dazu ist nicht vorgesehen; sie ist möglicherweise sogar schädlich, weil der Bürger von der Sache, um die es jeweils geht, ohnehin nichts versteht.[14] Für einen substantiellen oder gemeinschaftlichen Begriff ist diese Mit-

könnte in diesem Zusammenhang ferner das Modell der deliberativen Demokratie, der angelsächsische Republikanismus etc.

12 BVerfGE 5, 85 (197 f.) – KPD-Urteil. Neuerdings versucht das BVerfG, diesen gemeinschaftlichen Gehalt – warum auch immer – im Republikprinzip unterzubringen, vgl. BVerfG v. 3.3.2009 – 2 BvC 3/07 und 4/07 –, Ziff. 109 – Wahlcomputer.

13 So – bezogen auf die politischen Parteien – BVerfGE 5, 85 (224). Hier liegt auch das Problem, wenn im Zuge einer neuen Religiosität – mit entsprechender Erstarkung der verschiedenen Fundamentalismen – vermehrt auch religiöse Geltungsansprüche in den politischen Prozess eingebracht werden, vgl. dazu den Beitrag von C. Möllers in diesem Heft: Gerade religiöse Geltungsansprüche reklamieren häufig eine universale Wahrheit für sich, die dann keine Kompromisse mehr duldet.

14 Einer der Vertreter dieses Demokratiebegriffs, Joseph Schumpeter, hat dies klassisch wie folgt formuliert: „So fällt der typische Bürger auf eine tiefere Stufe der gedanklichen Leistung, sobald er das politische Gebiet betritt. Er argumentiert und analysiert auf eine Weise,

wirkung demgegenüber »schlechthin konstituierend«, wie es das Bundesverfassungsgericht für die Grundrechte der Meinungs- und Versammlungsfreiheit in der Tat ausgesprochen hat.[15] Für diesen erschöpft sich Demokratie nicht in einem einmaligen Wahlakt, sondern verlangt nach Arenen politischer Deliberation – oder Iteration[16] – der Bürger, auf denen die Willensbildung in den verfassten Organen aufsetzen kann und muss. Drittens schließlich zielt die Demokratie des Grundgesetzes auf einen Zusammenhang wechselseitiger Verantwortung, wie es in der klassischen Formulierung zum Ausdruck kommt, Demokratie sei nicht nur die Regierung »des Volkes« und »durch« das Volk, sondern auch »für« das Volk.[17] Für die staatlichen Entscheidungsträger bedeutet dies eine prinzipielle Verpflichtung auf das Wohl aller und den angemessenen Ausgleich der verschiedenen Interessen. Für die Bürger zeigt sich diese Verantwortung in einer – teils moralischen, teils und mit steigendem Einfluss im politischen Prozess zunehmend aber auch rechtlichen – Pflicht, von den Möglichkeiten, die die Demokratie eröffnet, auch Gebrauch zu machen und politische Entscheidungen tendenziell vom gemeinsamen Interesse aller her zu treffen.[18]

2. Gerechtigkeit als Zielwert

Die damit beschriebene Verantwortung bleibt aber nicht abstrakt, sondern wird vom Grundgesetz an verschiedenen Stellen – teils schon im Text selbst, teils eben wieder durch seine Interpretation – hingeordnet auf bestimmte Zielwerte, die wiederum auf der allgemeinsten Stufe zusammen finden in der Idee der Gerechtigkeit. Dies beginnt bei der Menschenwürdegarantie des Art. 1 Abs. 1 GG, die schon nach ihrer Formulierung als umfassender Schutzauftrag ausgestaltet ist und den Staat in diesem Sinne etwa auf die Sicherung der Existenzgrundlagen jedes einzelnen Bürgers im Sinne der Garantie eines menschenwürdigen Daseins verpflichtet.[19] Es setzt sich fort in einer bestimmten Interpretation der Grundrechte, die – als Abwehrrechte – einerseits die Grenze demokratischer Gestaltungsfreiheit markieren, andererseits – als Schutzpflichten, Leistungs- und Teilhaberechte – auch Zielwerte vorgeben, die durch den Staat zu fördern und zu realisieren sind. Es setzt sich weiter fort in einer zunehmenden Entfaltung des Gleichheitssatzes als Gerechtigkeitsgebot, das mittler-

die er innerhalb der Sphäre seiner wirklichen Interessen bereitwillig als infantil anerkennen würde. Er wird wieder zum Primitiven. Sein Denken wird assoziativ und affektmäßig“, s. ders., Kapitalismus, Sozialismus und Demokratie, 1950, S. 416 f.

15 Grundlegend BVerfGE 7, 198 (208); seitdem st. Rspr., für die Versammlungsfreiheit etwa BVerfGE 69, 315 (344 f.).

16 So das Wort von Seyla Benhabib, s. den Beitrag in diesem Heft.

17 Die klassische Definition von Abraham Lincoln in der Rede von Gettysburg.

18 Instruktive Überlegungen dazu bei B. Hartmann, Eigeninteresse und Gemeinwohl bei Wahlen und Abstimmungen, AöR 134 (2009), 1 ff., der allerdings gerade den Wahlakt ausklammert.

19 In diesem Sinne vor allem das BVerwG, vgl. BVerwGE 1, 159 (161 f.); 25, 307 (317 f.); nach anfänglicher Skepsis auch das BVerfG, vgl. BVerfGE 82, 60 (80); zusammenfassend V. Neumann, Menschenwürde und Existenzminimum, NVwZ 1995, 426 ff.

weile weit über das bloße Willkürverbot hinaus Anforderungen an die Konsistenz und Folgerichtigkeit staatlicher Entscheidungen stellt und in seinen verschiedenen Ausprägungen heute etwa als Hebel gegen gesellschaftliche Diskriminierungen aller Art eingesetzt wird.[20] Und es endet noch lange nicht beim Sozialstaatsprinzip des Art. 20 Abs. 1 GG, das den Staat nach der bekannten Formulierung des Bundesverfassungsgerichts dazu verpflichtet, auf einen Ausgleich der sozialen Gegensätze und soziale Gerechtigkeit hinzuwirken und mit diesem Inhalt heute etwa gegen die zunehmende Vermögensspreizung und die wachsende Schere zwischen Arm und Reich instrumentalisiert werden kann.[21] Zur zentralen Herausforderung wird unter diesem Gesichtspunkt vor allem das Phänomen, dass immer mehr Menschen von den Segnungen der Marktgesellschaft ausgeschlossen sind und keine Hoffnung haben, dass sich daran etwas ändert: mit Folgewirkungen für die Befähigung zu politischer Teilhabe, die Wahrnehmung sozialer und kultureller Optionen und den Zugang der eigenen Kinder zu Bildungseinrichtungen.[22] Solchen Tendenzen entgegenzuwirken, bleibt dann in der Summe der verschiedenen Zielwerte nicht der freien Entscheidung der je und je politisch Verantwortlichen anheimgestellt, sondern wird für sie zur verfassungsrechtlichen Verpflichtung. Man kann insofern zusammenfassend von spezifischen Solidaritäts- oder Gerechtigkeitspostulaten sprechen, an denen das politische Handeln immer von neuem zu orientieren ist. Als solche stehen sie allerdings dem politischen Prozess nicht isoliert oder als etwas Äußeres, Fremdes gegenüber, sondern sind mit ihm zusammenzulesen; es sind die Zielwerte, an denen sich der politische Prozess in einem allgemeinen Sinne orientieren soll und über deren Erfüllung sich die Staatsbürger in ihrem Zusammenwirken immer von neuem verständigen müssen. Der Staat insgesamt erscheint darüber als ein im Kern solidarisches Projekt seiner Bürger, nämlich – wie das Bundesverfassungsgericht es einmal anschaulich charakterisiert hat – als der »Entscheidungs- und Verantwortungszusammenhang…, vermittels dessen sich das Volk nach der Idee der Selbstbestimmung aller in Freiheit und unter der Anforderung der Gerechtigkeit seine Ordnung, insbesondere seine positive Rechtsordnung als verbindliche Sollensordnung setzt.[23] Das ergibt alles in allem ein hochanspruchsvolles Verständnis des politisch-demokratischen Prozesses, von dem man am Ende jedoch zwangsläufig fragen kann und muss, wo überhaupt es in den derzeitigen Verhältnissen noch eine Stütze findet. Daraus ergeben sich zugleich die wesentlichen Einwände gegen dieses Verständnis, die in dem Vorwurf kumulieren, es habe sich gegen alle Veränderungen der Verfassungswirklichkeit normativ immunisiert und sei dementsprechend blind gegenüber den hier real zu beobachtenden Degenerationserscheinungen, also etwa gegenüber der zunehmenden Dominanz ökonomischer Imperative, der allgemeinen Flucht der

20 Vgl. dazu etwa M. Jestaedt und G. Britz, Diskriminierungsschutz und Privatautonomie, VVDStRL 64 (2005), 298 ff., 355 ff.; allgemein zum Zusammenhang von Gleichheit und Gerechtigkeit L. Osterloh, Der verfassungsrechtliche Gleichheitssatz, EuGRZ 2002, 309 ff.

21 Die Formulierung etwa in BVerfGE 22, 180 (204), seitdem in verschiedenen Abwandlungen st. Rspr.

22 Anschaulich vgl. H. Bude, Die Ausgeschlossenen, 2008.

23 BVerfGE 44, 125 (142).

Politik in symbolisches Ersatzhandeln, der Verflachung und Trivialisierung der politischen Kommunikation etc. Auch von der Verpflichtung auf Gerechtigkeit als Zielwert lässt sich sagen, dass sie mit der Tendenz zur sozialen Exklusion und der Marginalisierung ganzer Bevölkerungsgruppen zunehmend zur Schimäre wird, wenn sie nicht überhaupt nur als ideologische Bemäntelung der tatsächlichen Verhältnisse dient.[24] So richtig danach aber der Hinweis auf die Risiken von Idealisierungen ist, so wenig hebt er andererseits den wesentlichen Vorteil anspruchsvoller Demokratie-, Sozialstaats- oder Solidaritätskonzeptionen auf: Man braucht sie, um aus ihnen überhaupt erst den Maßstab zu gewinnen, anhand dessen vorhandene Defizite erst als solche benannt und mögliche Fehlentwicklungen korrigiert werden können.[25]

3. Übergreifender Konsens und gemeinsames Gutes

In dieser übergreifenden Maßstäblichkeit, die sich weitergehend auch auf die Grundrechte und überhaupt die rechtsstaatlichen Bauelemente der Verfassung erstreckt, geht nun auch mit dieser selbst jene Veränderung vor sich, wie sie in den Eingangsbemerkungen schon angedeutet ist. Die Verfassung wird dadurch das verbindend-integrierende Moment des politischen Lebens, die Folie und die Richtschnur, auf die alle Blicke sich richten, wenn nach Verbindlichkeit und Orientierung, nach dem Anker inmitten der flutenden Masse der politischen und gesellschaftlichen Lebensvorgänge gesucht wird. Insofern verkörpert sie die Summe und Essenz dessen, worin auch eine individualisierte, pluralisierte und zusehends fragmentierte Gesellschaft heute noch einig sein kann. In diesem Sinne fundiert sie eine Gemeinsamkeit von Bürgern, die es diesen ermöglicht, trotz ihrer Verschiedenheit miteinander zu leben. Auf diese Weise bildet sie einerseits im Sinne eines statisch-beharrenden Moments den »ruhenden Pol« des staatlichen Lebens, auf den alle Debatten über Wertorientierung, Leitkultur, Patriotismus etc. und die Frage, was man davon verbindlich machen kann, immer wieder zurückführen.[26] Insoweit steht sie für die Einheit in der Differenz. Andererseits erfüllt sie diese Funktion im Sinne eines dynamisch-vorausweisenden Moments gerade dadurch, dass sie die beständige Prozessierung dieser Differenz ermöglicht und selbst befördert: durch Grundrechte auf persönliche Entfaltung, aber eben auch durch Einrichtung und Ermöglichung eines demokratischen Austrags der Gegensätze. In der Verschränkung dieser beiden Seiten liegt

24 Dies der Tenor von Bude (Fn. 22). Zu Problemen führt die Tendenz zur Idealisierung darüber hinaus auch in anderen Bereichen. So ist etwa das anspruchsvolle Konzept von Demokratie, das dabei zugrunde gelegt ist, auf europäischer Ebene von vornherein nicht einzulösen, und hier liegt einer der Gründe für die Schwierigkeiten, die man gerade in Deutschland mit dem weiteren Voranschreiten der europäischen Integration hat.

25 Siehe dazu am Beispiel des demokratischen Prinzips den Beitrag von B.-O. Bryde in diesem Heft.

26 Die Formulierung vom „ruhenden Pol“ bei K. Stern, Das Staatsrecht der Bundesrepublik Deutschland, Bd. I, 2. Aufl. 1984, S. VIII.

dann beschlossen, was man zusammenfassend die solidarisierende, gemeinschaftsermöglichende oder gemeinschaftsbildende Funktion der Verfassung nennen kann. In dieser schiebt sie sich heute zunehmend über ältere Gemeinsamkeiten wie die Religion, das Nationalbewusstsein oder ein ethnisch-kulturelles Zusammengehörigkeitsgefühl, die im Laufe der Zeit verblasst sind und künftig wahrscheinlich weiter verblassen werden.[27] Im Vergleich zu diesen wirkt der übergreifende Konsens, der durch die Verfassung festgeschrieben und eingerichtet wird, allerdings abstrakter, deshalb möglicherweise auch schwächer und anämisch; ihm fehlt das motivierende Pathos, der Aufruf zur großen, heroischen Tat, wie ihn die Idee der Nation oder auch die Religion aus sich heraus in ihrer Geschichte immer wieder hervorbrachten. Andererseits zeichnet er sich durch eine höhere Offenheit und die Ermöglichung von Pluralität und Heterogenität aus, so dass er einen erheblich größeren Teil der Gesellschaft einschießen kann. Mit alledem liefert er zugleich eine Antwort auf die Grundfrage, wie die Mitglieder einer liberalen Gesellschaft zusammen leben wollen und welches Bild diese von sich selber hat. Auch dazu konkurrieren in der politischen Philosophie wiederum zwei einander entgegengesetzte Grundkonzeptionen, in denen das, was wir oben zur Demokratie gesagt haben, nun noch einmal auf einer wiederum höheren Stufe der Allgemeinheit wiederkehrt. Nach der einen erscheint diese Gesellschaft als eine Ansammlung atomisierter Einzelner, die sich zum Staat nur deshalb zusammengeschlossen haben, weil es eben nicht anders geht: das berühmte »Volk von Teufeln« Immanuel Kants, für die, wie Karl Marx später nachtrug, »das Gattungsleben, die Gesellschaft« nur als ein ihnen »äußerlicher Rahmen, als Beschränkung ihrer ursprünglichen Selbständigkeit« erscheint und deren einziges Band »die Naturnotwendigkeit, das Bedürfnis und das Privatinteresse, die Konservation ihres Eigentums und ihrer egoistischen Person« bildet.[28] Die dem entgegengesetzte Deutung beharrt demgegenüber auf der Notwendigkeit einer weitergehenden Verbundenheit der Bürger, darauf, dass es im Staat wie in jeder sozialen Ordnung, wenn sie länger Bestand haben soll, einen Vorrat an gemeinsamen Themen, Überzeugungen und Welthaltungen geben muss, der das Ganze als eine innere oder geistige Klammer zusammenhält. Über die Funktion der Verfassung als Verkörperung eines gemeinsamen Sinnes deutet sich nun auch hier eine vermittelnde Linie an: Einerseits gibt die Verfassung mit ihren Garantien gleicher Freiheit Raum für die Verfolgung

27 Für die Religion wird dies häufig bestritten; man spricht von der neuen Sehnsucht nach Religiosität, einer Rückkehr der Religion etc., vgl. zuletzt N. Bolz/E. Girsberger, Die Rückkehr der Religionen, 2008. Selbst wenn das in dieser Allgemeinheit zuträfe, worüber hier nicht zu diskutieren ist, dürfte es aber unter den Bedingungen der religiösen und ethnischen Vielfalt, wie sie westliche Gesellschaften heute kennzeichnen, illusionär sein, in der Religion noch einmal das einigende Band dieser Gesellschaften zu vermuten oder gar zu suchen; erhöhen dürfte sich im Gegenteil, wie vor einiger Zeit mit aller Deutlichkeit der unselige Karikaturenstreit gezeigt hat, die Zahl religiös geprägter Konflikte, vgl. dazu erneut den Beitrag von C. Möllers in diesem Heft.

28 I. Kant, Zum Ewigen Frieden, in: Schriften zur Anthropologie, Geschichtsphilosophie, Politik und Pädagogik 1, Theorie-Werkausgabe, hrsgg. von W. Weischedel, 1968, Bd. XI, S. 195 (224); K. Marx, Zur Judenfrage, in: K. Marx/F. Engels, Studienausgabe, hrsgg. von I. Fetscher, Bd. I, 2004, S. 36 (55).

der je eigenen, egoistischen Interessen, also für die größtmögliche Entfaltung von Individualität. Andererseits wird gerade in dieser umfassenden Ermöglichung auch ein Verbindend-Gemeinsames sichtbar, das die vorhandenen Gegensätze innerhalb einer Gesellschaft überwölbt, von allen Mitgliedern als verbindende Grundlage des Zusammenlebens anerkannt wird und zugleich zum Ausgangspunkt für kooperative Problemlösungen wird. All dies ist zusammenfassend zum Ausdruck gebracht, wenn von der Verfassung gesagt wird, sie verkörpere heute in sich den »Basiskonsens, der das Volk in einem Prozess der Selbstvergegenwärtigung auf eine gemeinsame Zukunftsperspektive verpflichtet«.[29]

III. Mögliche Reformüberlegungen

Innerhalb und vor dem Hintergrund des so beschriebenen Koordinatensystems wäre auch die Antwort auf die bei Jubiläumsfeierlichkeiten regelmäßig aufkommende Frage zu suchen, ob und an welchen Stellen dringender Anpassungs- oder Veränderungsbedarf – sei es durch Änderung oder Ergänzung des Verfassungstextes, sei es durch behutsame Fortentwicklung der Interpretation – besteht. Ein solcher Anpassungsbedarf könnte bei unvoreingenommener Betrachtung vorab in zwei Richtungen gesehen werden. Zum einen könnte man vor dem Hintergrund zunehmender wirtschaftlicher Ungleichheit, der offenkundigen Ungerechtigkeiten der Einkommens- und Vermögensverteilung und der allgegenwärtigen Phänomene sozialer Exklusion darüber nachdenken, das in dem beschriebenen Koordinatensystem enthaltene Berechtigungsmoment zu verstärken, indem man etwa die Verfassung um ein Bündel sozialer Förderungs- und Unterstützungsgebote und diesen korrespondierende soziale Ansprüche ergänzt. Allerdings sind die entsprechenden Gebote und Berechtigungen der Sache nach in der Verfassung bereits enthalten, jedenfalls in der Form, in der sie einer solchen Verfassung allein adäquat sind. Das klingt zunächst insofern überraschend, als dem Grundgesetz üblicherweise eine deutlich schwächere soziale Einfärbung als der Weimarer Reichsverfassung bescheinigt wird und es im Unterschied zu dieser auf soziale Grundrechte sehr weitgehend verzichtet. Es ist aber die Konsequenz der beschriebenen Anreicherung der Verfassung, in deren Verlauf es verstärkt um die Zielwerte einer bürgerschaftlichen Solidarität ergänzt wurde. Geschehen ist dies etwa durch die Erschließung der aktiven Seite der Menschenwürdegarantie und überhaupt die Erkenntnis der Bereitstellungs- und Gewährleistungsfunktion des Staates für die Wahrnehmung der Freiheitsrechte, die in verschiedenen Bereichen fruchtbar gemacht worden ist. Insbesondere die staatliche Schutzpflicht für die grundrechtlich geschützten Rechtsgüter ist mittlerweile umfassend subjekti-

29 H. Schulze-Fielitz, Wirkung und Befolgung verfassungsgerichtlicher Entscheidungen, in: P. Badura/H. Dreier (Hrsg.), Festschrift 50 Jahre Bundesverfassungsgericht, Bd. I, 2001, S. 385 (410).

viert, ihre Verletzung damit prinzipiell einklagbar.[30] Die Frage, ob etwa die Regelsätze für Leistungen nach dem SGB II (»Hartz IV«) auskömmlich sind und den Anforderungen an ein menschenwürdiges Dasein genügen, kann deshalb von den Gerichten grundsätzlich überprüft werden, und diese machen davon auch regelmäßigen Gebrauch.[31] Allerdings bleiben die Vorgaben in der Regel rahmenartig und lassen sich nur selten zu festen Sätzen, Bemessungsgrößen oder konkret bezifferbaren Leistungen verdichten, was oft als ein Manko des verfassungsrechtlichen Regelungskonzepts angesehen wird. Es trägt aber nur der Eigenart und Eigengesetzlichkeit einer Verfassung Rechnung, die den politischen Prozess nicht vollständig präjudizieren, sondern ihn in Form von Zielvorgaben und allgemein gehaltenen Handlungsaufträgen allenfalls stimulieren und immer nur in eine ungefähre Richtung dirigieren will. Die von ihr grundsätzlich aufgegebene Sorge für andere, die sich in entsprechenden Unterstützungs- und Förderungspflichten äußert, wird deshalb gerade verzahnt mit dem gesamten Prozess der demokratisch-politischen Willensbildung, in dem seiner Anlage und Idee nach die Bürger selbst in ihren verzweigten Deliberationen darüber entscheiden, in welcher Höhe der Staat in Zeiten knapper Kassen soziale Leistungen gewähren kann, was gegen die zunehmende Spreizung der Einkommen und Vermögen zu tun ist oder mit welcher Politik der sozialen Marginalisierung einzelner Bevölkerungsgruppen begegnet wird. Je stärker man deshalb dazu übergeht, die allgemeinen Zielwerte durch feste Bemessungsgrößen und Kennzahlen zu verrechtlichen, desto eher wird dieses komplexe Gefüge gestört; die Sozialpolitik als solche ist dann nichts mehr, worüber unter veränderten geschichtlichen und wirtschaftlichen Bedingungen immer neu zu verhandeln ist, sondern bloß noch Vollzug eines in der Verfassung selbst schon angelegten Programms. Vor allem künftigen Generationen würde damit der Spielraum für eigenständige Lösungen und Anpassung an die veränderten Gegebenheiten weitgehend genommen, und für die Politik als solche liefe es auf eine partielle Selbstentmündigung zugunsten des Bundesverfassungsgerichts hinaus, wie es dem Satz des ehemaligen Verfassungsrichters angedeutet ist, wer Verfassungsrecht säe, werde Verfassungsrechtsprechung ernten.[32] Nicht nur deshalb ist eine weitere Konstitutionalisierung sozialer Ansprüche in hohem Maße riskant.

Auf der anderen Seite könnte man darüber nachdenken, das in dem Politik- und Sozialmodell des Grundgesetzes auch enthaltene Verantwortungs- und Verpflichtungsmoment stärker sichtbar zu machen, vielleicht sogar ebenfalls punktuell zu verrechtlichen. Die verbreiteten Klagen über einen Heuschrecken-, Raubtier- oder Kasinokapitalismus, die Unterwerfung immer weiterer gesellschaftliche Funktionsbereiche unter die Logik des Marktes oder eine wachsende Ellenbogenmentalität bis im privaten Verkehr zeigen, dass auch hier derzeit erhebliche Defizite gesehen werden, denen möglicherweise durch eine schärfere Akzentuierung der Sozialbindung

30 Zu dieser Subjektivierung der Schutzpflichten zusammenfassend C. Enders, in: Friauf/Höfling (Fn. 9), Vor Art. 1 GG, Rn. 83.

31 Siehe etwa den Vorlagebeschluss des BSG v. 27.1.2009 – B 14/11b AS 9/07 R –.

32 Ein Wort von Udo Steiner.

des Eigentums aus Art. 14 Abs. 2 GG, möglicherweise auch durch die Aufnahme weiterer Grundpflichten in die Verfassung nach deren Vorbild entgegengewirkt werden könnte.[33] Allerdings sind der Wirksamkeit der Verfassung auch von dieser Seite her Grenzen gesetzt, wie vor einigen Jahren das Scheitern des Versuchs gezeigt hat, die Verfassung um einen Aufruf zu »Mitmenschlichkeit und Gemeinsinn« zu ergänzen.[34] Gegen dieses Vorhaben wurden seinerzeit im Wesentlichen zwei Einwände geltend gemacht, die in unklarem Verhältnis zueinander standen, sich möglicherweise sogar ausschlossen, in ihrem Zusammenspiel aber dazu führten, dass es am Ende nicht realisiert wurde.[35] Der erste Einwand lautete, bei einer solchen Bestimmung könne es sich von der Wirkung her letztlich nur um einen bloßen Appell handeln, der in dieser Form nicht in einen juristischen Texte gehöre; werde die Verfassung mit solchen Bestimmungen durchsetzt, könnte darunter am Ende auch ihre Wirksamkeit im Übrigen leiden. Der zweite und wahrscheinlich am Ende sogar ausschlaggebende Einwand zielte demgegenüber auf einen möglichen Konflikt mit dem vorherrschenden liberalen Freiheitsverständnis. Danach gewährleistet die Freiheit ihrem sachlichen Kern nach ein unbestimmtes, inhaltlich offenes Belieben; sie ist aber nicht überlagert durch ethische Bindungen, durch Forderungen nach Rücksichtnahme und Verantwortung. Solche Forderungen gehen nicht in den Inhalt der Freiheit ein, sie können immer nur von außen, durch das freiheitsbeschränkende Gesetz, an diese herangetragen werden; gibt es aber ein solches Gesetz nicht, bleibt es eben jedem einzelnen selbst überlassen, verantwortlich zu handeln oder eben auch nicht. Die Freiheit besteht dann am Ende gerade auch darin, sich jederzeit in einer Weise verhalten zu dürfen, die man selbst als gedachter Teil der Allgemeinheit missbilligen würde.[36] Angesichts der derzeitigen Finanzkrise und der Umstände, die sie herbeigeführt haben, könnte man an dieser Stelle natürlich fragen, ob nicht genau dies heute das Problem ist. Andererseits wäre es naiv anzunehmen, dass die Auf-

33 Hinsichtlich der Sozialbindung selbst ist umstritten, ob sie eine echte Grundpflicht darstellt und in diesem Sinne den Eigentümer aus sich heraus unmittelbar rechtlich bindet oder ob sie erst und nur durch gesetzliche Aktualisierung wirksam wird, so dass sie im Ergebnis nur eine Direktive für den das Eigentum näher ausgestaltenden Gesetzgeber enthielte. Für Grundpflicht etwa J. Wieland, in: H. Dreier (Hrsg.), Grundgesetz, Kommentar, 2. Aufl. 2004, Art. 14 Rn. 90; für bloße Leitlinie an den Gesetzgeber O. Depenheuer, in: H. von Mangoldt/F. Klein/C. Starck, Kommentar zum Grundgesetz, Bd. 1, 5. Aufl. 2005, Art. 14, Rn. 218. Auch bei Annahme einer Grundpflicht bleibt aber problematisch, wie sie zu konkretisieren und ggf. durchzusetzen ist.

34 Vgl. den Bericht der Gemeinsamen Verfassungskommission vom 5.11.1993, BT-Drs. 12/6000, S. 82 f. Vorgeschlagen war – in einem parteiübergreifenden Gruppenantrag – eine Ergänzung des Grundgesetzes um einen neuen Art. 2a; dieser sollte lauten: „Jeder ist zu Mitmenschlichkeit und Gemeinsein aufgerufen."

35 Zu beiden aus der Rückschau D. Grimm, Gemeinwohl in der Rechtsprechung des Bundesverfassungsgerichts, in: H. Münkler/K. Fischer (Hrsg.), Gemeinwohl und Gemeinsinn im Recht, 2002, S. 127 (128 ff.).

36 In diesem Sinne – durchaus repräsentativ für das vorherrschende Freiheitsverständnis – J. Isensee, Grundrechtsvoraussetzungen und Verfassungserwartungen an die Grundrechtsausübung, in: ders./P. Kirchhof (Hrsg.), Handbuch des Staatsrechts, Bd. V, 2. Aufl. 1999, § 115 Rn. 162.

nahme entsprechender Grundpflichten in die Verfassung an der jetzigen Lage das Geringste geändert hätte. Nichts belegt dies so deutlich wie ein Aufruf zu »Mitmenschlichkeit und Gemeinsinn«, der in seiner rührenden Schlichtheit gegen die nun allenthalben beklagte exzessive Profitorientierung von vornherein auf verlorenem Posten stünde, nur wie ein kindliches Flehen gegen zu groß gewordene und gar nicht mehr zu benennende Mächte wirkte. Auch die beste Verfassung, so zeigt sich darin, kann am Ende die Menschen nicht besser, die Welt nicht von sich aus gerechter machen. Sie kann Menschen und Rechte einander zuordnen, Orientierungs- und Haltepunkte setzen, Ziele und Werte vorgeben, an denen sich das politische und gesellschaftliche Handeln in einem ganz allgemeinen Sinne orientieren soll. Gelebt werden müssen diese Ziele und Werte aber zuletzt doch von den Bürgern selbst.

Solidarität in einer Gesellschaft individueller Freiheit

Till Steffen

Einer der zentralen Bestandteile unserer Gesellschaftsordnung ist das im Grundgesetz festgelegte Prinzip des Sozialstaates. Dieses stellt eine Verbindung der wichtigsten Ziele sowohl der Freiheits- als auch der sozialen Bewegungen des 19. Jahrhunderts dar. Was den Sozialstaat im Einzelnen genau ausmacht, das lässt das Grundgesetz bekanntlich offen. Es legt jedoch das Prinzip einer sozialen Ordnung fest. In Verbindung mit den Freiheitsgarantien der Grundrechtsartikel zeigt sich also, dass die Verfassung eine Gesellschaft konstituiert, die einerseits soziale Bindungen und Absicherungen schafft, anderseits jedoch zugleich individuelle Freiheitsräume garantiert.

Somit wären Forderungen nach einer weitgehenden Abschaffung des Sozialstaates nicht nur für den gesellschaftlichen Zusammenhalt in unserer Republik gefährlich, sondern auch als Verstoß gegen die grundgesetzliche Ordnung zurückzuweisen.

Diese beiden Prinzipien der Sozialordnung einerseits und der Freiheitsrechte andererseits wurden in der Vergangenheit oftmals als widersprüchlich und immer wieder sogar als gegensätzlich aufgefasst. Es ist jedoch für die Verwirklichung von beiden unverzichtbar, sie zusammen zu denken und die politischen Maßnahmen und die gesetzlichen Regelungen so zu gestalten, dass sie beide gleichermaßen zur Geltung kommen können.

Für die Gesellschaftspolitik und für die Rechtspolitik von Bündnis 90/Die Grünen muss gelten, dass weder der Einsatz für Bürgerrechte noch die Forderungen nach sozialer Politik sinnvoll sind, wenn das jeweils andere als damit unverbunden betrachtet wird. Es ist eines der wichtigsten Alleinstellungsmerkmale für die bündnisgrüne Politik und Programmatik, dass sie Teilhabechancen und Bürgerrechte miteinander verbindet und sich somit sowohl von denen unterscheidet, die unter In-Kauf-Nahme des Verlustes etlicher Freiheitsrechte eine einseitige Fixierung auf vermeintlich soziale Versorgungsmechanismen propagieren, als auch von denen, die zwar die Achtung der klassischen Bürger- und Freiheitsrechte hochhalten, jedoch die Augen verschließen vor den existenziellen und strukturellen Nöten breiter Teile der Bevölkerung.

Der entscheidende Schlüssel zu einer Veränderung der gesellschaftlichen Ungleichheit und zu einer Herbeiführung gerechter Lebensverhältnisse liegt nicht allein in einer schlichten Umverteilung bestimmter Güter. Viel wichtiger ist es, allen einen einfachen Zugang zu umfassender Bildung zu ermöglichen. Unser derzeitiges System lässt dies nicht für alle im gleichen Umfang zu. Dies hat besonders eindrucksvoll der Bericht des Sonderberichterstatters der Vereinten Nationen, Muñoz, aus dem Jahr 2007 gezeigt.[1] Es muss also eine umfassende Anstrengung unternommen werden, damit Bildungschancen nicht mehr von der sozialen Herkunft und von der finanziellen Leistungsfähigkeit der Eltern abhängen. Die Hamburger Bildungsoffensive leistet hier sehr wichtige Beiträge und kann als beispielhaft angesehen werden für eine moderne Schulpolitik, die in ihrer konkreten Ausgestaltung weitreichende positive Auswirkungen auf die soziale Struktur der Gesellschaft haben wird. Eine kluge Stadt braucht alle Talente, und somit müssen die Lerninhalte, die Unterrichtsmethoden und die Schulstrukturen so ausgestaltet werden, dass sie den unterschiedlichen Voraussetzungen der Kinder gerecht werden und dass nicht auf Grund bestimmter Herkunftssituationen ein Aussortieren und womöglich Aufgeben etlicher Schülerinnen und Schüler hingenommen wird.

Was von einigen gelegentlich ausgeblendet wird ist, dass auch die Rechtspolitik einen sozialen Auftrag hat. Die Leistungen der Justiz müssen allen Menschen gleichermaßen offen stehen. Der Zugang zum Recht darf nicht von finanziellen Voraussetzungen abhängig sein. Eigentlich war dies in den vergangenen Jahrzehnten parteiübergreifender Konsens.

Es gibt inzwischen eine Reihe von Initiativen, Kosten der Justiz auf dem Rücken sozial Schwacher zu senken. Aber es wäre eine Ignoranz gegenüber der Verpflichtung des Grundgesetzes, die Bundesrepublik in sozialer Weise auszugestalten, wenn bei Rechtskosten, Gerichtsgebühren und Prozesskostenhilfe ausschließlich die dadurch entstehenden finanziellen Beanspruchungen der öffentlichen Haushalte bedacht würden und die Notwendigkeit, auch finanzschwachen Bevölkerungskreisen gleichermaßen die Durchsetzung ihrer rechtlichen Ansprüche zu sichern, lediglich als zweitrangig angesehen würde. In diesem Bereich müssen weitere Kürzungen und Belastungen vermieden werden.

Eine echte Bürgerrechtspolitik greift viel zu kurz, wenn sie die Tatsache ausblendet, dass es in unserer Gesellschaftsordnung etliche Personen und Gruppen gibt, die strukturell benachteiligt sind.

Zentral ist es, dass der Staat auf allen seinen Ebenen dem Einzelnen das Minimum einer menschenwürdigen Existenz sichert, wobei dazu unverzichtbar auch eine soziale, kulturelle und politische Teilhabe gehört. Vor diesem Hintergrund ist jedoch zu bedenken, dass überholte Sozialstaatskonzepte zu einer neuen, besonderen Form der Entmündigung und der übermäßigen Betreuung geführt haben. Auch diejenigen, die von der Gesellschaft Unterstützungsleistungen benötigen, haben ein Recht darauf, dass diese Hilfen ein selbstbestimmtes Leben mit eigenen Entscheidungen ermöglichen. Ein äußerst und zu weit gehendes fürsorgliches Sozialsystem, das ge-

1 Implementation of General Assembly Resolution 60/251 of 15 March 2006 – Report of the Special Rapporteur on the right to education, Vernor Muñoz (Mission to Germany 13-21 February 2006), A/HRC/4/29/Add.3, abrufbar unter: http://www.universalhumanrights-index.org/documents/838/1082/document/en/pdf/text.pdf. Eine nicht autorisierte deutsche Übersetzung des Berichts ist abrufbar unter: http://www.netzwerk-bildungsfreiheit.de/pdf/Mission_on_Germany_DE.pdf.

naue Festlegungen darüber zu Grunde legt, welche Bedarfe notwendig und sinnvoll sind, verhindert freie Persönlichkeitsbildung und ist bevormundend.

Der Sozialstaat muss aus diesem Grunde sowohl konkrete Hilfen für Einzelne als auch gleichzeitig die umfassende und ausreichende Zurverfügungstellung bestimmter Institutionen umfassen. Der Zugang zu kulturellen und sozialen Gütern kann nur in einigen wenigen Ausnahmefällen durch die Bürgerinnen und Bürger selbst gesichert werden. Darum ist es wichtig, dass öffentlich zugängliche und nutzbare Einrichtungen aller Art wie Bibliotheken, Schwimmbäder, Kinderbetreuungseinrichtungen, ÖPNV, Museen, Theater, Kino, Internetzugangsmöglichkeiten und viele weitere mehr, vorhanden sind und auch von den Angehörigen der finanziell schwachen Schichten genutzt werden können. Die Entstehung und Sicherung derartiger Institutionen ist dabei nicht allein staatliche Aufgabe, sondern sollte in einem kooperativen Zusammenspiel der Staatsorgane mit den Akteurinnen und Akteuren der zivilen Bürgergesellschaft erfolgen. Privatinitiativen, Vereine und Stiftungen leisten wesentliche Beiträge zu einer Gesellschaft, die zusammenhält. Dies entlässt jedoch keineswegs den Staat aus seiner grundlegenden Pflicht, seinen Beitrag zur Förderung und vor allem Absicherung dieser Formen bürgerschaftlichen Engagements zu leisten und die grundsätzlich erforderliche Infrastruktur bereit zu stellen und zu erhalten.

Eine umfassende Zentralisierung und Fremdbestimmung von oben darf allerdings in diesem Bereich nicht dazu führen, dass es unmöglich wird, dass die direkt Betroffenen, also die Nutzerinnen und Nutzer der Einrichtungen über die Ausgestaltung mitbestimmen und sich mit ihren Kenntnissen einbringen und ihre Bedürfnisse zur Geltung bringen können. Je näher am Ort der konkreten Auswirkung die Entscheidungen getroffen werden, umso größer ist die Wahrscheinlichkeit, dass sie ihre jeweiligen Zielsetzungen auch erreichen können. Dies spricht sehr dafür, eine weitgehende Kooperation der verschiedenen staatlichen Ebenen vorzusehen. Dafür ist es eine entscheidende Grundbedingung, dass keiner dieser Bereiche ausgedörrt wird. Auch der kommunalen Ebene muss genügend Finanzkraft und Gestaltungsspielraum gegeben werden. Ansonsten könnte sie gerade in dem Bereich, in dem direkte bürgerschaftliche Mitwirkung besonders schnell und konkret erfahrbar wird, ihre Aufgaben nicht mehr erfüllen. Somit wirken sich letztlich auch steuerpolitische und staatsstrukturelle Fragen auf die Ausgestaltung des Sozialstaates aus.

Der in den vergangenen Jahren oftmals propagierte Trend zu immer weitergehenden Privatisierungen hat sich nicht als unfehlbar erwiesen. Es kann zu einem großen gesellschaftlichen Problem führen, wenn Einrichtungen und Institutionen, die für eine erfüllte Ausgestaltung des alltäglichen Lebens notwendig sind, in einer Art und Weise betrieben werden, die ausschließlich und einseitig auf die kurzfristige Erreichung bestimmter Profitziele setzt und nicht mehr allen gesellschaftlichen Gruppen und Schichten, auch den sozial und finanziell schwächeren, in weitgehend gleicher Weise die Nutzung und den Zugang ermöglicht. Da es sich jedoch auch vielfach gezeigt hat, dass eine überkommene staatliche Verwaltung in vielen Bereichen keine ansprechenden und funktionierenden Lösungen anbieten kann, darf auch das andere Extrem nicht als die einzige Lösung angesehen werden. Es ist somit wichtig, eine wirkungsvolle Verbindung öffentlicher Grundversorgung mit privaten Angeboten zu schaffen.

Die Integration aller Bevölkerungsschichten in die Gesellschaft ist eine der wesentlichen Bedingungen für den historisch einzigartigen Erfolg der durch das Grundgesetz vorgezeichneten Gesellschaftsordnung des Grundgesetzes. Dazu gehört es, in allen Politikfeldern diese Grundlage mit zu berücksichtigen und somit auch den sozialen Anforderungen gerecht zu werden. Dies gilt nicht zuletzt in den klassischen Bereichen der Rechts- und der Justizpolitik.

Ein effektives System des Rechtsschutzes begünstigt strukturell diejenigen, die eher schwach sind. Während Reiche zur Durchsetzung ihrer Ziele und Interessen die notwendigen finanziellen Mittel aufbringen können, müssen alle anderen Menschen dazu Unterstützung in Anspruch nehmen, die somit auch zur Verfügung gestellt werden muss.

Ebenso ist es für bildungsfernere Schichten eine besondere Schwierigkeit und eine Zugangshürde, wenn die Normen so formuliert sind, dass sie nicht mehr aus sich heraus verständlich sind. Ein einfaches, klares und verständliches Recht ist ein allgemein zugängliches Recht. Darum muss bei der Gesetzgebung immer wieder darauf geachtet werden, dass allgemein verständliche Begriffe verwendet werden und dass die Regeln, die zu zusammen gehörenden Sachverhalten gelten sollen, auch in einem Zusammenhang, möglichst in ein und demselben Gesetz stehen und nicht über unzählige und nur für Expertinnen und Experten auffindbare Gesetze verteilt sind.

Wichtig ist es, dass die Politik und die Rechtsetzung das Ziel der Bekämpfung von Diskriminierungen berücksichtigen und in verbindliche Normen umsetzen. Es darf nicht hingenommen werden, wenn Angehörige bestimmter Gruppen von anderen ausgegrenzt und in ihren Rechten verletzt werden.

Durch eine solche Politik, die sowohl in ihrer grundsätzlichen Festlegung als auch in ihren konkreten alltäglichen Maßnahmen die Freiheitsrechte der Bürgerinnen und Bürger mit dem Prinzip des sozialen Ausgleiches zwischen allen Teilen der Bevölkerung verbindet, kann eine gerechte Gesellschaftsordnung herbeigeführt werden, die vom Leitgedanken der Solidarität in einer Gesellschaft individueller Freiheit geprägt ist.

Der Verfassungsauftrag zu ökologisch nachhaltiger Politik*

Martin Eifert

Die Entdeckung der Umweltprobleme ist ein zentraler Bezugspunkt der gesellschaftlichen Selbstreflexionen seit den 70er Jahren des letzten Jahrhunderts.[1] Sie machte offenbar, dass sich die industrielle Gesellschaft schon im Normalbetrieb selbst gefährdet. Die theoretische Verarbeitung dieser Erkenntnis ist ein wesentlicher Baustein der reflexiv werdenden Moderne,[2] und die politische Verarbeitung ließ die darauf fokussierten Grünen europaweit die ansonsten betonierte Parteienlandschaft aufbrechen.[3] Das Rechtssystem ist verflochten mit den theoretischen und vor allem politischen Selbstentwürfen einer Gesellschaft. Es musste diese Impulse also selbstverständlich aufnehmen und sich auf die ökologischen Herausforderungen einstellen.

Der Modus dieser Umstellung war allerdings unterschiedlich. Auf der Ebene des einfachen Rechts bildete sich schnell das Umweltrecht als neues, eigenständiges Rechtsgebiet heraus.[4] Beim politisch nur schwerer verfügbaren Grundgesetz blieb zunächst nur der Wandel durch Interpretation, bevor die Wiedervereinigung als umweltunabhängiges politisches Ereignis kurz ein Zeitfenster für die ausdrückliche Aufnahme der ökologischen Verantwortung in die Verfassung öffnete.[5] Nicht nur politisch, sondern auch im Rechtssystem wuchs der Umweltgedanke also vor allem von unten nach oben. Und hier wie dort entfaltete sich auch seine Wirkmacht letzt-

* Im Wesentlichen um Fußnoten ergänzte Fassung des Vortrags auf dem Kongress 60 Jahre Grundgesetz der Bundestagsfraktion Bündnis 90/Die Grünen am 14.3.2009 in Berlin. Für die Unterstützung bei der Materialsichtung danke ich Anna Braun und Björn Schäfer.

1 Siehe nur Ulrich Beck, Risikogesellschaft, 1986; Franz-Josef Brüggemeier/Jens Ivo Engels, Natur- und Umweltschutz nach 1945: Konzepte, Konflikte, Kompetenzen, 2005; Michael Kloepfer, Umweltrecht, 2004, § 2 Rn. 82 ff.; Helmuth Schulze-Fielitz, in: Horst Dreier (Hrsg.), GG, Bd. II, 1998, Art. 20a Rn. 1 m.w.N.

2 Siehe vor allem die Arbeiten von Ulrich Beck, etwa Beck (Fn. 1); ders., Die Erfindung des Politischen, 1993; Ulrich Beck/Anthony Giddens/Scott Lash, Reflexive Modernisierung, 1996.

3 Vgl. nur Rainer Wahl, Entstehung und Entwicklung des Umweltrechts, in: Martin Führ/Rainer Wahl/Peter von Wilmowsky (Hrsg.), Umweltrecht und Umweltwissenschaft, Festschrift für Eckard Rehbinder, 2007, S. 127, 136; Rudolf Steinberg, Der ökologische Verfassungsstaat, 1998, S. 12 ff. (21 ff.).

4 Siehe zusammenfassend Michael Kloepfer, Zur Geschichte des deutschen Umweltrechts, 1994; Wahl (Fn. 3), S. 127 ff.

5 Siehe näher Rainer Wolf, Gehalt und Perspektiven des Art. 20a GG, KritV 1997, 280 ff.; Friedrich-Adolf Jahn, Empfehlung der Verfassungskommission, DVBl. 1994, 177 (184); Hans-Jochen Vogel, Die Reform des Grundgesetzes, DVBl. 1994, 497 ff.

lich durch Verschiebungen in den bestehenden Grundstrukturen und nicht über deren Verwerfung.

Nachfolgend wird zunächst kurz auf diese Entwicklung des Umweltverfassungsrechts zurückgeblickt, also auf die ökologische Einfärbung des Grundgesetzes, und daran anschließend eine Zwischenbilanz gezogen. Abschließend erfolgt ein Ausblick auf die grundgesetzlichen Maximen zukunftsgerichteter Umweltpolitik.

I. Rückblick: Die ökologische Einfärbung des Grundgesetzes

Angesichts der zentralen Bedeutung, die dem Grundgesetz im politischen und rechtlichen Diskurs der Bundesrepublik zugewachsen ist, war es selbstverständlich, dass auch die neu erkannte ökologische Herausforderung sogleich verfassungsrechtlich gespiegelt wurde.[6] Alle bedeutenden staatsrechtlichen Themen erhielten ihre umweltrechtlichen Facetten, die sich dann in kaleidoskopartiger Gesamtschau zu Entwicklungsszenarien der Staatlichkeit insgesamt verbanden.[7] In den 1970er Jahren dominierte die Diskussion um ein Grundrecht auf Umweltschutz oder »menschenwürdige Umwelt«,[8] das aber bald zugunsten der Forderung nach einer Staatszielbestimmung Umweltschutz aufgegeben wurde.[9] Es folgten staatsorganisationsrechtliche Überlegungen, etwa zu neuen Kammern und verstärkten Rechten des Umweltministeriums,[10] die aber bislang folgenlos verliefen und durch die bis heute aktuelle Debatte um die rechtliche Abstützung zivilgesellschaftlicher Kontrollmöglichkeiten

6 Gutachten des Sachverständigenrates für Umweltfragen, 1978, BT-Drs. 8/1938, Tz. 1946; Ekkehard Wienholtz, Arbeit, Kultur und Umwelt als Gegenstände verfassungsrechtlicher Staatszielbestimmungen, AöR 109 (1984), 532 ff.

7 Hasso Hofmann, Die Aufgaben des modernen Staates und der Umweltschutz, in: Michael Kloepfer (Hrsg.), Umweltstaat, 1989, 1 ff. (36 ff.); Rainer Wahl/Ivo Appel, Prävention und Vorsorge. Von der Staatsaufgabe zur rechtlichen Ausgestaltung, in: Rainer Wahl (Hrsg.), Prävention und Vorsorge, 1995, S. 1 ff. (19 ff.); Schulze-Fielitz (Fn. 1), Art. 20a Rn. 2.

8 Vgl. nur Hans-Jörg Dellmann, Zur Problematik eines Grundrechts auf menschenwürdige Umwelt, DÖV 1975, 588 ff.; Jörg Lücke, Das Grundrecht des einzelnen gegenüber dem Staat auf Umweltschutz, DÖV 1976, 289 ff.; Michael Kloepfer, Zum Grundrecht auf Umweltschutz, 1978.

9 Der Bundesminister des Innern/Der Bundesminister der Justiz (Hrsg.), Staatszielbestimmungen Gesetzgebungsaufträge, Bericht der Sachverständigenkommission, 1983, Rn. 130 ff.; Albert v. Mutius, Staatszielbestimmung – Umweltschutz, WiVerw 1987, 51 ff.

10 Zur Stärkung des Bundesumweltministeriums siehe Heinrich Pehle, Das Bundesumweltministerium – Neue Chancen für den Umweltschutz?, VerwArch 79 (1988), 184 (199 ff.); zur Schaffung eines ökologischen Rates siehe Steinberg (Fn. 3), S. 339 ff.; zu späteren Vorschlägen eines Nachhaltigkeitsrats auf europäischer Ebene nur Wolfgang Kahl, Der Nachhaltigkeitsgrundsatz im System der Prinzipien des Umweltrechts, in: Hartmut Bauer/Detlef Czybulka/Wolfgang Kahl/Andreas Voßkuhle (Hrsg.), Umwelt, Wirtschaft und Recht, 2002, S. 111 (141).

überlagert wurden.[11] Das staatsrechtliche Gefüge wurde insgesamt auf seine Resonanzfähigkeit für die Umweltbelange befragt und auf den Ausbau präventiver Strukturen im einfachen Recht wahlweise vor totalitären Folgen im Sinne einer Ökodiktatur gewarnt oder nüchterner der Umweltstaat beschworen.[12]

In der hier nur angedeuteten Vielzahl verfassungsrechtlicher Überlegungen zur Ökologisierung des Grundgesetzes stechen drei Entwicklungen durch ihre Kontinuität hervor, die den gegenwärtigen Stand markieren: Die Entwicklung der grundrechtlichen Schutzpflichten, die Einfügung des Staatsziels Umweltschutz und die Veränderungen innerhalb des Verständnisses von Demokratie- und Rechtsstaatlichkeit. Auf sie will ich mich zunächst beschränken.

1. Die verfassungsrechtliche Abbildung der ökologischen Herausforderung

a) Der grundrechtliche Schutzauftrag als konstruktives Widerlager umweltgefährdenden Freiheitsgebrauchs

Seine erste verfassungsrechtliche Abbildung fand die Umweltverschmutzung über ihre Auswirkungen auf die menschliche Gesundheit, die von Art. 2 Abs. 2 GG grundrechtlich geschützt ist. Da die Umweltbelastungen regelmäßig Folgen eines Freiheitsgebrauchs Privater sind, lief das Grundrecht zwar in seiner traditionellen Funktion als Abwehrrecht gegen staatliche Beeinträchtigungen weitgehend leer. Das Bundesverfassungsgericht aktivierte es aber über die Konstruktion einer staatlichen Schutzpflicht.[13] Nach dieser, für den Umweltbereich angesichts der atomaren Gefahren näher entwickelten Konstruktion verpflichten die Grundrechte den Staat auch zum effektiven Schutz der grundrechtlich geschützen Rechtsgüter wie der Gesundheit.[14] Der grundrechtlichen Verbürgung des umweltbelastenden Freiheitsgebrauchs wurde also als normatives Widerlager die grundrechtliche Schutzpflicht gegenübergestellt. Der Freiheitsgebrauch darf nicht übermäßig eingeschränkt, der Schutz aber auch nicht untermäßig gewährt werden.[15]

Diese konstruktive Symmetrie der grundrechtlichen Spannungslage verliert sich aber in der praktischen Durchführung. Das Bundesverfassungsgericht beschränkt

11 Sabine Schlacke, Überindividueller Rechtsschutz, 2008, S. 161 ff.; Thomas von Danwitz, Aarhus-Konvention: Umweltinformation, Öffentlichkeitsbeteiligung, Zugang zu den Gerichten, NVwZ 2004, 272 (280 ff.).

12 Steinberg (Fn. 3), S. 379 ff.

13 BVerfGE 39, 1 (42); 46, 160.

14 BVerfGE 53, 30 (57 ff.); Kloepfer (Fn. 1), § 3 Rn. 43; Reinhard Sparwasser/Rüdiger Engel/Andreas Voßkuhle, Umweltrecht, 2003, § 1 Rn. 157 ff.

15 Als mehrpoliges Verfassungsrechtsverhältnis entfaltet bei Christian Calliess, Rechtsstaat und Umweltstaat, 2001, S. 566 ff.; siehe auch Ralf Poscher, Grundrechte als Abwehrrechte, 2003, S. 66 f.

sich auf die Prüfung, ob eine entsprechende Schutzpflicht evident verletzt ist.[16] Dabei billigt es dem Gesetzgeber erhebliche Einschätzungsspielräume hinsichtlich der angemessenen Maßnahmen zu.[17]

Auf die Schutzpflicht gestützte Versuche, Verbesserungen des Schutzes vor Fluglärm, Ozon, elektromagnetischen Feldern oder immissionsbedingten Waldschäden verfassungsrechtlich zu erzwingen, blieben deshalb erfolglos.[18] Bis heute gibt es kein Verfahren, in dem erfolgreich unzureichende Umweltschutzvorkehrungen geltend gemacht wurden.[19] Das spricht für eine gewisse Mindestqualität der Rechtsetzung, ist aber letztlich vor allem einer Scheu des Gerichts vor einer zu starken Konstitutionalisierung der Politik geschuldet.[20] Diese ist als Sicherung demokratischer Gestaltungsmöglichkeiten zu begrüßen, verliert aber an Plausibilität, soweit es nur um Anforderungen an die angemessene Risikobeobachtung in Ungewissheitslagen geht.[21]

Die grundrechtliche Abbildung der Umweltverschmutzung bleibt insgesamt ohnehin in einem engen Rahmen, da sie einen Grundrechtsträger voraussetzt. Sie ist konzeptionell damit inhaltlich auf an Menschen vermittelte, vor allem gesundheitsgefährdende Umweltauswirkungen und zeitlich auf die Erkenntnisse der Gegenwart begrenzt.[22] Es mangelt zwar nicht an Ansätzen, über die Schutzpflichten oder eine verfassungsrechtliche Gesamtschau den Umwelt- und Nachweltschutz zu stärken.[23] Sie sind jedoch vor allem Dokumentation eines dahingehenden Bedarfs und keineswegs zwingend. Mindestens eine erhebliche Entlastung brachte in dieser Hinsicht dann die 1994 erfolgte Aufnahme des Staatsziels Umweltschutz in Art. 20a des Grundgesetzes.

16 BVerfGE 92, 26 (46); Georg Hermes, Das Grundrecht auf Schutz von Leben und Gesundheit, 1987, S. 51 f.

17 BVerfGE 46, 160 (164); 56, 54 (80 f.); 77, 381 (405); 79, 174 (200); 85, 191 (212); 92, 26 (46); 96, 56 (64); Eberhard Schmidt-Aßmann, Anwendungsprobleme des Art. 2 Abs. 2 GG im Immissionsschutzrecht, AöR 106 (1981), 205 (216); Helmuth Schulze-Fielitz, in: Horst Dreier (Hrsg.), GG, Bd. I, 2. Aufl. 2004, Art. 2 Abs. 2 Rn. 86.

18 BVerfGE 56, 54 (80); BVerfG, NJW 1996, 651; BVerfG, NVwZ 2007, 805 f.; BVerfG, NJW 1998, 3264 ff.

19 Siehe Dietrich Murswiek, Umweltrecht und Grundgesetz, DV 33 (2000), 241 (245 ff.).

20 Zu den Schutzpflichten näher Calliess (Fn. 15), S. 312 ff. (437 ff.); Kritik an den verfassungsgerichtlichen Begründungen des Einschätzungsspielraums bei Dietrich Murswiek, Zur Bedeutung der grundrechtlichen Schutzpflichten für den Umweltschutz, WiVerw. 1986, 179 (190 ff.); ders. (Fn. 19), S. 244 ff.

21 Murswiek (Fn. 19), S. 245 ff.; Ivo Appel, Staatliche Entwicklungs- und Zukunftsvorsorge, 2005, S. 114.

22 Vgl. Appel (Fn. 21), S. 115 ff., der die Ausweitung vor allem auf den objektiv-rechtlichen Charakter der Schutzpflicht gründet. Es ist aber nicht einsichtig, weshalb die Grundrechte darüber von konkreten Grundrechtssubjekten gelöst werden sollen.

23 Vgl. nur Appel (Fn. 21), S. 115 ff.; Peter Häberle, Zeit und Verfassungskultur, in: Anton Peisl/Armin Mohler (Hrsg.), Die Zeit, 1983, S. 289 ff., 318 ff., 338; Michael Kloepfer, Langzeitverantwortung im Umweltstaat, 1993, S. 29 f.

b) Das Staatsziel Umweltschutz als umfassende ökologische Verantwortung des Staates

Art. 20a GG verpflichtet den Staat in sprachlich nicht ganz geglückter Form[24] auf den Schutz der natürlichen Lebensgrundlagen auch in Verantwortung für die künftigen Generationen und den Tierschutz. Er bestimmt also eindeutig ein inhaltliches und zeitliches Ausgreifen der staatlichen Verantwortung im Sinne umfassenden und nachhaltigen Schutzes der Umwelt insgesamt und vermittelt den Auftrag zu ökologisch nachhaltiger Politik.[25] Diese umfassende Verantwortung nimmt eine ökologische Durchfärbung des Grundgesetzes vor und bildet den zentralen legitimatorischen Referenzpunkt umweltschützender Maßnahmen.

Als Staatszielbestimmung ist Art. 20a GG jedoch nicht verfassungsrechtlicher Ersatz, sondern Auftrag für eine ökologisch nachhaltige Politik.[26] Er symbolisiert den gesellschaftlichen Konsens über die Umweltverantwortung, vermittelt normative Orientierung für eine Nachhaltigkeitspolitik, verschafft politische Entlastung bei sinkender Priorität des Umweltschutzes und eröffnet gesetzgeberische Handlungsräume, indem er umweltschützende Maßnahmen legitimiert und das Gewicht der Umweltbelange gegenüber anderen konkurrierenden Interessen verdeutlicht und teilweise verstärkt.[27] Bei einer Kollision mit anderen Verfassungsgeboten erlangt er jedoch keinen Vorrang, sondern muss mit diesen in einen schonenden Ausgleich gebracht werden.

Die Operationalisierung und Realisation des Staatsziels Umweltschutz muss aber primär durch gesetzgeberisches Handeln erfolgen. Verfassungsinterpretation kann die hochabstrakte Zielsetzung etwas konkretisieren. Risikovorsorge, nachhaltige Ressourcenschonung und jedenfalls ein Verbot der Verschlechterung rechtlichen Umweltschutzes bilden hier weitgehend konsentierte Teilelemente.[28] Der weite gesetzgeberische Spielraum hinsichtlich der Mittel und Wege zum Ziel des Art. 20a GG nimmt der Anwendung solcher Vorgaben aber regelmäßig wieder jede Eindeutigkeit.[29]

24 Dietrich Murswiek, Staatsziel Umweltschutz (Art. 20a GG), NVwZ 1996, 222 (222); Wilfried Berg, Nachhaltigkeit und Umweltstaat, in: Wolfgang Kahl (Hrsg.), Nachhaltigkeit als Verbundbegriff, 2008, 425 (428).

25 Vgl. näher Wolf (Fn. 5), S. 282 ff.; Schulze-Fielitz (Fn. 1), Art. 20a, Rn. 22; Murswiek, in: Michael Sachs (Hrsg.), GG, 5. Aufl. 2009, Art. 20a, Rn. 16; Kahl (Fn. 10), S. 126 ff.; Berg (Fn. 24), S. 427 ff.

26 Wahl (Fn. 3), S. 139; den Auftrag zu an Art. 20a GG orientierter Gesetzgebung betont etwa auch Wolf (Fn. 5), S. 284 f. (301 ff.).

27 Murswiek (Fn. 25), Art. 20a, Rn. 12 ff.; Berg (Fn. 24), S. 427 ff.

28 Murswiek (Fn. 24), S. 225 f.; Michael Kloepfer, Umweltschutz als Verfassungsrecht – Zum neuen Art. 20a GG, DVBl. 1996, 73 (76 f.); Norbert Bernsdorff, NuR 1997, 328 (331 ff.).

29 Rudolf Steinberg, Verfassungsrechtlicher Umweltschutz durch Grundrechte und Staatszielbestimmung, NJW 1996, 1985 (1991 f.); Christian Koenig, Möglichkeiten und Grenzen von Zertifikatmärkten als Steuerungsmedien im Umweltrecht, DÖV 1996, 943 (944); Schulze-Fielitz (Fn. 1), Art. 20a, Rn. 58.

Damit offenbart sich die innere Spannung im Staatsziel Umweltschutz. Die verfassungsrechtliche Selbstbindung greift inhaltlich und zeitlich weit über den konkreten Schutz der aktuellen Bevölkerung hinaus, ist aber auf die Operationalisierung im politischen Prozess angewiesen, der eher auf kurzfristige und unmittelbare Interessen dieses Staatsvolkes reagiert.[30] Es bedarf deshalb institutioneller Sicherungen für eine vernehmbare Artikulation treuhänderischer Stimmen. Der Zugang zu Umweltinformationen und Klagemöglichkeiten für Naturschutzverbände sind hier wichtige Bausteine, die aus einer solchen Perspektive keineswegs Fremdkörper im deutschen Recht bilden.[31]

Nachdem der ökologische Gedanke mit dem Staatsziel des Art. 20a GG einmal im Verfassungsrecht angekommen war, konnte er auch wieder zurückwirken in das einfache Recht. Dass der Begriff der nachhaltigen Entwicklung im Gegensatz zum politisch ebenfalls allgegenwärtigen und viel früher aufgekommenen umweltrechtlichen Begriff des Risikos in Rekordzeit Eingang in zahlreiche Gesetze des Umwelt- und Planungsrechts gefunden hat, dürfte auch an seiner verfassungsrechtlichen Weihung liegen.[32]

c) Die Veränderungen in Demokratie- und Rechtsstaatlichkeit

Neben diesen neuen umweltverfassungsrechtlichen Entwicklungslinien erfolgten aber auch Veränderungen in Auslegung und Verständnis der allgemeinen Staatsstrukturprinzipien. Faktische Zwänge und normative Vorgaben traten dabei in ein komplexes Wechselspiel. Die hohe Technizität des Umweltrechts erforderte einerseits Abschwächungen oder Modifikationen allgemeiner verfassungsrechtlicher Grundsätze. So sind die Bestimmtheitsanforderungen an die Gesetze recht gering[33]

30 Vgl. nur Carl Friedrich Gethmann, Langzeitverantwortung als ethisches Problem im Umweltstaat, in: ders./Michael Kloepfer/Hans Nutzinger, Langzeitverantwortung im Umweltstaat, 1993, 1 (16 f.); hieran knüpft die Diskussion um den Nachweltschutz und die Rechte künftiger Generationen an, die neben der Verankerung der Rechte auch institutionelle Durchsetzungsmechanismen behandelt (vgl. nur Peter Saladin/Christoph Zenger, Rechte künftiger Generationen, 1988, S. 107 ff.). In der rechtspolitischen Diskussion finden sich, teilweise unter Rückgriff auf ausländische Regelungen, zahlreiche institutionelle Ansätze (vgl. Calliess [Fn. 20], S. 508 ff.; Guy Beaucamp, Das Konzept der zukunftsfähigen Entwicklung im Recht, 2002, S. 191 ff.; Jörg Tremmel, Institutionelle Verankerung der Rechte nachrückender Generationen, ZRP 2004, 44 ff.).

31 Zu einer solchen Rolle von Verbandsklagerechten bereits Tine Stein, Das Bundesverfassungsgericht – auch Hüter der Natur?, in: Bernd Guggenberger/Thomas Würtenberger (Hrsg.), Hüter der Verfassung oder Lenker der Politik?, 1998, 262 (272 ff.); aus rechtlicher Sicht Hans-Joachim Koch, Die Verbandsklage im Umweltrecht, NVwZ 2007, 369 ff.; Schlacke (Fn. 11), S. 61 ff.; anders aber etwa Rüdiger Breuer, Tendenzwende des Rechtsschutzes?, UTR 45 (1998), 161, 209 f.

32 Appel (Fn. 21), S. 129; siehe umfassend zum Stand der gesetzlichen Ausformung des Ökosystemschutzes nur Frank Niederstadt, Ökosystemschutz durch Regelungen des öffentlichen Umweltrechts, 1998.

33 BVerwGE 72, 300 (316 f.); Kloepfer (Fn. 1), § 3 Rn. 71 ff., § 8 Rn. 60 ff.

und wurde die Wesentlichkeitslehre, nach der alle wesentlichen Entscheidungen durch den Gesetzgeber zu treffen sind, im Umweltrecht faktisch umgekehrt.[34] Denn hier kommt den untergesetzlichen Grenzwerten und Vorgaben die zentrale Steuerungswirkung zu.[35] Andererseits wurde in einer Gegenbewegung versucht, entglittene faktische Entscheidungsmacht durch eine Ausweitung des verfassungsrechtlichen Regelungsanspruchs wieder normativ einzufangen. Die Figur der legitimatorischen Vorwirkungen,[36] die eine gesetzgeberische Überformung privater Regelsetzung einfordert, bildet hier ein besonders gutes Beispiel.

2. Umweltschutz im Medium des Rechts ist vor allem Umweltverwaltungsrecht

Die insgesamt geringe Detailschärfe der verfassungsrechtlichen Bindungen bringt eine hohe politische Gestaltbarkeit des Umweltrechts mit sich. Umweltschutz im Medium des Rechts ist vor allem Umweltverwaltungsrecht. Welche Instrumente hier heranzuziehen sind, hängt angesichts der final orientierten verfassungsrechtlichen Vorgaben vor allem von deren jeweiliger Ausgestaltung ab. Es gibt keine pauschalen Vorrangregelungen, also etwa weder einen Vorrang von Eigenkontrollen vor staatlichen Kontrollen[37] noch umgekehrt von ordnungsrechtlichen Schutzvorkehrungen vor alternativen, gleich effektiven Regelungsmechanismen.[38]

34 Vgl. statt aller Sparwasser/Engel/Voßkuhle (Fn. 14), § 1, Rn. 180. Die Wendung der „umgekehrten Wesentlichkeitstheorie" wird dem ehemaligen Präsidenten des Bundesverwaltungsgerichts Horst Sendler zugeschrieben. Vgl. aber auch Rainer Wahl, Verwaltungsverantwortung und Verwaltungsgerichtsbarkeit, VBlBW 1988, 387 (391).

35 Dazu und zu den hierauf reagierenden verfassungsrechtlichen Anforderungen siehe BVerwGE 79, 254 (259); 107, 338 (341 f.); Erhard Denninger, Verfassungsrechtliche Anforderungen an die Normsetzung im Umwelt- und Technikrecht, 1990; Kloepfer (Fn. 1), § 3 Rn. 73 ff.

36 Hans-Heinrich Trute, Die Verwaltung und das Verwaltungsrecht zwischen gesellschaftlicher Selbstregulierung und staatlicher Steuerung, DVBl. 1996, 950 (955 f.); ders., Die demokratische Legitimation der Verwaltung, in: Wolfgang Hoffmann-Riem/Eberhard Schmidt-Aßmann/Andreas Voßkuhle, Grundlagen des Verwaltungsrechts, Bd. I, § 6 Rn. 58.

37 Andreas Voßkuhle, Beteiligung Privater an der Wahrnehmung öffentlicher Aufgaben und staatliche Verantwortung, VVDStRL 62 (2003), 266 (297 f.); a.A. aber Matthias Schmidt-Preuß, Verwaltung und Verwaltungsrecht zwischen gesellschaftlicher Selbstregulierung und staatlicher Steuerung, VVDStRL 56 (1997), 160 (170 f.).

38 Zu den verschiedenen Instrumenten vgl. Kloepfer (Fn. 1), § 5.

II. Zwischenbilanz: Nachhaltige Politik als Auftrag und Möglichkeit

1. Umweltschutz im Grundgesetz statt Umweltstaat

Die ökologische Krise hat zu Veränderungen im Verfassungsrecht geführt. Sie werden oft über eine Terminologie der Zäsuren beschrieben. Der Umweltstaat,[39] die neue Epoche des ökologischen Verfassungsstaates[40] und andere Beschreibungsformeln[41] ringen um die Begriffsherrschaft. Gegenüber solchen Großformeln lässt sich als Zwischenfazit der vorangegangenen Beobachtungen aber auch eine bescheidenere Einsicht betonen: Nicht jede epochale Bedrohung bedarf einer neuen Verfassungsstufe, sondern gerade der strukturkonforme Einbau der ökologischen Dimension ins Grundgesetz zeigt die Problemoffenheit seiner Grundarchitektur und dürfte ihm noch weitere Jubiläen sichern.

2. Umweltschutz zwischen verfassungsrechtlicher Selbstbindung und demokratischer Gestaltung

Die ökologische Einfärbung des Grundgesetzes hat vor allem eine verfassungsrechtliche Verpflichtung auf einen nachhaltigen Umweltschutz im Sinne finaler Aufträge hervorgebracht. Die Schutzpflichten und vor allem das Staatsziel Umweltschutz haben einen großen Möglichkeitsraum für die demokratische Gestaltung nachhaltiger, umweltschützender Politik eröffnet und seine Ausfüllung rechtlich bindend aufgegeben. Das Grundgesetz erweist sich damit im besten Sinne als problembewusste, aber offene Rahmenordnung.[42]

III. Ausblick: Das Grundgesetz als Rahmen zukunftsgerichteter Umweltpolitik

Die umweltpolitische Agenda hat sich zwar geändert, ist aber nicht kürzer geworden. Das Klima als neues vordringliches Schutzgut[43] und die dezentrale Umweltver-

39 Hofmann (Fn. 7), S. 43 ff.; Wahl/Appel (Fn. 7), S. 1 (19 ff.); Calliess (Fn. 20), S. 30 ff.

40 Steinberg (Fn. 3), S. 396 ff.

41 Dazu gehören insbesondere „Präventionsstaat", vgl. Dieter Grimm, Die Zukunft der Verfassung, 1994, S. 204 f.; „Vorsorgestaat", vgl. Reiner Schmidt, Der Staat der Umweltvorsorge, DÖV 1994, 749 (749 f.).

42 Rainer Wahl, Der Vorrang der Verfassung, Der Staat 20 (1981), 485 ff.; ders., Die doppelte Abhängigkeit des subjektiven öffentlichen Rechts, DVBl. 1996, 641 (644 f.).

43 Wolfgang Kahl, Energie und Klimaschutz – Kompetenzen und Handlungsfelder der EU, 21 (53); Gabriele Britz, Klimaschutzmaßnahmen der EU und der Mitgliedstaaten im Spannungsfeld von Klimaschutz und Binnenmarkt, 71 (72 f.), beide in: Helmuth Schulze-Fielitz/Thorsten Müller (Hrsg.), Europäisches Klimaschutzrecht, 2009.

schmutzung durch private Haushalte[44] bilden nur zwei Beispiele aus zahllosen dringlichen Themen.[45] Die grundgesetzliche Mitgift für ihre Bearbeitung soll für drei strukturell bedeutsame Punkte näher erläutert werden: Die instrumentelle Weiterentwicklung des Umweltrechts, seine Europäisierung und Internationalisierung und die gebotene übergreifende Prozeduralisierung.

1. Verfassungsrechtliche Offenheit für die instrumentelle Weiterentwicklung

Die politische Offenheit des Umweltverfassungsrechts zeigt sich beispielhaft bei der Einführung neuer Instrumente. So hat der Zertifikatehandel nach jahrzehntelangem Einsperren im wissenschaftlichen Elfenbeinturm[46] seinen praktischen normativen Durchbruch bei den Klimaschutzgasen erlangt[47] und dürfte sich schnell von dort weiterverbreiten. Er erlaubt es, den Gedanken einer öffentlichen Bewirtschaftungsordnung marktkompatibel in der Sprache der Preise zu formulieren und so gerade quantitative Zielvorgaben effizient zu erreichen. Der Systemwechsel vom Ordnungsrecht zum ökonomischen Anreiz hat zwar zahlreiche verfassungsrechtliche Aspekte,[48] aber nur wenige echte Restriktionen. Ob die Zertifikate kostenlos vergeben oder versteigert werden,[49] eine Vergabe nach historischen Emissionen oder best practices erfolgt[50] und welche Anlagen wie starken Modernisierungsanreizen ausgesetzt werden[51] – all das sind Fragen, in denen zwar zahlreiche, meist interessengeleitete verfassungsrechtliche Positionen bezogen, letztlich aber vergeblich konkrete

44 Siehe bspw. zur Umweltverschmutzung durch den privaten Personennahverkehr Monika Jachmann, Die Einführung einer Nahverkehrsabgabe durch Landesrecht, NVwZ 1992, 932 (932); Alfred Scheidler, Die Feinstaub-Plakette zur Kennzeichnung schadstoffarmer Schadstoffe, NJW 2007, 405 (405); siehe bzgl. Elektronikgeräten Mario Tobias/Hans-Jochen Lückefett, Das Elektronikgesetz – Herstellerverantwortung, Altgerätemanagement und Verpflichtete, ZUR 2005, 231 (231).

45 Wichtige Themen sind auch die Luftreinhaltung und die Gentechnik, siehe Umweltgutachten des Sachverständigenrates für Umweltfragen, 2008, BT-Drs. 16/9990, S. 161 ff. (485 ff.).

46 Eric Gawel, Vollzugsunterstützung regulativer Umweltpolitik durch ergänzende Anreizsysteme, ZfU 16 (1993), 461 (469 ff.); ders., Umweltpolitik durch gemischten Instrumenteneinsatz: allokative Effekte instrumentell diversifizierter Lenkungsstrategien für Umweltgüter, 1991, S. 123 ff.

47 Siehe hierzu das auf der EG-Emissionshandelsrichtlinie 2003/87/EG vom 25.10.2003 basierende Treibhausgas-Emissionshandelsgesetz vom 15.7.2004 und das Gesetz über den nationalen Zuteilungsplan für Treibhausgas-Emissionsberechtigungen in der Zuteilungsperiode 2008-2012 vom 7.8.2007.

48 BVerfG, ZUR 2007, 583 (587); BVerfG, NJW 2007, 942.

49 Manfred Rebentisch, Rechtsfragen der kostenlosen Zuteilung von Berechtigungen im Rahmen des Emissionshandelsrechts, NVwZ 2006, 747 (748 ff.); Mario Martini/Jochen Gebauer, „Alles umsonst?“ Zur Zuteilung von CO_2-Emissionszertifikaten: Ökonomische Idee und rechtliche Rahmenbedingungen, ZUR 2007, 225 (227 ff.).

50 Arndt Begemann/Henning Lustermann, Emissionshandel: Rechtsfragen zum „zweiten“ Erfüllungsfaktor, NVwZ 2006, 135 (137).

51 Siehe hierzu den Beschluss des BVerfG, DVBl. 2007, 821.

Antworten aus dem Verfassungsrecht (oder europäischen Grundrechten) erwartet wurden. Entsprechend der Linie des Bundesverfassungsgerichts sind sie im Rahmen des Willkürverbotes eben gesetzgeberisch zu entscheiden.[52] Ähnliches gilt für Regelungen, die auf breite Verhaltensänderungen abzielen.

2. Sicherung ökologischer Nachhaltigkeit als internationalisierter Auftrag

a) Greening the Treaty und europäisches ökologisches Verfassungsrecht

Die Umweltpolitik verlagert sich schon seit längerem zunehmend auf die internationale Ebene.[53] Angesichts der grenzüberschreitenden ökosystemaren Zusammenhänge wie der grenzüberschreitenden Schadstofffrachten ist diese Entwicklung alternativlos. Der Klimaschutz steht hier wiederum beispielhaft.[54] Die Internationalisierung relativiert aber selbstverständlich hier wie auch sonst die Effektivität des Grundgesetzes als nationaler Verfassung.[55]

Als zentrale Ebene der Umweltrechtsetzung hat sich die Europäische Gemeinschaft fest etabliert.[56] Auf dieser Ebene sind die grundgesetzlichen Vorgaben angesichts des Selbststandes des Gemeinschaftsrechts zwar fast ohne Bedeutung. Dafür erfolgt aber über das Europarecht selbst eine Härtung und keine Abschwächung der normativen Verpflichtung auf Umweltschutz und Nachhaltigkeit. Das Primärrecht verlangt über die Querschnittsklausel (Art. 6 EGV) die Einbeziehung der Erfordernisse des Umweltschutzes insbesondere zur Förderung einer nachhaltigen Entwicklung bei jedem Tätigwerden der Gemeinschaft.[57] Vor allem verpflichtet es sie aber auf die Verbesserung der Umweltqualität sowie ein hohes Schutzniveau (Art. 174 Abs. 2 EGV) und weist damit insgesamt den Umweltschutzzielen sogar tendenziell einen relativen Vorrang gegenüber den anderen Politikzielen zu.[58] Dies geht erkennbar über den Gehalt des Art. 20a GG hinaus. Für die Stabilität dieser Orientierung bürgt der verfassungsvergleichend erkennbare Konsens unter den Mitgliedstaaten hinsichtlich eines Staatsziels Umweltschutz[59] und die knappe Reformulierung der primärrechtlichen Grundsätze im Umwelt-Grundsatz des Art. 37 der Europäischen

52 Siehe hierzu die Entscheidungen des BVerfG in Fußnote 48.

53 Reinhard Sparwasser/Rüdiger Engel/Andreas Voßkuhle, Umweltrecht, 5. Aufl., 2003, § 1 Rn. 55 ff.

54 Britz (Fn. 43), S. 72 f.

55 Karl Hain, Zur Frage der Europäisierung des Grundgesetzes, DVBl. 2002, 148 (148).

56 Rudolf Steinberg, Probleme der Europäisierung des deutschen Umweltrechts, AöR 120 (1995), 549 (587); Reinhard Sparwasser/Rüdiger Engel/Andreas Voßkuhle, Umweltrecht, 5. Aufl., 2003, § 1 Rn. 95 ff.

57 Vgl. zur Entwicklung der Nachhaltigkeit im Europarecht nur Kahl (Fn. 10), S. 111, 118 f.; ders., in: Christian Callies/Matthias Ruffert, EUV/EGV-Kommentar, 2007, Art. 14 Rn. 27.

58 Kahl (Fn. 57), Art. 174 Rn. 16.

59 Siehe nur Erika Elisabeth Orth, Umweltschutz in den Verfassungen der EU-Mitgliedstaaten, NuR 2007, 229 (229 ff.).

Grundrechtecharta.[60] »Greening the Treaty«[61] war also noch erfolgreicher als die Ökologisierung des Grundgesetzes und verhindert eine normative Spannung zwischen diesen Rechtsebenen.

b) Grundgesetzliche Bindung auf internationaler Bühne

Eine vergleichbar dichte und bindende Selbstprogrammierung fehlt für die Entwicklung des internationalen Umweltschutzes. Trotz der Verbundenheit der Staaten über die gemeinsamen oder jedenfalls gleichen Umweltprobleme machen die institutionellen Rahmenbedingungen einen umfassenden nachhaltigen Umweltschutz zu einem hochprekären Unterfangen. Denn der vor allem ökonomische Staatenwettbewerb macht nationales Trittbrettfahren zur beständigen Verlockung[62] und das wechselseitige Misstrauen angesichts der Möglichkeiten versteckter Diskriminierungen drängt auf hohe Beweisanforderungen für Beschränkungen riskanter Produkte.[63] Dies bedeutet ein strukturelles Bias zu Lasten frühzeitiger oder weitreichender präventiver Risikoregulierung. Hier das Grundgesetz ins Gespräch zu bringen, mag als bestenfalls anrührender Versuch seiner Bedeutungsrettung erscheinen. Es reicht aber immerhin so weit wie das nationale Handeln. Die Bundesregierung ist in ihren Verhandlungen und beim Abschluss internationaler Verträge insbesondere an Art. 20a GG gebunden.[64] Er ist damit nicht nur Auftrag zu einer aktiven, seinen Grundsätzen verpflichteten internationalen Umweltschutzpolitik, sondern beansprucht auch Berücksichtigung in der Verfolgung ökonomischer und außenpolitischer Interessen auf internationaler Ebene im Sinne einer Querschnittsklausel. Die Durchsetzungsfähigkeit ist allerdings von Organisation und Verfahren im Binnenbereich der Bundesregierung abhängig. Sie verstärkt damit aus einer Umweltperspektive das Erfordernis einer binnenadministrativen Koordinierung der internationalen Tätigkeit als Voraussetzung entsprechender Beteiligungsmöglichkeiten des Umweltressorts.[65]

60 Zu dem Umwelt-Grundsatz des Art. 37 Grundrechte-Charta siehe Peter Tettinger/Klaus Stern, Kölner Gemeinschaftskommentar zur Europäischen Grundrechte-Charta, 2006, Art. 37 Rn. 17 ff.

61 Geert Van Calster/Kurt Deketelaere, The Intergovernmental Conference and Greening the EU Treaty, European Environmental Law 1998, S. 12.

62 Zum Spannungsfeld zwischen Welthandelsrecht und Umweltschutz siehe Meinhard Hilf, Freiheit des Welthandels contra Umweltschutz, NVwZ 2000, 481 (481).

63 WTO Panel European Communities – Measures Concerning Meat an Meat Products (Hormones), WT/DS26/ARB, WT/DS48/ARB v. 12.7.1999; WTO Panel European Communities – Measures Affecting the Approval and Marketing of Biotech Products, WT/DS291/R, WT/DS292/R, WT/DS293/R v. 29.9.2006.

64 Helmuth Schulze-Fielitz (Fn. 1), Art. 20a Rn. 64.

65 Allgemein dazu Christian Tietje, Internationalisiertes Verwaltungshandeln, 2001, S. 640 ff. (657 ff.).

3. Prozedurale Pflichten zur nachhaltigen Selbstprogrammierung

Die reflexive Moderne versucht die Innovationsoffenheit des liberalen Staates mit den Erfahrungen und dem Bewusstsein der damit verbundenen Selbstgefährdung dadurch auszusöhnen, dass sie riskante Entwicklungen in das Design eines kontrollierten Experiments überführt.[66] Die entstandene »Gesellschaft der Selbstexperimentation«[67] ist durch eine wachsende Rechtsschicht von Beobachtungs- und Evaluationsschleifen in der Rechtsetzung sowie verwaltungsrechtliche Regelungen dynamisierter Informationsgenerierung geprägt.[68]

Der gesetzgeberische Wille wird nach den Konzepten guter oder besserer Rechtsetzung[69] in seiner Formung und nicht mehr nur aus der Perspektive der Kontrolle verfassungsrechtlicher Grenzen mit Rationalitätssicherungen konfrontiert.[70] Sie zielen auf eine belastbare Informationsgrundlage, begründete Wirkungsabschätzungen und fortlaufendes Monitoring und initiieren damit einen zirkulären Prozess der Politikfortschreibung im Sinne eines lernenden Staates.[71] Solche prozeduralen Pflichten sind unabhängig von parallelen übergreifenden Entwicklungen gerade in den grundrechtlichen Schutzpflichten,[72] in der Staatszielbestimmung des Art. 20a GG[73] und im europäischen Umweltprinzip angelegt,[74] aber nur teilweise und vor allem auf europäischer Ebene konsequent entfaltet worden.[75]

Im Ideal verzahnen sich diese Mechanismen mit der verwaltungsrechtlichen Umweltinformationsordnung, die über die staatlichen Beobachtungs- und Forschungs-

66 Vgl. nur Martin Eifert, Innovationsverantwortung in der Zeit, in: ders./Wolfgang Hoffmann-Riem, Innovationsverantwortung, 2009, 369 (370).

67 Siehe zu diesem Begriff Wolfgang Krohn, Rekursive Lernprozesse: Experimentelle Praktiken in der Gesellschaft, in: Werner Rammert/Gotthard Bechmann (Hrsg.), Technik und Gesellschaft Jahrbuch 9, 1997, 65 (71).

68 Siehe näher Eifert (Fn. 66), S. 373 ff.

69 Vgl. dazu nur Gunnar Folke Schuppert, Gute Gesetzgebung, Sonderheft zu ZG 18 (2003), S. 1 ff.; Udo Di Fabio, Wege zu besserer Gesetzgebung: sachverständige Beratung, Begründung, Folgenabschätzung und Wirkungskontrolle, in: Verhandlungen des Fünfundsechzigsten Deutschen Juristentages, 2004, S. 47 ff.; Ines Härtel, Europäische Rechtsetzung, 2006, § 2.

70 Damit heben sich die Konzepte ab von einer allein auf die demokratische Legitimation abstellenden Vorstellung des Gesetzes, siehe dazu jüngst Christian Waldhoff, Der Gesetzgeber schuldet nichts als das Gesetz, in: Otto Depenheuer u.a. (Hrsg.), Staat im Wort, Festschrift für Josef Isensee, 2007, 325 ff.

71 Dazu näher Martin Eifert, Europäischer Verwaltungsverbund als Lernverbund, in: Indra Spiecker genannt Döhmann/Peter Collin (Hrsg.), Generierung und Transfer staatlichen Wissens im System des Verwaltungsrechts, 2008, 159 (167 f.).

72 Appel (Fn. 21), S. 114; Murswiek (Fn. 19), S. 262 f.

73 Schulze Fielitz (Fn. 1), Art. 20a Rn. 84.

74 Zum Umweltprinzip ausführlich Wolfgang Kahl, Umweltprinzip und Gemeinschaftsrecht, 1993; zu Evaluations- und Revisionspflichten ders./Rudolf Streinz, EUV/EGV, 2003, Art. 174 EGV, Rn. 28.; vgl. auch Eifert (Fn. 71) S. 162.

75 Siehe bspw. zur Herkunft des Monitorings aus dem europäischen Recht Karsten Herzmann, Monitoring als Verwaltungsaufgabe, DVBl. 2007, 670 (670).

aufgaben hinaus auch die privaten Wissensbestände produktiv nutzt.[76] Die bekannten Streite um das Verbot risikobehafteter Tätigkeiten werden zunehmend durch Fragen nach einer möglichst viel Wissen generierenden Verteilung von Verfahrenslasten,[77] Beweisregeln[78] und Monitoring-Aufgaben[79] überführt. Das Stoffrecht bietet hierfür die markantesten Beispiele.[80]

Angesichts der bestehenden materiellen Verpflichtung auf eine ökologische Nachhaltigkeit und seiner rechtstechnischen Ausformung primär als staatlicher Handlungsauftrag erfolgt durch die prozeduralen Pflichten eine Selbstprogrammierung der politischen Gestaltung hin auf eine bessere Qualität von Umwelt und Umweltrecht.

Wenn der verfassungsrechtliche Auftrag hierzu weiter operationalisiert wird und es gelingt, die Informationsordnung entsprechend auszugestalten, erlangt die verfassungsrechtliche Ausrichtung auf eine politisch zu gestaltende ökologische Nachhaltigkeit selbst Nachhaltigkeit. Damit würde also die Nachhaltigkeit im doppelten Sinne reflexiv: Sie würde ihre Voraussetzungen reflektieren und die politische Selbstprogrammierung als Funktionsbedingung erkennen. Und sie würde das Ziel der Nachhaltigkeit auf das eigene institutionelle Design anwenden.[81] Das Verfassungsrecht hätte damit den Kreis geschlossen zur reflexiven Moderne als dem Ausgangspunkt seiner Ökologisierung.

76 Vgl. nur Karl-Heinz Ladeur, Privatisierung öffentlicher Aufgaben und die Notwendigkeit der Entwicklung eines neuen Informationsverwaltungsrechts, in: Wolfgang Hoffmann-Riem/Eberhard Schmidt-Aßmann (Hrsg.), Verwaltungsrecht in der Informationsgesellschaft, 2000, S. 225 (240 ff.).

77 Indra Spiecker genannt Döhmann, Informationsgewinnung im Umweltrecht durch materielles Recht, DVBl. 2006, 278 (280 ff.).

78 Siehe nur zur Reach-Verordnung Christian Calliess/Martina Lais, Reach revisited – Der Verordnungsvorschlag zur Reform des Chemikalienrechts als Beispiel einer neuen europäischen Vorsorgestrategie, NuR 2005, 290 (293).

79 Zum Monitoring siehe Herzmann (Fn. 75), S. 670 ff.

80 Siehe beispielsweise die Verpflichtungen Privater zur Beobachtung der Umweltwirkungen von Produkten in § 16c GenTG; §§ 28 IIIa, 29, 63a AMG; § 5 GPSG; § 30 IV MPG.

81 In diesem Sinne differenzierend, aber insgesamt ähnlich Kahl (Fn. 10), S. 111 (142 ff.) mit Blick auf die strategische Umweltplanung.

Grundgesetz und Nachhaltigkeit

Felix Ekardt[1]

Dieser Beitrag zeigt, dass entgegen landläufiger Auffassung die Nachhaltigkeit in Verfassungen wie dem Grundgesetz (aber z.B. auch auf europäischer Ebene) weniger in Normen wie Art. 20a, 174 EGV verankert ist als vielmehr in den Grundrechten. Dort findet sich bei genauer Betrachtung ein neues, stärker intergenerationell und global orientiertes Freiheits- bzw. Grundrechtsverständnis als dies gemeinhin angenommen wird. Dies verpflichtet die öffentliche Gewalt zu einer stärker intergenerationell und global ausgerichteten Politik; Nachhaltigkeit ist also keinesfalls eine Art folgenlose Leerformel. Zugleich ergibt sich so ein Neuansatz für eine strikt multipolare Grundrechtsfunktionenlehre, die sich von der Idee »nur nachrangiger« grundrechtlicher »Schutzpflichten« verabschiedet.

I. Was meint Nachhaltigkeit? Kritik des Drei-Säulen-Modells

Nachhaltigkeit wird seit 20 Jahren international immer öfter als Kernziel von Politik benannt, sei es von der UN, der EU oder der Bundesregierung. Sie wird indes selten inhaltlich ernst genommen. Die Ausweitung der Perspektive von Recht/Moral/Politik in intergenerationeller und globaler Hinsicht ist die Kernintention von Nachhaltigkeit.[2] Demgegenüber meint nach einer verbreiteten Ansicht – auch unter Juristen – Nachhaltigkeit schlicht eine ausgewogene Verfolgung der drei Säulen Ökologie, Ökonomie und Soziales, notfalls auch ohne raum- oder zeitübergreifenden Bezug.[3] Doch das überzeugt nicht:

Das Drei-Säulen-Modell[4] übergeht erstens den Paradigmenwechsel als Kernidee – mehr Generationen- und globale Gerechtigkeit. Schon rein sprachlich kann

1 Prof. Dr. Felix Ekardt, LL.M., M.A. lehrt Umweltrecht und Rechtsphilosophie an der Universität Rostock.

2 Vgl. zum gesamten Gedankengang des Beitrags ausführlicher Ekardt, Theorie der Nachhaltigkeit: Rechtliche, ethische und politische Zugänge, 2009, i.E.; speziell zum Nachhaltigkeitsprinzip auch Ekardt, ZfU 2009, 223 ff.

3 Vgl. statt vieler Steinberg, Der ökologische Verfassungsstaat, 1998, S. 114; Beaucamp, Das Konzept einer zukunftsfähigen Entwicklung im Recht, 2002, S. 18 ff.; demgegenüber im Sinne der hier verteidigten Begriffsbildung Ott/Döring, Theorie und Praxis starker Nachhaltigkeit, 2004; teilweise auch Appel, Staatliche Zukunfts- und Entwicklungsvorsorge, 2005, S. 339 ff.; implizit ebenso Unnerstall, Rechte zukünftiger Generationen, 1999.

4 Zur Kritik schon Ekardt, ZfU 2009, 223 ff.; in puncto Wirtschaftswachstum zutreffend, ansonsten teilweise aber die Punkte im Fließtext übergehend Appel, Zukunftsvorsorge (Fn. 3), S. 339 ff.

»Nachhaltigkeit« nur diesen Langfristbezug meinen – und nicht die Trivialaussage, man müsse im Leben eben immer alles gegeneinander abwägen. Zweitens ist die Trennung ökologischer, ökonomischer und sozialer Aspekte schwierig, wenn nicht sogar unmöglich: Ist beispielsweise bessere Luftqualität nur ein ökologisches Ziel, weshalb nicht ein soziales oder ökonomisches? Drittens lebt der Säulen-Ansatz von der impliziten, so nicht haltbaren Hintergrundannahme, der Lebensgrundlagenschutz sei nicht ohne Wirtschaftswachstum machbar. Vielmehr impliziert Nachhaltigkeit eine substanzielle Veränderung für den Westen, um etwas für künftige Menschen und alle Menschen weltweit übrig zu lassen, die in der Tat gewisse Wachstumsspielräume zur Überwindung der häufig gravierenden Armut benötigen. Viertens ergibt schon der im Wortsinn von Nachhaltigkeit enthaltene Generationenbezug von Nachhaltigkeit, dass Nachhaltigkeit primär von Grundbedürfnissen handelt (und nicht von jedwedem Teilaspekt von Wirtschafts- und Sozialpolitik im Allgemeinen). Zeitübergreifende Konflikte können per se nur Belange betreffen, bei denen heutige Menschen überhaupt die Macht haben, die Lebensbedingungen künftiger (oder junger) Menschen erheblich und vielleicht gar irreversibel zu beeinflussen. Und dies sind eben die Grundbedürfnisse – Wasser, fruchtbare Böden brauchen auch künftige Menschen definitiv. Fünftens ist das Drei-Säulen-Modell auch deshalb anzweifelbar, weil die gesamte Politik (und übrigens auch die gesamte Wissenschaft) damit sozusagen begriffsnotwendig nur noch von Nachhaltigkeit handeln würde – was den Begriff letztlich überflüssig machen würde.[5]

All dies wird in der Rio-Deklaration von 1992 als zentraler Wurzel des modernen Nachhaltigkeitsdiskurses auch deutlich sichtbar, wie andernorts dargelegt wurde.[6] Konkret heißt Nachhaltigkeit dann: dass erneuerbare Rohstoffe (wie erneuerbare Energien) nur unter Beachtung der Nachwachsrate genutzt, nicht-erneuerbare Rohstoffe (wie fossile Brennstoffe) sparsam verwendet, die Assimilationsgrenzen des Naturhaushalts beachtet und Schädigungen des Klimas sowie der Ozonschicht vermieden werden sollen; dass die elementare menschliche Existenz gesichert sein soll, was neben Nahrung auch Zugang zu Bildung, sauberem Trinkwasser und medizinischer Behandlung sowie Abwesenheit von Krieg und Bürgerkrieg nahe legt.

II. Nachhaltigkeit durch Grundrechtsinterpretation oder Staatszielinterpretation?

Zum Thema »Grundgesetz und Nachhaltigkeit« könnte man jetzt anfangen, Art. 20a GG (oder im europäischen Recht Art. 174 EGV) zu analysieren. Sinnvoller erscheint es jedoch, die Grundrechte in den Blick zu nehmen. Grundrechtsinterpretation generiert nicht nur Befugnisse, sondern auch gerichtlich durchsetzbare Pflichten der öf-

5 Ott/Döring, Theorie (Fn. 21), passim; Siemer, in: Ekardt (Hrsg.), Generationengerechtigkeit und Zukunftsfähigkeit. Philosophische, juristische, ökonomische, politologische und theologische Neuansätze in der Umwelt-, Sozial- und Wirtschaftspolitik, 2005, S. 129 ff.

6 Ausführlich hierzu Appel, Zukunftsvorsorge (Fn. 3), S. 339 ff.; vgl. auch Ekardt, ZfU 2009, 223 ff.

fentlichen Hand – anders als Staatsziele. Grundrechte sind zudem das stärkste Element eines liberal-demokratischen Verfassungsrechts. Die Überwindung des einseitig ökonomistischen Freiheitsverständnisses ist daher die Kernaufgabe einer nachhaltigkeitsorientierten Verfassungsinterpretation. Zuletzt: Einschnitte für den Umweltschutz »um der Freiheit(svoraussetzungen) konkreter Menschen willen« ist auch motivational viel eingängiger als die gängige, ziemlich irreführende Frontstellung »Selbstentfaltung contra Umweltschutz«.

III. Wie sieht eine nachhaltige Freiheits- bzw. Grundrechtsinterpretation aus? Gegen die Idee nachrangiger und unbestimmter grundrechtlicher Schutzpflichten

Wie aber könnte eine intergenerationell und global erweiterte, also stärker nachhaltigkeitskonforme Freiheits- bzw. Grundrechtsinterpretation aussehen (die präziser ist als die bekannte, recht vage Diskussion um ein »Umweltgrundrecht«[7])?[8] Es lässt sich bei genauer Betrachtung – in Abweichung von der in Deutschland wohl vorherrschenden Meinung – feststellen, dass die Freiheitsrechte neben (a) der klassischen Freiheit als Selbstentfaltung (b) eine intergenerationelle[9] und globale[10] Dimension hat. Denn es sind zu ihrem Lebenszeitpunkt auch junge und künftige Menschen natürlich Menschen – und schon heute sind dies die Menschen in anderen Ländern – und damit Träger der Menschenrechte. Und das Recht auf gleiche Freiheit muss genau in der Richtung gelten, wo ihm die Gefahren drohen – und sie drohen in einer technisierten, globalisierten Welt zunehmend über Generationen und über Staatsgrenzen hinweg. Das klassisch-liberale Freiheitsverständnis muss auch in anderen Punkten revidiert werden. So müssen die Freiheitsrechte unmissverständlich so interpretiert werden, dass sie auch (c) die elementaren physischen Freiheitsvoraussetzungen einschließen – also einen Anspruch nicht nur auf Sozialhilfe, sondern auch auf ein Vorhandensein einer einigermaßen stabilen Ressourcenbasis und eines

7 Zur gängigen diesbezüglichen Diskussion vgl. demgegenüber Schmidt-Radefeldt, Ökologische Menschenrechte, 2000.

8 Man könnte im Folgenden oft die Argumente noch erweitern, wenn man vorher begründet, dass Freiheit bzw. die dahinter stehenden Prinzipien Menschenwürde und Unparteilichkeit die universale Basis gerechter Grundordnungen sind. Aus Raumgründen wird hier darauf verzichtet; näher dazu Ekardt, Theorie (Fn. 2), §§ 3-6. Dort auch dazu, dass erst solche „Verfassungstheorien" zeigen, warum eine Verfassung wie das Grundgesetz richtig ist – und was ihr Fundamentalbegriff (die Menschenwürde), aus der manches Weitere ableitbar ist, bedeutet (für letzteren Gesichtspunkt – den Inhalt von Würde – geben Normen wie Art. 1 Abs. 2 GG immerhin einen Anhaltspunkt). Eine Grundrechtstheorie der Nachhaltigkeit ist also keinesfalls begründungsschwach, wie Eifert, KJ 2009, in diesem Heft insinuiert.

9 Dazu mit teilweise ähnlicher Argumentation auch Unnerstall, Rechte (Fn. 3), S. 422 ff.; in der Grundtendenz – ohne nähere Begründung – z.B. auch Kloepfer, in: Gethmann/Kloepfer/Nutzinger (Hrsg.): Langzeitverantwortung im Umweltstaat, 1993, S. 22 (26 ff.); Murswiek, Die staatliche Verantwortung für die Risiken der Technik, 1985, S. 212; ausführlicher Ekardt, Theorie (Fn. 2), §§ 4, 5.

10 In die diesbezügliche Richtung auch Giegerich, EuGRZ 2004, 758 f.

entsprechenden Globalklimas haben. Denn ohne ein solches Existenzminimum (und ohne Leben und Gesundheit) gibt es keine Freiheit.[11] Ferner muss Freiheit (d) ein Einstehenmüssen für die vorhersehbaren (auch ökologischen) Folgen des eigenen Tuns – auch in anderen Ländern und in der Zukunft – einschließen (Verursacherprinzip). Denn Freiheit heißt Eigenständigkeit und damit Verantwortung – auch für die unangenehmen Konsequenzen des eigenen Lebensplanes.

Aus der Alleinstellung des Freiheitsprinzips ergibt sich ferner, dass die Freiheit nur um der Freiheit, der Freiheitsvoraussetzungen – von denen die elementaren subjektiviert sein mögen, die sonstigen, nur »freiheitsförderlichen« Bedingungen (wie etwa die Kulturförderung oder die Kindergartenförderung) dagegen nicht[12] – (e).[13] Im Kontext der Analyse des Gemeinwohlbegriffs wurde dies andernorts ausführlicher behandelt.[14]

Ferner bedeutet »Freiheitsschutz dort, wo die Gefahr droht«, dass (f) die Freiheit auch einen Anspruch auf (staatlichen) Schutz vor den Mitbürgern einschließen muss (und dies nicht nur in Ausnahmefällen), also einen Schutz beispielsweise gegen für meine Freiheit und ihre Voraussetzungen bedrohliche Umweltzerstörungen durch den Staat gegen meine Mitbürger. Letzteres ist hier ausführlicher herzuleiten, da besonders dieser Punkt der jedenfalls in Deutschland überwiegenden Rechtsmeinung widerspricht (für die anderen genannten Punkte muss es aus Raumgründen bei der gegebenen kurzen Herleitung bleiben). Die deutsche[15] Rechtsprechung geht nämlich mit der Anerkennung grundrechtlicher Schutz»pflichten« bisher sehr zurückhaltend um, und die europäische Rechtsprechung – verankert sind die europäischen Grundrechte in der (noch unverbindlichen) Grundrechte-Charta (EuGRC) sowie in Art. 6 Abs. 2 EU[16] – widmet sich dem Thema letztlich nur bedingt.[17] Doch wenn die

11 Die völkerrechtliche Tendenz zu „sozialen" Grundrechten auf die unterschiedlichen Facetten des Existenzminimums verfügt damit über eine theoretische Begründung; zum Völkerrecht insoweit kurz Ekardt/Meyer-Mews/Schmeichel/Steffenhagen, Welthandelsrecht und Sozialstaatlichkeit – Globalisierung und soziale Ungleichheit, Böckler-Arbeitspapier Nr. 170, 2009, S. 42 ff.

12 Auch wenn der Begriff „Freiheitsvoraussetzungen" hier von den meisten nicht verwendet wird, so ist doch diese Scheidung zwischen wichtigen und weniger wichtigen äußeren Lebensbedingungen in puncto Subjektivierung allgemein verbreitet – niemand behauptet, dass jedwedes Element von Sozialstaatlichkeit ein Grundrecht impliziert.

13 Demgegenüber scheinen z.B. Alexy, Recht, Vernunft, Diskurs, 1995, S. 127 ff. – und definitiv Habermas, Faktizität und Geltung, 1992, S. 109 ff. – den Kreis möglicher Belange, die eine demokratische Politik zu ihrem Anliegen machen kann, gerade nicht einzuschränken. Dagegen schließt der vorliegende Ansatz einen Schutz des Menschen vor sich selbst oder eine Intervention der öffentlichen Gewalt in den Bereich des guten Lebens aus – was eigentlich auch auf der (aber selten klar begründeten und selten klar gezogenen) Linie liberaler Demokratien liegt.

14 Vgl. Ekardt, Partizipation, Rechtsschutz, 2. Aufl. 2009, § 1 E.; Ekardt, Theorie (Fn. 2), § 5.

15 Vgl. vorerst zur fehlenden vollen Multipolarität BVerfGE 49, 89 (141); 53, 30 (57); 56 (54 ff.); die Problematik wird nicht wahrgenommen bei Couzinet, DVBl. 2008, S. 760 ff., ebenso wie z.T. im dort zitierten Schrifttum.

16 EuGHE 1970, 1125, Rn. 4; 1974, 491, Rn. 13.

Grundrechte Freiheitsschutz vor dem Staat, aber gleichermaßen auch durch den Staat vor den Mitbürgern meinen sollten (Multipolarität), dann würde das

- die traditionelle, jenseits von Evidenzfällen eher objektiv-rechtliche Einordnung der grundrechtlichen Schutzseite (Schutzpflichten statt Schutzrechte) und
- die traditionelle Ungleichgewichtung von Abwehr- und Schutzseite der Grundrechte gerade widerlegen,
- ebenso wie die darauf aufbauende Vorstellung, die Schutzseite der Grundrechte gehe nahezu vollständig in – dem gesetzgeberischen Belieben unterliegenden – verwaltungsrechtlichen Normen auf.

Doch welche Argumente gibt es für die Multipolarität, und wie ist auf bestimmte bekannte Gegenargumente zu antworten? Anders als in der Judikatur, die fast nie verdeutlicht, ob sie die Beschwerdebefugnis, den Grundrechtsschutzbereich oder die Grundrechtsschranken im Blick hat, soll es dabei klar um die Frage gehen, inwieweit Grundrechte auf Schutzbereichsebene bestehen (was dann allerdings zugleich eine verfassungs- und verwaltungsrechtliche Beschwerdebefugnis auslösen würde). Auf nötige Abwägungen ist erst im Anschluss einzugehen.

Erstens folgt die Multipolarität der Grundrechte aus dem Freiheitsgedanken selbst, der das Zentrum liberal-demokratischer Verfassungen ist – und zwar, wie in einer Fußnote angedeutet, philosophisch notwendigerweise. Grundrechte als elementare Rechte sollen feste Positionen gegen typische Freiheitsgefahren verleihen. Denn damit verwirklichen sie die im Würdeprinzip verkörperte gebotene Autonomie des Individuums. Und diese Autonomie wird nicht nur direkt durch den Staat bedroht, sondern eben auch durch Private, deren Tun der Staat »nur« genehmigt oder duldet. Wollte man dies bestreiten, müsste man z.B. den Bau einer Industrieanlage für den Betreiber als freiheitsrelevant betrachten, für die Anwohner dagegen nicht. Das klassisch-liberale Denken tendiert in der Tat in diese Richtung. Doch der freiheitliche Staat dient gerade dazu, eine möglichst unparteiische, also von Sonderperspektiven unabhängige Konfliktschlichtung zwischen seinen Bürgern zu ermöglichen, also nicht einen bestimmten Lebensplan zu bevorzugen. All dies zeigt, dass Schutzrechte existieren, dass Abwehr und Schutz gleichrangig sind – und dass man von Schutzrechten, nicht von Schutzpflichten reden sollte, da andernfalls die Gleichrangigkeit gerade nicht anerkannt würde.

Die Multipolarität der Grundrechte zeigt sich zweitens in Verfassungsnormen wie Art. 2 Abs. 1 GG, 52 EuGRC (die in ähnlicher Form auch jenseits Deutschlands und der EU anzutreffen sind): Diese Normen schreiben als paradigmatische Leitvorschriften liberal-demokratischer Grundrechtskataloge auch ganz konkret rechtlich vor, dass die Handlungsfreiheit durch die »Rechte anderer« begrenzt wird. Die eu-

17 Der EuGH hat Schutzpositionen gegen die Gemeinschaft bisher nicht einmal eigens thematisiert. In den Mitgliedstaaten hält er solche Rechte für möglich; vgl. etwa EuGHE 2003, I-5659; 2004, I-9609; 1991, 4007; 1994, 955. Demgegenüber scheint der EGMR – wie unten im Fließtext – von vornherein jedenfalls keine Grundrechtsfunktionenlehre (im Sinne einer Abwehr-Schutz-Scheidung) zu verfolgen, grundrechtliche „Schutz"positionen aber anzuerkennen, wobei deren Reichweite bisher nicht ausbuchstabiert wurde; vgl. etwa EGMR vom 8.7.2004, 53924/00 Vo vs. France, Rz. 78 und passim; EGMR, EuGRZ 1995, 530 (533).

ropäische »Verfassung« und auch das deutsche Grundgesetz gehen also davon aus, dass bei konkreten staatlichen Konfliktlösungen nicht nur unterschiedliche Interessen, sondern explizit unterschiedliche Grundrechte aufeinandertreffen.

Das dritte Argument ist der Wortlaut von Normen wie Art. 1 Abs. 1 S. 2 GG, Art. 1 EuGRC. Die öffentliche Gewalt hat die Menschenwürde und damit auch die Freiheitsrechte, die gemäß Art. 1 Abs. 2 GG (»darum«) um der Würde willen bestehen und darum nach deren Struktur auszulegen sind, zu »achten« und zu »schützen«. Dieses »Darum«-Verhältnis ist auch in den Materialien zur EuGRC so niedergelegt. Auch die Doppeldimension »Achtung/Schutz« der Menschenwürde und damit zugleich der Grundrechte – angesichts der eben dargelegten Begründungsfunktion der Würde gegenüber allen Menschenrechten[18] – zeigt, dass Freiheit von verschiedenen Seiten her beeinträchtigt werden kann, dass sie also Abwehr und Schutz meint. Vor allem aber ergäbe »schützen« sprachlich keinen Sinn, wenn damit nur gemeint wäre, dass der Staat nicht selbst direkten Zwang gegen die Bürger ausüben dürfte (sonst könnte sich der Staat statt »Schutz« mit bloßer Untätigkeit begnügen). Also ist in Normen wie Art. 1 Abs. 1 GG, Art. 1 EuGRC auch Schutz vor den Mitbürgern gemeint. Und Abwehr und Schutz stehen hier sprachlich gleichberechtigt nebeneinander. All dies impliziert dann erneut, dass es Abwehr und Schutz gibt und dass Schutz- und Abwehrrechte gleich stark sein müssen – und dass man von Schutzrechten, nicht von Schutzpflichten sprechen sollte. Das Gesagte gilt, auch wenn (im Interesse eines gewaltenteilig-demokratischen Institutionensystems, welches gerade der wirksamste Freiheitsschutz ist) dieser »Schutz« nicht als Direktwirkung der Grundrechte zwischen den Bürgern, sondern als Schutzanspruch gegen den Staat zu lesen ist (vgl. explizit Art. 1 Abs. 3 GG, Art. 51 EuGRC).

Die in Deutschland vorherrschende, am Bundesverfassungsgericht orientierte Position könnte darauf jetzt erwidern, die Schutzfunktion der Grundrechte könne doch nur eine objektivrechtliche Funktion ohne Einklagbarkeit und ohne echte Gleichrangigkeit sein, weil sie eben der Lehre von den Grundrechten als (auch) objektiver Wertordnung entspränge. Doch dieser Einwand vermag nicht zu überzeugen. Erstens widerlegt der Einwand keines der eben gegebenen Argumente. Und zweitens ist die Wertordnungslehre inhaltlich diffus und letztlich unhaltbar – womit sie auch kein (anderes) Schutz-Verständnis begründen kann. Die Wertordnungslehre selbst ist keine Begründung für irgendetwas, sondern nur eine Behauptung, dass Grundrechte nicht nur Abwehrrechte sind, sondern auch andere Funktionen haben; damit stellt die Lehre eine bloße Behauptung dessen dar, die man erst einmal begründen müsste, damit sie überzeugen könnte. Gründe für die Wertordnungslehre – jenseits eines recht vagen Hinweises auf eine »Gesamtschau« grundrechtlicher und

18 In Art. 1 Abs. 2 GG sowie in der grundgesetzlichen Abschnittsüberschrift – und ebenso in den Materialien zur EuGRC – heißt es „Menschenrechte“, es sind also nicht nur „einige“ Rechte würdefundiert, wie man vielleicht erwidern könnte, sondern alle. Damit überträgt die Menschenwürde-Struktur „gleichermaßen Achtung und Schutz“ auf alle und nicht nur auf einige Menschenrechte.

staatszielhafter Verfassungsnormen[19] – hat das Bundesverfassungsgericht nie genannt. Grundrechte als »nur objektive Ordnung« widersprechen außerdem dem individualistischen Charakter der Grundrechte. Wie wollte man, zumal entgegen den genannten Argumenten, begründen, dass es einen Teil der Grundrechte geben sollte, der nicht subjektiv und damit nicht einklagbar ist?

Erst recht überzeugt die vollständige Negation einer grundrechtlichen Schutzfunktion nicht, wie sie Vertreter der Böckenförde-Schule[20] insinuieren. Jene Position geht m.E. von einer nicht realisierbaren Ausgangshoffnung aus, indem sie auf »sichere« Auslegungsergebnisse durch ein reines Abwehrrechtsdenken (»weniger Normkonflikte = weniger Abwägung«) hofft. Eine solche Sicherheit wird es jedoch nie geben. Dies nicht nur wegen der Terminologie von Grundordnungen mit unklaren Termini wie Freiheit oder Würde, die sodann via verfassungskonformer Auslegung die gesamte Rechtsfindung infizieren, oder wegen der generellen semantischen Friktionen der Norminterpretation (besonders der teleologischen) sowie durch den generellen Sollenscharakter von Normen, der ein »tatsachen-analoges Beobachten« der richtigen Normen/Norminterpretationen/Wertungen ausschließt.[21] Entscheidend ist vielmehr der Charakter der Schrankenprüfung, der jeder Grundrechtseingriff unweigerlich unterzogen werden muss und der so oder so in Abwägungen zwischen kollidierenden Belangen führt.[22] Vor allem aber verkennt der reine Fokus auf Abwehrrechte die Multipolarität der Freiheit und die für sie vorgetragenen Argumente. Und er übergeht, dass die für ihn bemühte konstitutionalistische, altliberale, letztlich aus vordemokratischen deutschen Beständen schöpfende Dogmatiktradition ein durchaus zweifelhafter Anhaltspunkt für die Interpretation moderner Grundordnungen ist. Nicht zutreffend wäre es auch zu behaupten, dass die Anerkennung von Schutzrechten den Bürgern eine bestimmte Form des guten Lebens vorschriebe (oder vorschriebe, man müsse von seiner Freiheit auch Gebrauch machen).[23]

19 Vgl. BVerfGE 4, 7 ff.; 7, 198 (205).

20 Vgl. etwa Böckenförde, Der Staat 1990, 1 (24 f. und 29 f.); Böckenförde, Recht, Staat, Freiheit, 1991, S. 67 ff.; Enders, in: Friauf/Höfling (Hrsg.), GG, Kommentar, Loseblatt, vor Art. 1 Rn. 135 ff.

21 Vgl. Somek/Forgo, Nachpositivistisches Rechtsdenken, 1996, S. 81 ff.; Jeand'Heur, Sprachliches Referenzverhalten bei der juristischen Entscheidungstätigkeit, 1989, S. 11 und passim; Alexy, Theorie der juristischen Argumentation, 2. Aufl. 1991, S. 17 ff.; Ekardt/Beckmann, VerwArch 2008, 241 ff.: „Sollenscharakter" bedeutet freilich nicht „subjektiv"; dies zeigte gerade die philosophische Grundlagenargumentation im Fließtext. – Immer wieder ist im Übrigen darauf hinzuweisen, dass die Begriffsbildung Objektivität/Subjektivität in puncto Erkenntnis keinerlei Bezug zu der Unterscheidung subjektive Rechte versus objektives (von niemandem individuell einklagbares) Recht aufweist.

22 Dies gilt also auch dann, wenn diese kollidierenden Belange nur als objektive Rechtssätze und nicht als subjektive Rechte betrachtet werden. Erst recht würde es gelten, wenn man die Schutzfunktion der Grundrechte schlicht durch weit verstandene Abwehrrechte gegen mittelbare (also indirekte) Grundrechtseingriffe erfassen würde

23 Vgl. dazu Ekardt, Information, Partizipation, Rechtsschutz. Prozeduralisierung von Gerechtigkeit und Steuerung in der Europäischen Union, 2004, § 1 C. II.

Das Gesagte versuchte zu zeigen, (I) dass und warum es grundrechtliche Schutzrechte geben muss und (II) dass es sie als subjektive Rechte geben muss. Und nicht nur dies: Die Argumente – speziell die Nebeneinandernennung von Abwehr und Schutz – machen zugleich deutlich, dass (III) Abwehr und Schutz gleichrangig sein müssen.[24] Für diesen zweiten und dritten Aspekt spricht ferner die seit langem kritisierte und bezweifelte Unterscheidbarkeit dieser beiden Grundrechtsfunktionen, die die deutsche (in dieser Eindeutigkeit allerdings nur die deutsche) Judikatur meist verwendet.[25] Speziell das Verhältnis von Abwehrrecht gegen mittelbare Eingriffe – welches wie das Schutzrecht demjenigen gilt, der letztlich Schutz vor den Mitbürgern durch den Staat sucht – und Schutzrecht zueinander erscheint als kaum sinnvoll klärbar.[26] Vordergründig meint das Abwehrrecht gegen mittelbare Eingriffe, welches die Judikatur in wenig konturierten vereinzelten Fällen zuspricht (und welches in der Böckenförde-Schule konsequenterweise wohl eher skeptisch gesehen wird) eine Einflussnahme durch die öffentliche Gewalt auf einen Bürger, der sodann die Freiheit eines anderen Bürgers verkürzt. Im Falle der Schutzrechte geht es dagegen scheinbar um ein fehlendes oder nicht ausreichend wirksames staatliches Unterbinden privater Handlungen. Doch wie genau soll sich das eine vom anderen unterscheiden? So kann man anstelle der Annahme von Schutzrechten in mittelbaren Abwehrrechts-Konstellationen stets fragen, warum die Gestattung, Nichthinderung oder Mitwirkung bei privatem freiheitsbeeinträchtigendem Verhalten kein Abwehrrecht wegen mittelbaren Grundrechtseingriffs auslösen sollte (zumal z.B. eine umwelt- oder baurechtliche Genehmigung den Dritten eine Duldungspflicht auferlegt). Auch die Judikatur bietet keine klaren Abgrenzungskriterien an. Viele werden jetzt erwidern: Bei Abwehrrechten könne der Bürger verlangen, dass der Staat genau eine Sache (z.B. »Erlass einer Abrissverfügung gegen mein Haus«) nicht tue. Dagegen könnten die Schutzrechte nur ein allgemeines Handlungsgebot auslösen (z.B. »mehr Schutz vor Schwefeldioxid durch die Anlage X«), bei dessen Erfüllung die öffentliche Gewalt einen Spielraum haben müsse. Doch dass das nicht per se stimmt, zeigt ein Beispiel. Nicht nur der Adressat einer baurechtlichen Abbruchverfügung (unmittelbarer Eingriff) kann sagen: »Ich will ganz genau diese Verfügung loswerden.« Genauso gut kann der von einer Genehmigung betroffene Nachbar sagen: »Die Genehmigung soll weg.« Es geht jeweils um genau eine Handlung – und zwar in letzte-

24 Für die Gleichrangigkeit tendenziell schon (nur m.E. ohne vollständige Begründung) Schwabe, JZ 2007, 134 ff.; Calliess, Rechtsstaat und Umweltstaat, 2002; Koch, Der Grundrechtsschutz des Drittbetroffenen, 2000, S. 503; auch Murswiek, Verantwortung (Fn. 9), S. 101 ff. intendiert einen Gleichlauf von Umweltnutzung und Umweltschutz, allerdings nicht durch Ausweitung der grundrechtlichen Schutzseite, sondern durch Beschneidung der grundrechtlichen Abwehrseite (auf Schutzbereichsebene).

25 Die folgenden Einwände werden m.E. nicht widerlegt durch die Klärungsversuche von Dietlein, Die Lehre von den grundrechtlichen Schutzpflichten, 1992, S. 87 ff.; Gellermann, Grundrechte in einfachgesetzlichem Gewande, 2000, S. 452 und passim; Steinberg, Verfassungsstaat (Fn. 3), S. 71 ff., 307 ff.; ebenso gilt dies gegenüber Ladeur, DÖV 2007, 1 ff.

26 Vgl. auch Dietlein, Lehre (Fn. 25), S. 89 f.: „Die von der Rechtsprechung entwickelten Lösungsansätze muten zufällig und ergebnisorientiert an" – unter Hinweis etwa auf BVerfGE 39, 1 (42); 55, 349 (363); 56, 54 (61); BGHZ 64, 220 (222).

rem Fall unabhängig davon, ob man dies als mittelbare Eingriffsabwehr oder als Schutz-Ansinnen bezeichnet.[27]

IV. Grundrechte, Nachhaltigkeit und Demokratie

Freilich sieht sich eine multipolar ausgerichtete Konzeption nachhaltiger Freiheit noch einer Gruppe weiterer Einwände ausgesetzt, die alle miteinander zusammenhängen und die deshalb sinnvoll nur im Gesamtzusammenhang zu behandeln sind. Diese Einwände lauten sinngemäß: Schutzrechte würden die Parlamente entmachten; und es gäbe in »Schutzfällen« gegenüber »Abwehrfällen« per se größere Spielräume.[28] Indem darauf eingegangen wird, wird zugleich erläutert, warum in dieser Kritik zwar mehrere unzutreffende Vorannahmen enthalten sind – warum aber gleichwohl Spielräume im Rahmen der Lehre von den Abwägungen zwischen kollidierenden Freiheitssphären demokratisch auszufüllen sind.

Nicht nur Juristen, sondern auch manche Philosophen halten (z.T. implizit) die Demokratie gegenüber der Freiheit sogar für vorrangig. Richtig ist dabei zunächst noch, dass – so z.B. Jürgen Habermas – Freiheit und Demokratie sich gegenseitig fördern.[29] Eine gewaltenteilige, durch Prinzipien eingehegte Demokratie verspricht jedoch ein Mehr an Freiheit, Rationalität und Unparteilichkeit als eine »radikale«; genau deshalb sind Verfassungen wie das Grundgesetz eben gewaltenteilig und nicht radikaldemokratisch strukturiert. Gerade die Generationengerechtigkeit und die globale Gerechtigkeit (und damit die Nachhaltigkeit), also die Freiheit der jungen und nach uns kommenden Menschen, spricht gegen die radikale Demokratie. Denn die Demokratie ist für künftige und junge und räumlich entfernt lebende Menschen kein Akt der Selbst-, sondern der Fremdbestimmtheit. Denn sie sind heute keine Beteiligten der Demokratie. Vor diesem Hintergrund ist zunächst einmal die multipolaritätskritische Sichtweise unzutreffend, dass eine liberal-demokratische Verfassung eine Art allmächtiges Parlament impliziere (was multipolare Rechte, die Gesetzgebung und Verwaltung ja zusätzliche Bindungen auferlegen, ausschlösse). Geboten ist nicht dies, sondern vielmehr ein System der gewaltenteiligen Ausbalancierung staatlicher Macht im Interesse eines bestmöglichen Freiheitsschutzes und eines Maximums an Rationalität und Unparteilichkeit.[30] Zur Sicherung dieser Prinzipien sind die Staatsgewalten da. Sowohl das europäische und nationale Gewaltenteilungsprin-

27 Die Möglichkeit einer mittelbaren Drittwirkung der Grundrechte wird durch das Voranstehende und das Folgende übrigens nicht in Frage gestellt, sondern bestätigt; dazu Ekardt, Information (Fn. 24), § 1 C. II.

28 Zu weiteren Einwänden (angeblich drohende „Klageflut" und „Schnüffelei" unter den Bürgern) vgl. Ekardt, Information (Fn. 24), § 5 A.

29 Klassisch dazu Habermas, Faktizität (Fn. 13), S. 109 ff.

30 Vgl. die Bemerkung und den Nachweis in Fn. 8 dazu, dass die Kantsche These zutrifft: dass nämlich Freiheit (und gewaltenteilige Demokratie) auf der Basis von Menschenwürde und Unparteilichkeit ein universales Rationalitätsgebot darstellt, welches der – gerade auch postmodern-konstruktivistischen – Kritik standhält.

zip als auch die Existenz starker Verfassungsgerichte zeigen denn auch, dass das Parlament gerade nicht allmächtig sein soll. Das mündet dann aber in eine Demokratie nicht als Gegenprinzip zur Freiheit, sondern als Konfliktlöser zwischen den Freiheiten, was weitere Konfliktlöser wie Gerichte gerade sinnvoll erscheinen lässt.

Wir haben bis hierher mehrere Dinge gesehen, teilweise auch schon vor der expliziten Erörterung zur Demokratie: Die Demokratie hat auch ohne Multipolarität ohnehin Grenzen; nötige Abwägungen zwischen kollidierenden Belangen gibt es ohnehin; und die Betrachtung der Grundrechtsfunktionenlehre hat zudem ergeben, dass sich Abwehr- und Schutzkonstellationen eben gerade nicht per se unterscheiden. Dies gilt es jetzt noch weiter auszuführen. Bei der Abwägung kollidierender Positionen hat das Parlament in der Tat eine gewisse, wenngleich keine absolute Prärogative gegenüber der Justiz. Soweit in diesen Abwägungen nämlich aus den kollidierenden Belangen unterschiedliche Abwägungsergebnisse herleitbar sind – und dies ist der Normalfall –, ist ein (ab-)wählbarer Entscheider die rationale und freiheitsfreundliche Variante: also ein Parlament und kein Gericht. Das Parlament muss sich dabei allerdings im Rahmen bestimmter, aus den Grundrechten selbst herleitbarer Abwägungsregeln bewegen[31] (man kann auch von multipolarer, allerdings durch weitere Regeln konkretisierbarer Verhältnismäßigkeitsprüfung sprechen[32]), wie an anderer Stelle näher entwickelt.[33] Problematisch an der bisherigen deutschen Debatte ist, dass viele daraus, dass es meist nicht »genau ein« (womöglich noch quantifizierend-ökonomisch ermitteltes) Abwägungsergebnis geben kann, irrtümlich schließen, es gäbe keine Multipolarität (also keine gleichrangigen Abwehr- und Schutzrechte) und keine weiteren Abwägungsregeln jenseits von Geeignetheit/Erforderlichkeit.[34] Dies alles gilt aber eben ganz gleichermaßen und unabhängig

31 So folgen die sogleich im Fließtext erwähnten Abwägungsregeln Geeignetheit und Erforderlichkeit unmittelbar aus dem multipolaren Freiheitsprinzip: Es darf eben nicht dem einen etwas an Freiheit genommen werden, was gar keinem anderen Freiheitsträger zugute kommt. Die Angemessenheit im Rahmen der konventionellen Verhältnismäßigkeitsprüfung kann ferner als Dach über einer Reihe weiterer Abwägungsregeln begriffen werden, die ebenfalls aus dem Freiheitsprinzip folgen. Eine Regel davon lautet, dass nicht ein Belang evident zu einseitig zugunsten anderer Belange zurückgestellt werden darf; auch dies folgt wieder aus dem Gedanken, dass die Freiheit insgesamt maximiert werden soll (wobei dies „tödliche" Abwägungen im Einzelfall, wenn ein Konflikt nicht anders auflösbar ist, aber nicht ausschließt). Ebenso ergeben sich z.B. bestimmte Sorgfaltsregeln hinsichtlich der Ermittlungsregeln hinsichtlich des entscheidungserheblichen Tatsachenmaterials. Nicht erwähnt wurde hier bisher zudem die Grundregel von Abwägungen, die in der Verhältnismäßigkeit meist „legitimer Zweck" überschrieben wird: dass das Abwägungsmaterial einerseits vollständig sein muss und andererseits keine unzulässigen Belange enthalten darf (nur würde die o.g. Freiheitstheorie den Kreis zulässiger Belange enger ziehen als die gängige Meinung in Deutschland).

32 In diese Richtung auch Calliess, Rechtsstaat (Fn. 2), S. 373 ff.; Susnjar, Proportionality, Fundamental Rights, and Balance of Powers, 2009, i.E.

33 Vgl. dazu Ekardt, Theorie (Fn. 2), § 6.

34 Besonders prominent Böckenförde, Staat, Verfassung, Demokratie, 1991, S. 188 ff. und passim. Unklar ist die Linie des BVerfG, welches teilweise wie der EuGH mit Abwägungen verfährt (im Wesentlichen nur Prüfung legitimer Zweck – sehr großzügig –, Geeignetheit, Erforderlichkeit), teilweise wie hier vorgeschlagen mit einer (größeren) Menge von Abwägungsre-

davon, mit welchem Politik- bzw. Rechtsbereich man es zu tun hat. Die (allgemein fraglos für eine Grundrechtsfrage gehaltene) Entscheidung über die richtigen Gesetze im Bereich der Sicherheits- oder Anti-Terror-Politik folgt damit eben gerade nicht anderen Regeln als beispielsweise die Klimapolitik. Der Gesetzgeber kann jeweils unterschiedliche Entscheidungen treffen, und die Aufgabe von Verfassungsgerichten liegt (allein) darin, eine Rahmenkontrolle anhand einer Reihe aus den Freiheitsrechten selbst herleitbarer Abwägungsregeln vorzunehmen.

Arbeitet man dies genau aus, wird die Gewaltenbalance sogar weniger »jurisdiktionsstaatlich« als bisher (wo Bundesverfassungsgericht bzw. EuGH letztlich nach Gusto entscheiden können, ob von weiten oder – wie bei den Abtreibungsentscheidungen – von »keinen« Parlamentsspielräumen ausgegangen wird). Gehen muss es dabei um ein multipolar freiheitsförderliches (einerseits machtmissbrauchsfeindliches, andererseits die Demokratie als Schutzschild der Freiheit betrachtendes) und zudem unparteilichkeitsadäquates Ping-Pong mit einem außerdem rationalitätsförderlichen, da ein Maximum an guten Gründen mobilisierenden »Mehrebenendiskurs« zwischen den Staatsgewalten. Zunächst darf ein Verfassungsgericht gegen ein Parlament nie »Tu-genau-das«-Urteile erlassen, sondern muss sich immer auf »So-wie-bisher-jedenfalls-nicht«-Urteile beschränken. Das Bundesverfassungsgericht z.B. darf dem deutschen Bundestag also – um ein für die Nachhaltigkeit wesentliches Beispiel zu verwenden – nicht sagen: »Steige in viereinhalb Jahren aus der Atomenergienutzung aus.« Es kann aber sagen: »Der bisherige Ausstieg ist zu langsam; entscheide die Frage unter Berücksichtigung folgender Tatsachenlagen, normativer Belange und Verfahrens- sowie Abwägungsregeln bis zum XX.YY.2010 neu.« Umgekehrt könnte das Verfassungsgericht auf die Klage eines Energiekonzerns hin sagen: »Der Gesetzgeber darf natürlich aus der Atomverstromung aussteigen – aber er muss sich dabei in einem gewissen Rahmen halten, den er aber leider überschritten hat, indem er angeordnet hat, innerhalb von drei Tagen aus der Atomenergienutzung auszusteigen.« Durch eine solche Linie, die weder dem Parlament die Prärogative nimmt noch dem Verfassungsgericht eine übergroße und unklare Macht gibt, werden alle Staatsgewalten ihren durch Freiheit, Demokratie, Unparteilichkeit und Rationalität definierten Aufgaben am besten gerecht. Die genannten Prinzipien sprechen hierbei dafür, wie andernorts näher thematisiert,[35] dass die Gerichte über normative Abwägungsfragen, schwierige Normtatbestandsinterpretationen und unsichere Tatsachenfragen nur eingeschränkt urteilen dürfen – strikt dürfen sie dagegen urteilen über einfache Normtatbestandsinterpretationen, Verfahrensfragen und sichere Tatsachenlagen.

geln operiert, teilweise aber auch „genau ein" Abwägungsergebnis dem Gesetzgeber vorzugeben scheint (z.B. beim Embryonenschutz); kritisch dazu auch Steinberg, NJW 1996, 1995 ff.; Susnjar, Proportionality (Fn. 32), i.E. Siehe konkret dazu, wie in vereinzelten Fällen (allerdings nicht aus dem Menschenwürdeprinzip) auch einmal totale Abwägungsverbote hergeleitet werden können, etwa Ekardt/Kornack, KritV 2006, 349 ff.

35 Vgl. dazu Ekardt, Information (Fn. 24), § 5; stärker einfachrechtlich dazu Ekardt/Schenderlein, NVwZ 2008, 1059 ff.

Am Atombeispiel sieht man, dass in komplexen Konstellationen die Abwehrseite der Grundrechte keinesfalls »übersichtlicher« ist als die vermeintlich kompliziertere Schutzseite. Der Gesetzgeber kann z.B. den »Abwehr«rechten von Energieversorgungsunternehmen in ganz unterschiedlicher Weise Rechnung tragen, wenn er aus der Nutzung der Kernenergie aussteigen möchte. Er kann Billigkeitsentschädigungen festsetzen, Übergangsfristen gewähren usw. Und ganz genauso sieht es für mögliche Schutz-Kläger aus – man kann alle Kraftwerke abschalten, sie anderweitig sicherer bauen, stärkeren Schutz gegen Terroranschläge treffen u.v.m. Diese Komplexität ist aber eben grundrechtsfunktionenunabhängig. Und sowohl bei »Abwehr« als auch bei »Schutz«, wenn es diese Funktionen denn gibt, ist jedenfalls klar: Die Gesetze für mehr Nachhaltigkeit muss in einer gewaltenteiligen Demokratie das Parlament machen, nicht ein Gericht. Deshalb sind Urteile wie die Judikate des Bundesverfassungsgerichts zum Embryonenschutz oder zur Familienbesteuerung in jedem Fall problematisch. Vielleicht sollte daher ein Verfassungsgericht stets wie das House of Lords in Großbritannien ohne Gesetzesaufhebung auskommen (also auch in sogenannten Abwehrfällen mit Nachbesserungsaufträgen statt mit Kassationen arbeiten). Richtig könnte es zumindest sein, die Gesetzesaufhebung als begründungsbedürftigen Ausnahmefall zu sehen – und ansonsten mit »Änderungsaufträgen« der Justiz ans Parlament auszukommen, ohne selbst ein Gesetz aufzuheben oder einen Gesetzeswortlaut zu diktieren.

V. Grundrechtsanspruch auf Vorsorge?

Abwägungen sind nach alledem bei der Nachhaltigkeit normal, und sie sind ganz generell nichts Sensationelles. Auch indem die Politik die Industriegesellschaft zulässt, Industrieanlagen genehmigt, den Autoverkehr zulässt usw., nimmt sie sehenden Auges statistisch Tote, also Beeinträchtigungen des Rechts auf die elementaren Freiheitsvoraussetzungen, aufgrund der freigesetzten Luftschadstoffe usw. in Kauf. Dies geschieht in Abwägung mit unser aller Konsumfreiheit und mit der wirtschaftlichen Freiheit der Konsumenten. Man spricht auch von stochastischen Schäden. Das meint statistische Krankheits- und Todesfälle, die jedenfalls langfristig und in Kombination mit anderen Schadensursachen im Gefolge der industriegesellschaftlichen Lebensform auftreten. Da es auch keine allgemeine Formel »Schädige niemanden« gibt (weil ansonsten letztlich nahezu alles verboten wäre), ist dies für sich genommen aber gerade nicht skandalös. Das durchaus Absurde liegt vielmehr in Schizophrenien wie »wir wollen mehr Klimaschutz und trotzdem ständiges Wirtschaftswachstum«, denen wir nicht selten zu folgen pflegen.

Schutzrechte sind auch nicht deshalb irrelevant, weil sie häufig bloße Grundrechtsgefährdungen betreffen, z.B. in der Umweltpolitik. Jener Einwand ginge fehl, weil nur »mögliche« Grundrechtsbeeinträchtigungen zumindest bei hochwertigen Grundrechten und drohender Irreversibilität der »möglichen« Schädigung eben gerade nicht unbeachtlich sind. Andernfalls würden die Grundrechte nicht länger das leisten, was überhaupt der Sinn juridifizierter Grundrechte ist: einen Autonomieschutz genau an der Stelle zu garantieren, wo der Autonomie die Beeinträchtigungen drohen. Und diese drohen nicht nur und nicht in erster Linie von der öffentlichen Gewalt. Dafür spricht auch, dass Gefahr, Vorsorge und Nachteil gar nicht sinnvoll scheidbar sind, wie sich andernorts erwies.[36] Mehr Vorsorge und mehr Nachhaltigkeit sind nach alledem – trotz aller nötigen und möglichen Abwägungen – ein zentrales Grundrechtsgebot.

36 Ein weiteres, verwandtes Problem wurde bei Ekardt/Schmidtke, DÖV 2009, 187 ff. behandelt: dass die h.M. in Deutschland unzulässigerweise die Grundrechte auf den Durchschnittsmenschen orientiert, sich bei der Tatsachenerhebung der Gefährlichkeit eines Schadstoffes also z.B. am 40jährigen Durchschnittsmann orientiert (und damit Schwächere wie Schwangere, Ältere, Kinder unberücksichtigt lässt); dazu auch Böhm, Der Normmensch, 1996; Ekardt/Seidel, NVwZ 2007, 421 (424).

Grundgesetz und Europa[1]

Astrid Wallrabenstein

I. Einleitung: Das Grundgesetz wird 60 – ausgedient und aufs Altenteil geschoben?

Das Grundgesetz wird 60, und es gibt die Angst, es habe bald ausgedient. Der Übeltäter, der in Deutschland das Sagen übernehme und das Grundgesetz auf sein Altenteil verdränge, sei der Vertrag von Lissabon – so die Kernaussage der Gegner des Vertrages. Um den Hoheitsanspruch des Grundgesetzes zu verteidigen, zogen sie vor das Bundesverfassungsgericht. Es möge richten, dass das Grundgesetz Herr im Hause bleibe, und der junge Europäische Verfassungsvertrag, der sich in Wahrheit in dem Gewand des Vertrages von Lissabon verberge, diesen Anspruch respektiere.

Schattenboxen, sagen die Befürworter. Der Vertrag von Lissabon sei weder ein Verfassungsvertrag, noch übernimmt er – selbst wenn er es wäre – die Vorherrschaft über das Grundgesetz. Es gehe »nur« um die Wahrung oder vielleicht inzwischen die Wiederherstellung der Handlungsfähigkeit der Europäischen Union, auf die Deutschland ebenso wie die anderen europäischen Staaten schlicht angewiesen sei.

Was ist dran an der Sorge, Europa hebele das Grundgesetz aus? Die erste Antwort ist: Sicher ist nicht der Vertrag von Lissabon der Übeltäter. Allenfalls kann es die europäische Integration an sich sein, also der Prozess der immer größer und immer komplexer werdenden Europäischen Union, die schlicht aufgrund ihrer Existenz einen Vertrag wie den von Lissabon braucht. Aber auch dies greift noch zu kurz. Denn die Europäische Integration ist die Antwort auf globale Herausforderungen und der Vertrag von Lissabon ist die Antwort auf die Herausforderungen der Europäischen Integration. Man kann diese Prämissen, die dem Lissabon-Vertrag zugrunde liegen, bezweifeln. Man muss weder die Diagnose teilen, dass es die beschworenen – in der Regel als global bezeichneten – Sachzwänge gibt. Noch muss man den Therapievorschlag gutheißen, dass immer größere ökonomische und politische Verbünde die richtige Antwort auf solche Anforderungen sind. Aber dann ist der Vertrag besten-

1 Der Beitrag entstand vor dem Urteil des BVerfG vom 30.6.2009 – vgl. aber die Schlussbemerkung. Er verzichtet auf detaillierte Literaturnachweise und bezieht sich für die aktuelle Diskussion insbesondere auf die mündliche Verhandlung des Lissabon-Vertrages vor dem Bundesverfassungsgericht am 10./11.2.2009, vgl. die Dokumentationen in den Papers 4/09 und 5/09 des Walter-Hallstein-Instituts (http://whi-berlin.de/papers/2009.dhtml), sowie Publikationen in der Tagespresse, z.B. D. Murswiek, Das Ende des Grundgesetzes, SZ – Außenansicht – vom 17.4.2009; F. Mayer, Ein Gespenst geht um in Deutschland, SZ – Außenansicht – vom 22.4.2009. Für die Demokratiedebatte vgl. Redaktion Kritische Justiz (Hrsg.), KJ Sonderheft: Demokratie und Grundgesetz, 2000, m.w.N., insb. im europarechtlichen Kontext: F. Hanschmann, Der Begriff der Homogenität in der Verfassungslehre und der Europarechtswissenschaft, 2008, m.w.N.

falls der Sack, den man schlägt, wenn man den Esel meint. Denn er ist unzweifelhaft der Ansatz, auch unter diesen Bedingungen die Macht, die in der Europäischen Union ausgeübt wird, einzuhegen. Eine solche Konstitutionalisierung Europas – unabhängig davon, ob sie im Vertrag von Lissabon bereits vorliegt oder noch aussteht – ist nichts anderes als der Versuch, die Verfassungsidee selbst zu retten.

Vor dem Bundesverfassungsgericht, aber auch dann, wenn man sich aus einem Anlass wie dem Geburtstag mit dem Grundgesetz beschäftigt, führt das zu der Fragestellung, was das Grundgesetz zu diesen Fragen sagt.

II. Was sagt das Grundgesetz zum Lissabon-Vertrag?

Lässt sich im Grundgesetz eine Antwort darauf finden, ob globale Herausforderungen eine europäische Integration verlangen? Abwegig ist dieser Gedanke nicht. Schließlich eröffnet und teilweise gebietet Art. 24 GG den Beitritt zu internationalen und supranationalen Organisationen. Als Ziele benennt das Grundgesetz dabei die Wahrung des Friedens, eine friedliche und dauerhafte Ordnung in Europa und zwischen den Völkern der Welt sowie die Beilegung zwischenstaatlicher Streitigkeiten. Vor allem aber stellt schon die Präambel die gesamte Staatsordnung des Grundgesetzes unter den »Willen [des Deutschen Volkes], als gleichberechtigtes Glied in einem vereinten Europa dem Frieden der Welt zu dienen«. Zur Ausgestaltung dieses Versprechens verpflichtet Art. 23 GG die Bundesrepublik Deutschland zur Verwirklichung eines vereinten Europas. Dass dies durch die (Weiter-)Entwicklung der Europäischen Union zu erfolgen habe, ist ebenfalls in Art. 23 GG vorgegeben. Gleichwohl ist mit diesen Verfassungsartikeln der Disput noch nicht entschieden. Denn auch, wenn das Bestehen der Europäischen Union und die Mitwirkung Deutschlands bei ihrer Entwicklung für das Grundgesetz außer Frage stehen, ist offen, welche Größe, welchen Organisationsgrad und vor allem welche Kompetenzen die Europäische Union und auch ein vereintes Europa haben soll. Dies sind politische Fragen, und das Grundgesetz ist hierzu – zunächst – indifferent.

Deshalb wird die Auseinandersetzung, ob die Größe, der Organisationsgrad und die Kompetenzen der Europäischen Union mit dem Lissabon-Vertrag richtig oder falsch gezogen werden, »verpackt«. Art. 23 GG unterstellt, dass die Europäische Union, zu deren Entwicklung es die Bundesrepublik verpflichtet, »demokratischen, rechtsstaatlichen, sozialen und föderativen Grundsätzen und dem Grundsatz der Subsidiarität verpflichtet ist und einen diesem Grundgesetz im wesentlichen vergleichbaren Grundrechtsschutz gewährleistet«. Bezöge man die aufgelisteten Grundsätze allein auf die Europäische Union, dann wäre für den eigentlichen Streit – um richtige Größe, Organisationsgrad und Kompetenzen – nichts gewonnen. Zudem wäre die Antwort darauf, ob der Lissabon-Vertrag eine Ausfüllung des Verfassungsgebotes des Art. 23 Abs. 1 GG ist, leicht zu geben: Der Lissabon-Vertrag verschlechtert nicht, sondern verbessert die Verwirklichung von Demokratie, Rechtsstaat, sozialen Grundsätzen und föderalen Belangen. Der Grundrechtsschutz wird durch die Verbindlichkeit der Europäischen Grundrechtecharta gestärkt und auch die

Verpflichtung auf ein kompetenzielles Subsidiaritätsprinzip realisiert der Vertrag an unterschiedlichen Stellen. Auf diese Weise hat auch der Bundestag vor dem Bundesverfassungsgericht seinen Zustimmungsbeschluss zum Lissabon-Vertrag verteidigt.

Aber die Prinzipien, die Art. 23 Abs. 1 GG nennt, werden von den Gegnern des Vertrages nicht auf die Europäische Union bezogen. Sie sind vielmehr – über Art. 23 Abs. 1 S. 3 i.V.m. Art. 79 Abs. 3 GG – die Drehtür, um bei dem Schritt aus dem Grundgesetz heraus gleich wieder ins Grundgesetz zurückzukehren: Die genannten Verfassungsgrundsätze werden mit deutschem Verständnis und deutscher Dogmatik ausgefüllt. Die Verpflichtung auf eine demokratische EU in Art. 23 Abs. 1 GG bedeute, dass das Demokratieprinzip des Grundgesetzes nicht verletzt werden dürfe. Die Pflicht der EU, Grundrechtsschutz zu gewährleisten, wird interpretiert als Kontrollmaßstab dafür, ob der Grundrechtsschutz des Grundgesetzes unterlaufen wird. Und so fort mit den weiteren Begriffen. Art. 23 GG wird nicht als Öffnungs-, sondern als Sperrklausel gegenüber der Europäischen Union genutzt.

Selbst dann, wenn man eine solche »integrations-sperrende« Interpretation zugrunde legt, gelangt man nicht zu dem Ergebnis der Lissabon-Gegner, dass Art. 23 Abs. 1 GG respektive die Verfassungsprinzipien des Grundgesetzes verletzt würden. Zwar werden die Unterschreitung des grundgesetzlich geforderten Grundrechtsschutzniveaus und die Verletzung des grundgesetzlichen Demokratieprinzips behauptet. Aber bei genauerem Hinsehen entpuppt sich die Argumentation als unschlüssig und sogar als sachlich falsch. Nachvollziehbar wird sie nur, wenn man ihren roten Faden erkennt und greifbar macht. Der liegt aber auf einer anderen Ebene: Kernanliegen der Lissabon-Gegner ist die Erhaltung der staatlichen Kompetenzen oder anders ausgedrückt der Souveränität oder Staatlichkeit der Bundesrepublik Deutschland. Das, was aus ihrer Sicht ein Zuviel an Kompetenzverschiebung ist, das was die Souveränität Deutschlands verletzt, muss in das Argumentationsmuster eines unzureichenden Grundrechtsschutzes oder einer Demokratieverletzung »verpackt« werden.

1. Nichts so gut wie in Deutschland: unzureichender Grundrechtsschutz in Europa?

a) Im Vertrag von Lissabon

Wenn Art. 23 Abs. 1 GG fordert, dass die Europäische Union einen im Wesentlichen vergleichbaren Grundrechtsschutz gewähren muss, so knüpfen sich hieran nach deutschem Verständnis die Justiziabilität der Grundrechte und insbesondere ihre Berücksichtigung in der Rechtsprechung des EuGH. Genau dies wird durch den Lissabon-Vertrag erfüllt. Bereits für den status quo bescheinigen auch Europakritiker dem EuGH grundsätzlich die Beachtung der Grundrechte – von dem aktuellen Vorwurf, er relativiere die Menschenwürde, abgesehen, hierzu sogleich. Der Lissabon-Vertrag macht nun die Grundrechtecharta verbindlich. Zwar erfolgt dies nicht, wie im Verfassungsvertrag vorgesehen, durch Inkorporation in den EU-Vertrag, sondern »nur«

durch Verweis. Dies ist aber nur ein ästhetisches Manko, das gerade den Ressentiments gegen eine »Verstaatlichung« der EU geschuldet ist.

Hier zeigt sich bereits die Widersprüchlichkeit der Europakritik: Ein unbefangener Leser kann Art. 23 GG gar nicht anders verstehen, als dass eine verbindliche Grundrechtecharta die denkbar beste Verwirklichung eines dem deutschen im Wesentlichen gleichen Grundrechtsschutzes ist. So wird ohne Zweifel ein Grundrechtskatalog für die Europäischen Organe, nicht zuletzt den EuGH, bindend, der unter maßgeblichem Einfluss der deutschen Grundrechtstradition, nämlich im ersten Europäischen Konvent unter Roman Herzog, erarbeitet wurde und der daher nicht zufällig beachtliche Ähnlichkeit mit den Grundrechten im Grundgesetz aufweist. Die Kritiker sehen hierin aber eine »Entmachtung« des Bundesverfassungsgerichts und damit ein Leerlaufen der deutschen Grundrechte. Genau genommen geht es ihnen also nicht darum, welches Grundrechtsniveau in Europa besteht. Selbst dann, wenn es absolut mit dem deutschen identisch wäre, bliebe die Kritik bestehen. Denn sie richtet sich dagegen, dass überhaupt europäisches Recht – grundrechtsachtend oder nicht – zur Anwendung kommt. Anders gesagt, geht es um die Kompetenzverteilung zwischen Deutschland und der Europäischen Union. Das hat aber mit der Forderung des Art. 23 Abs. 1 GG nach einem dem deutschen vergleichbaren Grundrechtsschutz in Europa nichts zu tun.

b) Durch den EuGH

Weil gegen die Verbesserung des Grundrechtsschutzes durch den Lissabon-Vertrag eigentlich nichts zu sagen ist, wird in diesem Punkt weniger der Vertrag als der EuGH kritisiert. Obwohl doch die Justiziabilität der Grundrechte, also ihre Geltendmachung vor den Gerichten, gerade Kernbestandteil des deutschen Grundrechtsverständnisses ist, ist es nun nicht (mehr) recht, wenn der EuGH genau diesem Konzept folgt. Dies ist rational nicht vermittelbar und gelingt nur mit Hilfe einer – bewussten? – Fehldeutung der EuGH-Rechtsprechung. In der rechtspolitischen Debatte hat sich fast schon als Gemeinplatz die Behauptung etabliert, dass der EuGH die Menschenwürde nicht absolut schütze, $$sondern für abwägbar halte. Dies – so dann der Einbau in die deutsche Grundrechtsargumentation – genüge nicht den Anforderungen an einen gleichwertigen Grundrechtsschutz.

Die Behauptung ist aber schlicht falsch, und sie bleibt es auch trotz hartnäckiger Wiederholung in den unterschiedlichsten politischen Lagern. In den Entscheidungen, auf die sich die Kritiker berufen – dies sind die Verfahren Schmidberger,[2] Omega,[3] Viking[4] und Laval[5] –, wägt der EuGH die Menschenwürde nicht mit anderen Werten, insb. den Grundfreiheiten ab.

2 EuGH, Rs. C-112/00, Slg. 2000 I-5659.
3 EuGH, Rs. C-36/02, Slg. 2004 I-9609.
4 EuGH, Rs. C-438/05 vom 11.12.2007.
5 EuGH, Rs. C-341/05 vom 18.12.2007.

aa) EuGH-Urteil Schmidberger

In der Entscheidung Schmidberger macht der EuGH umgekehrt deutlich, dass er zwar die im Verfahren betroffene Meinungs- und Versammlungsfreiheit mit den Grundfreiheiten abwäge, denn die EMRK, auf die er sich ausdrücklich beruft, lasse eine Beschränkung dieser Grundrechte zu. Aber der EuGH hebt zudem hervor, dass – wieder gemäß der EMRK – ein Schrankenvorbehalt für andere Grundrechte, wie das Verbot der Folter oder unmenschlicher oder erniedrigender Strafe nicht gelte.[6] Es liegt also eher der Schluss nahe, dass der EuGH für diese letztgenannten Rechte auch keine Abwägung mit den Grundfreiheiten vornehmen würde.

bb) EuGH-Urteile Viking und Laval

In den beiden aktuellen Entscheidungen Viking und Laval setzt sich der EuGH mit dem von den Parteien vorgetragenen Argument auseinander, dass das in Frage stehende Streikrecht außerhalb des Anwendungsbereichs der Grundfreiheiten liege. Dabei stützten sich die jeweiligen nationalen Regierungen auf mehrere Argumente. Zum einen bestehe nach Art. 137 EG keine Gemeinschaftskompetenz für die streitigen kollektiven Arbeitskampfmaßnahmen.[7] Zum anderen führe der nationale verfassungsrechtliche Schutz der Koalitionsfreiheit zur Nichtanwendbarkeit der Grundfreiheiten.[8] Schließlich folge daraus, dass die Koalitionsfreiheit ein vom europäischen Gemeinschaftsrecht anerkanntes Grundrecht sei, das neben den Grundfreiheiten stehe.[9] Dieser Auffassung tritt der EuGH entgegen; deshalb sind seine Aussagen in diesem Zusammenhang zu verstehen. Die Anwendbarkeit – noch nicht automatisch die konkrete Durchsetzung – der Grundfreiheiten begründet der EuGH unter anderem damit, dass nationale Grundrechte nicht außerhalb des Anwendungsbereichs des Europarechts insgesamt und auch nicht außerhalb des Anwendungsbereichs der Grundfreiheiten liegen. Man kann die Abwägung zwischen Grundfreiheiten und Grundrechten durchaus kritisieren. Man mag auch eine zu schwache Gewichtung sozialer Aspekte im Europarecht anprangern. Auch eine unzulängliche Achtung der Koalitionen mag man Europa vorwerfen. Aber dass dem Grunde nach eine Abwägung zwischen Grundfreiheiten und Grundrechten stattfindet, entspricht der ständigen Rechtsprechung des EuGH und ist keineswegs neu. Vor allem aber hat dies mit dem Gewicht der Menschenwürde überhaupt nichts zu tun.

6 EuGH, Rs. C-112/00, Rn. 79 f.
7 EuGH, Rs. C-341/05 – Laval, Rn. 86-88.
8 EuGH, Rs. C-341/05 – Laval, Rn. 89-92.
9 EuGH, Rs. C-438/05 – Viking, Rn. 24-26.

cc) EuGH-Urteil Omega

Der Grund für diese Fehlinterpretation liegt darin, dass der EuGH sich in den Entscheidungen Viking und Laval auch auf die Entscheidung Omega beruft. In diesem Verfahren stand aber die Anwendbarkeit der Grundfreiheiten nicht in Streit. Umgekehrt war das vorlegende – deutsche – Gericht davon ausgegangen, dass es die Vereinbarkeit des Verbotes eines bestimmten Laserspiels gegenüber einem Spielhallenbetreiber an den Grundfreiheiten prüfen müsse. Seine Vorlagefrage richtete sich darauf, ob es möglich sei, aufgrund nationaler Wertvorstellungen zu einem solchen Verbot zu kommen, wenn das fragliche Laserspiel in einem anderen Mitgliedstaat zulässig produziert worden sei. Das Gericht ging davon aus, dass unterschiedliche Wertvorstellungen in den Mitgliedstaaten als Hindernisse für die Dienstleistungsfreiheit und deshalb gemeinschaftsrechtlich rechtfertigungsbedürftig seien. Daraus könnte folgen, dass nur europaweit einheitliche Wertvorstellungen ein Verbot rechtfertigen würden, was so etwas wie ein »Wertdumping« zur Folge hätte. Das Ziel des vorlegenden Gerichts war, dies zu verhindern. Deshalb betonte es, dass das deutsche Verbot nicht nur auf allgemeinen gesellschaftlichen Wertvorstellungen beruhe, sondern auch verfassungsrechtlich aus der Verpflichtung des Staates zum Schutz der Menschenwürde folge, deren fundamentale Bedeutung sowohl gemeinschaftsrechtlich wie nach deutschem Recht »nähere Überlegungen zur Verhältnismäßigkeit [erübrige]«.[10]

Der EuGH nimmt dem vorlegenden Gericht seine Sorge: Europaweit einheitliche Wertvorstellungen seien nicht notwendig, um ein nationales Verbot zu rechtfertigen. Es genüge durchaus, dass die nationalen Wertvorstellungen das Verbot begründen. Zwar müsse sich das nationale Verbot auf eine tatsächliche und hinreichend schwere Gefährdung stützen, die ein Grundinteresse der Gesellschaft berührt. Und es müsse für die Erreichung dieses Schutzes auch erforderlich sein.[11] Aber genau dies sei durch die Ausführungen des Gerichts zum verfassungsrechtlich gebotenen Menschenwürdeschutz ausreichend dargetan.[12] Der EuGH zieht sich also gerade zurück und überlässt die Subsumtion unter die Menschenwürdegarantie dem nationalen Gericht. Erst um dies, also seine Zurückhaltung zu begründen, führt der EuGH aus, dass die Achtung der Menschenwürde ein allgemeiner europäischer Rechtsgrundsatz sei,[13] der aber in den Mitgliedstaaten zu unterschiedlichen Ergebnissen bei der Frage eines Verbotes führen könne.[14]

10 EuGH, Rs. C-36/02 – Omega, Rn. 10-16.
11 EuGH, Rs. C-36/02 – Omega, Rn. 29-30; 36.
12 EuGH, Rs. C-36/02 – Omega, Rn. 32; 39.
13 EuGH, Rs. C-36/02 – Omega, Rn. 33-34.
14 EuGH, Rs. C-36/02 – Omega, Rn. 37-38.

dd) Fazit

Der EuGH reagiert also in der einen Entscheidung, in der er tatsächlich mit dem Argument des Menschenwürdeschutzes konfrontiert wird, gerade zurückhaltend. Er überlässt den Mitgliedstaaten die Ausfüllung der mit der Menschenwürde verbundenen Wertvorstellungen.

Die Kritik kann deshalb nur sein, dass der EuGH in dem Menschenwürde-Argument keine Grenze für den Anwendungsbereich des Europarechts sieht. Dass er »nur« gegenüber den Mitgliedstaaten judicial restraint übt, aber nicht eine klare Grenze seiner eigenen Prüfungskompetenz sieht. Aber wie sollte sie aussehen? Soll der EuGH für Menschenwürdefragen nicht zuständig sein? Dass die Berufung auf die Menschenwürde kein Totschlagsargument sein kann, mit dem alles und jedes aus dem Anwendungsbereich des Europarechts ausgeklammert wird, dürfte sich von selbst verstehen. Dies und nichts anderes ist damit gemeint, wenn der EuGH sagt, »dass die Ausübung der [in den Verfahren] betroffenen Grundrechte, nämlich der Meinungs- und Versammlungsfreiheit sowie der Menschenwürde, nicht außerhalb des Anwendungsbereichs der Bestimmungen des Vertrags liegt und dass sie mit den Erfordernissen hinsichtlich der durch den Vertrag geschützten Rechte in Einklang gebracht werden und dem Verhältnismäßigkeitsgrundsatz entsprechen muss.«[15] Die Grundfreiheiten finden Anwendung, ihre Beschränkung wird vom EuGH überprüft, und wenn Grundfreiheiten und Grundrechte einander gegenüberstehen, dann folgt das in den Urteilen Schmidbauer und Omega Gesagte.

Warum also das Konstrukt, der EuGH wäge die Menschenwürde ab? Weil es den Lissabon-Gegnern weder um die Grundrechte im Allgemeinen noch die Menschenwürde im Besonderen geht, sondern um den befürchteten Verlust des Einflusses des Bundesverfassungsgerichts. Völlig unabhängig davon, ob diese Befürchtung zutrifft, ist Kernbestand grundgesetzlicher Garantien nicht die Existenz des Bundesverfassungsgerichts – auch wenn man versucht sein mag, den Hort bester Grundrechtsverwirklichung im Schloßbezirk 3 in Karlsruhe zu lokalisieren. Vom Grundgesetz gefordert ist die Verwirklichung der Grundrechte überall und unabhängig davon, wo wer darüber wacht.

2. Verletzt das Europäische Demokratiedefizit die deutsche Demokratie?

Ähnlich verhält es sich mit dem Vorwurf des europäischen Demokratiedefizits. Auch hier lässt sich zwar mit guter Berechtigung der status quo kritisieren, aber der Vertrag von Lissabon versucht es besser zu machen. Das enthebt ihn nicht der Kritik. Aber es rückt den Vorwurf zurecht, dass mit dem Lissabon-Vertrag die Abschaffung der vom Grundgesetz verlangten Demokratie bezweckt sei.

15 EuGH, Rs. C-438/05 – Viking, Rn. 46; Rs. C-341/05 – Laval, Rn. 94.

Dass eine Machtkonzentration bei der Exekutive zulasten der Parlamente erfolge, dass die kettenhaft vermittelte demokratische Legitimation vom einzelnen Wähler über die jeweilige Landeshauptstadt, über Berlin, Brüssel und Straßburg und wieder zurück zu lang und dünn sei, all dies sind Argumente, die schon heute gelten und sich obendrein auch vollkommen ohne Europa auf die Bundesrepublik beziehen lassen. Auch hier geht es nicht eigentlich um den verfassungsrechtlichen Gehalt von Demokratie, sondern um die Verlagerung von Macht, nämlich von bisher auf staatlicher Ebene entschiedenen Fragen auf die europäische Ebene.

Art. 23 Abs. 1 GG hält hierfür mit der Verpflichtung auf eine demokratische Ordnung keine Kriterien vor. Jedenfalls nicht, solange man das Demokratiegebot nicht mit »materiellen«, sachlichen Gesichtspunkten anreichert. Dann müssten Überlegungen angestellt werden, ob es geboten ist, bestimmte Sachfragen von einem bestimmten Bevölkerungskreis entscheiden zu lassen. Die demokratietheoretische Antwort lautet, dass einerseits alle Betroffenen mitbestimmen müssten und dass andererseits das Verfahren und damit auch die Mitbestimmungsgrenzen so organisiert sein müssen, dass Demokratie praktizierbar bleibt. Ein Balanceakt, der ohne Abstriche nicht auskommt und damit stets der Kritik ausgesetzt ist.

Interessant ist deshalb weniger der Vorwurf des Demokratiedefizits selbst als die Beobachtung, wer in welchem Zusammenhang diesen Vorwurf äußert. Als in Deutschland noch vor dem – vom Europarecht verlangten – Kommunalwahlrecht für Unionsbürger versucht wurde, allen Ausländern mit gefestigtem Aufenthalt die Beteiligung an den Kommunalwahlen zu ermöglichen, war »das Betroffenheitsargument«, das diesem politischen Anliegen zugrunde lag, bei einem maßgeblichen Teil der Rechtswissenschaft geradezu verpönt. Demokratie im Sinne des Grundgesetzes sei eine hehre Idee zur Selbstverwirklichung des deutschen Volkes. Sie habe mit realer Betroffenheit nichts zu tun, denn diese könne allenfalls verwaltungsrechtliche Partizipationsrechte vermitteln, nicht jedoch staatsrechtliche Willensbildung begründen. Damals war das Grundgesetz 40, in seinen besten Jahren sozusagen. Nun, zwanzig Jahre später, scheint das Argument wohlfeil zu sein.

Anknüpfungspunkt ist eine merkwürdige Konstruktion des Bundesverfassungsgerichts in der Maastricht-Entscheidung:[16] Art. 38 GG garantiert dem Wähler, dass die mit seiner Wahl legitimierte Staatsgewalt effektiv bleibt, nämlich nicht »durch die Verlagerung von Aufgaben und Befugnissen des Bundestages so [...] entleer[t wird], dass das demokratische Prinzip, soweit es Art. 79 Abs. 3 i.V.m. Art. 20 Abs. 1 und 2 GG für unantastbar erklärt, verletzt wird.« Um diese abstrakte Anforderung – ungeachtet ihrer verfassungsdogmatischen Haltbarkeit – auszufüllen, müsste man materielle Maßstäbe entwickeln. Offensichtlich enthält eine rein quantitative Betrachtung keine Aussage, sie mag allenfalls populistisch nutzbar sein. Stattdessen müssten sachlich bestimmte Kompetenzen, beispielsweise für das Strafrecht oder Militäreinsätze, als »genuin nationalstaatlich« eingeordnet werden. Dafür müsste man begründen, warum das subjektive Recht des Wählers beinhaltet, dass der Bundestag gerade diese Entscheidungen treffen muss. Man könnte – wie im Rahmen der

16 BVerfGE 89, 155 (171).

mündlichen Verhandlung in Karlsruhe – argumentieren, dass dies die elementarsten oder »letzten« Fragen sind. Der zweite Teil des Arguments wäre, dass elementare und »letzte« Fragen gerade auf der Ebene des Staates und weder höher noch niedriger richtig angesiedelt sind. Besonders für die Strafrechtskompetenzen verweisen die Kritiker auf Bereiche, in denen die Strafbarkeit besonders umstritten ist: Abtreibung oder Embryonenforschung. Dahinter steht die Überzeugung, dass es für bestimmte »letzte« – oder besser »erste« – Wertentscheidungen einerseits notwendig ist, einen nationalen Konsens zu erzielen, andererseits dies aber europaweit nicht möglich ist.

Auf dieser Schicht der Argumentation wird die Verbindung zur geschilderten Menschenwürde-Diskussion deutlich. Ähnlich wie in der Vorlagefrage zur Omega-Entscheidung geht es um die Erhaltung eines nationalen Werterahmens, der nicht im europäischen Integrationsprozess eingeebnet werden soll. Zwei Fragen schließen sich an. Zum einen, ob tatsächlich durch die europäische Integration im Allgemeinen und den Lissabon-Vertrag im Besonderen eine »Wertenivellierung« womöglich auf Minimalniveau droht. Anhaltspunkte hierfür sind nicht erkennbar. Unabhängig davon aber stellt sich zum anderen die dogmatische Frage, ob dies vom Demokratieprinzip des Grundgesetzes verboten wäre. Das Demokratieprinzip macht Vorgaben dafür, wie Entscheidungen getroffen werden. Dass es auch vorgibt, welche Entscheidungen getroffen werden müssen, ist durch nichts in der Demokratietheorie und auch durch nichts im Grundgesetz erkennbar.

Auch in der Argumentation mit dem Demokratieprinzip steckt also letztlich die Frage der Kompetenzverteilung. Es geht immer wieder darum, dem Staat bestimmte oder überhaupt möglichst viele Kompetenzen zu sichern. Dies führt zum dritten – dem eigentlichen – Topos der Lissabon-Kritik: zum Erhalt der Staatlichkeit Deutschlands.

3. Garantiert das Grundgesetz die Staatlichkeit Deutschlands?

Ist die Staatlichkeit Deutschlands in Art. 23 GG – oder auch anderswo – garantiert? Verlangt das Grundgesetz, dass es Deutschland gibt? Oder fordert es umgekehrt, dass es die Bundesrepublik gibt, damit es einen Verfassungsstaat – für die Deutschen – gibt?

Vieles spricht für letzteres. Neben den historischen Rahmenbedingungen insbesondere auch die ausdrückliche besondere Offenheit des Grundgesetzes für eine völkerrechtliche Einbindung und die europäische Integration. Dass diese gerade in Art. 23 GG festgeschrieben ist, anstelle des Artikels, der das Verfahren für die »deutsche Integration« vor der Wiedervereinigung vorsah und sich 1990 erledigt hatte, ist nicht nur praktisch. In der Platzierung liegt auch eine bewusste Hinwendung zur Europäischen Integration gerade nachdem der erste Verfassungsauftrag, ein demokratischer und rechtsstaatlicher Verfassungsstaat für alle Deutschen, erfüllt war.

a) Verpflichtung der Europäischen Union auf föderative Grundsätze in Art. 23 Abs. 1 GG

Der Wortlaut des Art. 23 GG gibt nur einen Anhaltspunkt dafür, dass die Staatlichkeit der Bundesrepublik in einer Europäischen Union erhalten bleiben muss – was auch immer inhaltlich mit einer solchen Staatlichkeit verbunden wird. In der Verpflichtung auf föderative Grundsätze kann man eine Garantie dafür lesen, dass in der Europäischen Union die Mitgliedstaaten ihre Staatlichkeit behalten.

Nur auf den ersten Blick verwundert es, dass dem Lissabon-Vertrag von seinen Kritikern eine Verletzung dieses Prinzips gerade nicht vorgeworfen wird. Der Europäische Verfassungsvertrag ist zumal gerade daran gescheitert, dass Kritiker aus anderen Mitgliedstaaten in ihm den Weg zu einem europäischen Superstaat bereitet sahen, der das Ende der Staatlichkeit der Mitgliedstaaten bedeute. Zwar versucht der Lissabon-Vertrag diesen Bedenken nicht zuletzt dadurch Rechnung zu tragen, dass er die mitgliedstaatlichen Rechte in den Entscheidungsverfahren stärker belässt und Subsidiaritätsregelungen erweitert. Gleichwohl kann man in ihm immer noch eine europäische »Oberverfassung« und in der Union einen europäischen »Oberstaat« sehen. Aber man kann nicht behaupten, dass dies ein Verstoß gegen das deutsche Konzept von Föderalismus sei. Gerade umgekehrt steht die Bundesrepublik Deutschland stärker als andere Föderalstaaten für ein Modell, in dem Staatlichkeit nicht klassische völkerrechtliche Souveränität bedeutet. Sondern die Bundesländer verlieren ihre Staatlichkeit auch dann nicht, wenn der Bund ein Staat mit gerade all jenen Kompetenzen ist, deren Abwandern nach Europa befürchtet wird. Also ist die Verpflichtung auf föderative Grundsätze, die Art. 23 GG der Europäischen Union auferlegt, angesichts des deutschen Föderalismus ein denkbar stumpfes Schwert gegen den Lissabon-Vertrag.

b) Verpflichtung der Europäischen Union auf grundlegende Verfassungsprinzipien

Die weiteren Grundsätze, auf die Art. 23 GG die Europäische Union verpflichtet – Demokratie, Rechts- und Sozialstaatlichkeit sowie Grundrechtsschutz – sind nichts anderes als die zentralen Verfassungsprinzipien, auf die das Grundgesetz auch die Bundesrepublik Deutschland verpflichtet. Deshalb verweist Art. 23 Abs. 1 Satz 3 GG auf Art. 79 Abs. 2 und 3 GG. Die Garantien kreisen also immer wieder um Prinzipien und Grundsätze, die die Kernelemente aller modernen freiheitlichen Verfassungen sind.

Die Frage, ob es dem Grundgesetz letztlich auf die Staatlichkeit oder die Verfasstheit der Bundesrepublik ankommt, ist also in letzterem Sinne zu beantworten. Es muss die Bundesrepublik nicht um ihrer selbst willen geben, sondern dafür, dass es einen Staat gibt, in dem – mit den Worten der Präambel und des Art. 1 GG – das Deutsche Volk in einer verfassten, die Menschenrechte achtenden, friedlichen und gerechten Ordnung leben kann.

Dann ist die Erhaltung der Staatlichkeit der Bundesrepublik – über die Beachtung föderativer Grundsätze i.S.d. Art. 23 Abs. 1 GG hinaus – kein Argument, das dem Lissabon-Vertrag und auch nicht einer Europäischen Verfassung entgegen gehalten werden kann.

4. Fazit

Der Versuch, mit dem Grundgesetz gegen den Vertrag von Lissabon zu argumentieren, überzeugt also nicht. Das Grundgesetz hält keine Prinzipien vor, um zu entscheiden, welche Regelungsgegenstände auf welche landes-, bundes- oder überstaatliche Ebene gehören. Dies sind politische Streitfragen, deren Ergebnis in Kompetenzkatalogen festgehalten und über die im Einzelfall auch gerichtlich entschieden wird. Aber sie gehören nicht auf die Ebene der Verfassungsgrundsätze wie Demokratie, Rechtsstaatlichkeit, Grundrechte oder Sozialstaat. Hier verlangt das Grundgesetz viel. Es ist eine Verfassung, die eine Gestaltung der Staats- und auch der Gesellschaftsordnung zur Verwirklichung dieser Prinzipien fordert. Und dies erwartet das Grundgesetz auch von der Europäischen Union. Was sie anbelangt, muss man nicht behaupten, dass alles bestens sei. Aber man kann den Lissabon-Vertrag nicht damit angreifen, dass er die Prinzipien des Grundgesetzes verletze.

III. Schluss: Mit 60 noch rüstig und offen für Neues?

Dieser Beitrag wurde vor dem Urteil des Bundesverfassungsgerichts vom 30.06.2009 verfasst. Er sollte mit den Sätzen enden: »Denn das Grundgesetz hat nichts gegen die Europäische Union an sich. Im Gegenteil, es hat rechtzeitig vor dem Altwerden vorgesorgt und sich selbst verordnet, offen für Neues, insbesondere für die Europäische Integration zu bleiben.«

Das Bundesverfassungsgericht ist anderer Auffassung. Anders als hier vertreten, definiert es das »vereinte Europa« in der Präambel und in Art. 23 GG als eine »als Staatenverbund konzipierte[n] Europäischen Union. [...] Der Begriff des Verbundes erfasst eine enge, auf Dauer angelegte Verbindung souverän bleibender Staaten, die auf vertraglicher Grundlage öffentliche Gewalt ausübt, deren Grundordnung jedoch allein der Verfügung der Mitgliedstaaten unterliegt und in der die Völker – das heißt die staatsangehörigen Bürger – der Mitgliedstaaten die Subjekte demokratischer Legitimation bleiben.«[17] Zwar attestiert das Bundesverfassungsgericht der Europäischen Union, auf der Grundlage des Lissabonvertrages (noch) ein solcher Staatenverbund zu sein. Aber es nimmt – obiter dicta, denn das Gericht wird nicht nach einer authentischen Auslegung des Verfassungstextes, sondern nach der Verfas-

17 BVerfG, Urteil vom 30.6.2009, Rn. 229.

sungsmäßigkeit eines konkreten Gesetzes gefragt – dem Grundgesetz gerade die Offenheit, die der ursprüngliche Schlusssatz dieses Beitrags preisen will.

Sollte sich aus dem aktuellen Urteil eine Lehre bilden, die unter »vereintem Europa« in der Präambel und in Art. 23 GG abschließend einen Staatenverbund in der vorgegebenen Definition versteht, so müsste mein Schluss umgeschrieben werden: »Zwar hat das Grundgesetz rechtzeitig vor dem Altwerden vorgesorgt und sich selbst verordnet, offen für Neues, insbesondere für die Europäische Integration zu bleiben. Aber bei einer der unvermeidlichen Operationen, denen man angesichts moderner Medizin im Alter irgendwann ausgesetzt ist, hat auch dieser Wille zur Offenheit und Beweglichkeit nicht verhindern können, dass ihm – womöglich gar im Einklang mit schulmedizinischen Qualitätsstandards – Versteifungen implantiert wurden. Es bleibt ihm zu wünschen, dass es trotzdem nicht nur noch viel älter wird, sondern auch seine Lebensqualität erhalten bleibt.«

Tagungsbericht zum Kongress 60 Jahre Grundgesetz – Fundamente der Freiheit stärken

Günter Dworek, Tarik Tabbara und Michael Rahe

Unter dem Titel »60 Jahre Grundgesetz: Fundamente der Freiheit stärken« veranstaltete die Bundestagsfraktion Bündnis 90/Die Grünen am 13./14. März diesen Jahres im Paul-Löbe-Haus des Deutschen Bundestages einen Verfassungskongress. Im Zentrum des Kongresses stand aber nicht die historische Rückschau, sondern die Frage nach der Zukunftsfähigkeit der Verfassung.

Das spiegelte sich auch in den Leitfragen des Kongresses wider: Wie buchstabiert sich Demokratie im 21. Jahrhundert: national – europäisch – global? Wie können die Fundamente der Freiheit in einer riskanten Welt gestärkt werden? Wie ist es um Gleichberechtigung in einer immer pluralistischeren Gesellschaft bestellt? Welches Gewicht muss politische und soziale Solidarität in der Verfassung haben? Wie sind die natürlichen Lebensgrundlagen zu schützen, damit auch in Zukunft alle Menschen Freiheitsrechte genießen können?

I. Ein Grundgesetz für das 21. Jahrhundert

In ihrer Eröffnungsrede betonte die Fraktionsvorsitzende von Bündnis 90/Die Grünen, Renate Künast: »Am Anfang steht die Menschenwürde« – das gelte gerade auch im übertragenen Sinne. Künast rief dazu auf, dass sich die Gesellschaft heute den Begriff der Freiheit wieder erobern müsse. Es sei notwendig, wieder stärker die Voraussetzungen der Freiheit für alle zu betrachten. Damit richtete sie den Blick auf die Verfassung als Dokument eines Gesellschaftsvertrages. Nötig sei unter anderem ein neuer Begriff von Verantwortung, im Sinne einer stärkeren Gemeinwohl- und Nachhaltigkeitsorientierung in Staat und Gesellschaft.

Die politische Philosophin Seyla Benhabib von der Yale University entwickelte in ihrem Grundsatzreferat eine kosmopolitische Vision der Gerechtigkeit, die nicht an Staatsgrenzen ende. Benhabib konzedierte ein unauflösbares Spannungsverhältnis von Demokratie und Menschenrechten. Die Herausforderungen, vor denen demokratische Gesellschaften heute stehen, veranschaulichte Benhabib mit Blick auf die durch die Migration bedingten Veränderungen in der Zusammensetzung der Bevölkerung. Aus dem kosmopolitischen Gerechtigkeitsanspruch folge der Auftrag, den Kreis der Gesetzesunterworfenen und den Kreis derer, die über die Gesetze beschließen möglichst deckungsgleich zu halten.

Brun-Otto Bryde, Richter des Bundesverfassungsgerichts, betonte in seinem Vortrag »Wieviel Zukunft hat die Demokratie?«, dass die Menschen in der Demokratie durch Gemeinschaftsentscheidungen ihr Schicksal selbst bestimmen sollen. Dies wäre nicht mehr der Fall, wenn sie den Entscheidungen der internationalen Finanzmärkte hilflos ausgeliefert wären. In der Wirtschafts- und Finanzkrise sieht Bryde aber auch eine Chance, einen Teil der Steuerungskapazitäten, die durch Deregulierung und Privatisierung in den vergangenen 30 Jahren verloren gegangen seien, wieder zurück zu holen und so einen Prozess der demokratischen Wiederaneignung zu initiieren.

Deutlich skeptischere Töne zum gegenwärtigen und künftigen Stand der Demokratie schlug dagegen Jens Reich an. Reich war 1989 Mitbegründer der Bürgerbewegung Neues Forum in der DDR. Sein Resümee zu 1989 lautete: »Die Revolution von 1989 ist nicht tot, sie ist beendet.« Das Volk der DDR habe die wichtigsten Ziele erreicht, für die es aufgestanden sei. Doch das Heft des Handelns habe das Volk als Souverän in der Folge wieder aus der Hand gegeben. In der gegenwärtigen Parteiendemokratie habe der Souverän zu viel Macht aus der Hand gegeben. Politische Macht sei zu einem Berufsstand geworden – und eben dies wäre nicht die Intention des Aufbegehrens von 1989 gewesen. Reich plädierte daher für eine Revitalisierung der Demokratie durch eine Ausweitung direkter Partizipationsmöglichkeiten.

II. Podiumsdiskussion: Demokratie für alle

In der von Ulrich K. Preuß moderierten Podiumsdiskussion mit dem Titel »Demokratie für alle« wurde über Gefährdungen des demokratischen Prozesses und Möglichkeiten zu seiner Stärkung diskutiert. Bryde hob hervor, dass heute in vielen Teilen der Welt eine demokratische Substanz vorhanden sei, gerade auch in Staaten in Afrika, in denen die Voraussetzungen für eine gelingende Demokratie an sich sehr schwierig seien. Die Akzeptanz eines Regierungssystems hänge aber nach historischen Erfahrungen in erheblichem Umfange davon ab, dass die Bürger ihren Anspruch auf ein gutes Leben nicht bedroht sähen. Als Gefährdung und Chance für die Demokratie verwies er auf die Finanzkrise. Es sei abzuwarten, ob sich der weltweite Diskurs, der sich in den vergangenen Jahrzehnten stark um Privatisierung und Deregulierung gedreht habe, künftig verändere. Benhabib warnte angesichts der riesigen Rettungspakete in der Finanzkrise vor einem Übergewicht der Exekutive gegenüber der Legislative, das die Vitalität der Demokratie langfristig bedrohen könne. Künast stellte klar, dass es zwar richtig sei, in Deutschland jene Banken zu stützen, ohne die das gesamte Finanzsystem zusammenbrechen würde, verlangte aber Gegenleistungen. Dies vermisse sie aber bei der Bundesregierung. Und das Parlament werde über die getätigten Ausgaben nicht hinreichend informiert. Durch das Verhalten der Bundesregierung in der Finanzkrise würden die Handlungsspielräume für demokratische Selbstbestimmung eingeengt: »Damit wird uns letztlich Freiheit genommen.« Reich erinnerte daran, dass man über das Grundgesetz bis heute nicht abgestimmt habe. Art. 21 GG spreche von den Parteien, die an der politischen Willensbildung »mitwirkten«. Diese Vorgabe habe man überdehnt. Parteien wirkten heute überall mit. Als Beispiele nannte er unter anderem die Besetzung von Schlüsselpositionen im öffentlich-rechtlichen Rundfunk. Künast verwies auf die bestehenden Möglichkeiten zur Ausweitung der direkten Bürgerbeteiligung vor allem im kommunalen Bereich. Was die Ausweitung angehe, so müsse differenziert werden. Die Entscheidung über Auslandseinsätze der Bundeswehr sei eine der schwierigen Aufgaben, für die die Politik selbst Verantwortung übernehmen müsse. Dies sei schon deshalb geboten, weil die Beteiligung an solchen Einsätzen immer in enger Abstimmung mit internationalen Partnern erfolge. Sie betonte aber auch, dass die Grünen Vorschläge für mehr direkte Demokratie im Bund vorgelegt hätten: »Und die große Koalition hat bisher jeden Vorschlag abgelehnt.« Künast sprach sich zudem für eine Absenkung des Wahlalters auf 16 Jahre aus. Auch die Einführung eines Verbandsklagerechts stellte sie in den Zusammenhang einer Wiederbelebung des demokratischen Prozesses im Sinne demokratischer checks and balances. »Wenn die Bundesregierung heute die Gesetzentwürfe bei den großen Anwaltskanzleien der Lobbyisten in Auftrag gebe«, so Künast, »dann ist es wichtig, demokratische Gegenmacht von unten zu stärken.« Auch Benhabib sprach sich grundsätzlich für die Ausweitung der Möglichkeiten zur direkten Partizipation aus. Sie wies aber darauf hin, dass es ein problematisches Spannungsverhältnis zwischen Demokratie und Liberalismus geben könne. Als Beispiel nannte sie die Volksabstimmung in Kalifornien, die zu einer Abschaffung der Ehe für gleichgeschlechtliche Paare geführt habe.

III. Von Tieffliegern bis zu Tugendwächtern

In acht parallelen Foren wurde Bilanz gezogen, inwieweit es zu Fortschritten bei der Verwirklichung von Freiheits- und Gleichheitsrechten gekommen ist. Zugleich wurden neue Gefährdungen von Freiheit und Gleichheit analysiert.

1. »Wir sind das Volk!«

In dem Workshop »Wovon lebt 'direkte Demokratie'?« wurde ausgehend von den Erfahrungen der friedlichen Revolution 1989 der Stellenwert plebiszitärer Instrumente für eine Revitalisierung von Demokratie diskutiert. Der Moderator der Diskussion, der grüne Fraktionschef im Berliner Abgeordnetenhaus Volker Ratzmann, fragte danach, ob es »eine neue Kultur der direkten Demokratie in Deutschland« gebe. Die Bundestagsvizepräsidentin Katrin Göring-Eckardt, bejahte diese Frage mit Hinweis auf einen enormen Aufschwung direktdemokratischer Verfahren auf Landes- und Kommunalebene. Dem pflichtete Ulrike Poppe, DDR-Bürgerrechtlerin und Studienleiterin der Evangelischen Akademie Berlin, bei. Sie warnte davor, die Menschen zu unterfordern. Sowohl »das Volk«, aber auch die Parteien hätten in der Vergangenheit immer mehr Entscheidungen abgegeben. Der Glaube an »die höhere Kompetenz des Managements« finde immer noch breite Zustimmung, trotz aller Krisensymptome. Doch gab es auch skeptische Stimmen, die davor warnten in Formen direkte Demokratie ein Allheilmittel zu sehen. Monika Lazar, bündnisgrüne

Sprecherin für Strategien gegen Rechtsextremismus im Bundestag, verwies darauf, dass in Leipzig Neonazis unter dem Motto »Wir sind das Volk!« demonstriert hätten. Poppe erinnerte in diesem Zusammenhang an die Berliner Volksinitiative gegen einen Moscheebau. Es komme schon auf die Balance bei der Verfahrensausgestaltung an, denn »das Volk« sei keineswegs immer »weise«. Dem widersprach Göring-Eckardt. Man könne nicht sagen: »Dort, wo es uns passt, ist direkte Demokratie zu begrüßen, und wo nicht, da sollten wir zurückhaltend sein.« Es sei das Kennzeichen der direkten Demokratie, dass gerade auch kritische Sachverhalte zur öffentlichen Diskussion herausfordern. Bei der Volksinitiative gegen einen Moscheebau sei die demokratische Gesellschaft gefordert sich zu engagieren. Sie sei überzeugt, dass »wir es da schaffen können, eine demokratische Mehrheit zu organisieren.«

2. »Aushöhlung der parlamentarischen Kontrolle«

Ein weiterer Workshop nahm die zunehmende Aushöhlung der parlamentarischen Kontrolle durch eine Exekutive unter Lupe, die sich dem Parlament gegenüber immer schweigsamer zeigt und unliebsame Anfragen von Abgeordneten oft in der Sache nicht mehr beantwortet. Anton Hofreiter, Obmann der Bundestagsfraktion Bündnis 90/Die Grünen im Ausschuss für Verkehr, Bau und Stadtentwicklung, stellte Fälle aus dem Bereich der Deutschen Bahn AG dar. Diese befindet sich im Alleineigentum des Bundes, zeige aber exemplarisch, wie schwer es für Abgeordnete inzwischen sei, selbst auf offiziellem Wege im privatisierten Bereich an Informationen zu gelangen. Informationsverlangen würden hier von der Bundesregierung vielfach unter pauschalem Hinweis auf »Betriebs- und Geschäftsgeheimnisse« oder eine Qualifikation der gewünschten Information als wettbewerbsrelevant abschlägig beschieden. Oliver Lepsius erläuterte demgegenüber aus verfassungsrechtlicher Perspektive, dass die Abgeordneten das Recht hätten, die Informationen, die sie zur Ausübung ihres Mandates benötigten, von der Bundesregierung zu erhalten. Seinen Rechtsgrund habe das Fragerecht und die Antwortpflicht primär in Art. 38 Abs. 1 GG. Auch aus Art. 42 Abs. 1 GG lasse sich dabei ableiten, dass die Information grundsätzlich in einer der Öffentlichkeit zugänglichen Form übermittelt werden müsse. Grenze des Informationsanspruchs sei der Kernbereich der exekutiven Eigenverantwortung. Dieser schütze die interne Willensbildung innerhalb der Bundesregierung vor Beeinträchtigungen durch eine Offenlegung. Im Übrigen gebe es die Möglichkeit der Geheimhaltung, wenn diese ausdrücklich gesetzlich vorgesehen sei oder wenn private Rechtspositionen entgegenstünden. Bei der Deutschen Bahn AG sei die Geheimhaltung dabei besonders wenig nachvollziehbar, weil man hier schon fragen könne, ob es überhaupt geschützte Grundrechtspositionen gebe. Im Geheimdienstbereich könnten Informationsverlangen keinesfalls mit einem pauschalen Hinweis auf das Kontrollgremium abgelehnt werden. Michael Schlikker, Justiziar der Bundestagsfraktion Bündnis 90/Die Grünen, wies darauf hin, dass im Bahnbereich die Informationspolitik der Bundesregierung besonders wenig verständlich sei, weil hier in der 16. Legislaturperiode ein Gesetz nach Art. 87e Abs. 2 GG im Bundestag diskutiert worden sei, das den besonderen Informationsbedarf begründet habe. Er berichtete über einen Fall beim Bundesverfassungsgericht aus dem Geheimdienstbereich, bei dem es ersichtlich keine Geheimhaltungsbelange gegeben habe, und eine Streitigkeit, die sich mit – einer wenig nachvollziehbaren – Geheimhaltung auch gegenüber einem Untersuchungsausschuss beschäftige. Weitere wichtige Konstellationen, in denen es unzureichende Informationen für Abgeordnete gebe, lägen im Bereich des Finanzmarktstabilisierungsgesetzes und der Einsätze von Sonderkräften der Bundeswehr. Diskutiert wurde in dem Workshop die Option einfachgesetzlich eindeutigere Informationsansprüche zu verankern. Jedenfalls für den Bereich der Akteneinsichtsrechte der Parlamentarier, wurde dies für eine gute Option gehalten.

3. »Bundeswehr im Innern«

Das Forum »Tiefflieger gegen Demonstrationen« befasste sich mit dem von konservativer Seite heftig geforderten und schleichend immer häufiger praktizierten Einsatz der Bundeswehr im Inneren. Günter Frankenberg forderte ein »texttreues« Verständnis von Art. 35, 87a GG. Der Verfassungsgesetzgeber habe selbst bei der Verabschiedung der so genannten Wehrverfassung 1956 und der Notstandsgesetze 1968 klargestellt, dass die Bundeswehr nur subsidiär zur Polizei eingesetzt werden dürfe. Im Bereich der Amtshilfe könne die Bundeswehr daher nur Funktionen wie die Polizei ausfüllen, habe also gerade keine militärtypischen Befugnisse. Dies wollten CDU/CSU und andere Befürworter eines erweiterten Einsatzes ändern, wozu sie allerdings Extrembeispiele heranzögen wie etwa ein gekapertes Flugzeug als Waffe. Zwar gäbe es derzeit keine verfassungsändernde Zwei-Drittel-Mehrheit im Bundestag. Stattdessen treibe die Bundesregierung jedoch mit den genannten Einsatzbeispielen eine »schleichende Normalisierung« des Bundeswehreinsatzes im Inland voran. Aus Sicht Frankenbergs sei die Bundeswehr kein taugliches Instrument für die Innere Sicherheit. Die weitgehend polizeilichen Auslandseinsätze der Bundeswehr zeigten deutlich, dass sie dafür nicht geschult sei. Jan Philipp Albrecht schilderte, wie während des G8-Gipfels von Heiligendamm im Juni 2007 eines Morgens Tornado-Kampfflugzeuge über das Protestcamp hinweggeflogen seien: Im Tiefflug mit Überschallknall. Für die Menschen im Camp sei dies eine sehr erschreckende und einschüchternde Drohkulisse gewesen, ebenso wie die dort eingesetzten Spähpanzer und lärmende Hubschrauber über Demonstrationen. Er wertete dies daher als Eingriff in die Versammlungsfreiheit. Hans-Christian Ströbele schloss sich dem an: »Mit der Machtdemonstration der Bundeswehr gegenüber den Demonstrantinnen und Demonstranten in Heiligendamm hat die Bundesregierung die Grenzen des Zulässigen überschritten.«

4. »Entgrenztes Strafrecht«

Die Teilnehmerinnen und Teilnehmer im Forum »Entgrenztes Strafrecht: vom Tugendwächter bis zum Feindstrafrecht« diagnostizierten an vielen Beispielen eine Besorgnis erregende Tendenz zum Ausbau und zur Verschärfung des Strafrechts. Die Debatte erstreckte sich von Grundfragen der Legitimation des Strafrechts bis zu aktuellen Themen wie dem »Deal« im Strafverfahren und den Gesetzentwurf der großen Koalition zur Verfolgung der Vorbereitung staatsgefährdender Gewalttaten. Jerzy Montag, rechtspolitischer Sprecher der bündnisgrünen Fraktion im Bundestag, forderte den ehemaligen Vizepräsidenten des Bundesverfassungsgerichts Winfried Hassemer mit der Frage heraus, ob das Grundgesetz bei der Begrenzung des Strafrechts versagt habe. Hassemer betonte, das Strafrecht sei »kein Verbrechensbekämpfungsrecht, sondern ein Verbrechensbekämpfungsbegrenzungsrecht.« Es begründe nicht die Sanktion von Normverletzungen, sondern formalisiere diese Sanktionierung. Er sehe den Zweck des modernen Strafrechts vor allem in der positiven Generalprävention. »Wir können nicht mehr zurück zu einem Strafrecht, das sich auf Vergeltung und Sühne beschränkt.« Die heutige Risikogesellschaft entwickle diffuse Kontrollbedürfnisse. Selbst wenn heute erwiesen sei, dass die gefühlte Bedrohung durch Verbrechen über die tatsächlichen Gefahren hinausgehe: »Sicherheitsbedürfnisse sind unstillbar.« Die Tendenz zum Präventionsstaat sei klar erkennbar. Margarete von Galen, Fachanwältin für Strafrecht und Präsidentin der Rechtsanwaltskammer Berlin, warf der Politik vor, zu sehr auf das Strafrecht zu setzen und so zu seiner Entgrenzung beizutragen. Zu viel Eingrenzung werde der Rechtsprechung überlassen. Von Galen bemängelte eine Tendenz zu unscharfen Konturen des materiellen Rechts bei gleichzeitiger Entformalisierung des Strafprozesses. So verlagere der Gesetzentwurf der Bundesregierung zum Staatsschutzstrafrecht die Strafbarkeit weit in das Vorfeld einer möglichen Rechtsgutsverletzung. Kritik an einer Tendenz zur Verschärfung des Strafrechts richtete sich aber auch an die Grünen. Reinhard Merkel kritisierte die Fülle neuer »opferloser« Straftaten – so im Bereich Bioethik (Stammzellforschung). Der Tatbestand des Stalking erfasse als »Schleppnetzparagraf« auch grobe Ungehörigkeiten. Allerdings hatte die bündnisgrüne Fraktion das Stalking-Gesetz wegen verfassungsrechtlicher Bedenken gegen dessen Ausgestaltung seinerzeit abgelehnt. Diskutiert wurden auch Probleme des Strafvollzugs. Die Rückfallquote von Straftätern nach Inhaftierung liege derzeit bei 72 Prozent. Trotzdem würden immer weiter Stellen und Mittel für die Resozialisierung und psychologische Betreuung gekürzt. Hassemer betonte, eine Sicherungsverwahrung, die dem Betroffenen keinerlei Chance auf die Wiedererlangung der Freiheit einräume, sei unzulässig: »Das Wegsperren für immer ist verfassungswidrig.« Montag forderte einen Anlauf zu einem neuen rechtspolitischen Diskurs. Nach seiner festen Auffassung ist »nicht nur das Bedürfnis nach Sicherheit unstillbar, sondern auch das nach Freiheit und Privatheit.«

5. »Datenschutz ins Grundgesetz«

Die Diskussion des Forums »Privatheit wahren: Datenschutz ins Grundgesetz« konzentrierte sich auf den bündnisgrünen Vorschlag, das Grundrecht auf informationelle Selbstbestimmung und das Grundrecht auf Vertraulichkeit und Integrität informationstechnischer Systeme (Computer-Grundrecht) ausdrücklich in die Verfassung aufzunehmen. Silke Stokar, innenpolitische Sprecherin der Fraktion, stellte den Gesetzentwurf vor. Mit diesem solle die Selbstbestimmung über persönliche Daten besser gewährleistet werden, sowie die Informationsfreiheit erstmals im Grundgesetz verankert werden. Stokar betonte den Gewinn an Transparenz: »Die Bürgerinnen und Bürger sollen mit einem einfachen Blick in die Verfassung erkennen können, welche Grundrechte sie haben.« Eine zentrale Frage der Debatte war, ob eine Aufnahme des Datenschutzes in das Grundgesetz tatsächlich einen Mehrwert im praktischen Alltag des »Informationsbürgers« darstellt. Alexander Roßnagel betonte, dass das Recht auf informationelle Selbstbestimmung das wichtigste Grundrecht in der heutigen Informationsgesellschaft sei. Angesichts zunehmender Bedrohung durch staatliche und privatwirtschaftliche Datenverarbeitung sowie der verstärkten kommerziellen Nutzung sei dessen Bewahrung noch nie so bedeutsam gewesen. Mit neuen Techniken entstünden zusätzlich neue Herausforderungen: Bürgerinnen und Bürger geben im Web 2.0 ihre Daten freiwillig ab, die Anstrengungen zur Identifizierung von Personen nehmen zu (RFID, Biometrie, E-Pass), die Informationsverbindung zwischen Handlungen aus dem realen und virtuellen Leben werde durch Lokalisierung und allgegenwärtige Datenverarbeitung immer besser nachvollziehbar. Im Ergebnis sah Roßnagel eine Aufnahme des Datenschutzes für rechtskulturell geboten. Sie wäre ein politisches Signal an alle datenverarbeitenden und -erfassenden Stellen, könnte eine erzieherische Wirkung entfalten und wäre hilfreich für die politische Diskussion. Dennoch machte er auf Fallstricke aufmerksam, die bei der gesellschaftlichen Diskussion über den »Datenschutz im Grundgesetz« auftauchen können. So sah er eine Gefahr in der Überladung der Verfassung durch die Aufnahme von Rechtsprechung ins Grundgesetz und der damit einhergehenden Herabstufung von nicht aufgenommenen, das Grundgesetz konkretisierenden Aspekten. Constanze Kurz, Sprecherin des Chaos Computer Club e.V., ging die Forderung der Grünen dagegen stellenweise nicht weit genug. Sie forderte radikalere Schritte zur Verwirklichung der informationellen Selbstbestimmung. Als Gegenvorschlag zum Gesetzentwurf präsentierte sie das Konzept des »Datenbriefes«. Den Datenbrief sollten Bürgerinnen und Bürger einmal jährlich erhalten. Damit würden sie darüber informiert, welche Unternehmen ihre Daten gespeichert haben, woher diese kommen und an wen diese weitergeleitet werden.

6. »Sind die Barrieren gefallen?«

»Sind die Barrieren gefallen?« fragten Menschen mit und ohne Behinderungen in einem Workshop, der eine kritische Bilanz des seit 15 Jahren bestehenden Benachteiligungsverbotes für Menschen mit Behinderungen im Grundgesetz vornahm. »Niemand darf wegen seiner Behinderung benachteiligt werden«, so heißt es in Art. 3 Abs. 3 Satz 2 GG. Dieser Satz wurde 1994 in das Grundgesetz aufgenommen und ging mit großen Erwartungen seitens der Menschen mit Behinderungen und deren Verbände einher. In seiner Eingangsmoderation machte Markus Kurth, sozial- und behindertenpolitischer Sprecher der bündnisgrünen Bundestagsfraktion, darauf aufmerksam, dass »Behinderungen« bei der Entstehung des Grundgesetzes ganz anders wahrgenommen wurden als heute. Behinderungen in den fünfziger Jahren wurden vor allem als Folgen des Zweiten Weltkrieges verstanden. Infolgedessen wurde das Schwerbeschädigtenrecht geschaffen. Die Aufnahme des Benachteiligungsverbotes behinderter Menschen in Art. 3 GG sei daher ein bedeutsamer Durchbruch gewesen. Fünfzehn Jahre nach diesem Durchbruch macht sich allerdings Ernüchterung bei den Menschen mit Behinderungen und deren Verbänden breit, so Judith Hartmann, erste gehörlose Rechtsanwältin in Deutschland. Nur wenige Urteile des Bundesverfassungsgerichts beschäftigten sich seitdem mit dem Benachteiligungsverbot behinderter Menschen. Ein Urteil des Gerichts habe gar negative Auswirkungen auf den Gleichbehandlungsgrundsatz, rechtfertigte es doch die Beschulung eines behinderten Kindes in einer Sonderschule anstatt in einem gemeinsamen (inklusiven) Unterricht. Einig waren sich die Teilnehmerinnen und Teilnehmer, dass der symbolische Gehalt vieler behindertenpolitischer Gesetze und Regelungen überwiege. Angesichts eines noch nicht voll entwickelten, auf Art. 3 Abs. 3 Satz 2 GG zu stützenden allgemeinen einklagbaren Inklusionsanspruches, wurde dafür plädiert, die UN-Behindertenrechtskonvention dazu zu nutzen, deren allumfassenden Inklusionsanspruch in konkrete Rechtsansprüche zu überführen.

7. »Gleichheit nur für Heteros?«

Das Forum »Gleichheit nur für Heteros?« machte sich für die Aufnahme eines Schutzes der Diskriminierung wegen der »sexuellen Identität« in den Gleichbehandlungsartikel unserer Verfassung stark. In ihrem einführenden Statement wies Irmingard Schewe-Gerigk, bündnisgrüne Parlamentarische Geschäftsführerin sowie Sprecherin für Frauen- und Rentenpolitik darauf hin, dass Bündnis 90/Die Grünen eine Ergänzung des besonderen Gleichheitssatzes im Art. 3 Abs. 3 GG um das Merkmal »sexuelle Identität« erneut in den Entwurf für ihr Bundestagswahlprogramm aufgenommen haben. Bereits bei der Verfassungsreform 1994 nach der Deutschen Einheit hat die Fraktion sich für die Aufnahme der sexuellen Identität in Art. 3 Abs. 3 GG stark gemacht. Das hat in der Verfassungskommission von Bund und Länder seinerzeit eine einfache, jedoch nicht die erforderliche Zwei-Drittel-Mehrheit gefunden. Christine Hohmann-Dennhardt, Richterin des Bundesverfassungsgerichts und Hessische Justizministerin a.D., zog in ihrem Vortrag eine Parallele zwischen den Forderungen der schwullesbischen Bewegung und dem Kampf der Frauen um Gleichstellung. Entsprechende Diskriminierungsverbote bedürften eines Paradigmenwechsel seitens der Politik, die lange Zeit die Verfolgung der Homosexuellen und die Ungleichbehandlung der Frauen als Konsequenz der natürlichen Ordnung gesehen hatte. Sie stellte ferner fest, dass der aktuelle verfassungsrechtliche Schutz des Art. 3 Abs. 1 GG eine Ungleichbehandlung von Schwulen, Lesben und Transgender nicht ausschließe und dem Gesetzgeber einen weiteren Spielraum für Differenzierung belasse, als dies beim absoluten Diskriminierungsverbot wie etwa bei Gleichberechtigung der Geschlechter der Fall sei. Deshalb befürworte sie die Ergänzung des Art. 3 Abs. 3 GG, die jedoch kein Ende des Kampfs um rechtliche und gesellschaftliche Anerkennung bedeuten würde. Sie wies auf die immer noch bestehende Zurückhaltung gegenüber Abschaffung aller Lebenspartnerinnen und -partner diskriminierenden Regelungen hin. Schließlich unterstützte sie die Bestrebungen nach gleichen Rechten für verschieden- und gleichgeschlechtliche Paaren, kritisierte jedoch die rechtliche Konstruktion der Ehe, die gegenseitige Abhängigkeit der Partner fördert und damit reformiert werden sollte. Macht das Inkrafttreten der EU-Grundrechtecharta die Ergänzung des Art. 3 Abs. 3 GG überflüssig? Hohmann-Dennardt verneinte diese Frage. Die Charta binde die europäischen Institutionen und komme innerstaatlich nur bei der Ausführung des europäischen Rechts zur Geltung. Allerdings sei man auf der europäischen Ebene mit der Bekämpfung der Diskriminierung bereits weiter, was die Antidiskriminierungsrichtlinien und ihre zögernde Umsetzung in Deutschland zeigten.

8. »Kinder ins Grundgesetz«

Das Forum »Kinder in den Mittelpunkt – und ins Grundgesetz« wurde moderiert von Ekin Deligöz, Sprecherin für Familien und Kinderpolitik. Die Teilnehmerinnen und Teilnehmer plädierten für eine ausdrückliche Verankerung von Kinderrechten im Grundgesetz. Margarete Schuler-Harms verwies eingangs auf eine verfassungsrechtliche Erfolgsgeschichte. Das Grundgesetz schütze bereits heute Kinder wirksam gegen Gewalt, Vernachlässigung und Ausbeutung durch die Eltern oder durch Dritte. Anerkannt sei dabei die Fähigkeit von Kindern, eine grundrechtlich geschützte Position inne zu haben und sie – gegebenenfalls auch gegen den Willen der erziehungsberechtigten Eltern – geltend machen zu dürfen. Allerdings sei grundgesetzlich kaum ein Anspruch auf Förderung formuliert. Anknüpfungspunkt könne Art. 6 GG sein. Mit Blick auf die strukturelle Vernachlässigung von Kindern hielt Schuler-Harms auch ein Staatsziel für vorstellbar. Dagegen betonte Anne Lütkes, Vorstandsmitglied von UNICEF Deutschland und ehemalige Ministerin für Justiz, Frauen, Jugend und Familie des Landes Schleswig-Holstein, es gehe um weit mehr, als nur um eine Klarstellung. Es bräuchte nicht nur eine Klarstellung der gefestigten Rechtsprechung, sondern eine Ergänzung. Die Kinderrechte müssten die Subjektstellung des Kindes garantieren. Bei allen Entscheidungen, die Kinder betreffen, müsse das Kindeswohl ein Gesichtspunkt sein, der vorrangig zu berücksichtigen sei. Dies sei einzentraler Aspekt der UN-Kinderrechtskonvention (Art. 3 UN-KRK).

IV. Panel »Sicherheit braucht Freiheit«

Das Panel »Sicherheit braucht Freiheit« wurde vom Sprecher der Fraktion für die Innere Sicherheit, Wolfgang Wieland, moderiert. Es war der Verteidigung der Freiheit in Zeiten der Terrorgefahr gewidmet. »Wir müssen lernen, mit Risiken zu leben« war die Antwort, die Wolfgang Hoffmann-Riem, Richter des Bundesverfassungsgerichts a.D. und Hamburger Justizsenator a.D., gleich zu Beginn in dieser Debatte gab: Er erinnerte hierzu an die zwei Wendemarken unseres Jahrzehnts. 2001, der Anschlag auf das World Trade Center, und 2008, der Ausbruch der Finanzkrise. Seither prägt Unsicherheit unseren Alltag. Wann ein Anschlag erfolgen wird, könne genauso wenig bestimmt werden, wie die Sicherheit unserer Geldanlagen garantiert werden könne. Diese Ungewissheit sei aber eine Herausforderung für den modernen Staat, der gegründet wurde, um Sicherheit zu garantieren.

Hoffmann-Riem sieht den neuzeitlichen Staat unter Handlungsdruck. Neue Gefahren erforderten neue Antworten. Die neuen Möglichkeiten der Informationsgesellschaft wolle niemand nur den Kriminellen offen halten. Der Gesetzgeber könne deswegen die Balance zwischen Freiheit und Sicherheit neu justieren. Aber die Gewichte dürften von ihm nicht grundlegend verschoben werden. Hoffmann-Riem kritisierte, dass der Gesetzgeber Urteile aus Karlsruhe häufig nicht als Grenzziehung akzeptiere, sondern als Aufforderung, die Schranken des Verfassungsrechts immer weiter auszuloten. Zum Beispiel übertrage er das, was bei Geheimdiensten möglich und verfassungsrechtlich zulässig ist, auf das BKA. Mit Nichtwissen würden heute Überwachungseingriffe weit im Vorfeld einer Straftat gerechtfertigt. Das aber stelle die Grundsätze des Polizeirechts auf den Kopf. Eingriffe in die Freiheit seien nur dort möglich, wo konkrete Anhaltspunkte für eine Gefahr bestünden. An die Stelle des Versuchs, absolute Sicherheit zu schaffen, müsse eine angemessene Risikoeinschätzung treten. Notwendig sei es, auf die »tieferen Gründe für aktuelle und potenzielle Bedrohungen einzugehen« – auch wenn das schwieriger sei, als an offensichtlichen Symptomen herumzudoktern. Zur »Trias von Freiheit, Gleichheit und Sicherheit gehört die reale Chancengleichheit«. »Sicherheit braucht Freiheit, die allen zugute kommt.« Statt dessen begebe sich der Staat auf die permanente »Suche nach der verlorenen Sicherheit«. Das gaukele Leistungen aber nur vor.

Christian Rath, rechtspolitischer Korrespondent der taz, sprach sich in seiner Entgegnung für mehr Differenzierung in der Debatte um Freiheit und Sicherheit aus. Er warnte davor, die Vergangenheit des bundesrepublikanischen Polizeirechts schönzureden, aber auch davor, die Gefahren aus den neuen Sicherheitsgesetzen zu überzeichnen. Polizeiliche Überwachungsmaßnahmen gebe es schon seit langem. Auch Verdachtsgewinnungseingriffe seien nicht neu. Verdachtslose Ermittlungen dagegen erlaube nicht einmal die Vorratsdatenspeicherung. Die bei den Telekommunikationsanbietern gespeicherten Daten würden ja nicht permanent gescannt. Die Gefahr sieht Rath eher darin, dass diese enormen Datensammlungen Dritten in die Hände fallen könnten. Mit den differenzierten Anforderungen, die Karlsruhe vor Grundrechtseingriffen aufbaue, sieht Rath den Gesetzgeber überfordert. Die vielfältigen Eingriffe des Gerichts in die Gesetzgebung hätten zwei Wirkungen: Sie delegitimierten zum einen den Gesetzgeber, wenn dessen Gesetze aufgehoben werden, und sie legitimierten aber andererseits die Grundrechtseingriffe durch die Weihe der verfassungsgerichtlichen Prüfung. Statt der Bürgerrechtsbewegung mit dem Begriff des Kernbereichs der privaten Lebensführung ein Placebo zu verabreichen, forderte Rath echte rechtsstaatliche Tabuzonen. Die Wohnung müsse frei von heimlichen Ermittlungsmaßnahmen sein. Offene Ermittlungen, wie eine Hausdurchsuchung, will aber auch Rath nicht in Frage stellen. Allerdings dürften dann intime Zeugnisse wie Tagebücher nicht beschlagnahmt und ausgewertet werden. Rath machte auch auf eine Gefahr aufmerksam, die neben der Datenschutzdebatte unterzugehen drohe. Bedroht sei die Versammlungsfreiheit: Gegenwärtig würden die Länder ein »Feindversammlungsrecht schaffen«. Bei Rechtsradikalen tue den wenigsten der Freiheitsabbau weh. Eine freie Gesellschaft beweise sich aber auch immer daran, wie sie mit ihren Gegner umgehe.

V. Panel: Gleichberechtigung

Das Panel »Gleichheit in der neuen Vielfalt« machte deutlich, dass die Vorkehrungen gegen Diskriminierung und ungerechtfertigte Ungleichbehandlung in unserer Verfassung längst noch nicht ausgereizt sind – hinsichtlich Frauen, Angehörigen ethnischer Minderheiten, Lesben und Schwulen, Menschen mit Behinderungen und vielen mehr. Der Einsatz für soziale Gleichheit und Maßnahmen gegen Diskriminierung seien notwendige Garanten für die Freiheit aller Bürgerinnen und Bürger. Rainer Nickel verwies auf die Lücken des gegenwärtigen Verfassungsrechts im Schutz vor Diskriminierungen. Er bezeichnete Art. 3 GG als ein »altersschwaches Terrain«, das dringend »überarbeitungsbedürftig« sei, nachdem es vom Europarecht längst überholt worden sei. Konkret mahnte Nickel eine klarstellende Regelung an, wonach positive, die Gleichheit fördernde Maßnahmen ausdrücklich in Art. 3 GG nicht als verfassungswidrig angesehen werden dürften. Anhand des Kinderarmutsberichts, der PISA-Studie und des kürzlich vorgestellten Bildungsberichts für MigrantInnen schilderte er, warum es aus seiner Sicht – im Widerspruch zum eigentlich liberalen, auf Chancengleichheit hin ausgerichteten Paradigma des Grundgesetzes – in Deutschland gegenwärtig noch keine Chancengleichheit gebe. Nickel sieht die Politik in der Pflicht, weitere Anstöße zu leisten, um die »Bewegung in Richtung sozialer Apartheid« in Deutschland zu stoppen. Für Ergänzungen in der Verfassung plädierte auch die Ute Sacksofsky. Anhand ihres Schwerpunktthemas, der Gleichberechtigung zwischen Mann und Frau, verdeutlichte sie, wie sehr sich das Verständnis von geschlechtsspezifischer Diskriminierung im Laufe der Jahrzehnte in der Gesellschaft, aber auch in der Rechtsprechung verändert habe. Ähnlich wie Nickel forderte sie eine klarstellende Regelung im Grundgesetz, nach der für besonders diskriminierte Gruppen positive Maßnahmen zulässig sein müssten. Darüber hinaus sprach sie sich für die Aufnahme der »sexuellen Identität« als weiteres Merkmal in Art. 3 GG aus. Eher skeptisch zeigte sie sich hinsichtlich der Frage der Effektivität von Quotenregelungen. Sowohl der Moderator des Panels, der bündnisgrüne parlamentarische Geschäftsführer Volker Beck, als auch die Parteivorsitzende und ehemalige Beauftragte der Bundesregierung für Menschenrechtspolitik und Humanitäre Hilfe, Claudia Roth, begrüßten die Vorschläge zu einer Ergänzung des Grundgesetzes zur Bekämpfung tatsächlicher Diskriminierungen. Beck hob hervor, dass die soziale Gleichheit und Maßnahmen gegen Diskriminierung letztlich notwendige Garanten für die Freiheit aller Bürgerinnen und Bürger seien. Roth sah die Herausforderung der Antidiskriminierungspolitik darin, eine Kultur der Anerkennung in Deutschland zu etablieren.

VI. Panel: Multireligiöse Gesellschaft

Dem Wechsel von einer weitgehend religiös homogenen Gesellschaft der alten Bundesrepublik hin zu einem multireligiösen Gemeinwesen ging ein Panel »Jeder nach seiner Façon: Grundgesetz für eine multireligiöse Gesellschaft« nach. Dieses wurde moderiert von Josef Winkler, dem kirchenpolitischen Sprecher der Fraktion. Nach Auffassung von Christoph Möllers hat sich das Grundgesetz in der Frage der Multireligiösität erst jetzt zu bewähren, denn in der Vergangenheit habe weitgehende religiöse Homogenität in der Bundesrepublik geherrscht. Die normative Selbstverständlichkeit der Religionsfreiheit wird nach seiner Einschätzung in Zukunft anspruchsvolle gesellschaftliche Diskussionen auslösen. Möllers zeigte sich aber optimistisch, dass sich die öffentlichen Auseinandersetzungen mit und zwischen Religionen nicht als Krisenphänomen, sondern als Ausdruck eines ernsthaften, von der Verfassung gewollten Umgangs mit Religion erweisen werden. Dies sei eine gute Schule für das Einüben demokratischer Toleranz. Konflikte seien gut, weil sich die Gesellschaft dabei mit sich selbst auseinandersetze. Gerade wenn es schwierig werde, wenn es auf ein Grundrecht ankomme, dürfe man es nicht einschränken. Stefan Korioth benannte hierbei die Neutralitätspflicht des Staates als oberstes Ziel. Das Grundgesetz biete in seinen Augen weiterhin einen brauchbaren Ordnungsrahmen – auch in Zeiten der Multireligiösität. Die Religionsfreiheit des Grundgesetzes sei ein Angebot für alle und das Staatskirchenrecht kein Privileg allein für Christen. Dieses sollte auch für andere Religionen geöffnet werden. Hier plädierte Korioth für eine flexiblere Anerkennung des Körperschaftsstatus auch an andere Religionsgemeinschaften. Aber nicht das Recht allein werde die erhoffte Integrationsleistung erbringen, sondern die Anpassungsleistungen müssten die Religionen selbst, die Gesellschaft und auch der Staat leisten. Für die Publizistin Hilal Sezgin stand im Zentrum, dem muslimischen Leben in Deutschland zu mehr Öffentlichkeit zu verhelfen. Sie sprach sich für eine Gleichbehandlung der Religionen aus, auch wenn ihr bewusst sei, dass in Gesellschaften die Mehrheiten immer mehr Spielraum als die Minderheiten haben. Aber Gleichheit könne an vielen Punkten auch formal geschaffen werden, wie sie am Beispiel des muslimischen Wortes zum Freitag und der Frage von »Sendeminuten für Religionsgemeinschaften« im öffentlich-rechtlichen Rundfunk erläuterte. Bislang stehen die Sendeplätze nur den christlichen Kirchen zu – nur im Internet kann man das Angebot für Muslime sehen. Sie warf außerdem die Frage auf, ob es nicht ein positives Zeichen an die Muslime wäre, auch darüber nachzudenken, muslimische Feiertage einzuführen. Und sie fragte, warum der türkische Staat Moscheebauten in Deutschland für »seine« Bürger mitfinanziert und nicht Deutschland selbst für seine neuen Bürger auch Moscheen baut.

VII. Panel: Verfassung als Gerechtigkeitsordnung

Die schwierige Frage, wie soziale und politische Solidarität in einer Gesellschaft, die von individueller Autonomie geprägt ist, organisiert werden kann, wurde im Panel »Verfassung als Gerechtigkeitsordnung« diskutiert. Die Moderation hatte der Hamburger Justizsenator Dr. Till Steffen. Uwe Volkmann betonte: »Die Verfassung, geht nicht in ihren äußerlichen und förmlichen Elementen der Verteilung der staatlichen Kompetenzen, der Zuordnung der staatlichen Organe auf, sondern sie ist inhaltliche materiale oder, wie man früher sagte, ‚werterfüllte' Ordnung.« Die Verfassung werde dadurch immer mehr zur Projektionsfläche von Wünschen, Erwartungen und Hoffnungen auf eine gerechtere, bessere, solidarische Welt. Dies nehme in dem Maße zu, in dem eine Erkaltung der sozialen Beziehungen, das Schwinden solidarischer Verpflichtungen oder eine Zunahme von Ungerechtigkeit verspürt werde. Volkmann machte die verfassungsrechtliche Fundierung der Solidarität dabei bereits im materialen Demokratieverständnis des Grundgesetzes aus. Demokratie werde dort nicht nur als formales Prinzip verstanden, sondern als ein besonderer Solidaritätszusammenhang zwischen Bürgerinnen und Bürgern. Hierzu verwies er auf das KPD-Urteil des Bundesverfassungsgerichts, das schon sehr früh eine Hinwendung zu einer gemeinschaftlichen Deutung der Demokratie habe erkennen lassen. Bei der Demokratie wie sie vom Grundgesetz verstanden werde gehe es um eine Institutionalisierung wechselseitiger Verantwortung. In den Begriffen der Solidarität ausgedrückt könne man formulieren, dass das Grundgesetz Demokratie als einen spezifischen Solidaritätszusammenhang unter Bürgern organisiere: »Es geht um Demokratie im Sinne eines gemeinsamen Projekts von Bürgern, das von diesen als solches auch begriffen und angenommen werde.« Volkmann konzedierte zwar, dass es sich hierbei um ein idealisiertes Demokratieverständnis handele, dieses ermögliche es aber überhaupt erst, die Defizite im politischen Prozess zu erkennen und als solche zu identifizieren. Die Verfassung werde auf diese Weise das integrierende Moment des politischen Lebens und trete damit an die Stelle älterer vorpolitischer Gemeinsamkeiten, wie der Religion, der Kultur oder der Nation. Allerdings fehle der Verfassung bzw. dem Verfassungskonsens das Heroische, »der Aufruf zur großen Tat, wie sie der Idee der Nation und der Religion immer auch zukam«. Der Verfassungskonsens zeichne sich aber gegenüber den älteren integrierenden Elementen durch eine größere Offenheit und die Ermöglichung von Pluralität und Heterogenität aus. Stephan Gosepath spitzte die Thesen von Volkmann noch weiter zu, indem er formulierte: »Das nun 60jährige Grundgesetz ist in seinem zentralen ersten Teil eine Gerechtigkeitsordnung; genauer: eine Ordnung aus Gerechtigkeit zur Gerechtigkeit.« Ein staatlich verfasstes Gemeinwesen habe nur dann eine gerechte Grundordnung, wenn es ihm wesentlich um die Etablierung gerechter Verhältnis gehe. Insofern müsse die Etablierung von Gerechtigkeitsansprüchen als moralischer Kern juridischer Rechte schon ein wesentliches »Staatsziel« sein. Das bedeute jedoch nicht, dass alle Rechtsgeltung zur rein moralischen Rechtsgeltung werde. Nur für die Rechtfertigung basaler Gerechtigkeitsansprüche, d.h. für den abstrakten moralischen Kern, der rechtlich noch konkretisiert und institutionalisiert werden müsse, bedürfe es moralischer Argumente. Diese grundlegenden Gerechtigkeitsansprüche gingen in modernen Verfassungen insbesondere als Grundrechte ein. Soziale Regeln seien daher nur im Rahmen des egalitären, benachteiligungs- und zwangsfreien, alle einschließenden Rechtfertigungsverfahrens überhaupt noch legitimiert werden. Der liberale, das heißt freiheitliche Charakter einer Gerechtigkeitstheorie fuße deshalb selbst auf einer Grundlage gleicher Achtung; einer Achtung vor der Freiheit und Gleichheit anderer als Personen. Die Freiheit der Personen dürfe deshalb nicht ohne allgemeine und wechselseitige Rechtfertigung eingeschränkt werden. Freiheit könne dabei aber keinesfalls allein der höchste Wert sein, sondern ausschließlich in Zusammenhang mit Gerechtigkeit. Die ‚natürliche' Freiheit werde im Namen von Gleichheit und Gerechtigkeit eingeschränkt. Ein Recht auf adäquate subjektive Freiheitsspielräume könne nicht ohne ‚distributive' Gleichheit eingeführt werden, weil Freiheit bzw. Freiheitsrechte ein Anwendungsfall distributiver Gleichheit seien.

VIII. Panel: Ökologische Nachhaltigkeit

Die Entfaltung des in der Verfassung angelegten Solidaritätsgedanken wurde in dem Panel »Mit dem Grundgesetz zur ökologischen Nachhaltigkeit« noch eine Umdrehung weitergeführt. Die Moderation hatte Bärbel Höhn, stellvertretende Vorsitzende der Bundestagsfraktion und ehemalige Umweltministerin des Landes Nordrhein-Westfalen, übernommen. Martin Eifert sah in Bezug auf den Umweltgedanken eine Parallele zwischen politischem und Rechtssystem: in beiden wuchs der Umweltgedanke von unten nach oben. Das Staatsziel Umweltschutz in Art. 20a GG bestimme ein inhaltliches und zeitliches Ausgreifen der staatlichen Verantwortung im Sinne umfassenden und nachhaltigen Schutzes der Umwelt und vermittle eine Auftrag zu ökologisch nachhaltiger Politik: »Diese umfassende Verantwortung nimmt eine ökologische Durchfärbung des Grundgesetzes vor und bildet den zentralen legitimatorischen Referenzpunkt umweltschützender Maßnahmen.« Als Staatszielbestimmung sei Art. 20a GG jedoch nicht verfassungsrechtlicher Ersatz, sondern Auftrag für ökologisch nachhaltige Politik. Die ökologische Einfärbung des Grundgesetzes habe vor allem eine verfassungsrechtliche Verpflichtung auf einen nachhaltigen Umweltschutz im Sinne finaler Aufträge hervorgebracht. Art. 20a GG binde die Bundesregierung aber auch bei ihren Verhandlungen und dem Abschluss internationaler Verträge zum Umweltschutz. Angesichts der bestehenden materiellen Verpflichtungen auf eine ökologische Nachhaltigkeit und seiner rechtstechnischen Ausformung primär als staatlicher Handlungsauftrag, der durch prozedurale Pflichten umgesetzt werden, erfolge eine Selbstprogrammierung der politischen Gestaltung hin auf eine bessere Qualität von Umwelt und Umweltrecht. Damit würde die Nachhaltigkeit in einem doppelten Sinne reflexiv, da sie ihre Voraussetzungen reflektiere und die politische Selbstprogrammierung als Funktionsbedingung erkenne. Felix Ekardt schlug demgegenüber in seinem Beitrag einen anderen Pfad ein. Er kritisierte vornehmlich den Umgang des vorherrschenden juristischen Diskurs mit dem Topos der Nachhaltigkeit. Nachhaltigkeit meine Generationengerechtigkeit und globale Gerechtigkeit. Im deutschen und europäischen Verfassungsrecht sei mehr Nachhaltigkeit bindend vorgegeben, was die gängige Verfassungsinterpretation allerdings übersehe. Bei richtig verstandener Verfassungsinterpretation gebe es heute bereits Grundrechte auf die elementaren Freiheitsvoraussetzungen Leben, Gesundheit und Existenzminimum zugunsten künftiger Generationen sowie zugunsten von Menschen in Entwicklungsländern. Dieser Grundrechtsschutz habe auch eine horizontale Wirkung und sei nicht nur gegen den Staat gerichtet.

IX. Podiumsdiskussion: Überholt Europa das Grundgesetz?

Zum Abschluss des Kongresses wurde unter dem Titel »Überholt Europa das Grundgesetz?« über das Verhältnis von Grundgesetz und EU-Recht gestritten. Demokratiedefizite auf europäischer wie nationaler Ebene kamen ebenso zu Sprache wie einige Urteile des EuGH zu sozialpolitischen Fragen. Eingangs wurde die Frage behandelt, ob das Europarecht nicht das Grundgesetz verdränge und was das bedeute. Gabriele Britz vertrat die Position, dass das Europarecht auf dem Vormarsch sei und in zunehmendem Maße in Konkurrenz zum Grundgesetz trete. Dies sei aber keine schlechte Tendenz, denn bei den Grundrechten könne man sehen, dass die EU-Rechte immer besser würden. So sei die Grundrechtscharta umfangreicher als der deutsche Grundrechtskatalog. Der stellvertretende Fraktionsvorsitzende von Bündnis 90/Die Grünen, Jürgen Trittin, machte deutlich, dass es in der EU zwar Defizite gebe. Den Grund dafür sah er aber darin, dass die EU kein Staat sei. Die Defizite müsse man überwinden. Dazu würde der Lissabon-Vertrag benötigt, der die demokratischen Elemente in der EU stärke. Darüber hinaus müsse das Mehrheitsentscheidungsrecht das durchgängige Prinzip werden. Johannes Voggenhuber, grünes Mitglied des Europaparlaments und des Verfassungskonvents aus Österreich betonte, dass alle europäischen Demokratien ihre Defizite hätten und exekutivlastig seien, nicht nur die EU. Die EU sei häufig moderner als die Mitgliedstaaten. So sei die Grundrechtecharta der erste Grundrechtskatalog weltweit, der auch den sozialen Aspekt beinhalte. Daher könne es kein Nachteil sein, wenn das EU-Recht immer wichtiger werde. Die EU sei demokratischer und transparenter als ihre Mitgliedstaaten. Voggenhuber betonte, es gebe kein anderes Parlament, das demokratischer als das EU-Parlament sei. Es sei ein Arbeitsparlament ohne Fraktionszwang, in dem 90% aller Kommissionsvorlagen nur verändert verabschiedet würden. Der Ver.di-Vorsitzende Frank Bsirske kritisierte dagegen die sozialpolitische Rechtssprechung des EuGH aus jüngerer Zeit. Sein Hauptkritikpunkt war, dass nach seiner Lesart im Viking-Urteil die Menschenwürde mit der Niederlassungsfreiheit abgewogen werde.

Den Arbeitnehmern werde das Recht auf gleichen Lohn für gleiche Arbeit sowie das Recht dafür zu streiken abgesprochen. Dies sei ein fundamentaler Angriff auf die Gewerkschaften. Dagegen wies Britz darauf hin, dass sie keinen Angriff des EuGH auf soziale Standards erkennen könne, sondern lediglich einige juristisch falsche Urteile. Man müsse jetzt zusehen, dass man neue Urteile bekomme. Trittin sah das Problem darin, dass die Defizite der EU nicht angegangen würden, da es unterschiedliche Rechtstraditionen in den einzelnen Mitgliedstaaten gebe. In der Sozial-, Außen- und Steuerpolitik sei aber eine Vergemeinschaftung notwendig. Der drohende Staatsbankrott einiger Mitgliedstaaten habe seine Ursache gerade in der fehlenden Vergemeinschaftung und dem Steuer- und Sozialdumping. Die Finanzkrise sei jetzt eine Möglichkeit, dieses Versäumnis nachzuholen. Auch Bsirske bekräftigte, dass man Steuer- und Sozialdumping nur durch Vergemeinschaftung bekämpfen könne.

X. Fazit

So einig sich heute viele in der Beurteilung sind, dass das Grundgesetz eine Erfolgsgeschichte ist, so wenig einig ist man sich in der Frage, wie diese Geschichte fortgeschrieben werden soll – seien es nun Korrekturen, Ergänzungen oder nachholende Verfassungsänderungen. An Vorschlägen mangelt es nicht: »Datenschutz in Grundgesetz«, »Kinderrechte ins Grundgesetz«. »Wahlalter 16 ins Grundgesetz«, »Kommunales Ausländerwahlrecht ins Grundgesetz«, »Diskriminierungsschutz für Homosexuelle ins Grundgesetz«, »Klimaschutz ins Grundgesetz«. Andere wollen gar »Deutsch ins Grundgesetz« oder »Einsatz der Bundeswehr im Innern ins Grundgesetz«. Einig sind sich alle darin, dass die Verfassung nicht mit Details überfrachtet werden darf, was allerdings durch die »Schuldenbremse« gerade wieder geschehen ist.

Dem Grundgesetz liegt nach der Vorstellung der Väter und Mütter des Grundgesetzes die Idee eines Gesellschaftsvertrages für alle zu Grunde. Aber das Grundgesetz will nicht etwa der kleinste gemeinsame Nenner aller Bürgerinnen und Bürger sein. Es ist kein Minimalkompromiss und keine kleine Münze. Es verspricht vielmehr allen Menschen ein Leben in Freiheit und Würde. Das Grundgesetz will möglichst viele Menschen davon überzeugen, bei dieser anspruchsvollen Aufgabe mitzumachen. Für sich genommen kann eine Verfassung aber nichts bewirken, sondern immer nur eine Aufgabe stellen. Insofern ist die Verfassung ein »tagtägliches Plebiszit« (Renan). So ist es der große Wurf geworden, dessen Faszination auch nach 60 Jahren anhält.

Andererseits ist nach 60 Jahren festzustellen, dass dieses Versprechen heute brüchig geworden ist. Von denjenigen, für die das Versprechen von Freiheit und Würde unerreichbar scheint, wird diese Gesellschaft als blockiert empfunden. Diejenigen, die anderen schutzlos ausgeliefert sind, empfinden eine Lücke in der Gerechtigkeitsordnung. Sollte die Zahl derer weiter zunehmen, dann werden alle, die das Grundgesetz heute zu Recht verteidigen – die »Hüter der Verfassung« –, eines Tages als »Gralshüter« belächelt werden. Daher ist es in einer offenen Gesellschaft selbstverständlich, auch auf neue gesellschaftliche Herausforderungen zu reagieren und die Verfassung mit neuem Leben erfüllen. Allein dieser Kongress hat genügend Ideen, Vorschläge und Gesprächsstoff zu Tage gefördert um die nächsten 10 Jahre an dieser Aufgabe weiter arbeiten zu können. So hat auch dieser Kongress seinen Beitrag zur Zukunftsfähigkeit der Verfassung geleistet.

Autorenverzeichnis

Benhabib, Prof. Dr. Seyla, Yale University

Bryde, Prof. Dr. Brun-Otto, Richter des Bundesverfassungsgerichts

Dworek, Günter, Mitarbeiter der Bundestagsfraktion des Bündnis 90/Die Grünen

Eifert, Prof. Dr. Martin, Universität Gießen

Ekardt, Prof. Dr. Felix, Universität Rostock

Frankenberg, Prof. Dr. Dr. Günter, Universität Frankfurt am Main

Hartmann, Judith, Rechtsanwältin

Hoffmann-Riem, Prof. Dr. Wolfgang, Richter des Bundesverrfassungsgerichts a.D., Justizsenator Hamburg a.D.

Hohmann-Dennhardt, Christine, Richterin des Bundesverfassungsgerichts, Hessische Justizministerin a.D.

Korioth, Prof. Dr. Stefan, Ludwig-Maximilians-Universität München

Künast, Renate, Fraktionsvorsitzende Bündnis 90/Die Grünen, Bundestagsfraktion

Lepsius, Prof. Dr. Oliver, Universität Bayreuth

Nickel, Dr. Rainer, Universität Frankfurt am Main

Rahe, Michael, Mitarbeiter der Bundestagsfraktion des Bündnis 90/Die Grünen

Rath, Dr. Christian, rechtspolitischer Korrespondent

Reich, Prof. Dr. Jens Georg, Bürgerrechtler und Molekularbiologe

Roßnagel, Prof. Dr. Alexander, Universität Kassel

Sacksofsky, Prof. Dr. Ute, Universität Frankfurt am Main

Schuler-Harms, Prof. Dr. Margarete, Universität der Bundeswehr, Hamburg

Sezgin, Hilal, Journalistin und Schriftstellerin

Steffen, Dr. Till, Justizsenator Hamburg

Tabbara, Dr. Tarik, Mitarbeiter der Bundestagsfraktion des Bündnis 90/Die Grünen

Volkmann, Prof. Dr. Uwe, Universität Mainz

Wallrabenstein, Prof Dr. Astrid, Universität Bielefeld

FSC
www.fsc.org
MIX
Papier | Fördert gute Waldnutzung
FSC® C083411

Kolibri 360 GmbH
Ferdinand-Jühlke-Straße 7
99095 Erfurt, Deutschland
produktsicherheit@kolibri360.de